COMENTÁRIO BÍBLICO SWINDOLL

❧ ROMANOS ❧

CHARLES R. SWINDOLL

COMENTÁRIO BÍBLICO SWINDOLL

❖ ROMANOS ❖

hagnos

© Título original: *Swindoll's Living Insights New Testament Commentary, Volume 6 (Romans)* copyright © de Charles R. Swindoll

Insights on Romans copyright © 2015 de Charles R. Swindoll, Inc.

Mapas copyright © 2019 de Tyndale House Publishers. Todos os direitos reservados.

Publicado em associação com Yates & Yates, LLP (www.yates2.com)

Publicado sob licença da Tyndale House Publisher, Inc.

1ª edição: agosto de 2023

Tradução
Emirson Justino

Revisão
Claudia Kriger
Luiz Werneck Maia

Capa
Julio Carvalho

Diagramação
Aldair Dutra de Assis

Editor
Aldo Menezes

Coordenador de produção
Mauro Terrengui

Impressão e acabamento
Imprensa da Fé

As opiniões, as interpretações e os conceitos emitidos nesta obra são de responsabilidade do autor e não refletem necessariamente o ponto de vista da Hagnos.

© 2023. Todos os direitos desta edição reservados à:

Editora Hagnos Ltda.
Av. Jacinto Júlio, 27
04815-160 — São Paulo, SP
Tel.: (11) 5668-5668

E-mail: hagnos@hagnos.com.br
Home page: www.hagnos.com.br

Editora associada à

Dados Internacionais de Catalogação na Publicação (CIP)
Angélica Ilacqua CRB-8/7057

Swindoll, Charles R.

    Comentário bíblico Swindoll: Romanos / Charles R. Swindoll; tradução de Emirson Justino. — São Paulo: Hagnos, 2023.

    ISBN 978-85-7742-430-6

    Título original: Swindoll's Living Insights New Testament Commentary # Romans

    1. Bíblia NT Romanos – Comentários   I. Título II. Justino, Emirson

23-3728   CDD-227.1

Índice para catálogo sistemático:

1. Bíblia NT Romanos – Comentários

SUMÁRIO

Prefácio do autor 7
O sistema numérico de Strong 11
Percepções sobre os Romanos 13

ROMANOS: INTRODUÇÃO 15

SAUDAÇÃO (ROMANOS 1:1-17) 25
Missão: O evangelho (Romanos 1:1-17) 27

A IRA DE DEUS (ROMANOS 1:18—3:20) 42
Deus está irado (Romanos 1:18-23) 44
Abandonado, mas não esquecido (Romanos 1:24-32) 51
A acusação da consciência (Romanos 2:1-16) 58
O lado escuro da religião (Romanos 2:17-29) 64
Protesto indeferido (Romanos 3:1-8) 72
Uma autopsia da depravação (Romanos 3:9-20) 77

A GRAÇA DE DEUS (ROMANOS 3:21—5:21) 87
Desembrulhando o presente da graça (Romanos 3:21-31) 89
Justiça é uma palavra de duas letras (Romanos 4:1-15) 103
Esperando contra toda esperança (Romanos 4:16-25) 112
Paz com Deus (Romanos 5:1-11) 120
Culpa versus graça (Romanos 5:12-21) 133

A FIDELIDADE DE DEUS (ROMANOS 6:1—8:39) 140
Morrer para viver (Romanos 6:1-14) 143
De quem você é escravo? (Romanos 6:15-23) 154
Retrato de um cristão em luta (Romanos 7:1-25) 162
Vamos falar sobre nossa caminhada (Romanos 8:1-17) 171

 Gloriando-se e gemendo (Romanos 8:18-27) 180
 Extraordinariamente vencedores (Romanos 8:28-39) 191

A MAJESTADE DE DEUS (ROMANOS 9:1—11:36) 202
 Conversa franca sobre predestinação (Romanos 9:1-33) 205
 Conversa franca sobre predestinação (Romanos 10:1-21) 221
 Os judeus: esquecidos ou colocados de lado? (Romanos 11:1-14) 234
 Ética da agricultura (Romanos 11:15-29) 246
 Insondáveis, inescrutáveis e incomparáveis! (Romanos 11:30-36) 255

A JUSTIÇA DE DEUS (ROMANOS 12:1—15:13) 263
 Um compromisso tocante (Romanos 12:1-8) 265
 Aula introdutória de cristianismo (Romanos 12:9-16) 278
 Fazer o certo quando alguém lhe faz algo errado (Romanos 12:17-21) 287
 Como ser um rebelde piedoso (Romanos 13:1-7) 295
 Levante-se e vista-se! (Romanos 13:8-14) 302
 Coloque a graça em ação (Romanos 14:1-12) 311
 Como ser um rebelde piedoso (Romanos 14:13-23) 321
 Somos um... ou não? (Romanos 15:1-13) 330

A COMUNIDADE DE DEUS (ROMANOS 15:14—16:27) 336
 Parceiros, planos e preces (Romanos 15:14-33) 339
 Amor e um beijo santo (Romanos 16:1-16) 350
 Porcos no vinhedo de Deus (Romanos 16:17-20) 359
 Exaltar amigos e glorificar a Deus (Romanos 16:21-27) 364

Notas 373

PREFÁCIO DO AUTOR

Faz mais de sessenta anos que eu amo a Bíblia. Esse amor pelas Escrituras, junto com um chamado inequívoco ao ministério evangelístico durante meu serviço militar nos Fuzileiros Navais, resultou em minha ida para o Seminário Teológico de Dallas com o objetivo de me preparar para o pastorado. Durante aqueles quatro anos maravilhosos tive o privilégio de estudar sob a orientação de homens de Deus admiráveis que também amavam a Palavra. Eles não apenas respeitavam profundamente a Palavra inerrante de Deus, mas também a ensinavam com cuidado, pregavam-na com fervor e a seguiam de forma sistemática. Não se passa uma semana sem que eu agradeça a Deus por essa grande herança que recebi! Sempre terei uma dívida de gratidão com aqueles grandes teólogos e mentores que cultivaram em minha vida um profundo compromisso com a interpretação, exposição e aplicação da verdade de Deus.

É exatamente isso que faço há mais de cinquenta anos — e adoro fazer isso! Confesso sem medo de errar que sou apaixonado por estudar e proclamar as Escrituras. Por isso, os livros têm desempenhado um importante papel em minha vida desde que entrei para o ministério — principalmente aqueles que explicam as verdades e aperfeiçoam minha compreensão do que Deus ditou. Ao longo de todos esses anos, formei uma grande biblioteca para uso pessoal, e ela tem se mostrado de valor inestimável à medida que procuro me manter fiel como estudioso da Bíblia. Até o fim de meus dias, meu principal objetivo de vida será comunicar a Palavra com exatidão, discernimento, clareza e praticidade. Se eu não tivesse acesso a livros confiáveis e ricos de informação, eu teria "secado" décadas atrás.

Entre meus livros prediletos e mais usados encontram-se os que me dão capacidade para entender melhor o texto bíblico. A exemplo da maioria dos expositores, estou sempre procurando recursos literários para aperfeiçoar meus dons e aprimorar minhas competências. Para mim, isso significa encontrar ferramentas que simplifiquem e facilitem o que é complicado, ofereçam bons comentários e ilustrações que me ajudem a entender a importância das verdades sagradas sob a perspectiva da realidade no século 21 e as façam falar ao meu coração de um modo que as torne praticamente inesquecíveis. Quando esses livros cruzam o meu caminho, eu os saboreio e depois os coloco de volta em minha biblioteca para consultas futuras. E, podem acreditar, eu sempre volto a eles. É um alívio contar com esses recursos quando estou sem ideias novas, quando preciso de uma história ou ilustração ou quando me perco no meio de um texto e não consigo achar saída. Uma biblioteca é indispensável para qualquer expositor que leve seu trabalho a sério. Certa vez, um dos meus mentores me disse: "Onde mais você teria acesso direto e instantâneo a milhares de professores?".

Nos últimos anos, percebi que não existem recursos suficientes como os que descrevi anteriormente, e isso me motivou a pensar que eu poderia fazer parte da solução em vez de ficar me lamentando diante do problema. Mas a solução resultaria em uma empreitada gigantesca. Um projeto editorial que abrangesse todos os livros e todas as cartas do Novo Testamento me parecia árduo e assustador. Fiquei aliviado quando me dei conta de que, nos últimos cinquenta anos ou mais, eu havia ensinado e pregado sobre a maioria das passagens do Novo Testamento. Em meus arquivos havia pastas cheias de anotações que eu havia feito para aquelas mensagens. Eu precisava resgatá-las, fazer alguns retoques importantes por causa das necessidades dos dias atuais e aplicá-las à vida de homens e mulheres que ansiavam por uma nova mensagem do Senhor. E foi assim que aconteceu! Comecei a trabalhar para transformar todas aquelas anotações neste comentário do Novo Testamento.

Gostaria de expressar minha gratidão a Mark Gaither e Mike Svigel por terem participado ativa e diariamente como editores, executando um trabalho incansável e dedicado. Eles prestaram um serviço de primeira qualidade na viagem que fizemos pelos capítulos e versículos dos 27 livros do Novo Testamento. Foi com prazer que os vi pegarem meus originais e me ajudarem a chegar a um estilo que mantinha fidelidade ao texto das Escrituras sem deixar de ser interessante e criativo, ao mesmo tempo que meus pensamentos eram expressos com naturalidade e facilidade para leitura.

Desejo também estender minha palavra de gratidão às igrejas dos Estados Unidos nas quais trabalhei por mais de cinco décadas. Tive a felicidade de sempre receber dessas igrejas amor, apoio, ânimo, paciência e palavras de incentivo à medida que, anos após ano, eu exercia meu ministério de pregação da mensagem de Deus. As ovelhas daqueles rebanhos se afeiçoaram a este pastor de uma forma que não consigo expressar com palavras, e isso se aplica especialmente àquelas a quem tenho o prazer de pastorear na igreja Stonebriar Community Church em Frisco, no estado do Texas.

Por fim, quero agradecer à minha esposa Cynthia, por compreender minha paixão por estudar, pregar e escrever. Ela nunca deixou de me incentivar a fazer o que faço, e também nunca deixou de recomendar que eu procurasse dar o máximo de mim. Pelo contrário, seu apoio pessoal e carinhoso e seu compromisso com a excelência nesta série de comentários, por mais de três décadas e meia, fizeram com que eu me mantivesse fiel ao meu chamado "a tempo e fora de tempo". Sem sua dedicação e sem nossa parceria ao longo de toda uma vida de ministério, esta série jamais se concretizaria.

Alegra-me saber que este livro chegou às suas mãos e ocupará um lugar nas prateleiras de sua biblioteca. Oro sempre com a esperança de que você veja a utilidade desses livros para seus estudos pessoais e para aplicar a Bíblia em sua vida. Que eles possam ajudá-lo a perceber, assim como me ajudaram ao longo de tantos anos, que a Palavra de Deus não é só verdadeira, mas também eterna.

> Seca-se a relva e cai a sua flor,
> mas a palavra de nosso Deus
> permanece para sempre (Is 40:8).

Chuck Swindoll
Frisco, Texas

O SISTEMA NUMÉRICO DE STRONG

O *Comentário Bíblico Swindoll do Novo Testamento* emprega o sistema numérico de Strong para disponibilizar aos que estudam a Bíblia, tanto principiantes quanto mais experientes, um acesso mais rápido e direto aos recursos das línguas originais (por exemplo, concordâncias, léxicos e dicionários teológicos). O sistema de numeração de Strong, popularizado pela *Strong's Exhaustive Concordance of the Bible*, é empregado pela maioria das obras de referência de grego e hebraico bíblicos. Os que não têm muito conhecimento dos alfabetos hebraico, aramaico e grego conseguem facilmente encontrar as informações de determinada palavra, consultando o número do índice. Os estudantes de nível mais avançado reconhecerão a utilidade do sistema, pois ele lhes permitirá achar rapidamente as formas lexicais de conjugações e flexões menos conhecidas.

Toda vez que uma palavra em grego é mencionada no texto, o número de Strong aparece logo em seguida dentro de colchetes. Assim, no exemplo do vocábulo grego *agapē* [26], "amor", o número remete aos recursos da língua grega indexados ao sistema de Strong.

Algumas vezes cito uma palavra em hebraico. Os números do hebraico na concordância de Strong estão separados dos números do grego e são precedidos pela letra "H". Assim, por exemplo, a palavra hebraica *kapporet* [H3727], "propiciatório", é derivada de *kopher* [H3722], "resgatar", "garantir um favor por meio de um presente".

PERCEPÇÕES SOBRE ROMANOS

O grande plano de Deus — ao qual todos nós somos convidados a fazer parte — nada mais é do que a intenção do Criador de levar sua criação a estar debaixo do domínio divino, de purificá-la do mal, de redimi-la, de reclamá-la e de renovar o universo para que ele mais uma vez reflita sua glória. O plano de salvação é boas-novas para cada pessoa individualmente, mas a maior notícia de todas é a volta da justiça de Deus ao seu devido lugar no mundo.

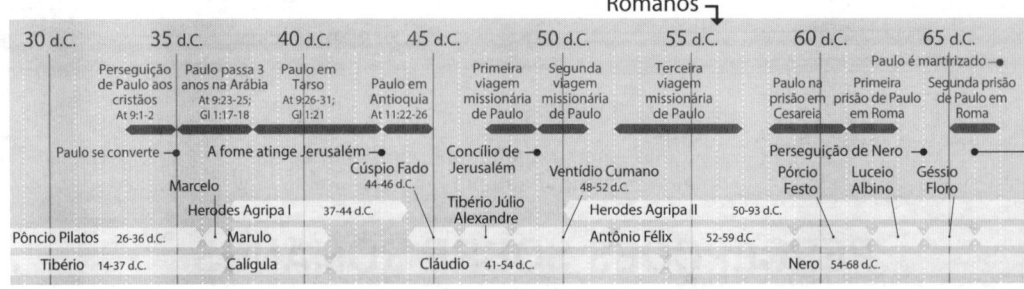

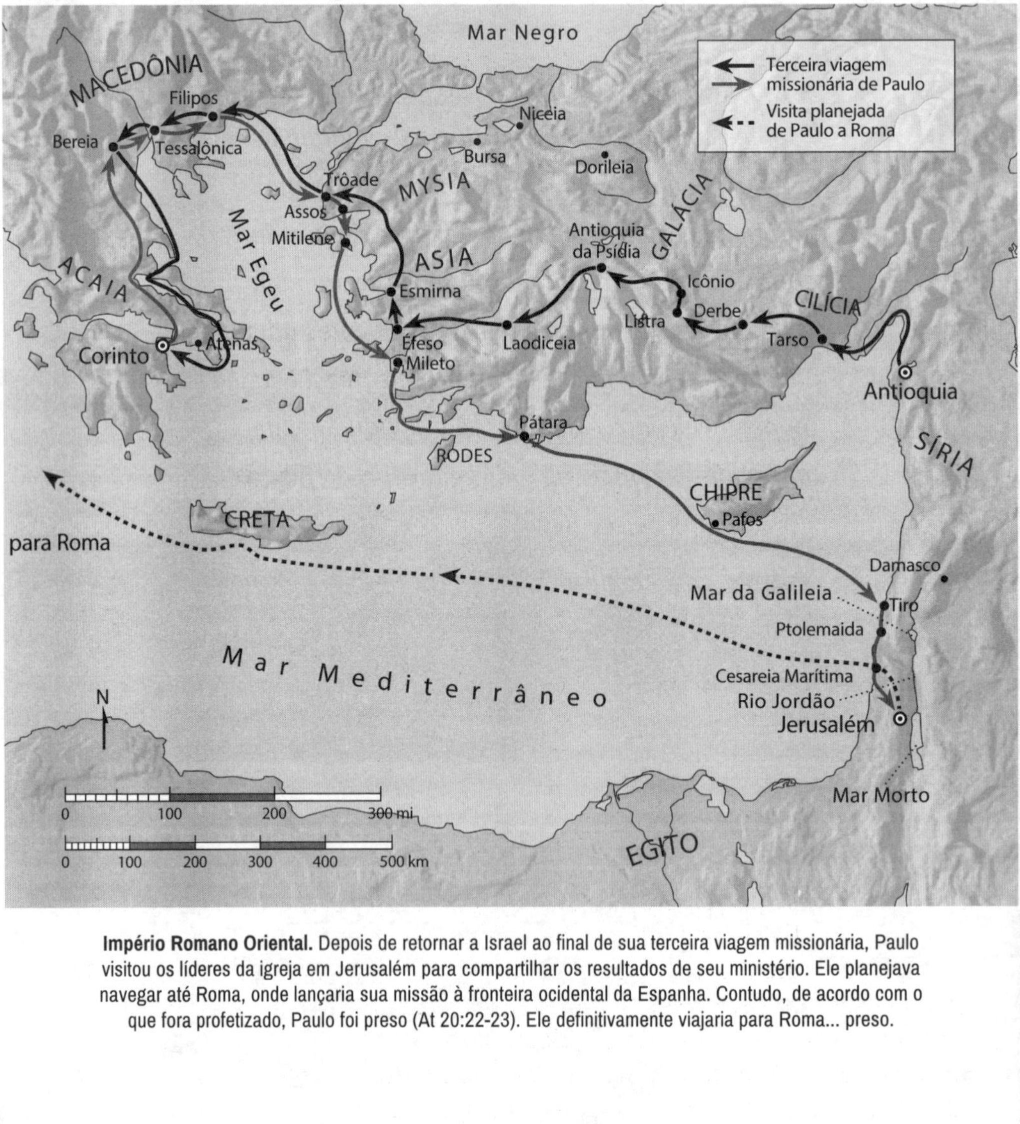

Império Romano Oriental. Depois de retornar a Israel ao final de sua terceira viagem missionária, Paulo visitou os líderes da igreja em Jerusalém para compartilhar os resultados de seu ministério. Ele planejava navegar até Roma, onde lançaria sua missão à fronteira ocidental da Espanha. Contudo, de acordo com o que fora profetizado, Paulo foi preso (At 20:22-23). Ele definitivamente viajaria para Roma... preso.

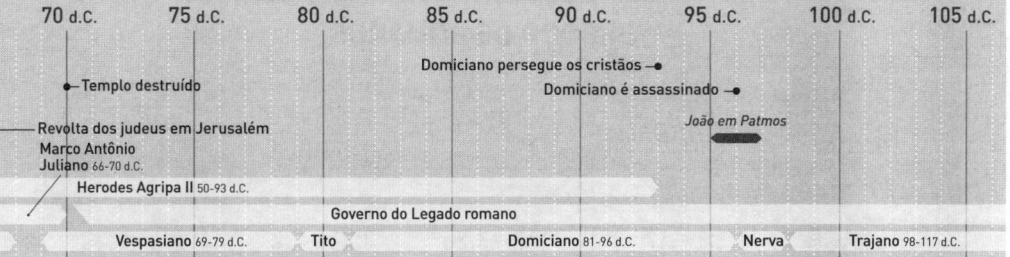

ROMANOS

INTRODUÇÃO

Viaje de volta no tempo comigo. Vamos retornar ao inverno do ano 57 da era cristã. Estamos em uma estreita faixa de terra entre a Grécia continental e o Peloponeso, onde uma cidade romana arrecada fortunas com navios abarrotados de carga e de turistas de grande poder aquisitivo. Fora da cidade, na casa de um cristão rico e hospitaleiro chamado Gaio, dois homens conversam solenemente sobre o conteúdo de um rolo. Um deles caminha pela sala, apresentando seus pensamentos ao outro, que está sentado junto a uma grande mesa tomando notas em abundância.

O interlocutor se move com força intencional, embora seus ombros sejam encurvados e uma dificuldade perceptível prejudique a sua marcha. Seus braços e sua face trazem as marcas do vento, do sol, da idade e dos maus tratos. Os seus dedos estão atados, enrolados e fundidos num ângulo não natural, um sinal revelador de apedrejamento. Seria de se esperar que um corpo como esse abrigasse um espírito quebrantado e desmoralizado, mas os olhos revelam algo diferente. Eles brilham com energia e faíscam com o otimismo de um adolescente que está prestes a conseguir sua carteira de habilitação.

A cidade é Corinto. Aquele que anda de um lado para o outro é Paulo; seu amanuense, sentado à mesa, é Tércio. O documento que estão preparando um dia se tornará a carta do apóstolo à igreja em Roma, a obra literária mais significativa que o Senhor comissionou o seu mais prolífico evangelista a escrever. Nem Paulo nem qualquer outra pessoa fazem ideia do impacto que ela terá nos séculos vindouros. De Orígenes de Alexandria, no século 3, a Donald Barnhouse, na Filadélfia no século 20, incontáveis teólogos escreveram inúmeras páginas de exposição e meditação

ESBOÇO DE ROMANOS

SEÇÃO	SAUDAÇÃO	A IRA DE DEUS	A GRAÇA DE DEUS	A FIDELIDADE DE DEUS
PASSAGEM	1:1—17	1:18—3:20	3:21—5:21	6:1—8:39
TEMAS	O chamado e os planos de Paulo A identidade de Cristo O evangelho Fé "Justiça de Deus"	"Justiça de Deus" O fracasso moral da humanidade O abandono judicial da humanidade por Deus A desesperança da humanidade e a perdição eterna	"Justiça de Deus" A incapacidade das obras Justificação pela fé Graça / dom gratuito Reconciliação	Justiça A futilidade do esforço humano A necessidade do Espírito Santo Filhos / herdeiros de Deus Garantia da glória futura
TERMOS--CHAVE	Apóstolo Justiça Evangelho Fé Salvação	Injustiça Juiz Lei Ira Entregar	Graça Justificar Obras /Lei Propiciação Circuncisão	Glória Santificação Espírito Predestinado "Carne"

sobre a *magnum opus* do apóstolo. Agostinho encontrará nessa carta o terreno fértil para sua fé. Este documento provocará uma revolução no coração de Martinho Lutero, que restabelecerá a verdade da justificação somente pela graça, por meio apenas da fé somente em Cristo — uma

ESBOÇO DE ROMANOS

SEÇÃO	A MAJESTADE DE DEUS	A JUSTIÇA DE DEUS	A COMUNIDADE DE DEUS
PASSAGEM	9:1—11:36	12:1—15:13	15:14—16:27
TEMAS	Justiça por meio da fé Israel no plano de Deus A justiça de Deus A *soberania* de Deus O plano de Deus	Amor Responsabilidade civil Unidade Julgamento mútuo Aceitação mútua Alegria, paz e esperança	Gentios O evangelho O passado de Paulo O futuro de Paulo
TERMOS-CHAVE	Misericórdia Remanescente Mistério Endurecer	Provar Transformar Aceitar Conformar	Dissensão Obediência Impedimento Recomendação

doutrina completamente obscurecida por homens dispostos a obter lucro a partir de um falso evangelho de obras. Esta carta incendiará a mente de Jonathan Edwards, curiosamente aquecerá o coração de John Wesley e alimentará o fogo do reavivamento de George Whitefield.

"CHAMADO PARA SER APÓSTOLO, SEPARADO PARA O EVANGELHO DE DEUS" (1:1)

A jornada de Paulo a este lugar e época foi tudo, menos previsível. Embora tenha nascido na agitação cosmopolita de Tarso, Paulo amadureceu à sombra do grande templo de Jerusalém. Por entre suas enormes e reluzentes paredes brancas, ele aprendeu aos pés do famoso mestre Gamaliel (At 22:3). Embora fosse cidadão romano (At 22:25-28), Paulo era acima de tudo um filho da aliança. Ele ouviu sobre os grandes privilégios e responsabilidades que Deus dera ao povo ao qual ele pertencia Estudou a Lei de Moisés e dedicou-se a cumprir todas as tradições de forma literal. Aprofundou-se nos rituais dos fariseus com um único objetivo em mente. Paulo queria tornar-se como o próprio templo: sagrado, forte, imaculado, um vaso digno da justiça de Deus.

Contudo, como costuma acontecer na vida dos grandes homens, a busca zelosa de Paulo pela justiça tomou um rumo inesperado. Enquanto seguia pela estrada com o objetivo de silenciar e perseguir cristãos, Jesus Cristo o confrontou, repreendeu e transformou e, então, colocou-o em uma rota completamente nova (At 9:3-22). A justiça que Paulo ambicionava não poderia ser encontrada nas tradições dos fariseus, mas na fé do próprio povo a quem ele procurava matar. Aquelas pessoas mostrariam ao seu antigo perseguidor uma graça sobrenatural, primeiramente ao abraçá-lo — o homem que ficara assistindo de longe ao

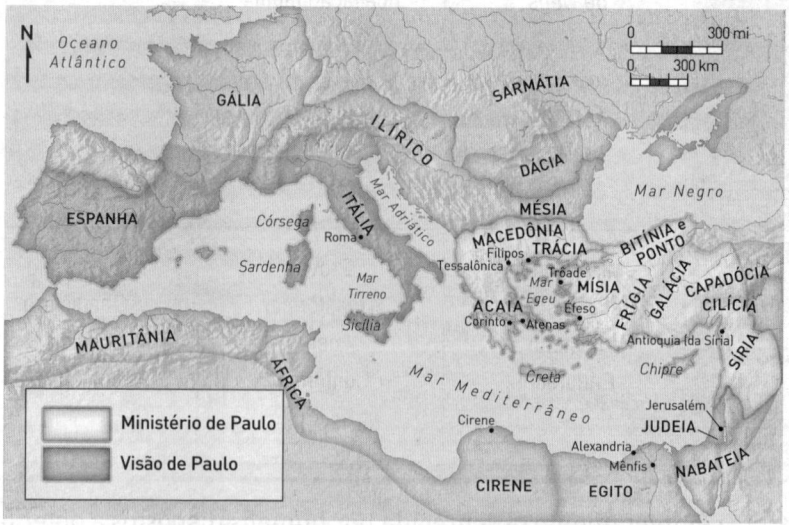

Em três viagens missionárias, que duraram não menos do que quinze anos, Paulo trabalhou para evangelizar a parte oriental do Império Romano — um ministério incrivelmente perigoso e árduo. Não obstante, quando a maioria consideraria se aposentar, Paulo volta o seu olhar para a fronteira ainda não conquistada a oeste de Roma: norte da Itália, sul da França, Espanha e Portugal.

apedrejamento de seu amado Estêvão (At 7:58—8:1) — e, depois, apresentando-lhe a fonte da qual provinha a bondade deles (At 9:13-19). Estavam simplesmente demonstrando a justiça que haviam recebido pela graça por meio da fé em Jesus Cristo.

O encontro de Paulo com o Cristo ressurreto o transformou. Seu futuro não estava em Jerusalém ou nas obras da lei; encontrava-se entre gentios, a quem ele pregaria a graça, vivendo pela fé. Em vez de erradicar o cristianismo, ele se tornaria um apóstolo incansável, viajando mais de trinta mil quilômetros no decorrer de suas jornadas e proclamando o evangelho em todo lugar onde ainda não fora ouvido. Então, perto do fim de sua terceira viagem missionária, depois doque muitos considerariam uma vida plena no ministério, o apóstolo volta o seu olhar na direção do ocidente, para a fronteira além de Roma (Rm 15:24).

"CHEIOS DE BONDADE E PLENAMENTE INSTRUÍDOS, SENDO CAPAZES DE ACONSELHAR-SE UNS AOS OUTROS" (15:14)

Havia muito que Paulo admirava a congregação da capital. Embora não tivesse fundado a igreja e nem mesmo a visitado, o apóstolo mantinha uma forte ligação com vários membros da liderança (16:1-15). Alguns haviam sido parceiros seus no ministério, outros foram seus companheiros de prisão nos primeiros dias de evangelização e vários eram frutos do seu trabalho em outras regiões. A obediência deles à Palavra e a fidelidade mútua haviam se tornado lendárias entre as outras igrejas (16:19). Isso não deve ter sido fácil, dadas as pressões singulares que sofriam em Roma.

Durante o domínio do imperador Cláudio (41-54 d.C.), o governo romano, normalmente tolerante com outras religiões, passou a proibir o proselitismo. É muito provável que Cláudio tenha expulsado os judeus de Roma (At 18:2) porque os cristãos judeus estavam evangelizando seus vizinhos. Dentro de poucos anos, porém, Cláudio foi envenenado e seu herdeiro adotado, Nero, permitiu que judeus e cristãos voltassem. Depois de restabelecer seu distrito, a comunidade judaica certamente pressionou os cristãos a manterem a discrição para evitar mais problemas. Durante os três primeiros anos do reinado de Nero, tudo permaneceu tranquilo O imperador adolescente estava ocupado demais com as ameaças internas do palácio para notar grande parte do que estava acontecendo do lado de fora. Foi durante esse período que Paulo escreveu aos seus irmãos e irmãs da capital do Império. Dentro de poucos meses, porém, Nero eliminaria a fonte do perigo interno ao envenenar sua mãe. Em seguida, voltaria sua atenção para conquistar o coração dos cidadãos romanos com grandes festivais e grandiosos espetáculos de gladiadores.

No tempo em que Paulo escreveu esta carta, a população de Roma passava de um milhão de habitantes, sendo que cerca de 40% deles provavelmente eram escravos ou ex-escravos.[1] Tal como nas metrópoles modernas, para a elite, Roma era um lugar maravilhoso de se viver, mas bastante desafiador para o restante das pessoas. A divisão entre ricos e pobres mantinha os oficiais em alerta constante, pois os membros das classes inferiores nunca estavam distantes de uma rebelião. A maioria deles vivia em meio à crescente criminalidade nas ruas em altos e estreitos prédios de apartamento imundos, com cerca de cinco ou seis andares, sem saneamento nem água disponíveis acima do primeiro andar.

A grande diferença entre as vilas pitorescas dos privilegiados e as favelas tomadas pelo crime que formavam a maior parte da cidade fazia com que os residentes procurassem se defender, aliando-se em grupos de mesma etnia. Em outras palavras, a Roma do primeiro século não era

O EVANGELHO DE CRISTO E A *PAX ROMANA*

ROMANOS

Os historiadores chamam os dois primeiros séculos do governo romano após o nascimento de Cristo de *Pax Romana*, ou "Paz de Roma". Ela era pacífica no sentido de que Roma se concentrou menos na conquista estrangeira e mais na estabilização das terras nas quais já governava; esta, contudo, era, sem dúvida, uma paz brutal. O império era capaz de rapidamente mobilizar grandes exércitos para qualquer lugar entre Roma e a Pérsia e normalmente respondia à insurreição com crueldade chocante. Tão logo uma revolta era reprimida, não era incomum que os sobreviventes fossem crucificados ao longo das estradas que levavam à região como uma advertência aos novos colonos.

Uma estrada romana

diferente da cidade de Nova York dos séculos 19 e 20. Bairros étnicos se tornaram governos isolados, disputando entre si o domínio, ao mesmo tempo em que mantinham uma paz incerta uns com os outros de modo a evitar a perseguição do governo (ver At 18:2).

A vida era difícil para todos, mas ser cristão naquele ambiente a tornava ainda pior. Para cristãos, tanto judeus quanto gentios, o preço do discipulado normalmente significava a perda da família e do clã, incluindo a segurança que eles ofereciam. Talvez se sentissem como pequenos esquilos vivendo em meio a gigantes irados, temerosos que qualquer um deles pudesse decidir esmagá-los por um simples capricho. Por volta do ano 64 d.C., seus sentimentos se mostraram justificados. Nero enlouqueceu. Sua perseguição aos cristãos tornou-se tão chocantemente brutal que os cidadãos começaram a ter pena deles. Alguns dizem que o crime dos cristãos que os levou à morte foi o incêndio de Roma, mas, de acordo

> Embora não tenha acontecido sem derramamento de sangue, essa "paz" ainda assim pavimentou o caminho para o ministério evangelístico de Paulo — literalmente. Para que pudesse rapidamente movimentar tropas e comércio por todo o reino, o governo romano construiu um elaborado sistema de rodovias, pavimentadas com pedras e concreto e regularmente patrulhadas para impedir roubos. Isso deu ao apóstolo e à sua comitiva um acesso sem precedentes ao mundo conhecido na época. E Paulo aproveitou ao máximo essa oportunidade, circulando pelo império oriental três vezes em quinze anos e percorrendo mais de trinta mil quilômetros, a maior parte deles em estradas pavimentadas e em rotas marítimas controladas pelo governo.
>
> No final, a implacável "paz" de Roma tornou-se o meio para a misericordiosa "paz com Deus" (5:1) para inúmeros gentios durante a vida de Paulo e para incontáveis gerações posteriores.

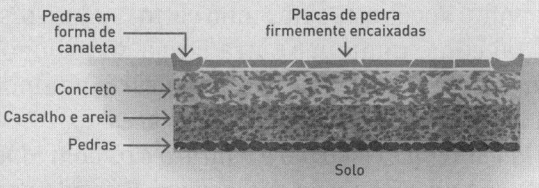

Composição de uma estrada romana

com o historiador romano Tácito, os cristãos foram punidos "nem tanto pelo crime de incendiar Roma que lhes foi imputado, mas por seu ódio e inimizade com a raça humana".[2]

Muito embora a perseguição de Nero futuramente se prolongasse por vários anos, essa impressão geral dos cristãos — independentemente de como as pessoas tenham chegado a ela — teria grande peso nos conselhos práticos do apóstolo na parte final de sua carta.

"QUE O DEUS DA ESPERANÇA OS ENCHA DE TODA ALEGRIA E PAZ, POR SUA CONFIANÇA NELE" (15:13)

Os crentes de Roma precisavam desesperadamente de encorajamento, o que esta carta divinamente inspirada forneceu de três maneiras.

Primeiro, *a carta confirmou sua compreensão do evangelho e esclareceu o que poderia estar confuso*. Perseguição combinada com isolamento pode fazer com que até mesmo a mente mais resiliente perca sua compreensão da verdade. Em detalhes cuidadosos e com clareza tocante, Paulo explicou a verdade do evangelho. Ele fez uso de sua instrução formal e do melhor estilo retórico da época para apresentar a verdade de Deus em uma sequência lógica. Relembrou seus anos pregando nas sinagogas e debatendo nos mercados para responder a qualquer objeção relevante. Naturalmente, o Espírito Santo inspirou o conteúdo, supervisionou o processo de escrita, protegendo o documento do erro. Os crentes de Roma receberam uma proclamação completa, ampla e concisa da verdade cristã. E o efeito deve ter sido incrivelmente calmante.

Segundo, *a carta afirmou a autenticidade de sua fé e elogiou-os por sua obediência*. Pessoas que enfrentam uma jornada longa e árdua frequentemente precisam da confirmação de que estão no caminho certo e que devem continuar a fazer o que vêm fazendo; se não for assim, elas desanimam e reduzem seus esforços ou então desviam-se do curso. A igreja em Roma há muito tempo já era um modelo de fé inabalável e de comunhão autêntica. Paulo os encorajou dizendo, na prática: "Continuem a fazer o que estão fazendo. Vocês estão no rumo certo!". Além disso, a congregação em Roma, tal como qualquer outra igreja do primeiro século, era suscetível à influência dos falsos mestres. Esta carta equipou-os para reconhecer a verdade e a não dar espaço para a heresia.

Terceiro, *a carta lançou uma visão para o futuro e os convidou a se tornarem parceiros de Paulo na realização dessa visão*. Quando as igrejas tiram os olhos do horizonte, o resultado inevitável é aquilo que pode ser chamado de "mentalidade de sobrevivência". Em vez de realizar os planos de Deus de redimir e transformar sua criação, elas se esquecem de sua razão de ser, o que dá início a uma longa e agonizante descida rumo à irrelevância. Igrejas irrelevantes se inquietam diante de questões insignificantes e procuram defeitos em sua liderança, criticam umas às outras, fazem experiências com estratégias mundanas de crescimento e buscam filosofias vãs. Enquanto isso, as comunidades que as cercam pouco ouvem sobre Cristo, e aquilo que ouvem não é atraente. Paulo desafiou os crentes de Roma propondo-lhes uma empreitada enorme: a evangelização do império recém-expandido para o Ocidente. Tratava-se de uma extensão de terra maior do que aquela que o apóstolo havia coberto em suas três viagens missionárias — e que estava longe de ser tranquila.

"PORQUE NO EVANGELHO É REVELADA A JUSTIÇA DE DEUS, UMA JUSTIÇA QUE DO PRINCÍPIO AO FIM É PELA FÉ" (1:17)

A carta de Paulo aos crentes de Roma pode ser chamada de muitas coisas. De forma bastante clara, ela se tornou sua obra-prima. É a primeira teologia sistemática da fé cristã. Esta carta pode ser considerada a constituição do crente — a Carta Magna cristã. Podemos até mesmo chamá-la de manifesto do novo reino, pois ela não apenas declara as nossas crenças essenciais, mas também estabelece a nossa agenda como discípulos de Cristo. Contudo, mais do que qualquer outra coisa, as palavras que Paulo e Tércio, seu amanuense, colocaram no papel vinte séculos atrás são nada menos do que a Palavra de Deus. Por meio da agência humana, o Criador todo-poderoso a soprou, revelando um grande plano.

O "plano da salvação" esboçado nesta carta aos cristãos que viviam na Roma do primeiro século tem em vista mais do que o resgate de indivíduos. O plano de Deus é mais do que uma simples rota de fuga por meio da qual alguns encontram segurança contra as chamas da punição eterna. Este grande plano de Deus — do qual todos nós somos convidados a fazer parte — nada mais é do que a intenção do Criador de reconduzir a sua criação a estar debaixo do domínio divino, de purificá-la do mal, de redimi-la, de reivindicá-la e de renovar o universo para que este mais uma vez reflita a glória de Deus. O plano de salvação é boa notícia para cada pessoa individualmente, mas a maior notícia de todas é o retorno da justiça de Deus ao seu devido lugar no mundo. Algum dia, Cristo rasgará o véu entre o céu e a terra e a justiça de Deus arrancará "o príncipe do poder do ar" (Ef 2:2) do trono que usurpou e, mais uma vez, governará sobre a criação. Esse futuro é inevitável porque o plano de Deus é inevitável.

Nesse meio tempo, a justiça de Deus vive nos corações daqueles que receberam a sua graça por meio da fé no Filho de Deus, Jesus Cristo. Portanto, cada indivíduo que ler a carta de Paulo aos Romanos deve responder duas perguntas. Primeira, você permitirá que a transformação do mundo promovida por Deus comece com você? Como Paulo vai explicar, esse não é um convite para você se esforçar com mais intensidade, mas um apelo para se submeter à sua graça antes que seja tarde demais. Segunda, se a justiça de Deus vive em você neste momento, você vai mantê-la oculta? Se lhe falta conhecimento, continue a ler. O livro de Romanos explicará tudo que você precisa saber. Se lhe falta coragem, esta exortação, vinda de um apóstolo intrépido para uma igreja sitiada na Roma do primeiro século, reavivará e revigorará sua confiança.

Seja qual for a sua situação, onde quer que você por acaso esteja em sua jornada espiritual, estou convencido de que o tempo que você investir em um estudo cuidadoso dessa carta vai mudar sua vida para sempre. Isso tem sido verdade nas gerações passadas, e o poder da Palavra de Deus não diminuiu com o passar do tempo. À medida que ler, o Espírito Santo promete que lhe dará qualquer coisa da qual você tenha necessidade. Você só precisa crer na promessa dele. Se você se submeter a essas verdades, então também descobrirá, como aconteceu com Paulo, que "o justo viverá pela fé" (Rm 1:17).

SAUDAÇÃO
(ROMANOS 1:1-17)

Imagine como você se sentiria se descobrisse uma cura 100% natural, 100% eficaz e completamente gratuita para todos os tipos de câncer. Quanto do seu próprio tempo, energia e dinheiro você gastaria para tornar essa cura maravilhosa disponível à maior quantidade de pessoas possível no período da sua vida?

Paulo era um homem em uma missão. Qual era sua tarefa? Distribuir a *commodity* mais preciosa que o mundo recebeu: o evangelho, uma cura formulada por Deus para ser 100% eficaz contra a doença terminal do pecado. O evangelho — o *euangelion* ("boas-novas") na linguagem dele — tornou-se a força motriz de sua vida. E, quando estava prestes a levar essa obsessão magnífica a um nível completamente diferente, o apóstolo convocou a ajuda de seus irmãos e irmãs em Roma. Infelizmente, eles nunca haviam se encontrado.

TERMOS-CHAVE EM ROMANOS 1:1-17

■ *apostolos* (ἀπόστολος) [652] "apóstolo", "enviado", "emissário oficial"

Os autores do Novo Testamento usam este termo em referência àqueles que serviam na missão de Cristo (At 14:14). Na Igreja Primitiva, a tarefa de um apóstolo é descrita pelo verbo *apostellō* [649], que geralmente tem a conotação de envio. Paulo refere-se a si mesmo como "apóstolo" (Rm 1:1; 11:13), destacando seu papel ordenado por Cristo como um emissário oficial do evangelho. Para ser chamado de "apóstolo" nesse sentido técnico, alguém precisava ter encontrado Jesus Cristo pessoalmente depois de sua ressurreição e recebido expressamente o seu comissionamento para levar as boas-novas a outros.

■ *dikaiosynē* (δικαιοσύνη) [1343] "retidão", "justiça", "equidade"

O grupo de palavras derivado da raiz *dik-* desempenha um papel importante e distintivo em Romanos: o verbo *dikaioō* ("declarar justo" [1344]), o substantivo *dikaiosynē* ("justiça") e o adjetivo *dikaios* ("justo, reto" [1342]). Para Paulo e os primeiros cristãos, a importância e o referente primário desta palavra nascem do seu uso na Septuaginta (a tradução do Antigo Testamento para o grego), na qual ela traduz o grupo de termos em hebraico associados à justiça da aliança. Durante o período intertestamentário, "justiça" assume um sabor tanto ético quanto judicial. Essas duas nuances ficam evidentes em Romanos, e a justiça é tanto um atributo de Deus que Ele concede àqueles que têm fé em seu Filho Jesus quanto uma característica do comportamento daqueles que mantêm um relacionamento correto com Deus.

■ *euangelion* (εὐαγγέλιον) [2098] "evangelho", "notícias alegres", "bom relato"

Este termo grego descrevia o relatório favorável de um mensageiro vindo do campo de batalha ou a proclamação oficial de que o herdeiro do rei havia nascido. No Novo Testamento, essa palavra refere-se à proclamação de que a morte e a ressurreição de Jesus perdoam pecados e concedem vida eterna. A palavra "evangelho" em português tem esse mesmo sentido.

■ *pistis* (πίστις) [4102] "fé", "confiança", "dependência", "fidedignidade"

O uso que Paulo faz desta palavra acompanha o uso dela na Septuaginta. Para o judeu — e, portanto, para o cristão — *pistis* é o meio pelo qual nos relacionamos com Deus. Em Romanos, a ação do verbo *pisteuō* ("acreditar ou ter fé" [4100]) é predominantemente dirigida a Deus e à sua vontade por meio da ação salvadora de Jesus sobre a cruz e sua ressurreição (1:16). *Pistis*, portanto, é o único meio pelo qual recebemos a salvação (1:5, 8, 12, 17).

■ *sōtēria* (σωτηρία) [4991] "salvação", "libertação", "proteção", "preservação"

Esta palavra é usada em toda a Septuaginta e o Novo Testamento para descrever uma gama de circunstâncias relativas a resgate. Paulo usa a palavra "salvação" em Romanos cinco vezes (1:16; 10:1, 10; 11:11; 13:11), transmitindo não apenas a ideia da salvação espiritual ("ir para o céu quando morrermos"), mas também uma perspectiva escatológica.[3] Em outras palavras, Paulo aguarda ansiosamente a salvação encontrada na segunda vinda de Cristo, incluindo a ressurreição e a glorificação.

Missão: O Evangelho

LEIA ROMANOS 1:1-17

1:1

Os primeiros sete versículos da carta de Paulo formam uma proposição longa e complexa, com diversas frases colocadas entre "[De] Paulo" (1:1) e "a todos os que em Roma são amados de Deus" (1:7). A audiência original não deve ter tido nenhum problema em compreender esse estilo de escrita, mas as frases intercaladas podem ser terrivelmente confusas para nós. Dessa forma, em favor da simplicidade, permita-me analisar o texto de duas maneiras. Primeiramente, perceba o quadro "Saudação de Paulo", ao qual vamos nos referir posteriormente. Segundo, perceba que esta saudação segue um roteiro simples:

Autor: "Paulo..." (1:1)
Assunto: Composto por várias frases que apresentam o conteúdo da carta (1:2-6)
Destinatários: "Todos os que em Roma são amados de Deus..." (1:7a)
Saudação: "A vocês, graça e paz..." (1:7b)

Os cristãos de Roma conheciam Paulo apenas por sua reputação. O ministério dele havia começado bem longe, em Jerusalém, e espalhou-se pela maior parte do leste do Império Romano, mas o apóstolo ainda não havia visitado a capital do império. Dessa forma, poucos ali haviam visto o homem em pessoa. Todavia, sua estatura como líder cristão era inigualável, especialmente entre os gentios. Em razão disso, ao se identificar, Paulo poderia ter escolhido qualquer quantidade de títulos diferentes. Poderia ter chamado a si mesmo de erudito uma vez que foi ensinado pelo renomado mestre judeu Gamaliel (At 22:3). Poderia ter se apresentado como cidadão romano (At 22:28), um título de influência significativa na capital do império. Também poderia ter chamado atenção para seu encontro pessoal com o Cristo ressurreto (At 22:6-11) ou por ter visto pessoalmente o esplendor do céu (2Co 12:2-5). Em vez disso, ele optou por uma designação que considerava muito mais elevada, muito mais impressionante do que qualquer outra: *doulos Christou Iēsou* [1401, 5547, 2424], "servo de Cristo Jesus".

Gregos e romanos desprezavam a servidão mais do que qualquer outra coisa. Eles não tinham objeção ao serviço governamental, contanto que ele fosse voluntário, uma expressão de boa virtude de um cidadão leal. O serviço compulsório, por outro lado, significava a perda da liberdade,

SAUDAÇÃO DE PAULO

¹Paulo,
servo de Cristo Jesus,
chamado para ser apóstolo,
separado para o evangelho de Deus,
²o qual foi prometido por ele
de antemão
por meio dos seus profetas
nas Escrituras Sagradas,
³acerca de seu Filho,
que, como homem,
era descendente de Davi,
⁴e que mediante o Espírito de santidade foi declarado
Filho de Deus
com poder,
pela sua ressurreição dentre os mortos:
Jesus Cristo, nosso Senhor.
⁵Por meio dele e por causa do seu nome,
recebemos graça e apostolado
para chamar dentre todas as nações um povo
para a obediência que vem pela fé.
⁶E. vocês também estão entre os chamados
para pertencerem a Jesus Cristo.
⁷A todos os que
em Roma são amados de Deus
e chamados para serem santos:
A vocês, graça e paz da parte de
Deus nosso Pai
e do Senhor Jesus Cristo.

e perder a liberdade era perder a dignidade que a pessoa possuía.[4] Na Septuaginta, o termo *doulos* poderia se referir a um serviço ilegal ou irracional, como a escravidão de Israel no Egito (Êx 13:3) e a servidão de Jacó a Labão (Gn 29:18).[5] Em alguns momentos, *doulos* se referia àqueles que estavam sujeitos ao governo de outro, como no caso em que um governador tinha que pagar tributo a outro rei mais poderoso.

Sendo assim, ninguém queria receber o título de *doulos*, a não ser, é claro, que a pessoa servisse a Deus. No serviço do Criador, nenhum título poderia ter sido mais valorizado. Entre os "servos de Deus", temos Abraão, Moisés, Davi e outros heróis da fé dignos de nota.

Paulo apresentou-se adicionando duas outras designações à de "servo". Primeiro, ele foi chamado por Deus para ser seu "apóstolo". Na cultura grega secular e na Septuaginta, "apóstolo" era uma referência a alguém enviado para realizar uma tarefa em favor de quem o enviara. O apóstolo era um emissário. Em Gênesis 24:1-9, por exemplo, Abraão encarregou um servo com a missão de encontrar uma esposa para Isaque, de modo que a aliança pudesse passar para seu herdeiro. Do mesmo modo, Paulo reivindicava autoridade não com base na educação, na personalidade ou até mesmo em função de uma revelação especial — embora ele pudesse ter legitimamente reivindicado todas essas coisas —, mas com base no mandado daquele que o havia enviado. Sua autoridade procedia diretamente do próprio Deus.

Segundo, Paulo escreveu que fora "separado" para ensinar e pregar o evangelho (Rm 1:1). A palavra grega aqui é *aphorizō* [873], que significa simplesmente "separar" ou "reservar". Contudo, para Paulo, o termo carregava um significado bastante profundo, um que se baseava em sua experiência pessoal. Com efeito, Paulo disse: "Durante a melhor parte da minha vida de jovem adulto, vivi dentro de um círculo, limitado por um horizonte que eu não podia cruzar. Então, o Senhor me confrontou na estrada de Damasco, onde eu desejava perseguir e até mesmo matar aqueles que o seguiam, e me transportou pela fé para um mundo além do meu antigo horizonte. Fui transportado de um círculo de existência para outro". Além do mais, o apóstolo declarou que fora "separado" para levar o evangelho ao mundo.

1:2-6

Este evangelho não apenas impulsionou o ministério do apóstolo por todo o mundo, como foi o principal assunto de sua mensagem aos romanos, que ele apresentou num conjunto de frases entre "[De] Paulo" (1:1) e "a todos os que em Roma são amados de Deus" (1:7). O quadro "Saudação de Paulo" mostra como as frases estão interligadas de modo a estabelecer várias verdades sobre as boas-novas e seu personagem principal, Jesus Cristo.

Primeiro, *a origem do evangelho foi Deus*. Paulo declarou que o evangelho foi "prometido" (1:2). *Como?* Olhe embaixo da palavra "prometido" no quadro.

O evangelho foi prometido *de antemão* (1:2). A mensagem que Paulo levava não era nova; ela foi o foco central do Antigo Testamento e o propulsor por trás da interação do Senhor com a humanidade desde a trágica desobediência de Adão e Eva no Jardim do Éden.

O evangelho foi prometido *por meio dos seus profetas* (1:2). A mensagem que Paulo levava cumpriu a esperança da salvação prenunciada por todos os profetas desde Moisés.

O evangelho foi prometido *nas Escrituras Sagradas* (1:2). A mensagem que Paulo levava passou pelo derradeiro teste da verdade: ela nasceu da

REFERÊNCIAS AO ANTIGO TESTAMENTO EM ROMANOS

#	Referência	Passagem	Tipo
1	Romanos 1:17	Habacuque 2:4	Citação
2	Romanos 2:6	Salmos 62:12	Citação
3	Romanos 2:6	Provérbios 24:12	Citação
4	Romanos 2:24	Isaías 52:5	Alusão
5	Romanos 2:24	Ezequiel 36:20	Alusão
6	Romanos 3:4	Salmos 51:4	Citação
7	Romanos 3:10-12	Salmos 14:1-3 (Salmos 53:1-3)	Citação
8	Romanos 3:10-12	Eclesiastes 7:20	Alusão
9	Romanos 3:13	Salmos 5:9	Citação
10	Romanos 3:13	Salmos 140:3	Citação
11	Romanos 3:14	Salmos 10:7	Citação
12	Romanos 3:15-17	Isaías 59:7-8	Paráfrase
13	Romanos 3:18	Salmos 36:1	Citação
14	Romanos 4:3	Gênesis 15:6	Citação
15	Romanos 4:7-8	Salmos 32:1-2	Citação
16	Romanos 4:9	Gênesis 15:6	Paráfrase
17	Romanos 4:17	Gênesis 17:5	Paráfrase
18	Romanos 4:18	Gênesis 15:5	Citação
19	Romanos 4:22	Gênesis 15:6	Citação
20	Romanos 7:7	Êxodo 20:17	Citação
21	Romanos 8:36	Salmos 44:22	Citação
22	Romanos 8:36	Isaías 53:7	Alusão
23	Romanos 8:36	Zacarias 11:4	Alusão
24	Romanos 8:36	Zacarias 11:7	Alusão
25	Romanos 9:7	Gênesis 21:12	Citação
26	Romanos 9:9	Gênesis 18:10	Citação
27	Romanos 9:9	Gênesis 18:14	Citação
28	Romanos 9:12	Gênesis 25:23	Citação
29	Romanos 9:13	Malaquias 1:2-3	Citação
30	Romanos 9:15	Êxodo 33:19	Citação
31	Romanos 9:17	Êxodo 9:16	Citação
32	Romanos 9:25	Oseias 2:23	Paráfrase
33	Romanos 9:26	Oseias 1:10	Citação
34	Romanos 9:27-28	Isaías 10:22-23	Citação
35	Romanos 9:27-28	Isaías 28:22	Alusão
36	Romanos 9:27-28	Oseias 1:10	Alusão
37	Romanos 9:29	Isaías 1:9	Citação
38	Romanos 9:33	Isaías 8:14	Citação
39	Romanos 9:33	Isaías 28:16	Citação

40	Romanos 10:5	Levítico 18:5	Alusão
41	Romanos 10:6	Deuteronômio 30:12	Alusão
42	Romanos 10:7	Deuteronômio 30:13	Alusão
43	Romanos 10:8	Deuteronômio 30:14	Citação
44	Romanos 10:11	Isaías 28:16	Citação
45	Romanos 10:13	Joel 2:32	Citação
46	Romanos 10:15	Isaías 52:7	Citação
47	Romanos 10:15	Naum 1:15	Alusão
48	Romanos 10:16	Isaías 53:1	Citação
49	Romanos 10:18	Salmos 19:4	Citação
50	Romanos 10:19	Deuteronômio 32:21	Citação
51	Romanos 10:20	Isaías 65:1	Citação
52	Romanos 10:21	Isaías 65:2	Citação
53	Romanos 11:3	1Reis 19:10	Paráfrase
54	Romanos 11:3	1Reis 19:14	Paráfrase
55	Romanos 11:4	1Reis 19:18	Paráfrase
56	Romanos 11:8	Deuteronômio 29:4	Citação
57	Romanos 11:8	Isaías 29:10	Alusão
58	Romanos 11:9-10	Salmos 69:22-23	Citação
59	Romanos 11:26-27	Isaías 59:20-21	Citação
60	Romanos 11:26-27	Jeremias 31:31-34	Paráfrase
61	Romanos 11:34-35	Isaías 40:13	Paráfrase
62	Romanos 11:34-35	Jó 41:11	Citação
63	Romanos 11:34-35	Jeremias 23:18	Alusão
64	Romanos 12:19	Deuteronômio 32:35	Citação
65	Romanos 12:20	Provérbios 25:21-22	Citação
66	Romanos 13:9	Êxodo 20:13-17	Citação
67	Romanos 13:9	Deuteronômio 5:17-21	Citação
68	Romanos 13:9	Levítico 19:18	Citação
69	Romanos 14:11	Isaías 45:23	Paráfrase
70	Romanos 15:3	Salmos 69:9	Citação
71	Romanos 15:9	2Samuel 22:50	Citação
72	Romanos 15:9	Salmos 18:49	Alusão
73	Romanos 15:10	Deuteronômio 32:43	Citação
74	Romanos 15:11	Salmos 117:1	Citação
75	Romanos 15:12	Isaías 11:10	Citação
76	Romanos 15:21	Isaías 52:15	Citação
	TOTAIS	Citações diretas	51
		Citações parafraseadas	10
		Alusões claras	15

Palavra de Deus. E o apóstolo demonstraria a veracidade do evangelho por toda sua carta citando ou parafraseando textos do Antigo Testamento não menos do que em sessenta ocasiões.

Segundo, *o conteúdo do evangelho é Jesus Cristo*. Perceba que o evangelho foi prometido "acerca de seu Filho" (1:3), sobre quem Paulo declarou diversas verdades.

O Filho de Deus, "como homem, era descendente [literalmente "uma semente"] de Davi", o que significa que ele tem uma natureza humana real, exatamente como você e eu (1:3).

Por meio de sua ressurreição, Jesus foi inegavelmente "declarado Filho de Deus" (1:4) naquilo que concerne à sua identidade eterna. A expressão "Espírito de santidade" se refere à sua natureza divina, pois assim como Deus é espírito, o Filho compartilha dessa natureza.

O Filho de Deus é "Jesus Cristo, nosso Senhor" (1:4). O "Cristo" não é outro que não o Messias judaico, que é o nosso *kyrios* [2962], o termo grego usado por toda a Septuaginta em referência a Deus.

Pelo fato de os crentes romanos não conhecerem Paulo pessoalmente, era importante que ele apresentasse uma ascendência imaculada de verdade para logo de início demonstrar uma afinidade teológica com sua audiência. Nenhuma questão dividia os verdadeiros crentes dos apóstatas mais definitivamente do que a identidade de Cristo.

Devemos fazer o mesmo hoje. Os rótulos "metodista", "presbiteriano", "batista" ou até mesmo "evangélico" significam muito pouco para a pessoa comum das ruas. Um professor da autêntica verdade cristã deve ter uma compreensão clara de quem Jesus é em relação à Trindade e como figura central do evangelho. Se uma pessoa disser que Jesus é qualquer outra coisa que não Deus em carne humana, então essa pessoa não é confiável para ensinar os outros. Essa pessoa pode ser um mórmon, uma testemunha de Jeová ou seguir alguma corrente de ceticismo indefinido. Tal pessoa pode até mesmo escolher usar o rótulo de "cristão" e carregar uma Bíblia; todavia, ela *não é* cristã. Isso não quer dizer que devemos evitá-la ou rejeitá-la. Devemos simplesmente reconhecer que ela precisa ouvir o evangelho.

Terceiro, *o propósito do evangelho é produzir uma fé obediente* (1:5). Houve um tempo em que se dizia que o aprendizado acontecia quando o comportamento de um indivíduo era transformado como resultado da obtenção de informação nova. Deus não nos chamou simplesmente para depositar um conjunto de princípios teológicos em nossa cabeça. Somos salvos com o objetivo de entregar nossa vida a Cristo (16:26). Quando pensar em obediência, associe a ela o sinônimo "submissão". Paulo submeteu tudo à vontade de Deus, desde o momento de seu encontro com Cristo na estrada para Damasco até o próprio fim de sua vida.

Paulo relembrou aos crentes de Roma que eles também estavam entre "os chamados para pertencerem a Jesus Cristo" (1:6). Embora o chamado deles não tivesse a mesma condição oficial do apostolado de Paulo, eles ainda assim compartilhavam de sua missão. Jesus Cristo os chamou à fé e à obediência e então os encarregou da responsabilidade de trazer gentios — isto é, seus compatriotas habitantes de Roma e do Império Romano como um todo — à mesma fé e obediência.

A responsabilidade de "fazer discípulos" (cf. Mt 28:19-20) não está colocada unicamente sobre os ombros dos ministros do evangelho vocacionados e de tempo integral. Eles dedicam suas vidas à pregação, ao ensino e à liderança, mas não são servos substitutos — mãos contratadas para fazer o trabalho em favor de outros. Todos nós, todos os membros do Corpo de Cristo, somos encarregados da mesma missão. Devemos procurar aqueles que não ouviram as boas-novas e nos tornarmos o meio pelo qual eles podem chegar à fé e à obediência.

1:7

Paulo conclui sua saudação identificando sua audiência ("todos os que em Roma são amados de Deus e chamados para serem santos") e, em seguida, os abençoa ("a vocês, graça e paz").

Ele não usou o termo "santos" para sugerir que eles deveriam trabalhar intensamente na vida cristã com o objetivo de alcançar um plano espiritual elevado. O termo "santo" é um substantivo relacionado ao adjetivo "santificado". Uma coisa é mantida "santificada" quando é separada para um uso exclusivo como quando um sacerdote reservava certas coisas do templo para os rituais de adoração. O propósito de "separar" alguma coisa é mantê-la pura, incontaminada pelo mundo.

A aplicação pessoal teria sido tão óbvia para eles quanto é para nós. Os crentes foram chamados como "separados". Deus chamou os seus, separou-os e realizará a obra de purificação. Mas Paulo parece sugerir aqui que há espaço para participarmos no processo de limpeza. Mais adiante em sua carta, ele insistirá com os crentes para que "transformem-se pela renovação da sua mente" (12:2). O verbo no imperativo — essa ordem — implica que, embora o Espírito Santo tenha se proposto a fazer essa obra, temos a responsabilidade de nos unirmos a Ele. Podemos participar de quatro maneiras específicas:

- Ao nos submetermos à sua obra de convencimento, comando, conforto, desafio e conformação.
- Ao nos dedicarmos a conhecer Jesus e cultivarmos nosso relacionamento pessoal com Ele.

- Ao nos dedicarmos a amar nossos colegas crentes dentro da comunidade da fé.
- Ao obedecermos à sua ordem de fazer discípulos entre os não crentes.

Essas atividades, assim como todas as disciplinas espirituais, não têm a capacidade de nos tornar pessoas melhores — pelo menos não por elas mesmas. Somos impotentes para reformar nossa própria natureza pecaminosa. Contudo, quando aplicadas como meios de cultivar nosso relacionamento pessoal com Cristo, essas ações nos ajudam a permanecer mais maleáveis ao seu processo de moldagem.

Além disso, os crentes eram "amados" não apenas por Deus, mas também por Paulo. Ele não escreveu aos seus irmãos e irmãs em Roma apenas para dar-lhes um livro habilmente esboçado sobre verdades doutrinárias. Ele queria que eles cultivassem vidas tão abundantemente cheias da graça que a obediência viesse a se tornar tão natural para eles quanto o respirar. Mas isso exige equilíbrio. O mundo do fundamentalismo está repleto de pessoas que dão muito pouca atenção à graciosidade de uma vida obediente. No outro extremo, muitos enfatizam a graciosidade e o amor separados de uma sólida fundação doutrinária. Isso é pior do que construir uma casa sobre a areia. A vida submetida ao Pai exige as duas coisas — uma compreensão genuína da verdade do evangelho que resulta em obediência sempre crescente.

A bênção dupla da graça e da paz era uma assinatura para Paulo.[6] "Graça" era uma saudação comum na cultura grega, e sua inclusão aqui teria sido tão normal para seus leitores como "Prezado ___" é para nós hoje. Contudo, Paulo vai mergulhar no profundo significado teológico de "graça" em sua carta aos Romanos de maneiras que nenhum judeu ou grego jamais teria imaginado.

Os judeus costumavam saudar uns aos outros com a palavra *shalom*, que tinha o significado geral de "plenitude e satisfação — de entrar em um estado de completude e unidade, um relacionamento restaurado". [7] A palavra incorporava todas as bênçãos da Terra Prometida e o cumprimento da aliança de Deus com Abraão.

1:8-13

Se havia uma coisa da qual os crentes em Roma precisavam era de encorajamento, e uma carta vinda de alguém da estatura de Paulo os ajudaria a permanecer em pé. Lembro-me dos meus dias na Marinha, a mais de doze mil quilômetros de casa, desesperadamente sozinho e contando os minutos até a chegada das cartas. (Não havia computadores nem telefones celulares naquela época!) Não conheço uma única pessoa servindo no exterior que não deixaria de fazer algumas refeições se isso significasse receber uma carta de casa ou até mesmo um cartão postal daquela pessoa especial. Quando eu recebia uma carta de Cynthia, meu coração disparava ao ver sua letra escrita no papel. Eu inalava o perfume dela no envelope antes de abri-lo. Devorava cada palavra. Lia a carta de novo, de novo e de novo. Por quê? Porque ela me dizia o que eu significava para ela. Ela falava sobre o meu valor. Lembrava-me do como estava esperando por mim e ansiava estar comigo. Talvez aqueles crentes em Roma sentissem algo similar ao ler as palavras de Paulo. Antes de ensinar-lhes qualquer coisa, Paulo escolheu quatro maneiras de animar o espírito dos irmãos e irmãs de Roma.

Paulo os incentivou (1:8). Ele expressou sua admiração pessoal e gratidão pela reputação de fidelidade que os cristãos romanos haviam conquistado, não apenas na capital, mas por todo o império. A maioria das pessoas ouve muito pouco incentivo: quantidade esparsa no trabalho, menos ainda no lar e quase nenhum na igreja (para nossa vergonha). Palavras de apreciação ou gratidão não custam nada, mas como são preciosas para quem está desanimado. Os crentes de Roma, em dificuldade, precisavam ouvir alguém dizer "Muito bem! Continuem agindo da mesma forma. Isso está impactando o mundo de forma permanente".

Paulo orou por eles (1:9). Paulo não conhecia a maioria daquelas pessoas, pois ainda não havia visitado Roma. Contudo, nunca deixou de inclui-las em suas orações.

Há vários anos tenho tido a oportunidade de interagir com pessoas que ocupam altos postos no governo e nas forças armadas por meio de uma organização chamada Christian Embassy [Embaixada Cristã]. Homens e mulheres dessa comunidade — generais, almirantes, chefes de gabinete, membros do Congresso, funcionários da Casa Branca e equipes de apoio — frequentemente me dizem como é significativo para eles saber que há pessoas orando por eles. A capital norte-americana, Washington, é um lugar solitário para os poderosos e mais ainda para os crentes que ocupam cargos elevados. Saber que outros estão de joelhos diante de Deus permite que eles se sintam apoiados e sustentados.

Paulo expressou seu desejo de estar com eles (1:10). Paulo já estava no ministério tempo suficiente para entender o valor de estar presente para alguém que precisa de encorajamento.

Devemos ter em mente durante toda esta carta que ela não é um simples tratado teológico. É uma carta de amor de Deus para os romanos através de seu emissário especial, Paulo. Eles precisavam saber que eram "amados de Deus", escolhidos para serem seus filhos, separados como santos (1:7).

Paulo prometeu ajudá-los (1:11-13). Os desanimados certamente precisavam de conforto emocional e espiritual, mas também necessitavam de ajuda tangível. Paulo apresentou algumas razões para a visita que desejava fazer, cada uma das quais introduzida pela conjunção grega *hina* [2443], "com o propósito de" ou "para que".

> *"[Com o propósito de] compartilhar com vocês algum dom espiritual, para fortalecê-los."* A frase grega *pneumatikon charisma* (dom espiritual) [4152, 5486] pode sugerir que Paulo desejava empoderar os crentes em Roma com habilidades sobrenaturais do Espírito Santo. Em algumas ocasiões ele usou a frase dessa maneira (12:6; 1Co 1:7; 12:4, 31), e às vezes usou *charisma* ("dom, dádiva") para se referir à livre oferta de salvação (Rm 5:15, 16; 6:23).
>
> Isso é liderança no sentido cristão. Paulo não planejava dar a eles um dom espiritual que não tinham; planejava compartilhar com eles o *seu* dom espiritual, o dom do conhecimento, o dom da sabedoria, o dom do apostolado. Planejava dar-lhes uma parcela do conhecimento que Deus lhe dera. Paulo seria fortalecido, por sua vez, pelos dons espirituais que os crentes de Roma tinham a oferecer.
>
> *"Meu propósito é colher algum fruto entre vocês."* O "fruto" que Paulo esperava obter se referia ao resultado do ministério, ou seja, mais convertidos por meio da fé em Jesus Cristo e mais cristãos vivendo em obediência como resultado de sua fé em constante crescimento (Fp 1:22; Cl 1:6). Mas ele também usou o termo "fruto" em referência a dinheiro, que, quando é dado de maneira generosa, é um resultado tangível da fé genuína e um meio de ministrar aos outros (Rm 15:23-28).

Paulo já ouvira falar da vibrante comunidade cristã de Roma, que florescia apesar das muitas razões pelas quais ela não deveria existir. Ele deve ter apreciado a determinação dos crentes romanos. Não há dúvida de que ele viu neles uma congregação de pessoas comprometidas que não apenas o ajudaria nessa missão, mas que também a abraçaria como sendo sua própria.

1:14

Jesus explicou as boas-novas da seguinte maneira: "Porque Deus tanto amou o mundo que deu o seu Filho Unigênito, para que todo que nele crer não pereça, mas tenha a vida eterna" (Jo 3:16). Muitos nunca haviam escutado essa notícia. O Filho de Deus entrou no mundo como um embrião, depois como um feto e, em seguida, como uma criança recém-nascida na periferia de um povoado conhecido como Belém, nas colinas da Judeia. Cresceu até se tornar um homem que, embora fosse completamente sem pecado, pagou a pena completa do pecado em favor do mundo inteiro.

O preço foi pago plenamente, não deixando nada para que nós mesmos pagássemos, de modo que todo aquele — independentemente de idade, gênero, raça, nacionalidade, localização geográfica, classe social, inteligência, educação ou até mesmo moralidade — que simplesmente confiasse o suficiente em Deus para receber seu presente gratuito tivesse "a vida eterna". Sem condições prévias. Nada de taxas ocultas. Nenhum trabalho extra a ser realizado. Nenhum requisito adicional. Nada a ser acrescentado. Somente pela graça, por meio apenas da fé somente em Cristo. Isso é tudo. E isso é suficiente!

Pouco depois de Jesus ter ressuscitado dos mortos e ter subido ao Pai, judeus descrentes começaram a perseguir os membros de seu próprio povo que optaram por crer em Jesus. Certo homem, um fariseu, perseguia e aprisionava cristãos com fúria religiosa incomparável (At 8:3) e terminou supervisionando a execução do primeiro mártir cristão (At 7:58). Porém, enquanto estava a caminho da cidade de Damasco para encontrar e prender os crentes, encontrou o Salvador ressurreto e creu nas boas-novas (At 9:3-6), o que chocou o mundo religioso dentro de Jerusalém e em seus arredores. O principal perseguidor dos cristãos havia se juntado ao grupo daqueles que ele havia anteriormente matado.

Passados vinte e cinco anos, depois de estudar as Escrituras e de se desenvolver como cristão na igreja de Antioquia, formada predominantemente por gentios, Paulo havia se tornado o principal embaixador das boas-novas para o mundo entre Jerusalém e Roma. Tendo concretizado tudo que sonhara nas terras controladas pelo império, o apóstolo desejava levar o evangelho para pessoas que viviam na recém romanizada fronteira da Espanha, embora ela ainda fosse "bárbara". Mas isso viria depois de Roma. Enquanto ministrava em cada lugar, ele mantinha seus olhos no horizonte, além do qual viviam mais pessoas que precisavam ouvir as boas-novas.

O apóstolo seguia em sua missão de propagar o evangelho com paixão ainda maior do que a que sentira quando procurava eliminá-lo. E expressou essa paixão usando três declarações que revelavam sua posição e disposição: "Sou devedor", "Estou disposto a pregar o evangelho" e "Não me envergonho".

"Sou devedor" (1:14). A declaração de Paulo literalmente diz: 'Tanto a gregos como a bárbaros, tanto aos educados como aos ignorantes, sou devedor." Existe mais de um tipo de dívida. A mais familiar é aquela em que pedimos emprestado uma soma de dinheiro ao banco. Passamos a ser devedores do banco para que um dia possamos devolver o dinheiro. A dívida de Paulo é de outro tipo. Se alguém me der dinheiro para entregar a outra pessoa, passo a ser devedor daquele que me deu o dinheiro e, num sentido bem real, também daquele que deveria recebê-lo.

Como intermediário, sou devedor de ambos. Com efeito, Paulo escreveu o seguinte: "Recebi as boas-novas do próprio Salvador e agora tenho a responsabilidade — uma dívida a pagar — de entregar essas notícias a outra pessoa".

Creio ser importante destacar que essa dívida não era uma condição para a salvação de Paulo. Ele não se considerava devedor porque devia alguma coisa ao Senhor em troca pela vida eterna. A dívida do apóstolo era uma condição voluntária de seu chamado. Era um profundo senso de responsabilidade pelo destino de outros humanos, sendo que a maioria vivia na mesma escuridão espiritual que uma vez fez dele um perseguidor e assassino daqueles que viviam na luz da verdade.

"Bárbaros" não era uma referência a selvagens de olhar assustador, mas àqueles que ainda não haviam se aculturado aos modos de Roma, àqueles que viviam nas fronteiras do império. Os romanos aplicavam o termo "bárbaros" a quaisquer pessoas que não fossem romanizadas porque as viam como rudes e ignorantes. Mas o uso que Paulo faz aqui não parece implicar tal conotação negativa. Ele usa a linguagem dos romanos para enfatizar que seu endividamento se estendia ao mundo inteiro — não simplesmente às pessoas próximas e familiares, mas também às pessoas distantes e estranhas.

1:15

"Estou disposto a pregar o evangelho" (1:15). A paixão de Paulo ardia com a urgência de alguém que havia acabado de descobrir a saída de emergência em um arranha-céus em chamas. Desesperado para salvar outras pessoas, ele grita: "Por aqui, venham por aqui! Desçam logo esta escada! É por aqui que vamos sair. Esta é a rota de fuga!". Mesmo depois de duas décadas de recorrentes dificuldades como fome, sede, frio, naufrágio, assaltos, espancamentos, prisões e apedrejamento (At 14:19; 2Co 11:23-27; 2Tm 3:11), mesmo depois de ver o sucesso do seu trabalho — ao ver o império salpicado de comunidades crescentes de crentes —, Paulo permanecia ansioso por cumprir seu chamado em lugares ainda mais distantes do seu lar.

1:16-17

"Pois não me envergonho" (1:16). Paulo não se deteve pelo medo daquilo que os outros pensavam por duas razões, ambas baseadas no evangelho.

Primeira razão: "Porque é o poder de Deus para a salvação" (1:16). Voltemos à minha ilustração anterior. Se você de fato tivesse descoberto uma cura completamente eficaz e gratuita para todos os tipos de câncer, qual seria sua preocupação com aquilo que as pessoas poderiam vir a dizer? Se a sua alegria diária fosse ver pacientes em condição terminal saindo do leito hospitalar e desfrutando de uma vida longa e saudável, você se importaria com as críticas? Paulo permanecia energizado e despreocupado com a opinião humana porque o evangelho é maravilhoso demais e tocante demais para ser desconsiderado, especialmente levando-se em conta o orgulho.

Segunda razão: "Porque no evangelho é revelada a justiça de Deus" (1:17). O pecado nada mais é do que rebelião contra a própria natureza de Deus, que é totalmente bom, e justiça é a relação correta com o único que pode julgar entre o bem e o mal. Quando suportou a nossa punição pelo pecado, Cristo satisfez os requisitos da justiça. Seu sacrifício expiatório dá ao Pai a oportunidade de nos libertar do julgamento ao mesmo tempo em que preserva o seu caráter justo. Qualquer pessoa que receber este presente pela fé desfrutará de um relacionamento restaurado com o Criador.

Paulo concluiu sua saudação com um lembrete de que, embora as boas-novas de Jesus Cristo — a abordagem radical de Deus ao problema do pecado — sejam algo surpreendente, novo e inovador a partir da nossa perspectiva, elas são de fato mais antigas do que a criação. E, embora novo a partir do nosso ponto de vista, o evangelho não muda a maneira pela qual as pessoas são salvas de seus pecados. Paulo cita o profeta Habacuque, do Antigo Testamento, para mostrar que, durante todas as eras, a salvação continua a ser um presente ofertado pela graça e recebido por meio da fé (1:17; citando Hc 2:4). Desse modo, a justiça de Deus é revelada "da fé para a fé" (literal) ou "pela fé, do início ao fim" (minha paráfrase). Embora o sacrifício expiatório de Jesus em favor dos pecadores torne a salvação possível no sentido judicial, o modo de receber a salvação não mudou. "O justo viverá pela fé." . Uma pessoa recebe o direito de se apresentar diante de Deus *pela fé*, e não por obras.

Este é apenas um vislumbre das boas-novas que Paulo desejava compartilhar e que teve grande cuidado de explicar em sua carta. Contudo, antes de apreciar plenamente uma cura, a pessoa precisa entender a doença e suas consequências.

APLICAÇÃO
Romanos 1:1-17
TORNANDO AS "BOAS-NOVAS" EXCEPCIONAIS

As "boas-novas" do evangelho afirmam que Jesus Cristo — Filho de Deus e Filho do Homem — morreu por nossos pecados e ressuscitou dos mortos (1:1-4; cf. 1Co 15:1-5). Estas boas-novas sobre a pessoa e a obra de Cristo são "o poder de Deus para a salvação" (Rm 1:16). Que boa notícia! O poder de Deus alcança a humanidade impotente, fornecendo tudo que é necessário para a salvação por meio de Jesus Cristo! Existe alguma maneira de essa boa notícia ser ainda mais significativa? De fato, quando somos confrontados pelo nosso próprio pecado e pela necessidade de um Salvador e voltamo-nos para que a pessoa e a obra de Cristo nos salvem, as boas-novas do evangelho se tornam excelentes notícias para nós. Paulo disse que o evangelho é "o poder de Deus para a salvação *de todo aquele que crê*" (1:16). Crer no evangelho torna as boas-novas *excepcionais*.

À luz da ênfase de Paulo no evangelho de Jesus Cristo, devemos perguntar a nós mesmos: "E então? O que devo fazer com essa verdade?". Permita-me apresentar-lhe três razões pelas quais é importantíssimo que nós não apenas conheçamos as boas-novas, mas que saibamos como tornar as boas-novas sobre Jesus Cristo notícias excepcionais para nós.

Primeiramente, você aceita o evangelho. Você não o reescreve, remodela, revisa e nem o reforma; você o aceita. Isso significa que as "boas-novas" são um convite. Você é convidado a ter uma nova vida de fé em Cristo — a ser perdoado de todos os seus pecados, limpo pela obra de Cristo em seu favor e liberto para viver uma nova vida pelo poder do Espírito Santo. Paulo abordará mais amplamente cada um desses efeitos do evangelho por toda sua carta aos romanos. Contudo, para que as boas-novas de Jesus Cristo sejam notícias excepcionais para nós, precisamos primeiramente aceitar o convite. Se tão-somente você aceitar pela fé as boas-novas que Jesus Cristo morreu por seus pecados e ressuscitou dos mortos, então estará na família de Deus. Isso é um presente, não uma recompensa.

Segundo, você vive o evangelho. Viver o evangelho significa ser separado para o evangelho para a "obediência que vem pela fé" (1:5). Qualquer um que genuinamente compreender a magnitude do presente de Deus não conseguirá ficar inerte. Suas prioridades, paixões e interesses necessariamente mudarão. Você começará a louvar e a agradecer a Deus por aquilo que Ele fez. Vai adorar e obedecer àquele que o salvou. Vai colocar sua esperança nas coisas de cima, amar a Deus e viver uma vida de serviço em vez de permanecer no egoísmo. Aceitar o evangelho significa viver o evangelho.

Terceiro, você compartilha o evangelho. Paulo se considerava devedor a toda a humanidade porque lhe fora confiado um presente inestimável, a única cura para a doença mortal do pecado (1:14-15). Tal como Paulo, aqueles que aceitaram o presente gratuito da vida eterna e moldaram sua vida diária em torno dele têm a obrigação de compartilhá-lo. Devemos dizer aos outros que Deus estendeu a oferta de salvação a todo mundo, privilegiados ou pobres, sofisticados ou simples, religiosos ou rebeldes. Tenha em mente que o evangelho parece loucura para aqueles que não o entendem nem o aceitam. No passado, a ignorância deu lugar à ridicularização e à perseguição. Em nosso mundo cada vez mais pós-cristão e incrédulo, compartilhar o evangelho significará enfrentar o mesmo tipo de rejeição e perseguição que o próprio Paulo enfrentou no primeiro século. Mas devemos permanecer firmes, ainda que isso exija o sacrifício de nossa própria subsistência e de nossas vidas.

Felizmente, não estamos sozinhos. Incontáveis pecadores perdidos por toda a história fornecem exemplo daqueles que aceitaram o evangelho, viveram o evangelho e compartilharam o evangelho em tempos e lugares perigosos e até mesmo mortíferos. De fato, de acordo com a história cristã, o próprio Paulo nunca perdeu seu zelo. Ele permaneceu fortalecido e corajoso em sua proclamação das boas-novas. Sua jornada evangelística de toda a vida finalmente terminou com seu martírio em Roma. As palavras de sua carta à igreja romana continuam sendo um memorial do seu testemunho e da sua tenacidade de Paulo... bem como uma motivação para nós, hoje, aceitarmos, vivermos e compartilharmos o evangelho.

A IRA DE DEUS
(ROMANOS 1:18—3:20)

Se eu fosse construir o meu próprio deus, ele seria muito semelhante àquele que Hollywood apresenta nos filmes. Gostaria que ele fosse um senhor rabugento que fuma charutos, deliciosamente espirituoso e que me fizesse rir. Ou, melhor ainda, poderia ser um personagem sereno, semelhante a um mordomo, que me mantém longe das encrencas com sabedoria maior do que a minha própria, mas que, ainda assim, continua a me servir. O deus que eu faria para mim mesmo seria bondoso e firme, mas assumiria uma postura do tipo "crianças são assim mesmo" quando eu pecasse. Afinal de contas, as consequências negativas das minhas decisões ruins já são punição suficiente, não é?

Que tipo de deus você adora? Ele (ou ela) é um deus projetista? Ele (ou ela) é simplesmente um "poder elevado" imaginário que possui todas as qualidades admiráveis que faltam nos relacionamentos mais próximos que você tem? Ou o seu deus é uma representação imensamente poderosa dos traços de caráter que você mais teme, como ciúme, raiva, implicância mesquinha ou culpa passivo-agressiva? Você adora o deus da sua imaginação ou aquele que de fato existe?

Conforme revelado na Bíblia, Deus não se parece com os ídolos que carregamos em nossa imaginação. Contudo, nós também facilmente vemos o deus da nossa escolha nas páginas das Escrituras, tal como aqueles momentos em que enxergamos figuras nas nuvens. Para evitar essa idolatria inconsciente, devemos ler a Palavra com o objetivo de conhecer "o Deus que intervém" (como o grande filósofo cristão Francis Schaeffer costumava chamá-lo). Ao lermos a carta de Paulo aos Romanos, somos confrontados com um fato inquietante sobre o Deus que intervém. Sua ira arde contra a humanidade de modo definitivo, temível e iminente. De acordo com a Bíblia, sim, esse Deus de amor de fato enviará pessoas para o tormento eterno.

Se isso deixa você pelo menos um pouco desconfortável, então está pronto para deixar de lado o ídolo da sua imaginação para assim ver o único Deus verdadeiro, o Deus que intervém.

A primeira parte da carta de Paulo é a acusação contra a humanidade. Deus está irado e nós — todos nós, sem exceção — estamos sujeitos a ficar separados dele eternamente em um lugar de sofrimento indescritível. O apóstolo explica o perigo em que se encontra a humanidade da seguinte maneira: ela está sujeita à ira de Deus porque, coletiva e individualmente, nós nos rebelamos contra Ele em nossa mente e por nossos atos (1:18). Ninguém está isento do julgamento — nem os gentios (1:18-32), nem os moralistas (2:1-16) e nem mesmo os judeus (2:17—3:8). O fato é que todos nós estamos sujeitos à ira de Deus porque somos total e absolutamente corrompidos (3:9-20).

Para provar sua declaração, Paulo lançou mão da sabedoria obtida durante sua experiência ministerial, que certamente envolveu muitos debates acalorados com filósofos gentios e judeus. Alguns deles — tal como acontece hoje — tinham objeções à ideia de que pessoas que não ouviram sobre Deus poderiam ser justamente condenadas por transgredir uma lei sobre a qual não sabiam nada. Paulo respondeu às suas objeções com dois indiciamentos, um vindo da natureza e outro, da consciência. Os judeus reivindicavam isenção do julgamento por meio da virtude da aliança que eles haviam herdado do seu pai Abraão. Paulo respondeu às suas objeções corrigindo sua teologia falha e baseada nas obras e, então, apresentou uma denúncia perturbadora procedente da própria Lei que eles afirmavam admirar tanto.

Ao final desta seção, Paulo terá conclusivamente provado que Deus está justificavelmente irado com a humanidade e que todas as pessoas permanecem condenadas diante do seu julgamento. Essa não é uma porção particularmente agradável das Escrituras. De fato, se ao final do indiciamento da humanidade apresentado por Paulo você se sentir com vontade de fugir e se esconder de Deus, então está simplesmente vendo-o como Ele é e começando a entender a gravidade do pecado.

TERMOS-CHAVE EM ROMANOS 1:18—3:20

■ *adikia* (ἀδικία) [93] "injustiça", "violação da lei", "maldade"

O prefixo *a-* nega qualquer coisa que venha em seguida, de modo que *adikia* é o oposto daquilo que é justo, correto ou legal. Paulo usa essa palavra para descrever qualquer comportamento que seja contrário à natureza ou aos santos padrões de Deus (1:18, 29; 2:8; 3:5; 6:13; 9:14).

■ *krinō* (κρίνω) [2919] "julgar", "dividir", "avaliar", "decidir"

O significado geral de *krinō* é "colocar de lado com o propósito de distinguir, separar".[8] No Novo Testamento, esta palavra geralmente traz a ideia de julgamento, condenação ou sentença. Em Romanos, Paulo usa essa palavra para comentar o fato de judeus e gentios julgarem uns aos outros (2:1, 3; 14:10), o julgamento pela lei mosaica (2:12, 27) e a decisão de Deus sobre a situação de uma pessoa perante Ele (2:16; 3:4-6).

■ ***nomos*** (νόμος) [3551] "lei", "aquilo que é atribuído", "o que é adequado", "padrão de conduta correta"

Nomos se refere a "regras reconhecidas de conduta civilizada, especialmente conforme sancionadas pela tradição".⁹ O uso que Paulo faz do termo *nomos* refere-se ao código de conduta que Moisés recebeu de Deus, a "lei mosaica". Em certos momentos, porém, ele usa essa palavra para falar de modo geral sobre os padrões divinos (2:14; 8:7); em outros momentos esta palavra transmite a ideia de "força", "poder" ou "princípio" (7:21-25; 8:2).

■ ***orgē*** (ὀργή) [3709] "ira", "indignação", "raiva"

Esta palavra denota um estado de paixão, ira ou indignação intensas. Nos textos de Paulo, a natureza caída e pecaminosa da humanidade provoca a ira de Deus (ver Ef 2:3), mas essa ira também é inflamada pelo pecado e pela rebelião das pessoas contra Ele (Rm 1:18; 2:5, 8; 3:5; 4:15). Embora toda a humanidade permaneça debaixo da ira e da condenação, Paulo deixa claro em Romanos que Jesus resolveu a questão da ira de Deus em sua morte na cruz (2:7; 5:9; 9:22-24).

■ ***paradidōmi*** (παραδίδωμι) [3860] "entregar", "render", "transferir posse"

Com base no verbo que significa "dar", esse termo carrega a ideia de entregar alguma coisa à administração de outra pessoa. A palavra grega não sugere se a motivação é boa ou má. Paulo usa o verbo em ambos os sentidos em Romanos. No capítulo 1, o sentido é que Deus entregou as pessoas às suas próprias ações pecaminosas (1:24, 26, 28). Mais adiante, ainda em Romanos, Paulo usa o mesmo verbo para expressar como Jesus foi entregue para ser sacrificado por nossos pecados (4:25; 8:32) e, em 6:17, é dito que aos que creem foi "transmitida" (entregue) a forma de ensino que os libertou.

Deus está irado

LEIA ROMANOS 1:18-23

As pessoas com mais instrução hoje são mais iluminadas do que seus ancestrais. Elas não são vítimas de superstições, não realizam feitiços para afastar espíritos malignos e não temem maus agouros. As pessoas modernas se colocaram acima dessas crenças primárias e animistas para abraçar o mundo como ele realmente é, um mundo governado por forças impessoais da natureza e pelas leis da física. Além do mais, o deus de sua escolha evoluiu com elas. Ele não é mais uma divindade sedenta de sangue cuja ira precisa ser apaziguada. É um deus mais bondoso e mais gentil, um deus semelhante a um vovô que fica chateado quando fazemos coisas ruins, mas, uma vez que entende como é difícil ser humano e sabe que nossas más atitudes não são de fato culpa nossa, não pune o pecado. Em vez disso, ele tenta corrigir seus filhos com toda a ternura.

O deus da construção atual parece pateticamente fraco — não é de forma alguma parecido com o Criador todo-poderoso que se importa com sua criação. As pessoas de hoje querem um deus ao qual não precisam temer, supondo que Ele seria mais amoroso do que um que fica chateado quando as pessoas não o agradam. Contudo, um deus passivo, que apenas fica contorcendo as mãos, incapaz de se irar, *não é* um que eu caracterizaria como amoroso. Um Deus amoroso deve odiar qualquer coisa que prejudique aqueles a quem Ele ama. Um Deus de amor deve agir para proteger o inocente do perverso. Um Deus de amor deve falar sério quando declara que uma certa ação é "proibida". Afinal de contas, uma lei sem consequências não é de forma alguma uma lei.

Um Deus de amor deve ter a capacidade de sentir ira. Mas a ira de Deus não é como o tipo de raiva que passamos a associar a pessoas abusivas. Em vez disso, a "ira" de Deus (*orgē* [3709]) é uma resposta justa e santa à natureza pecaminosa e rebelde da humanidade. A ira de Deus é, de fato, uma expressão inflamada de indignação contra a transgressão. E, embora seja de fato uma resposta inflamada, ela é completamente consistente com o caráter de Deus, que também é amor. Sua ira é sem dúvida apavorante, mas também é controlada, deliberada, comedida e totalmente justa. Sua ira nada mais é do que uma expressão racional de seu caráter justo e de seu amor infalível quando confrontado com o mal.

1:18-19

Deus é amor (1Jo 4:8), razão pela qual ele não permanecerá impassível enquanto o mal consome a sua criação. Preste atenção nos objetos de sua ira. Ele se enfurece contra a "impiedade" e a "injustiça", dois termos que precisam ser definidos.

"Impiedade" vem da palavra grega *asebeia* [763]. O termo está relacionado ao verbo *sebomai* [4576], que originalmente significava "voltar a um ponto anterior" ou "recuar", como alguém faria na presença de uma divindade. Na época de Paulo, a compreensão comum era "reverenciar" ou "cultuar". O prefixo grego *a-* nega qualquer coisa que esteja ligada a ele, de modo que o termo se refere às atitudes e ações de "não reverência". Esse estilo de vida de irreverência inevitavelmente leva à desobediência.

"Injustiça" deriva de *adikia* [93], é um termo usado por toda a Septuaginta (a tradução do Antigo Testamento para a língua grega), significando "violação da lei divina".[10] Essa lei divina naturalmente se refere aos padrões de conduta dados por meio de Moisés, que deveriam ser imitados pela nação de Israel.

Esses padrões de conduta, que Paulo chamou de "a Lei", não são arbitrários. Deus não se sentou um dia e decidiu fazer uma lista de todas as maneiras pelas quais Ele poderia estragar a nossa diversão. Essas regras para a vida são uma expressão de seu caráter. Sua natureza como o Supremo Poder do universo define o que é bom. Em outras palavras, se Deus fosse um mentiroso, então mentir seria justo. Mas Deus é verdade (João 14:6); portanto, mentir, uma ação contrária ao seu caráter, é pecado.

"Impiedade e injustiça", então, representam não apenas uma violação de certas regras de conduta, mas uma total rejeição ao próprio Deus — sua divindade, sua autoridade, sua própria natureza. Paulo declarou que a ira de Deus é revelada contra toda impiedade e injustiça, ou seja, pecado. Quando optamos por pecar, expressamos desprezo pelo caráter de Deus, chamando de ruins as coisas que são boas. É por isso que Paulo declarou que essa "impiedade e injustiça" são perpetuadas por pessoas que "suprimem a verdade pela injustiça". A verdade de Deus, pela qual ele trouxe o universo à existência por meio de sua palavra e deu a ele ordem, é "suprimida" pela intenção maligna das pessoas.

A imagem pintada pela palavra "suprimida" retrata um homem lutando para manter a tampa de uma caixa fechada de modo que o que quer que esteja dentro não possa escapar. O pecado da humanidade suprime a vontade de Deus; o pecado impede o mundo de funcionar como Deus originalmente desejou. Sim, doenças e desastres causam estragos, mas grande parte do mal do mundo é instigado e perpetuado por pessoas que cometem pecados umas contra as outras, pecados tais como assassinato, roubo, hostilidade entre nações e violência doméstica. O pecado das pessoas impede o mundo de ser melhor do que ele poderia ser.

Paulo então explicou a razão dessa rebelião desenfreada contra Deus e sua Lei. As pessoas suprimem seu conhecimento inato do Criador, uma consciência que é parte de sua composição tal como o próprio DNA. Deus criou as pessoas para que tivessem um relacionamento próximo e significativo com Ele, e essa necessidade faz com que homens e mulheres de todas as raças, por todas as eras, instintivamente busquem seu Criador. Ou seja, a não ser que essas pessoas deliberadamente empurrem para baixo esse desejo e propositalmente ignorem esse conhecimento inato dele.

1:20-21

Alguns podem levantar objeções e afirmar que essa evidência inata e instintiva de um Criador seja por demais intangível. Mas Paulo apontou para a evidência da própria criação. Deus nos cercou de evidências de seu agir. Olhe para o espaço profundo usando um telescópio e você verá evidências de seu tamanho e poder. Olhe em um microscópio e você verá evidências de seu intelecto amplo. João Calvino escreveu: "Ao dizer *o que de Deus se pode conhecer*, ele quer dizer que o homem foi criado para ser um espectador deste mundo formado, e que olhos lhe foram dados para que, ao olhar para tão bela imagem, fosse levado ao próprio Autor".[11] A natureza em si é o melhor argumento para o *design* inteligente, levando homens e mulheres a serem "indesculpáveis", ainda que irresponsavelmente suprimam a verdade de Deus — e com resultados trágicos: "Dizendo-se sábios, tornaram-se loucos" (1:22).

1:22-23

Para nós, um "louco" ou "tolo" é alguém um pouco malicioso ou que toma decisões tolas. Contudo, as culturas grega e hebraica levavam o termo "louco" um muito mais a sério.

O idioma hebraico tem nada menos do que quatro palavras para quantificar o nível de loucura ou tolice de uma pessoa. Cada termo sucessivo inclui e desenvolve as qualidades do termo anterior:

- *kesil* [H3684]: uma pessoa que carece de conhecimento ou de experiência prática, mentalmente lenta.
- *ewil* [H191]: um louco, insensível às implicações morais de suas escolhas.
- *nebel* [H5035]: alguém que está voluntariamente fechado à sabedoria e é brutalmente destrutivo em relação a si e aos outros.
- *latsats* [H3945]: um escarnecedor, alguém incorrigível e voluntariamente rebelde contra Deus.

De acordo com os hebreus, o maior louco de todos é a pessoa desobediente que possui a maior inteligência!

O idioma grego também possui quatro adjetivos primários para pessoas loucas:

- *aphrōn* [878]: alguém que carece da percepção do senso comum no mundo espiritual e físico.
- *anoētos* [453]: irracional, negligente e incapaz de controlar desejos.

- *asynetos* [801]: "alguém que carece de entendimento",[12] incapaz de raciocinar.
- *mōros* [3474]: mentalmente lento a ponto de ser moralmente indigno no coração e no caráter.

Paulo escolhe o verbo *mōrainō*, relacionado ao substantivo *mōros*. Nas sociedades gregas, alguém que era um *mōros* merecia censura, talvez porque os gregos desprezassem, acima de tudo, a estupidez voluntária.

Essa futilidade tola não meramente desviou os humanos da busca por seu Criador; ela os levou a distorcerem a criação, transformando-a em algo grotesco. Perceba a espiral descendente. A ignorância proposital em relação a Deus (1:21) levou a uma imitação engenhosa de Deus (1:21-22) e terminou em uma substituição completa de Deus (1:23-25): a criatura é adorada no lugar do Criador, o corruptível no lugar do incorruptível, o temporal no lugar do eterno, animais terrestres e de carne no lugar do Criador celestial e espiritual.

A humanidade tem o hábito recorrente de buscar satisfação na dádiva em vez de no Doador. Os egípcios antigos, por exemplo, vicejaram no delta fértil do rio Nilo porque, a cada ano, o rio transbordava de suas margens e revitalizava o solo. Eles também entendiam o papel vital do sol no crescimento das colheitas. Mas, em vez de agradecer ao Criador do solo, do rio e do sol, eles adoraram o sol e o rio. Inventaram mitos elaborados para explicar as origens do rio e do sol e deram a eles personalidades de modo que recebessem o crédito por seus ciclos. Então, presumiram subornar esses objetos da criação com sacrifícios, supondo que possuíam o poder de dar ou de tirar a vida.

As pessoas de hoje enxergam tal superstição com um desprezo jocoso, mas também frequentemente confundem a dádiva com o Doador. Voltam-se para seu contracheque em busca de provisão, servem diligentemente ao seu próprio estilo de vida e até mesmo sacrificam seu casamento e filhos no altar da carreira. Também se esquecem de que não é o pão que os mantém vivos, mas o Deus que o provê.

• • •

Há muito tempo tem sido hábito da humanidade trocar o único Deus verdadeiro por um outro de sua própria confecção. Nossa natureza caída prefere um criador que não nos considera responsáveis pela transgressão e que, então, passivamente espera que reiniciemos nosso relacionamento com Ele quando nos cansarmos do nosso pecado. Mas Deus não é um pai indiferente. Ele nos responsabilizará pelo pecado, quer reconheçamos sua presença quer não. E as consequências de o rejeitarmos em favor do pecado são muito mais graves do que podemos imaginar.

Do meu diário

Inocência perdida
ROMANOS 1:18-23

Quando você se torna avô, é impossível deixar de ver as coisas de maneira diferente. Nosso primeiro passo na estrada rumo à maturidade é um despertamento repentino para o fato de que o mundo nem sempre é um bom lugar. Então, depois de décadas tentando se acostumar à presença do mal em um universo sobre o qual Deus é soberano, um neto faz com que você compreenda tudo. Quando pega aquele pequeno ser em seus braços, de repente vislumbres de algo que você perdeu muito tempo atrás brilham no canto do olho da sua mente. E, se você não for muito durão, descobrirá que se trata da preciosa e passageira qualidade da fascinação infantil.

Lembra-se da fascinação infantil? Os brinquedos realmente falam. A loja de departamentos do Papai Noel viaja do Polo Norte apenas para visitar a sua cidade. O tio Bob realmente consegue tirar uma moeda do ouvido de alguém e Papai é de fato maior do que a própria vida. E Deus, com toda certeza, criou o universo, do qual ele continua a cuidar com um interesse paternal. Contudo, alguma coisa triste, porém necessária, aconteceu. Crescemos e passamos a ver o mundo como ele realmente é. Descobrimos a triste verdade por trás dos brinquedos e das roupas baratas de Papai Noel. Truques de habilidade manual já não surpreendem mais e Papai diminuiu de tamanho rápido demais. E, então... o que aconteceu com Deus? Será que, no processo de crescimento, abandonamos a própria qualidade que Jesus disse que devemos ter se quisermos abraçar seu Reino (Mt 18:4; Mc 10:15; Lc 18:17)?

No início da década de 1920, a humanidade desfrutou de alguns poucos momentos de encantamento infantil quando Edwin Hubble apontou o maior telescópio do mundo na direção de uma porção escura do céu e fez uma descoberta surpreendente. Até aquele momento, o mundo todo achava que o universo era limitado à nossa própria galáxia, a via Láctea. A pesquisa de Hubble mostrou o contrário. O que anteriormente se pensava serem estrelas distantes terminou

> se mostrando serem galáxias. Milhares delas. De repente, o universo era assombrosamente maior, a humanidade parecia ser muito menos instruída e, por um momento — um precioso e fugaz momento —, a humanidade olhou com fascinação infantil para a magnificência da criação de Deus.
>
> Infelizmente, nosso encontro súbito com a inocência não duraria. Como a humanidade tem feito por incontáveis milênios, trocamos a fascinação infantil por algo mais fácil de administrar: o visível pelo invisível. E, de repente, nosso encontro fugaz com a verdade cedeu a uma longa série de teorias de Big Bang e especulações sem nenhuma base.

APLICAÇÃO: ROMANOS 1:18-23

A FÉ É UMA ESCOLHA

O "Iluminismo" do século 18 afirmava ter libertado a humanidade da superstição e tê-la levado à luz da razão. O Iluminismo também erigiu uma parede de separação entre a filosofia e a ciência, a religião e a realidade, a fé e a razão. Dessa forma, nasceu a "era da razão", na qual qualquer coisa sobrenatural era colocada na categoria de "irracional". Em resumo, foi a decisão de rejeitar o invisível em favor do visível, pelo menos até que ele pudesse ser provado por meio de experimentação ou se encaixasse em uma teoria viável.

As pessoas que adotaram essa estrita maneira moderna de pensar preferem formar suas crenças somente depois de análise objetiva de dados e de avaliação não tendenciosa de teorias. Contudo, sua preferência começa com uma decisão. Elas aceitam, conscientemente ou não, a pressuposição do Iluminismo, que aborda o mundo com um ponto de vista já definido: o de que qualquer coisa que não possa ser testada ou cientificamente observada deve ser colocada na categoria de "irreal" em vez de "real".

Aceitar a *irrealidade* de Deus — presumivelmente porque Ele não se submete ao exame científico e, portanto, não pode ser "provado" — não é o resultado de análise objetiva de dados nem de avaliação não tendenciosa de teorias. É uma decisão, uma opção por ver o mundo de uma certa maneira. A rejeição da existência de Deus é literalmente uma conclusão precedente e, portanto, não menos "irracional".

O fato é que a visão de mundo de uma pessoa é uma escolha. Os crentes não têm dificuldades em admiti-la (Sl 111:10; Pv 1:7; 9:10), mas os descrentes esforçam-se intensamente para provar a todo mundo (incluindo a si mesmos) que sua visão de mundo é uma conclusão em vez de uma pressuposição.

O Criador forneceu provas de sua existência. A ordem subjacente do universo — embora manchada pela queda — aponta para um *designer* inteligente. O simples fato de que a humanidade clama por significado sugere que o universo não é um feliz acidente. Em algumas ocasiões especiais do passado, o *Designer* penetrou no mundo natural com evidências sobrenaturais de seu poder, e temos os relatos daqueles que testemunharam isso. Portanto, crer em Deus não é algo irracional. De fato, não é menos científico do que a descrença pressuposta de alguns cientistas.

Assim, se a crença ou a descrença começam com uma escolha, o que logicamente se segue é que a aceitação da realidade de Deus é uma escolha moral em vez de uma conclusão intelectual. E se a crença não exige que alguém seja irracional, aqueles que optarem por não aceitar a realidade de Deus não terão desculpa quando por fim o enfrentarem.

Permita-me desafiar você com algumas perguntas. Como você escolheu compreender o universo? Está disposto a colocar sua decisão verdadeiramente à prova? Você pode ter escolhido não acreditar no *design* inteligente do mundo. Ou pode ter inconscientemente decidido como Deus é. Suas crenças podem estar corretas ou podem não estar. Você está disposto a deixá-las de lado?

Gostaria de sugerir uma abordagem mais científica às suas crenças. Estamos começando uma jornada, guiada pelo apóstolo Paulo, na qual temos a oportunidade de descobrir o caráter de Deus, a natureza da humanidade, o propósito da criação, a verdade sobre o bem e o mal e porque o mundo é da maneira que é. Escolha hoje — ainda que apenas por razões de investigação — aceitar duas proposições: primeira, a de que Deus existe. Segunda, a de que Deus é diferente daquilo que você imaginou que Ele é.

Abandonado, mas não esquecido
LEIA ROMANOS 1:24-32

O amor firme é duro para todos. Os bons pais não gostam de disciplinar seus filhos; verdade seja dita, eles odeiam fazer isso. E as igrejas, às vezes, devem assumir uma posição firme quando um membro se recusa a interromper um comportamento que é autodestrutivo, danoso para a família ou claramente desonroso para Deus. Contudo, se genuinamente amamos alguém, não podemos permanecer inertes enquanto o pecado destrói o pecador e todas as pessoas afetadas pelos atos malignos realizados pela pessoa. Não somos responsáveis pelas escolhas dos outros, mas podemos nos recusar a permitir o comportamento destrutivo em nossa presença. Essa é de fato a abordagem que o Criador assumiu perante a criação pecadora.

A rejeição completa da humanidade a Deus deixou-o sem nenhuma outra opção senão pronunciar uma sentença que começou com a "entrega" da humanidade ao seu pecado. Agir de outra maneira seria negar sua própria natureza santa e justa. Os teólogos chamam isso de "abandono judicial", que algumas pessoas descrevem de uma entre duas maneiras. Alguns veem o abandono judicial como um abandono passivo da humanidade às consequências de suas más intenções. Em outras palavras, em resposta à rejeição da humanidade ao controle, Deus simplesmente soltou as rédeas e deixou que ela corresse apressadamente para o pecado e suas consequências, permitindo assim que ela consumasse seus desejos. Mas esse é um abandono judicial apenas em parte. Não há nada de indiferente em relação a Deus "entregar" a humanidade ao pecado.

1:24-25

Para descrever essa decisão de amor severo Paulo lançou mão do mesmo verbo grego usado nos Evangelhos para descrever o suplício que Jesus suportou. Ele foi entregue por Judas ao Sinédrio (Mc 14:10), pelo Sinédrio a Pilatos (Mc 15:1), por Pilatos aos inimigos do Senhor, sedentos de sangue (Lc 23:25), e aos soldados para flagelo e crucificação (Mc 15:15). Por fim, Jesus "entregou" seu espírito à morte (Jo 19:30). "Entregar" descreve uma decisão ativa, não uma negligência passiva. Deus entregou a humanidade ao seu próprio desejo, não simplesmente por frustração ou resignação, mas para realizar um propósito específico. Talvez a ilustração mais útil desse abandono judicial venha do Antigo Testamento.

Enquanto os israelitas vaguearam no deserto por quarenta anos como resultado de sua descrença, Deus miraculosamente os sustentou fornecendo o maná (Nm 11:7-9). Mas eles desejavam a comida de seus feitores egípcios, reclamando: "Ah, se tivéssemos carne para comer!" (Nm 11:4-6). O Senhor respondeu:

> Vocês não comerão carne apenas um dia, ou dois, ou cinco, ou dez ou vinte, mas um mês inteiro, até que lhes saia carne pelo nariz e vocês tenham nojo dela, porque rejeitaram o Senhor, que está no meio de vocês, e se queixaram a ele, dizendo: "Por que saímos do Egito?" (Nm 11:19-20)

Do mesmo modo, com efeito Deus disse à humanidade: "O pecado pelo qual vocês anseiam, vocês o terão até que lhes saia pelo nariz e vocês tenham nojo dele".

Como que para ilustrar o caminho sem volta do pecado, Paulo usou a frase "Deus os entregou" três vezes, descrevendo implicações cada vez mais graves. Perceba o pecado específico em cada exemplo e como um pecado leva ao seguinte.

Deus os entregou à impureza sexual (1:24). O termo grego *akatharsia* [167] é usado por Paulo em circunstâncias de imoralidade sexual e impureza ritual. O uso dessa palavra em 1:24 implica uma situação de pecado sexual. Esse termo recebe um esclarecimento adicional na frase seguinte: "Para a degradação dos seus corpos entre si". A descida à impureza levou à sua própria contaminação imunda.

O propósito de Deus de entregar as pessoas à sua impureza é redentor. Em vez de nos permitir que continuemos no pecado com a impureza, o Senhor permite enfrentarmos as consequências de nossos atos. Não é possível para um viciado cumprir seu propósito como ser humano até que ele queira deixar a impureza de seu vício para trás.

Os idólatras contaminam a si mesmos adorando "coisas e seres criados, em lugar do Criador". Tempos e culturas mudaram, mas o coração da humanidade não mudou. Poucas pessoas na cultura ocidental se curvam diante de peças esculpidas de madeira ou de pedra; contudo, consultórios de aconselhamento estão lotados de pessoas extraindo segurança ou significado de alguma outra coisa que não Deus. Esse comportamento pode se tornar bastante bizarro. Essas pessoas confiam em posses em vez de confiar no Provedor. Elas servem ao trabalho, a relacionamentos, a posições elevadas e a contas bancárias. Procuram drogas, álcool, sexo, trabalho, compras, pornografia, comida e uma hoste de outros comportamentos substitutos em vez de buscar seu Criador. Elas substituem diariamente a verdade por uma mentira e ficam contaminadas nesse processo.

1:26-27

Deus os entregou a paixões vergonhosas (1:26). Quando escreveu esta carta, Paulo estava em Corinto, uma cidade que ficava à sombra do templo de Afrodite, a deusa do amor, da beleza e do prazer sexual. O templo dela dominava a região a partir do cume do Acrocorinto, a cerca de 580 metros de altura, onde as prostitutas do templo seduziam os adoradores dos pontos mais distantes do Império Romano. A reputação dessa cidade era tão infame que Aristófanes cunhou a palavra *corintianizar*, cujo significado era "praticar imoralidade".[13] Todavia, as "mulheres hospitaleiras"[14] eram altamente valorizadas como sacerdotisas e normalmente eram as convidadas de honra em festivais públicos.

Este bizarro padrão duplo, levado a extremos em Corinto, simplesmente refletia a atitude geral dos gregos e romanos em relação ao sexo. Ambas as culturas valorizavam a virtude acima de tudo, mas faziam vista grossa para o adultério e aprovavam abertamente a homossexualidade. Na cultura grega, esperava-se que um homem de nascimento nobre mantivesse um caso com um parceiro muito mais jovem do mesmo sexo. Ou, para colocar de uma maneira menos delicada, gregos e romanos — em sua "sabedoria" — não apenas aprovavam a pedofilia como a consideravam uma parte necessária da educação.

O *páthos* [3806] (paixão) daqueles que buscavam a impureza é descrito como degradante ou desonroso. Da mesma maneira que nossos líderes e aqueles que ocupam postos de autoridade corrompem posições honrosas quando fazem alguma coisa repulsiva, aqueles homens e mulheres maculavam o decoro da humanidade com suas paixões. Deus criou o corpo humano com a capacidade de desfrutar de intenso prazer sexual dentro do contexto de uma aliança para a vida inteira entre um homem e uma mulher. Longe de ser alguma coisa vergonhosa ou degradante, o sexo como Deus planejou honra o dom e o Doador. Contudo, a humanidade distorceu este maravilhoso presente, transformando-o em algo sub-humano.

Paulo escreveu sua carta aos Romanos de Corinto, que ficava à sombra do Acrocorinto, aqui representado em sua vista para a cidade O Acrocorinto abrigava um templo dedicado a Afrodite, a deusa do amor, onde prostitutas cultuais entretinham seus clientes e mantenedores vindos de todo o império.

1:28

[Deus] os entregou a uma disposição mental reprovável (1:28). O termo grego traduzido como "reprovável" (*adokimos* [96]) significa "sem valor mediante comprovação por teste", e também pode ser traduzido como "depravado". Infelizmente, o problema da depravação humana tem sido confundido por alguns como que significando "ser tão ruim quanto se é possível ser". Mas não é dessa maneira que Paulo teria entendido o termo. O verbo grego no coração da palavra "depravação" é *dokimazō* [1381], que significa 'provar-se digno ou genuíno por meio de observação ou teste". Este é o verbo que Paulo usou para descrever a rejeição que a humanidade exerceu em relação a Deus. A humanidade colocou Deus à prova, julgou-o e decidiu não o reconhecer. Em resposta, Deus colocou a humanidade à prova, entregando-a à sua cobiça, provando que ela é *adokimos*, ou seja, *"não* digna ou *não* genuína".

Percebe a ironia? Em sua tentativa de colocar Deus à prova, a humanidade provou ser indigna. Quando lhe foi permitido expressar seu pleno potencial, seu mal proliferou juntamente com sua capacidade para o bem. Quando blindada das consequências de suas escolhas, a humanidade provou ser a própria oposição a Deus, que é a definição perfeita de "bom". O Senhor entregou a humanidade aos seus desejos mais íntimos e o resultado do teste fala por si. Em seu caráter, a humanidade demonstrou estar cheia de "toda sorte de injustiça, maldade, ganância e depravação. Estão cheios de inveja, homicídio, rivalidades, engano e malícia" (1:29). Por meio de seus feitos, os seres humanos provaram-se ser "bisbilhoteiros, caluniadores, inimigos de Deus, insolentes, arrogantes e presunçosos; inventam maneiras de praticar o mal; desobedecem a seus pais; são insensatos, desleais, sem amor pela família, implacáveis" (1:29-31).

O resultado desse teste mútuo é a rejeição a Deus por parte da humanidade. Eles o rejeitaram como Criador, rejeitaram seu caráter como padrão do que é bom, rejeitaram sua autoridade para diferenciar o certo do errado e rejeitaram o direito judicial divino de responsabilizar a humanidade. Consequentemente, eles se separaram totalmente de Deus e, em resposta, Deus formalizou a divisão com um decreto celestial de amor e misericórdia severos, chamado de "abandono judicial".

"Depravado" não significa "ser tão ruim quanto se é possível ser"; significa "ser ruim além do que é possível ser". Criador e suas criaturas colocam-se em lados opostos de um abismo infinitamente profundo e infinitamente largo chamado "pecado". A humanidade está judicialmente separada de Deus, impotentemente afastada e deliberadamente ignorante do perigo que enfrenta.

1:29-32

Embora "depravado" tenha basicamente a ver com a posição da humanidade — ou seja, a separação judicial de Deus —, o termo carrega consigo graves implicações referentes à qualidade da natureza humana. Tendo sido "entregues" à depravação, seus atos revelam sua total falência moral, que Paulo ilustrou ao citar nada menos que vinte e uma fraquezas. Conforme ele já havia explicado, os homens não têm desculpa. Ignoraram voluntariamente o Criador, seu conhecimento do que é certo ou errado e a penalidade para o pecado, a ponto até mesmo de elogiar os erros dos outros.

• • •

Alguns supõem que Paulo tinha em vista primeiramente os gentios quando escreveu esta seção em particular, mas esse indiciamento da criação se aplica a todos: aqueles que viveram antes da Lei ser concedida por meio de Moisés e aqueles que viveram em ignorância voluntária depois de ela ter sido entregue. Esta acusação não deu a Deus outra escolha a não ser separar-se da humanidade. Aceitar ou tolerar a imoralidade seria negar sua própria natureza santa e justa. Com efeito, ele disse: "Sua rejeição voluntária a mim não me deixou outra escolha; devo afastar vocês para longe da minha presença". E, quer o percebamos quer não, não existe uma condição mais terrível do que essa.

APLICAÇÃO
Romanos 1:24-32

GENTIOS, COLETORES DE IMPOSTOS E OUTROS QUE PRECISAM DO AMOR SEVERO

O "abandono judicial" não é o mesmo que rejeição eterna ou condenação ao inferno. Em vez disso, é o primeiro passo no plano de redenção de Deus. Jesus ensinou seus discípulos sobre o incansável amor redentor de seu Pai na parábola da ovelha perdida. "Se alguém possui cem ovelhas, e uma delas se perde, não deixará as noventa e nove nos montes, indo procurar a que se perdeu?" (Mt 18:12). Em seguida, ensinou-lhes como um crente pode procurar a restauração de um relacionamento após o pecado. Devemos imitar o Pai, cujo amor às vezes é duro. Perceba os passos que devemos seguir.

Primeiramente, *precisamos alertar a outra pessoa em relação à ofensa* (Mt 18:15). Quem sabe? O assunto pode ter sido um mal-entendido infeliz. Como seria trágico se um relacionamento acabasse por causa de alguma coisa que de fato não aconteceu. Em outras ocasiões, alguém pode ter ofendido outra pessoa sem perceber. Ou a parte ofensora pode ter medo de abordar o pecado por temor da condenação. Seja qual for o caso, a fratura no relacionamento certamente aumentará se alguém não assumir o risco de falar sobre algo desagradável.

Segundo, *se a pessoa negar a verdade ou caso se recuse a aceitar a responsabilidade, busque apoio* (Mt 18:16). É comum que relacionamentos rompidos envolvam perspectivas diferentes. A parte ofendida de modo geral exagera o pecado, enquanto o ofensor normalmente tenta minimizá-lo. A presença de um ou dois acompanhantes, pessoas em que ambas as partes confiem, pode trazer objetividade suficiente à situação para facilitar sua resolução.

Terceiro, *se os outros forem incapazes de ajudar, apele para a autoridade dos líderes da igreja* (Mt 18:17). Embora os dois primeiros passos sejam recomendados para qualquer pessoa, fica claro que o terceiro só é apropriado se a parte ofensora for crente. Se as tentativas privadas de resolver o pecado tiverem fracassado, a autoridade da igreja pode ser eficiente. A verdade deve ser dita — em amor. Além do mais, esses líderes falam com autoridade divina (presumindo que eles permanecem qualificados); ignorá-los é um assunto mais sério.

Por fim, *se a pessoa teimosamente se recusa a se arrepender, devemos entregá-la ao pecado* (Mt 18:17). Isso não é diferente do abandono judicial da humanidade realizado por Deus. Ele prometeu a Israel que a desobediência o forçaria a afastar sua bênção e proteção (Dt 28:15-68), advertiu-os novamente por meio de seus profetas (Jr 3:8-10; Os 2:5-7) e prosseguiu com a destruição de Israel e o exílio de Judá (2Rs 17:6; Jr 39:1-10). Paulo disse que Deus fez o mesmo com a humanidade com o propósito de que nos cansássemos do pecado e retornássemos para Ele. De maneira similar, Paulo aconselhou a igreja em Corinto a confrontar o pecado de um homem que se tornara parceiro sexual da esposa do seu pai e que não se mostrava arrependido por isso, ordenando aos irmãos que expulsassem "esse perverso do meio [deles]" (1Co 5:13). O objetivo, naturalmente, é o arrependimento seguido pela restauração (Gl 6:1-2).

O Senhor não prescreveu essa medida final para ser cruel. Seu abandono judicial é simplesmente uma maneira de, por meio do amor severo, redimir alguém da autodestruição do pecado. "Entreguem esse homem a Satanás, para que o corpo seja destruído, e seu espírito seja salvo no dia do Senhor" (1Co 5:5). O Senhor não ordenou a seus discípulos que o tratassem "como pagão ou publicano" (Mt 18:17) com o propósito de ser cruel. Lembre-se de que Jesus veio para redimir *toda* a humanidade, começando com os mais imorais de todos. Embora rejeitasse o pecado de prostitutas e coletores de impostos, Jesus escolhia jantar com eles com o objetivo de redimi-los. Em outras palavras, recusou-se a chamar de "irmãos" ou "irmãs" pessoas que persistem em seus pecados, mas buscou a redenção delas por meio da bondade.

Se alguém teimosamente se recusar a arrepender-se do pecado, talvez venhamos a descobrir que a pessoa não é um crente verdadeiro. Diante de tal descoberta, seria apropriado fazer todas as tentativas para levar o indivíduo a Cristo. Então, mediante o arrependimento e a fé em Jesus Cristo, abrace essa pessoa como membro da casa de Deus. Por outro lado, se continuarmos a abraçar alguém que é culpado de não se arrepender de um pecado, tratando-o como um companheiro cristão, negamos a essa pessoa a oportunidade de ouvir as boas-novas e voltar-se para o Salvador em busca de libertação. Que tal coisa nunca aconteça!

A acusação da consciência

LEIA ROMANOS 2:1-16

Por todo o primeiro capítulo de Romanos Paulo consistentemente se referiu à humanidade pecadora impenitente como "eles" ou "tais homens", um bom e seguro pronome na terceira pessoa, que mantém o dedo acusador apontado para outro lugar. "*Tais homens* são indesculpáveis" (1:20). "Tendo [*eles*] conhecido a Deus, não o glorificaram" (1:21). "[*Eles*] tornaram-se fúteis" (1:21); "[*eles*] tornaram-se loucos" (1:22); "[*eles*] trocaram a verdade de Deus pela mentira" (1:25); "Deus *os* entregou" (1:24); "ele [Deus] *os* entregou" (1:28). Em seguida, tendo catalogado a depravação da humanidade em detalhes agonizantes, Paulo de repente faz um giro completo, saindo da terceira pessoa, exterior, para uma segunda pessoa que aponta para o interior: *você*.

Algumas pessoas já sugeriram que Paulo mudou sua atenção dos gentios para os judeus neste ponto. Os cristãos hebreus na congregação sem dúvida se sentiram apoiados pelo diagnóstico de seu irmão judeu sobre a depravação dos gentios. Deus criou toda a humanidade para adorá-lo, mas, de maneira intencional e específica, Ele chamou a descendência de Abraão, Isaque e Jacó — o povo hebreu — para ser seu instrumento de justiça no mundo. E, ao mesmo tempo em que entregou os gentios às suas paixões degradantes, Deus continuou mantendo o povo hebreu responsável e os castigou como filhos. De todos os povos do mundo, os hebreus receberam a bênção da Lei para cuidar dela em favor de todos, o que gerou em muitos judeus não apenas um senso de chamado elevado, mas também um senso exaltado de valor superior. De fato, muitos creram presunçosamente que sua herança como "povo escolhido de Deus" os eximia do julgamento.

Embora a tensão judeus-gentios que caracterizava outras igrejas possa ter atingido também a igreja em Roma, nada na linguagem de Paulo sugere que ele tenha especificamente essa divisão em mente. Muito provavelmente a mudança de "eles" para "você" não foi do gentio para o judeu, mas da humanidade em geral para "ó homem — todo aquele que julga" (tradução literal do grego). Tendo condenado o mundo, Paulo colocou o *leitor* em julgamento.

Neste segmento, três verdades se tornam claras: o juízo de Deus é inescapável (2:1-4), o juízo de Deus é imparcial (2:5-11) e o juízo de Deus é universal (2:12-16).

2:1-4

Num primeiro momento, o leitor pode ter levantado uma objeção ao indiciamento geral de Paulo ao seu caráter. *Eu? Praticar as mesmas coisas? Não sou culpado da lista de crimes apresentada por Paulo!* Mas permita-me fazer-lhe uma pergunta. Separe um tempo e seja honesto; neste momento, isso é apenas entre você e o Senhor. Como você determina quem é "bom" e quem é "mau"?

Se você é como a maioria das pessoas — incluindo eu mesmo — você tem em sua mente inconsciente pelo menos três categorias morais nas quais encaixa as pessoas. Algumas são inquestionavelmente "más". Adolf Hitler. Josef Stalin. Charles Manson. Judas Iscariotes. Nero. Praticamente todo mundo concordaria com isso, penso eu. Essas pessoas foram claramente malignas.

Em seguida, existem algumas pessoas inegavelmente "boas", como a falecida madre Teresa de Calcutá. Ela é frequentemente citada como o padrão moderno de pessoa "boa". Outra pessoa seria Billy Graham. Alguém poderia dizer: "Bem, não sou nem madre Teresa de Calcutá nem Billy Graham, mas sou uma pessoa bastante decente".

Então, existe uma ampla categoria intermediária que contém a massa de pessoas até certo ponto boas, mas, às vezes, más, além das pessoas que ainda precisam ser classificadas. É aqui que normalmente colocamos a nós mesmos, não é? E, dentro dessa categoria, mentalmente classificamos as pessoas em ordem de bondade observável. Algumas são melhores do que outras — claramente. Ora, quem você supõe que seja o padrão de medida? (Seja honesto. Lembre-se de que, neste momento, é apenas você e o Senhor.) Você adivinhou: você mesmo.

Ao dirigir na estrada, as pessoas que andam mais devagar do que você são estúpidas e idiotas, e quem dirige mais rápido é claramente uma ameaça à segurança! Quando pessoas são perguntadas se vão para o céu ou para o inferno, muitas respondem: "Bem, não sou perfeito, mas nunca *matei* ninguém, de modo que imagino que sou uma pessoa bastante boa". Os alcoólicos costumam se achar superiores aos "viciados", enquanto os adictos ridicularizam os "bêbados". Até mesmo na prisão, assassinos, estupradores e ladrões não toleram os pedófilos e não têm nenhum remorso por maltratá-los ou até mesmo matá-los. Essa é a honra entre os criminosos!

Juntamente com Paulo, todos nós concordamos que "o juízo de Deus contra os que praticam tais coisas [o mal] é conforme a verdade" (2:2). Mas ele nos relembra que o mesmo julgamento que invocamos sobre os outros cairá também sobre nós mesmos. Essa é a parte que faz com que nos contorçamos. Todos nós queremos justiça para o mundo, mas cada um de nós carrega dentro de si um padrão de justiça baseado na bondade que percebemos em nós mesmos. Além disso, só toleraremos uma determinada quantidade de mal no mundo que nós mesmos possamos aceitar dentro de nós. Quando nos percebemos ressentidos com Deus por não erradicar o mal do mundo, esquecemo-nos de que eliminar *todo* o mal significaria o fim de nós próprios também! Assim, de agora em diante, teremos de dizer aquilo que realmente está no nosso coração: "Senhor, livre-se de todo o mal *que é pior que aquele que está dentro de mim*".

O julgamento de Deus cai sobre toda pessoa porque o padrão de justiça é a perfeição. Assim, por que razão qualquer um de nós ainda está vivo? Por que não fomos reduzidos a um punhado de cinzas pela ira de Deus? Por causa das "riquezas da sua bondade, tolerância e paciência" (2:4). Em outras palavras, graça.

2:5-11

No final dos tempos, haverá uma aterrorizante cena de julgamento envolvendo todos os seres humanos que já respiraram sobre a terra. As ações de cada homem e mulher serão lançadas em uma balança e pesadas em relação ao caráter santo de Deus — a própria definição de justiça (2:5-6). Riqueza, poder, posição, raça, cor, nacionalidade, herança e filosofia de nada valerão. Religião não servirá para nada. O padrão será o mesmo para todos — aqueles que tiveram acesso à Lei e aqueles que não tiveram. Deus "retribuirá a cada um conforme o seu procedimento", de acordo com uma promessa do Antigo Testamento (2:6; citando Sl 62:12; Pv 24:12) repetida por Jesus (Mt 16:27) e descrita em detalhes por João no livro do Apocalipse. A recompensa do justo é a vida eterna (Rm 2:7), mas a pena para a injustiça é a ira (2:8).

Paulo não se contradiz. Anteriormente, ele havia escrito que o evangelho "é o poder de Deus para a salvação de todo aquele que crê" (1:16) e citado a declaração do profeta do Antigo Testamento que diz que "o justo viverá pela sua fidelidade" (Hc 2:4). Ele simplesmente teve a intenção de esclarecer que cada pessoa será *julgada* por seus atos, não *salva* por eles. No final dos dias, cada pessoa colocará seus atos numa balança e eles serão considerados em falta. Nenhuma quantidade de boas obras vai se equilibrar com a justiça de Deus do outro lado — não vai chegar nem perto.

O ponto do apóstolo é simples: "Em Deus não há parcialidade" (Rm 2:11). Todo mundo tem oportunidade igual de se colocar diante do Juiz para apresentar as provas de sua própria justiça. E o padrão será o mesmo para todos. "Contudo", adverte Paulo, "por causa da sua teimosia e do seu coração obstinado, você está acumulando ira contra si mesmo" (2:5). Qualquer pessoa que ousar presumir que seus atos são suficientemente bons para a vida eterna ou que Deus, que a tudo vê, ignorará o pecado, escolheu um futuro sombrio.

De acordo com Paulo, o caráter santo de Deus é o verdadeiro padrão de justiça. No julgamento final, nossa bondade será comparada com a do Senhor — não com a justiça das outras pessoas e nem sequer com a nossa própria consciência. Se o peso da nossa justiça falhar em pender a balança em nosso favor, seremos considerados culpados.

2:12-16

O velho ditado que diz que "o caminho para o inferno é pavimentado por boas intenções" parece especialmente apropriado à luz das palavras de Paulo. Todos nós desejamos fazer coisas boas. A pergunta é: agimos de acordo com essa consciência? E, quando de fato agimos, nossas ações são realmente justas?

Alguns podem discordar da declaração do apóstolo, "todo aquele que pecar sem [ter ouvido] a lei, sem [ter ouvido] a lei também perecerá" (2:12). Isso dificilmente parece justo. Como é possível que alguém venha a ser punido de forma justa por quebrar regras sobre as quais não sabia nada? Mas esse é exatamente o ponto que Paulo quer destacar. Gentios vivendo em lugares remotos, distantes da Terra Prometida, talvez nunca tenham conhecido um único hebreu e nem a Lei que ele guardava, mas todo homem e mulher carrega a imagem de Deus — uma imagem manchada pelo pecado, mas ainda assim a imagem de Deus. E parte dessa imagem inclui uma percepção inata de que algumas ações são boas e outras são más. Os detalhes podem não ser precisos. A compreensão de uma pessoa sobre o que é "bom" pode ser falha. Todavia, até mesmo por este padrão imperfeito, ninguém vive de forma justa. Ninguém jamais obedeceu perfeitamente à sua própria consciência. A culpa é uma reação universal ao fato de se fazer alguma coisa que a ética pessoal de alguém proíbe.

...

No tempo final, quando o último veredito for pronunciado, os feitos de cada pessoa terão sido pesados e considerados em falta. E a ignorância da Lei não será desculpa. Cada pessoa será julgada de acordo com seu conhecimento do que é certo e errado. E, por qualquer padrão — a Lei de Moisés ou a própria consciência dos gentios —, toda pessoa será considerada culpada.

APLICAÇÃO
Romanos 2:1-16
COMECE PELO LUGAR EM QUE VOCÊ ESTÁ

Neste ponto, Paulo inverteu o sentido do nosso dedo acusador de modo que ele apontasse para trás e, então, fez uma declaração ousada: "Você, que julga os outros, é indesculpável; pois está condenando a si mesmo naquilo em que julga" (2:1). O verbo grego traduzido aqui como "julgar" é o mesmo termo usado por Mateus quando relata o ensinamento de Jesus: "Não julguem, para que vocês não sejam julgados" (Mt 7:1; *krinō* [2919]). Mas será que Paulo ou Jesus por acaso quiseram dizer que "não devemos enxergar nenhum mal" ou permitir que o pecado de outra pessoa não seja confrontado? Certamente não!

Nem Jesus nem Paulo sugeriram que não devemos ter discernimento. Paulo escreveu à igreja em Corinto quanto ao homem que tivera intimidades com a esposa de seu pai: "Apesar de eu não estar presente fisicamente, estou com vocês em espírito. E já condenei aquele que fez isso, como se estivesse presente" (1Co 5:3). Ele então ordenou que o homem fosse colocado diante da congregação na esperança de que o castigo o levasse ao arrependimento (1Co 5:5). Jesus desafiou seus ouvintes: "Por que vocês não julgam por si mesmos o que é justo?" (Lc 12:57). O Senhor nos deu uma consciência e espera que a usemos para defender o desprotegido e para promover a justiça. Afinal de contas, a segurança e a saúde de qualquer comunidade são medidas por suas leis e pelo quão bem ela as aplica. Tolerância sem limites é inaceitável.

Ao nos aconselhar para que não "julguemos", Jesus e Paulo nos advertiram contra o insidioso pecado da *hipocrisia*. Quando discernirmos o certo do errado e então responsabilizarmos cada pessoa por suas ações, devemos estar bastante conscientes de nossa própria motivação. Por acaso adotamos uma atitude de justiça própria que não se importa com a alma da outra pessoa? Apontamos os pecados dos outros e então (como fariseus dos dias atuais) não mostramos misericórdia? Cultivamos uma atitude de superioridade que condena os outros em favor de ganho egoísta? Estamos de fato desviando a atenção de nossa própria culpa ao apontarmos um dedo acusador para o erro de outra pessoa? As respostas a essas perguntas são terrivelmente importantes. Jesus advertiu: "Da mesma forma que julgarem, vocês serão julgados; e a medida que usarem, também será usada para medir vocês" (Mt 7:2).

O Senhor quer que nos importemos com o certo e o errado. Ele quer que a justiça da terra reflita a do céu. Deseja que sejamos agentes do bem e que nos coloquemos contra o mal. E o melhor lugar para começar não é longe de onde você está neste exato momento. O autoexame é o ponto de partida. Se você realmente se importa em erradicar o mal do mundo, aceite o desafio de Jesus:

> Por que você repara no cisco que está no olho do seu irmão, e não se dá conta da viga que está em seu próprio olho? Como você pode dizer ao seu irmão: "Deixe-me tirar o cisco do seu olho", quando há uma viga no seu? Hipócrita, tire primeiro a viga do seu olho, e então você verá claramente para tirar o cisco do olho do seu irmão. (Mt 7:3-5)

Isso nos leva de volta ao propósito de Paulo em declarar que "[você] está condenando a si mesmo naquilo em que julga" (Rm 2:1). Se nos importarmos genuinamente com a justiça de Deus, se de forma autêntica desejarmos condenar o pecado e promover a justiça, se verdadeiramente quisermos ser defensores do bem, devemos começar examinando-nos a nós mesmos. Só então, se restar-nos algum tempo, poderemos levar o pecado de outros em consideração e assim haverá maior probabilidade de os "julgarmos" com uma atitude humilde em um espírito de graça.

O lado escuro da religião

LEIA ROMANOS 2:17-29

Dependendo de como você a enxergar, a religião pode ser tanto boa quanto má. De modo geral, olhamos para as pessoas religiosas de maneira favorável, ainda que não concordemos com sua religião. Não há dúvida de que Mahatma Gandhi mudou sua parte do mundo para melhor. Martin Luther King Jr. colocou-se na crista de uma grande onda de ressentimento racial e, diferentemente de muitos dos seus contemporâneos violentos, deu a ela uma voz pacífica e visionária. Muitos que não conhecem praticamente nada do cristianismo reverenciam Billy Graham como um homem de Deus de destaque. Além disso, estadistas há muito tempo entenderam o papel crucial da religião na manutenção de uma sociedade pacífica e ordeira. Quando as pessoas acreditam em algo maior que si mesmas, elas geralmente se comportam melhor.

Mas a religião tem um lado escuro. Ela causou dissensão, sustentou guerras e inspirou atrocidades. Consequentemente, alguns ateus declararam uma guerra política e intelectual a toda crença no sobrenatural, na esperança de que isso pudesse livrar o mundo de seu mal mais prolífico: a religião. Obviamente, eu não iria tão longe e não compartilho do seu raciocínio, mas realmente aprecio a motivação. De fato, se me fosse dada uma única oportunidade de pregar uma mensagem a um grupo de cristãos, ela seria "Como ser cristão sem me tornar religioso".

Isso parece ser uma contradição, não é? Ser cristão não é o mesmo que ser religioso? Da maneira como a maioria das pessoas entende o termo "cristão", sim. Mas, de acordo com a carta de Paulo aos Romanos, não.

A ideia que algumas pessoas têm do cristianismo me lembra uma esteira ergométrica. Todos os dias vejo cristãos determinados subirem até às demandas religiosas de seus líderes e parceiros e então começarem a correr. Eles trabalham e se esforçam, com velocidade cada vez maior e cheios de esperança, implorando e orando para que possam agradar a

Deus ou ganhar o seu favor, ou simplesmente fazer com que Ele sorria para eles por um momento ou dois. Com uma diferença tão grande entre a perfeição que Deus exige e o ponto onde estamos, certamente vamos precisar trabalhar muito duro para eliminar essa distância.

Isso é religião. Somente dor, sem ganho.

Felizmente, a prática cristã genuína não tem nada a ver com religião. Para se tornar cristã, a pessoa deve primeiramente aceitar que nenhuma quantidade de esforços na esteira ergométrica vai aumentar a distância entre nós e o nosso pecado, nem o esforço religioso nos levará para mais perto de Deus. Somente a graça de Deus fará isso. A graça de Deus fornece a salvação que não podemos conquistar, o favor que não merecemos e a bondade que não podemos retribuir. Contudo, para a mente natural, a graça não faz sentido. Neste mundo, "não existe essa coisa de almoço grátis". "Você recebe aquilo pelo que pagou." A justiça exige restituição em troca pelo pecado. Assim, presas entre a horrível visão da condenação e as impossíveis exigências da religião, as pessoas são iludidas a pensar que "a coisa" certa de alguma maneira vai transformar o interior delas. Elas procuram o ritual certo, o talismã certo, a tradição certa, o legado certo — mas tudo isso é em vão. A religião é completamente errada!

No final do capítulo 1, Paulo havia demonstrado que os gentios condenaram a si próprios ao buscarem falsos deuses. Em 2:1-16, ele provou que buscar o único Deus verdadeiro nos termos estabelecidos pela própria pessoa não é de forma alguma melhor. Não conseguimos satisfazer nossos próprios padrões autodefinidos de justiça, quanto mais satisfazer os de Deus. Em seguida, o apóstolo voltou sua atenção para as pessoas mais religiosas de todas, os judeus.

Ao ler o indiciamento do povo da aliança de Deus feito por Paulo, devemos ter em mente que isso saiu da pena de um judeu. Todavia, tudo que ele escreveu para seus compatriotas também se aplica aos cristãos atualmente. Como Donald Grey Barnhouse escreveu:

> existem aqueles que estão presos à forma, cerimônia, liturgia, preceitos e práticas religiosas, assim como a todas aquelas atitudes que se ligam a tudo isso, e que ainda assim são coisas estranhas à graça de Deus. Eles possuem rituais sem redenção, obras sem adoração, forma de culto sem temor de Deus em seu sentido adequado e, dessa maneira, colocam-se debaixo da condenação de Deus.
>
> Não faz diferença o nome daquilo que eles seguem, pois o princípio é o mesmo. No tempo em que o Novo Testamento foi escrito, o argumento era contra os judeus religiosos. Hoje, seria contra os zelosos católicos romanos ou os fervorosos fundamentalistas tanto quanto foi contra os judeus dos dias de Paulo. Professar uma religião, ainda que

seja uma religião revelada divinamente, não é suficiente se aquele que a professa não for de alguma maneira transformado por ela.[15]

2:17-20

Paulo começou identificando várias fontes de arrogância religiosa para os judeus:

> *Seu título:* O próprio nome "judeu" vinha de "Judá", que significa "Yahweh seja louvado". Esse maravilhoso lembrete da aliança também poderia se tornar uma fonte de soberba. Muitos até mesmo alegavam que o título era um tipo de sobrenome, como "Chuck Swindoll, judeu".
>
> *Sua posse da Lei:* Deus escolheu o povo hebreu para levar sua Palavra ao restante do mundo. Muitos consideravam que essa responsabilidade os eximia do julgamento de Deus.
>
> *Seu relacionamento singular com Deus:* "Orgulhar-se" significava afirmar possuir uma posição superior por causa de alguém ou alguma coisa e expressar um alto grau de confiança por causa daquilo. O termo quase sempre tem uma conotação negativa.
>
> *Seu conhecimento da vontade de Deus:* Como receptores da instrução divina, eles eram capazes de discernir o plano de Deus para as eras. Em adição à Lei, eles cuidadosamente preservaram os escritos dos profetas, conhecimento do futuro que indubitavelmente alimentou seu orgulho nacional elitista.
>
> *Sua responsabilidade de instruir as nações:* Deus encarregou os judeus da responsabilidade de ensinar o restante do mundo sobre Ele, uma tarefa tão antiga quanto a aliança com Abraão. O povo deveria ser "guia de cegos, luz para os que estão em trevas, instrutor de insensatos, mestre de crianças" (2:19-20). Muitos judeus consideravam que a mera posse da verdade automaticamente lhes dera a habilidade superior de realizar sua tarefa.

O lado escuro de todas essas bênçãos era o orgulho, uma arrogância tal que muitos judeus se referiam aos gentios como "cães".

O propósito de Paulo não era depreciar seus compatriotas judeus ou sugerir que seu privilégio singular como povo escolhido de Deus era ruim, mas ajudar seus leitores judeus a entender que sua religião não fez nada para transformá-los. Comportar-se bem exteriormente não contribuirá para limpar o interior. Esta é a definição de religião, afinal de contas: fazer coisas externas para tornar a pessoa interior digna de salvação. Essa disparidade entre a justiça interior e a exterior inevitavelmente leva à hipocrisia.

2:21-24

O apóstolo então coloca as vestes de um advogado para acarear judeus cheios de justiça própria, primeiramente testando sua integridade e, em seguida, apresentando provas irrefutáveis de culpa contra a fonte de seu orgulho religioso: a sua herança. Ele,então, faz cinco perguntas perspicazes:

- "Você, que ensina os outros, não ensina a si mesmo?" (2:21).
- "Você, que prega contra o furto, furta?" (2:21).
- "Você, que diz que não se deve adulterar, adultera?" (2:22).
- "Você, que detesta ídolos, rouba-lhes os templos?" (2:22).
- "Você, que se orgulha na lei, desonra a Deus, desobedecendo à lei?" (2:23).

Se, por acaso, um indivíduo pudesse responder "não" às primeiras quatro perguntas e ousasse negar a quinta, ainda assim não poderia escapar da acusação dos profetas Isaías e Ezequiel (Is 52:5; Ez 36:20-22). O judeu não poderia — tanto quanto um gentio — afirmar ser isento do julgamento de Deus com base na santidade pessoal ou na herança religiosa. "Como está escrito: 'O nome de Deus é blasfemado entre os gentios por causa de vocês'" (Rm 2:24; citando Is 52:5).

2:25-29

Caso os leitores judeus de Paulo ainda continuassem não convencidos, ele ainda abordaria o aspecto mais pessoal e íntimo da herança religiosa dos judeus. A circuncisão representava a participação de um homem judeu na aliança de Deus com Abraão desde seus primeiros dias (Gn 17). Essa iniciação realizada em seu favor no oitavo dia de vida, era um lembrete visível de que Deus reivindicara aquele menino como sendo dele. Ele deveria ser um "filho da aliança". Muitos judeus achavam que a participação na aliança de Deus com Abraão os isentava da ira divina.

De acordo com Paulo, nada poderia estar mais longe da verdade. Recorrendo aos profetas do Antigo Testamento, ele relembrou seus compatriotas de que a circuncisão nada mais é do que um símbolo exterior daquilo que deveria ser verdadeiro do lado de dentro. Deus se importa mais com a circuncisão do coração (Dt 10:16; 30:6; Jr 4:4), pela qual os discípulos demonstram honrar o seu caráter sendo como Ele, obedecendo à sua Lei.

Um sinal clássico de religião — a religião da esteira ergométrica — é a ênfase exagerada nas coisas secundárias e a negligência às coisas primárias. Podemos realizar a circuncisão física por nós mesmos. Esse é um requisito religioso que podemos fazer sem a ajuda de Deus. A circuncisão do coração, porém, exige um tipo de cirurgia que está além de nossas habilidades. A verdadeira circuncisão trata-se de uma operação sobrenatural cujo símbolo exterior é a obediência. Paulo declarou enfaticamente que o Senhor prefere um gentio com um coração circuncidado a um judeu desobediente que carrega o símbolo exterior de uma aliança rompida.

Permita-me colocar isso em termos que possam tocar mais profundamente. O que você preferiria: um cônjuge infiel que orgulhosamente usa sua aliança de casamento ou um parceiro que guarda sua intimidade mútua com a própria vida, mas não usa uma aliança? A aliança de casamento é um símbolo circular de ouro da fidelidade eterna. Deve ser um símbolo exterior daquilo que é verdadeiro no coração de quem a usa. Que tolice é pensar no anel como sendo o elemento mais importante de uma união conjugal. E mais, quão tolo é achar que o anel pode manter uma pessoa fiel a seu cônjuge.

A circuncisão e uma aliança de casamento têm muito em comum. Elas devem ser símbolos exteriores da convicção interior de uma pessoa. Infelizmente, a religião coloca uma ênfase indevida no símbolo ao mesmo tempo em que ignora aquilo que Deus considera mais importante.

...

De acordo com minha experiência, a religião se revela de pelo menos três maneiras.

Primeiramente, *a religião enfatiza o físico acima do espiritual*. Ela dá ênfase às atividades piedosas e à *aparência* do trabalho sacrificial. A religião mantém uma pessoa ocupada ao ponto da exaustão e enfatiza o fazer o bem com o objetivo de ser visto e admirado.

Segundo, *a religião enfatiza questões secundárias ao mesmo tempo em que ignora assuntos de importância fundamental*. Símbolos, tradições e rituais se tornam mais importantes do que a real missão da Igreja ou a maturidade verdadeira de seu povo. Aparências externas se tornam o foco de atenção em lugar da crença sincera e da obediência genuína.

Terceiro, *a religião promove o interesse próprio acima de tudo mais*. Não se engane: o zelote religioso é alguém concentrado em si mesmo. Independentemente do que seja feito, a motivação de quem realiza continua sendo um desejo de ser visto e conhecido. Permanecer nos bastidores e recusar-se a buscar os holofotes seria algo completamente estranho à sua maneira de pensar. A religião gera o orgulho de alcançar posições cada vez mais proeminentes de poder e reconhecimento.

Do meu diário

Envergonhando a igreja
ROMANOS 2:17-29

O toque estridente do telefone rompeu o silêncio no meu gabinete. A mensagem da pessoa que ligou partiu meu coração. Outro colega de ministério havia caído em termos morais. Outro soldado da cruz que, anteriormente, se mantivera firme em pé — que havia armado sua congregação com a verdade e que a encorajara a permanecer firme contra o adversário — havia desgraçadamente desertado das fileiras e dado vitória ao inimigo por meio do seu pecado. Mesmo antes de colocar o fone de volta no gancho, lágrimas inundaram os meus olhos.

Uma cena antiga passou por minha mente como um flash. Uma cena repugnante. Um campo de batalha em Israel chamado monte Gilboa, abarrotado de corpos de soldados hebreus depois de um dia trágico de combate contra os filisteus. Entre os mortos estava um guerreiro experiente e alto chamado Saul. Como os pagãos da Filístia devem ter se vangloriado em sua vitória sobre o exército de Deus! E, muito embora Saul tivesse transformado a vida de Davi em um pesadelo durante mais de doze anos, Davi lamentou a morte do rei com estas palavras: "Como caíram os valentes no meio da peleja!" (2Sm 1:25, RA).

Enquanto estava sentado sozinho no meu gabinete, pensei na queda de Davi, que começou com um tropeção no telhado ao olhar para a bela Bate-Seba. Seu tropeço levou a uma queda que ainda me estremece. Fiquei pensando se essas mesmas palavras assombraram o rei depois que Natã colocou um dedo magricela na cara dele e declarou: "Você é esse homem!" (2Sm 12:7). O mais valente guerreiro de Deus — o homem que havia derrotado os inimigos de seu Senhor, destruindo tanto idolos como falsos deuses — havia difamado o nome do Altíssimo com seu adultério e com a tentativa de acobertá-lo por meio de um assassinato. Como os inimigos de Deus devem ter se vangloriado. Mesmo depois do arrependimento, nada foi mais o mesmo para Davi, sua casa ou seu reino.

> Quando qualquer pessoa da família de Deus falha, todos são afetados, mas o fracasso moral de um líder abala a igreja até os seus alicerces. E, às vezes, uma congregação jamais consegue se recuperar. Assim, ali no meu gabinete, estremeci só de pensar em meu colega guerreiro, sentado sozinho em seu próprio gabinete, talvez com o rosto entre suas mãos, perguntando: "Como pude trazer essa vergonha sobre mim mesmo, minha família, minha esposa, minha igreja e — mais grave do que qualquer outra coisa — como pude desonrar dessa forma o nome do meu Senhor?".
>
> Ciente de que sou simplesmente um homem cuja velha natureza não morrerá até que eu esteja com meu Salvador na eternidade, implorei ao meu Senhor: "Protege-me do maligno. Caso eu tropece, lida comigo severamente se precisares. Impede-me, ó Deus, antes que eu caia! Que nunca seja dito de mim 'Como caiu o valente no meio da peleja'. Não apenas por mim, mas pelo teu nome."

Como se todas essas coisas já não fossem suficientemente ruins, a religião também cega o devoto para suas próprias necessidades da graça de Deus. Quão irônico e trágico é que a religião leve tão diretamente à condenação.

APLICAÇÃO
Romanos 2:17-29
UMA QUESTÃO DE PRIVILÉGIO

Ao ler a revisão que Paulo faz das cinco fontes da arrogância judaica (2:17-20), sou levado a analisar com bastante atenção minhas próprias atitudes, assim como o espírito geral da igreja à qual sirvo. Os privilégios desfrutados pela nação hebraica são agora os privilégios do cristão — pelo menos por esta temporada no plano redentor de Deus. Cada um desses privilégios leva a uma pergunta de autoexame. Se você exerce algum posto de liderança cristã — pastor, presbítero, diácono, professor, líder de pequeno grupo, coordenador de voluntários ou simplesmente o chefe de uma casa — permita-me desafiá-lo a ler cada um dos privilégios e a considerar cuidadosamente a sua resposta a cada uma das questões.

- *Nosso título:* O título "cristão" deve ser usado com honra. Declarar-se como sendo cristão é defender publicamente um código de conduta em que os outros podem confiar e convidar seus parceiros a considerarem você responsável. *Quando você usa o título de "cristão", quem recebe a glória: Deus ou o "eu"?*
- *Nossa posse da verdade divina:* A responsabilidade de proteger e administrar a Palavra de Deus escrita — os 66 livros da Bíblia — pertence não a uma única instituição oficial, mas a todos os crentes e comunidades de crentes. Fomos escolhidos por Deus para levar sua mensagem ao restante do mundo. Esse enorme privilégio vem com uma imensa responsabilidade. *Nós nos comportamos como se a verdade de Deus não se aplicasse a nós ou como se estivéssemos de alguma maneira acima da necessidade da graça?*
- *Nosso relacionamento singular com Deus:* Como crentes, hoje temos "paz com Deus" (5:1) pela graça, por meio da fé em Jesus Cristo. Além disso, temos o Espírito do Criador todo-poderoso vivendo dentro de nós, um privilégio mais maravilhoso do que os santos do Antigo Testamento poderiam ter imaginado. *Em que nos "gloriamos", ou seja, "atribuímos crédito": na graça de Deus ou em nosso próprio mérito?*
- *Nosso conhecimento da vontade de Deus:* As Escrituras revelaram que a vontade de Deus é resgatar sua criação do mal e, então, enchê-la com sua justiça. As Escrituras também declararam como Ele fará isso e quais eventos específicos indicarão a sua volta. *Estamos simplesmente aguardando a chegada dos eventos do final dos tempos que darão início à próxima era, ou fazemos parte ativamente do plano de Deus para alcançar nosso mundo com as boas-novas e enchê-lo de sua justiça?*
- *Nossa responsabilidade de ensinar as nações:* Jesus ordenou aos seus seguidores "vão e façam discípulos de todas as nações" (Mt 28:19), que foi uma continuação da ordem de Deus a Israel (Rm 2:19-20). Imprimir, distribuir e carregar cópias das Escrituras é uma tarefa elogiável, mas não pode substituir o fazer com que a Palavra de Deus seja vista em nossas ações. *Enquanto ensinamos, memorizamos e citamos textos das Escrituras, estamos praticando a verdade que pregamos de modo que o mundo possa ser ganho sem uma palavra sequer?*

Os modelos atuais de crescimento da igreja presentes em nossa cultura colocam uma quantidade enorme de ênfase nas declarações de visão. À medida que reflete sobre esses cinco privilégios e suas responsabilidades associadas, como você mudaria a declaração de visão da sua igreja? Caso lhe fosse pedido, você seria capaz de escrever uma declaração de visão pessoal em uma única sentença? Experimente.

Protesto indeferido

LEIA ROMANOS 3:1-8

Em 1886, o autor escocês Robert Louis Stevenson escreveu um romance que refletia uma verdade perturbadora sobre todas as pessoas. Deu-lhe o nome de *O médico e o monstro: O estranho caso do dr. Jekyll e sr. Hyde*. É a história de um respeitado médico e pesquisador que incorporava os melhores ideais vitorianos de moralidade e decência. Contudo, experimentos que fez em si mesmo liberaram um selvagem assassino que espreitava nas sombras de seu comportamento público gentil.

No coração da grande literatura você frequentemente encontrará boa teologia. O conto bizarro de Stevenson continua a cativar e fascinar audiências mais de um século depois porque, em alguma medida, nós nos percebemos no dr. Jekyll e tememos o sr. Hyde que tão dedicadamente mantemos oculto. Mark Twain, talvez influenciado pelo conto de Stevenson, fez a seguinte observação: "Todo mundo é uma lua e possui um lado escuro que nunca revela a ninguém".

O tema central da carta de Paulo aos Romanos é o evangelho, as boas-novas. Contudo, ele começa com as más notícias, o lado escuro da lua, o problema universal da depravação humana. Pois como alguém pode entender a necessidade de um Salvador se primeiramente não reconhecer o mal que espreita nas sombras do seu eu público?

Por favor, não me entenda mal. Como já aprendemos anteriormente, o termo "depravado" não significa que somos tão ruins quanto é possível ser. Pessoas com a natureza do sr. Hyde costumam realizar coisas boas, incluindo grandes atos de bondade para com os outros. Além do mais, sempre podemos ser muito piores do que somos. Contudo, não merecemos nenhum crédito por qualquer coisa boa que possamos realizar. Temos uma natureza que é escrava do mal e, se não fosse pelo medo de sermos pegos e as inevitáveis consequências do erro, nada nos impediria de entrarmos de cabeça na mais abjeta corrupção. Você provavelmente já ouviu a expressão "o poder corrompe, e o poder absoluto corrompe absolutamente". Isso é verdade. Poder absoluto significa ausência de restrição. Alguém com poder absoluto pode fazer qualquer coisa que lhe agrade sem sofrer consequências. E, na ausência de restrição externa, a natureza humana depravada que espreita dentro de cada um de nós se expressaria com atos surpreendentes de egoísmo, crueldade, cobiça e assassinato.

NÃO HÁ SEGREDOS PARA DEUS

Embora todo homem, mulher e criança concebidos por um pai humano tenha um lado escuro que nunca mostra a ninguém, não se pode esconder nada de Deus. "Os seres humanos podem nos elogiar, mas o nosso Criador e Juiz a tudo vê."

- "O Senhor não vê como o homem: o homem vê a aparência, mas o Senhor vê o coração" (1Sm 16:7).
- "Ouve dos céus, o lugar da tua habitação. Perdoa e age; trata cada um de acordo com o que merece, visto que conheces o seu coração. Sim, só tu conheces o coração do homem" (1Rs 8:39).
- "Reconheça o Deus de seu pai, e sirva-o de todo o coração e espontaneamente, pois o Senhor sonda todos os corações e conhece a motivação dos pensamentos" (1Cr 28:9).
- "Sabes muito bem quando trabalho e quando descanso; todos os meus caminhos te são bem conhecidos" (Sl 139:3).
- "Eu sou o Senhor que sonda o coração e examina a mente, para recompensar a cada um de acordo com a sua conduta, de acordo com as suas obras" (Jr 17:10).
- "[Jesus] lhes disse: 'Vocês são os que se justificam a si mesmos aos olhos dos homens, mas Deus conhece os corações de vocês. Aquilo que tem muito valor entre os homens é detestável aos olhos de Deus'" (Lc 16:15).
- "Nada, em toda a criação, está oculto aos olhos de Deus. Tudo está descoberto e exposto diante dos olhos daquele a quem havemos de prestar contas" (Hb 4:13).

O termo "depravação" tem mais a ver com o plano vertical de existência — nosso relacionamento com Deus — do que com nossas relações horizontais na terra. Não somos tão ruins quanto podemos possivelmente ser; contudo, nossos atos pecaminosos provam que somos tão ruins quanto possível. Nossas boas obras não fazem nada para superar nossa separação de Deus, tanto em termos legais quanto relacionais. Permanecemos condenados, não apenas por causa daquilo que fizemos, mas por causa daquilo que *somos*. Para provar que a regra se aplica a qualquer pessoa, Paulo passa sistematicamente de uma pessoa para a seguinte, arrancando quaisquer máscaras que cada uma delas possa estar usando. Ele retirou o disfarce do intelectual correto apenas para revelar um tolo simplório que meramente professa ser sábio, adorando a criação em lugar do Criador e trocando o natural pelo que não é natural (1:18-32). Consequentemente, Deus entregou tais pessoas à "impureza", às "paixões vergonhosas" e à "disposição mental reprovável" — ou seja, uma mente que, através de seus atos, se prova indigna.

Ele então atravessa a armadura do cruzado convencido, aquele moralista farisaico que presume estar acima do julgamento em razão da virtude de seus rituais e tradições. Para a surpresa de ninguém, encontramos por detrás do peitoral reluzente da religião um coração corrupto, tremendo sob a condenação de sua própria consciência, incapaz de satisfazer seu próprio código moral, quanto mais o de Deus (2:1-16).

Por fim, o apóstolo exonera os seus compatriotas filhos da aliança. Está bastante claro que Deus escolheu o povo hebreu para receber sua Palavra e para compartilhá-la com o mundo, mas, a despeito de seu relacionamento singular com o Criador, eles não estão isentos do julgamento divino. De fato, mereceram uma porção maior. Os gentios pecaram na ignorância e colheriam o pagamento pelo pecado, mas os judeus se rebelaram contra Deus com um conhecimento maior daquilo que estavam rejeitando, plenamente cientes de quem eles haviam ofendido e as consequências que seu pecado colheria.

A esta altura de sua carta, Paulo já havia demonstrado suficientemente que todos são culpados: o ignorante voluntário (1:18-32), a pessoa cheia de justiça própria (2:1-16) e o super religioso (2:17-19). Todos eles merecem a ira de Deus. Quando antes ensinava tais verdades nas sinagogas, Paulo certamente encontrou muitas objeções. Para se antecipar às refutações entre seus leitores, o apóstolo reafirmou cada uma das quatro objeções mais comuns em forma de perguntas:

- a questão da *vantagem racial;*
- a questão da *fidelidade divina;*
- a questão da *justiça confusa;*
- a questão da *lógica torcida.*

3:1-2

A questão da *vantagem racial*: "Que vantagem há então em ser judeu, ou que utilidade há na circuncisão?" (Rm 3:1). Em outras palavras, "se a aliança de Deus com os descendentes de Abraão (e aqueles gentios que entram na mesma aliança por escolha [Gn 17:12-13; Êx 12:48-49]) não os torna justos, então qual era o propósito?"

Paulo explicou que a aliança de Deus não exime ninguém do julgamento; contudo, é um privilégio sem paralelo. Os descendentes de Abraão,

Isaque e Jacó receberam mais verdade do que qualquer outra pessoa na terra. Para eles as Escrituras foram dadas. Por meio deles, as Escrituras nos foram concedidas. A partir deles, o mundo inteiro receberia o convite de Deus para receber graça.

3:3-4

A questão da *fidelidade divina*: "Que importa se alguns deles foram infiéis? A sua infidelidade anulará a fidelidade de Deus?" (Rm 3:3). Em outras palavras, "o fracasso do povo hebreu em cumprir sua parte do acordo impede Deus de realizar seu plano de salvar o mundo?".

A resposta é óbvia. A descrença de toda a raça judaica jamais impediria, em qualquer aspecto, que Deus viesse a realizar sua vontade. Ele mantém suas promessas e permanecerá fiel a despeito do fracasso da humanidade. De fato, sua luz brilha ainda mais forte contra o pano de fundo totalmente escuro das trevas da humanidade. Para ilustrar, Paulo recorre à oração de arrependimento do rei Davi no Salmo 51:

> Contra ti, só contra ti, pequei
> e fiz o que tu reprovas,
> de modo que justa é a tua sentença
> e tens razão em condenar-me. (Sl 51:4)

3:5-6

A questão da *justiça confusa*: "Mas, se a nossa injustiça ressalta de maneira ainda mais clara a justiça de Deus, que diremos? Que Deus é injusto por aplicar a sua ira?" (Rm 3:5). Em outras palavras, "o fato de Deus ter feito essas exigências morais com consciência de que a humanidade fracassaria por acaso torna sua ira injustificada? Afinal de contas, não estávamos condenados a fracassar desde o início?".

Mas a concessão da lei não tornou a humanidade repentinamente culpada de erro. Deus não pintou arbitrariamente um alvo em algum outro lugar diferente daquele em que Ele já havia atirado a flecha para então chamar isso de um erro. O alvo sempre esteve presente. O caráter completamente justo de Deus é — e sempre foi — o padrão. A Lei simplesmente ilumina e aumenta o alvo, deixando a humanidade com ainda menos desculpa para errá-lo. Paulo explicará isso em mais detalhes na próxima grande seção de sua carta (4:15; 5:13).

O Senhor não deu a Lei à humanidade com o objetivo de justificar sua ira. Pelo contrário, Ele estabeleceu as linhas claras entre o certo e o errado como um meio de graça, para confrontar a humanidade com as nossas ofensas. A concessão da Lei foi um primeiro passo em seu plano para nos redimir. Em vez de simplesmente nos descartar ou nos abandonar à nossa própria sorte autodestrutiva, Deus se importou o suficiente para nos confrontar, ao identificar a fonte da nossa alienação dele. Ele o fez de tal modo que pudéssemos enxergar os nossos erros, arrependermo-nos dos nossos pecados e, então, buscarmos um meio de reconciliação.

3:7-8

A questão da *lógica distorcida*: "Se a minha mentira ressalta a veracidade de Deus, aumentando assim a sua glória, por que sou condenado como pecador?" Por que não dizer [...] 'Façamos o mal, para que nos venha o bem'?" (3:7-8). Em outras palavras, "se a luz de Deus brilha mais intensamente por causa das nossas trevas, não glorificaremos ainda mais a Deus por meio dos nossos erros? Vamos pecar como loucos e, assim, conheceremos a graça como nunca conhecemos antes!".

Que pensamento grotesco! Ele falha em compreender a natureza destrutiva do pecado. Esse tipo de lógica não é melhor do que dizer "se os incêndios e os acidentes dão às equipes de resgate uma oportunidade de mostrar suas habilidades e sua bravura, por que não provocamos mais incêndios e causamos mais acidentes de modo a dar-lhes maiores oportunidades para mostrar sua coragem?". Parece excelente até que você considera as vítimas.

Não existem pecados sem vítimas. Toda opção por fazer o mal fere alguém — se não imediatamente, ainda assim é algo inevitável; e se não for diretamente, será por via indireta. Em algum nível, toda a humanidade sofre. E, longe de glorificar a Deus, o pecado o entristece. É uma afronta ao seu caráter — contra tudo que Ele é e tudo que Ele deseja. O pecado separa o Criador da criação que ele ama tão profundamente.

Observe o comentário final de Paulo. Ao referir-se àqueles que justificariam seu pecado voluntário com base nessa lógica tão distorcida, ele simplesmente declara: "A condenação dos tais é merecida" (3:8).

APLICAÇÃO
Romanos 3:1-8
RELIGIÃO *VERSUS* GRAÇA

Os leitores judeus de Paulo rejeitaram a doutrina da justificação pela graça por meio da fé pelas mesmas razões pelas quais todas as religiões potencializadas por homens protestam. Primeiro, o favor imerecido de Deus liberta o indivíduo do controle religioso. Segundo, a graça remove a religião como o meio pelo qual uma pessoa mantém um relacionamento com Deus. E, terceiro, a graça muda completamente o propósito das boas obras na vida daquele que crê. Consequentemente, a graça torna a religião obsoleta e ineficiente, o que é uma má notícia para aqueles que obtêm poder, propósito ou meio de vida a partir de seguidores religiosos.

Pelo fato de a graça afetar profundamente a maneira como nos relacionamos com Deus, ela também muda a maneira como pensamos e vivemos. De maneira específica, receber a graça de Deus determina como lidamos com nossas posses, conduzimos nossa vida e consideramos a nós mesmos (para citar apenas algumas coisas específicas). A religião e a graça enviam mensagens conflitantes.

> *Em relação às nossas posses:*
> A religião diz: "Preserve-as, tenha orgulho delas; elas são a recompensa por seu bom comportamento".
> A graça diz: "Compartilhe-as, seja grato por elas; elas são de Deus e devemos cuidar delas com sabedoria".
> *Em termos de nossas ações:*
> A religião diz: "Esforce-se continuamente para obter o favor de Deus, porque o suficiente nunca é exatamente suficiente".
> A graça diz: "Você já tem o favor de Deus; a graça dele é suficiente".
> *Na maneira como consideramos a nós mesmos:*
> A religião diz: "Sou uma boa pessoa por causa daquilo que tenho realizado. Olhe para mim!".
> A graça diz: "Sou um pecador que recebeu a justiça de Deus. Olhe para Cristo!".

Conforme você examina sua vida — como lida com suas posses, o que motiva suas ações, como considera a si mesmo — que voz você escuta e considera? Você responde diariamente ao chamado da religião e então se esforça para obter aceitação, ou você aceita o convite de Deus e então descansa nesse relacionamento?

Receber a graça de Deus começa com a escolha menos natural para a natureza humana: devemos admitir nossa incapacidade e aceitar a intervenção sobrenatural de Deus. Diariamente.

Uma autopsia da depravação

LEIA ROMANOS 3:9-20

A pergunta retórica traduzida como "estamos em posição de vantagem?" (3:9) é de fato uma palavra grega (*proechō* [4284]), que significa "nós, judeus, temos alguma vantagem sobre os gentios?". Ela aparece em paralelo à pergunta lançada por Paulo em 3:1: "Que vantagem há então em ser judeu?". Para associar as duas perguntas como sinônimas, ele iniciou cada uma delas com a expressão grega *Ti oun*, que tem o sentido de "e então?". Todavia, ele continua a responder à mesma pergunta de maneira diferente:

> "Que vantagem há então em ser judeu?" "Muita, em todos os sentidos!" (3:1-2)
> "Estamos [nós, judeus] em posição de vantagem?" "Não!" (3:9)

3:9

Então, como entender isso? Os judeus tinham a vantagem sobre os gentios? A resposta é sim... e não, dependendo de como você olha para ela.

Suponha que um multibilionário visitasse sua casa com uma proposta. Ele diz: "Quero dar meu dinheiro às pessoas mais necessitadas do mundo e quero direcionar esses fundos através da sua conta corrente pessoal. Conforme eu fizer os depósitos, você preenche os cheques". Agora, imagine que dez anos se passaram e ninguém está melhor do que estava antes. Nenhum dos destinatários descontou o cheque; até mesmo você deixou de fazer uma retirada para si próprio. Você tinha alguma vantagem? Certamente! Você dispunha de acesso completo à riqueza do bilionário. Contudo, em um sentido prático, você não ganhou nada. Uma vez que deixou de sacar os fundos para si próprio, você não está melhor do que as pessoas que, descuidadamente, rasgaram seus próprios cheques.

O povo hebreu recebeu acesso direto à verdade de Deus como agente de sua Palavra, o meio pelo qual Deus abençoaria o mundo (Gn 12:3; 22:18). Contudo, tal como os gentios, os judeus "trocaram a verdade de Deus pela mentira, e adoraram e serviram a coisas e seres criados, em lugar do Criador" (Rm 1:25), de modo que os descendentes de Abraão, Isaque e Jacó se afastaram de Deus, fazendo com que o nome dele fosse "blasfemado entre os gentios" (2:24). Os judeus e os pagãos não são diferentes. Dentro de cada um deles bate o mesmo coração adoecido pelo pecado.

3:10

Um grande amigo meu está no ramo funerário há mais de trinta e cinco anos. Uma conversa particularmente vívida com ele deixou uma impressão duradoura em mim. Ele disse, em tom pensativo: "Já vi o que a maioria das pessoas jamais verá. Em minha carreira, já tive praticamente todas as idades, raças, nacionalidades, altura e religiões representadas na minha mesa de legista. Quando você abre os corpos e olha o que há lá dentro, vê que eles são todos iguais. E eu lhe garanto que isso nunca é bonito".

Com um desabrochar definitivo e dramático, Paulo resolveu a questão da depravação universal humana, não deixando espaço para argumentação ou objeção. No melhor estilo da tradição rabínica, consagrada pelo tempo, enfileirou as indiscutíveis palavras de Deus como pérolas. Perceba as citações diretas do apóstolo e as alusões claras ao Antigo Testamento no quadro ao lado.

Paulo colocou a humanidade na mesa de exame e atravessou toda a aparência exterior para expor o que há por dentro.

"Suas gargantas são um túmulo aberto;
com suas línguas enganam."
"Veneno de serpentes está em seus lábios."
"Suas bocas estão cheias de maldição e amargura."
"Seus pés são ágeis para derramar sangue...;"
"Aos seus olhos é inútil temer a Deus."

Essas não são minhas palavras, nem palavras de qualquer outro homem. São as acusações do Supremo Juiz contra toda a humanidade — incluindo você e a mim. Isso soa extremo demais? Excessivamente grosseiro? Talvez você esteja pensando: "Isso pode ser verdade em relação aos piores elementos da humanidade, mas eu não sou assim *tão* ruim". Vamos examinar cada acusação em detalhe.

"Não há nenhum justo, nem um sequer" (3:10). Naturalmente, devemos nos lembrar de que o padrão pelo qual nossa justiça é medida não é simplesmente a bondade de uma ótima pessoa, mas o caráter perfeito e imaculado de Deus. O Senhor colocou a bondade de cada pessoa em uma balança em oposição à sua própria perfeição e ninguém — nem mesmo os melhores entre nós — é ou pode ser bom o suficiente.

3:11

"Não há ninguém que entenda, ninguém que busque a Deus" (3:11). O verbo traduzido como "entender" significa "colocar junto", não muito diferente do que alguém faz com as peças de um quebra-cabeças. "Ninguém montou o quebra-cabeças corretamente e, por isso, ninguém consegue ver a imagem." Além do mais, ninguém "busca" a Deus por iniciativa própria. Somente quando as pessoas não têm outra escolha é que elas se voltam para Ele. Francis Thompson capturou a ideia muito bem em seu poema "O cão de caça do Céu":

COMO ESTÁ ESCRITO...			
3:10-12	"Não há nenhum justo, nem um sequer; não há ninguém que entenda, ninguém que busque a Deus. Todos se desviaram, tornaram-se juntamente inúteis; não há ninguém que faça o bem, não há nem um sequer."	Sl 14:1-3 (Sl 53:1-3)	Diz o tolo em seu coração: "Deus não existe". Corromperam-se e cometeram atos detestáveis; não há ninguém que faça o bem. O Senhor olha dos céus para os filhos dos homens, para ver se há alguém que tenha entendimento, alguém que busque a Deus. Todos se desviaram, igualmente se corromperam; não há ninguém que faça o bem, não há nem um sequer.
		Ec 7:20	Todavia, não há um só justo na terra, ninguém que pratique o bem e nunca peque.
3:13	"Suas gargantas são um túmulo aberto; com suas línguas enganam."	Sl 5:9	Nos lábios deles não há palavra confiável; suas mentes só tramam destruição. Suas gargantas são um túmulo aberto; com suas línguas enganam sutilmente.
	"Veneno de serpentes está em seus lábios."	Sl 140:3	Afiam a língua como a da serpente; veneno de víbora está em seus lábios
3:14	"Suas bocas estão cheias de maldição e amargura."	Sl 10:7	Sua boca está cheia de maldições, mentiras e ameaças; violência e maldade estão em sua língua.
3:15-17	"Seus pés são ágeis para derramar sangue; ruína e desgraça marcam os seus caminhos, e não conhecem o caminho da paz."	Is 59:7-8	Seus pés correm para o mal, ágeis em derramar sangue inocente. Seus pensamentos são maus; ruína e destruição marcam os seus caminhos. Não conhecem o caminho da paz; não há justiça em suas veredas. Eles as transformaram em caminhos tortuosos; quem andar por eles não conhecerá a paz.
3:18	"Aos seus olhos é inútil temer a Deus."	Sl 36:1	Há no meu íntimo um oráculo a respeito da maldade do ímpio: Aos seus olhos é inútil temer a Deus.

Fugi dele, pelas noites e pelos dias;
Fugi dele, pelos arcos dos anos;
Fugi dele, pelos caminhos labirínticos
Da minha própria mente e, na névoa das lágrimas,
Escondi-me dele, sob gargalhadas constantes.
Diante de esperanças vistas eu corri;
E destruído, precipitado,
Sob melancolias titânicas de medos de abismo,
Daqueles pés fortes que seguiram, e continuaram a seguir;
Mas com perseguição sem pressa,
Em ritmo imperturbável,
Velocidade deliberada, urgência majestosa,
Eles bateram — e uma voz bateu
Mais instantânea que os pés —
"Todas as coisas traem a ti, que me traíste."

Alguns fogem mais rápido e por mais tempo do que outros — alguns na direção de seus túmulos — mas ninguém o busca, senão pela busca que Ele mesmo promove.

3:12

"Todos se desviaram, tornaram-se juntamente inúteis" (3:12). "Desviar" é a tradução do termo grego *ekklinō* [1578], que significa "desviar, virar as costas ou deixar de lado". De maneira similar, Pedro apelou a todo crente que "afaste-se do mal e faça o bem" (1Pe 3:11). Em vez disso, as pessoas se afastaram de Deus. O Senhor nos projetou com certas necessidades que apenas Ele pode suprir e, em vez de irmos a Ele para satisfazer esses anseios, buscamos substitutos fugazes, temporais e até mesmo destrutivos. Invariavelmente esses substitutos não apenas falham em satisfazer nossos desejos; eles nos deixam ainda mais vazios do que antes.

3:13

"Suas gargantas são um túmulo aberto; com suas línguas enganam". "Veneno de serpentes está em seus lábios" (3:13). Paulo lançou mão dos lamentos de Davi, que pediu a Deus que julgasse seus inimigos. Dizer que a garganta de alguém é um túmulo aberto é acusar essa pessoa de dar conselho destrutivo. Lábios venenosos entregam o beijo da morte. Talvez inimigos disfarçados de amigos tenham oferecido um conselho que quase o matou.

Paulo adapta os lamentos específicos de Davi para esboçar um princípio mais genérico em relação às falsas religiões. Perceba o termo "enganam". Os assim chamados curandeiros da fé agem como predadores com base na dor daqueles que estão dispostos a fazer qualquer coisa, ir a qualquer lugar e pagar qualquer valor para dar fim ao seu sofrimento. Médiuns e canalizadores convencem os aflitos de que uma modesta quantia os ajudará a se comunicar com seus entes queridos que já faleceram. Religiões de todo tipo prometem salvação em troca de atos de culto ou de sacrifício. Pregar uma falsa religião não é melhor do que convencer pacientes de câncer de que uma aspirina vai substituir os tratamentos prescritos para o seu caso.

3:14

"Suas bocas estão cheias de maldição e amargura" (3:14). Paulo faz uso de outro salmo, desta vez relacionado aos poderosos e prósperos que vivem completamente alheios ao seu julgamento futuro:

> Ele se gaba de sua própria cobiça
> e, em sua ganância, amaldiçoa e insulta o Senhor.
> Em sua presunção o ímpio não o busca;
> não há lugar para Deus em nenhum dos seus planos.
> Os seus caminhos prosperam sempre;
> tão acima da sua compreensão estão as tuas leis
> que ele faz pouco caso de todos os seus adversários (Sl 10:3-5).

Vamos encarar a realidade: temos a tendência de pensar em Deus somente quando as coisas deixam de funcionar bem. Quando as rodas da prosperidade giram e nossos confortos de criatura nos aconchegam, o Senhor é a última coisa que passa pela nossa mente. Podemos lançar uma breve oração de agradecimento, mas ninguém busca a Deus ou procura iluminação espiritual durante tempos de prosperidade — não da mesma forma como fazemos quando enfrentamos sofrimento rigoroso.

3:15-17

"Seus pés são ágeis para derramar sangue; ruína e desgraça marcam os seus caminhos, e não conhecem o caminho da paz" (3:15-17). Em 1954, William Golding publicou seu romance vencedor do prêmio Nobel, *O senhor das moscas*, que conta a história de estudantes britânicos que naufragam e terminam em uma pequena ilha. Eles começaram bem, criando uma sociedade *ad hoc* que fornecia comida, abrigo e segurança para todos, e até mesmo mantendo acesa uma fogueira de sinalização para atrair os navios passantes. Não demorou muito, porém, e a maioria dos meninos

abandonou sua sociedade em favor da selvageria, chegando até mesmo ao ponto de matar alguns dos meninos mais fracos para conseguirem o que desejavam. Uma pequena minoria decidiu permanecer civilizada. Um fator crucial dividia os meninos selvagens dos civilizados: a esperança do resgate. Aqueles que esperavam ser encontrados e subsequentemente responsabilizados por suas ações se comportavam bem. Aqueles que abandonaram essa esperança não viam razão para manter sua natureza sob controle, e sua depravação encontrou expressão completa.

Assim é a natureza humana. O véu entre a selvageria e a civilidade — o dr. Jekyll e o sr. Hyde — é tão denso quanto a nossa crença sincera de que nossas ações têm consequências. E a história já mostrou que o véu é extremamente fino.

3:18

"Aos seus olhos é inútil temer a Deus" (3:18). Esse "temor" pode assumir duas formas, sendo ambas adequadas no contexto correto. Aqueles que se opõem à bondade de Deus devem tremer de medo diante do poder dele. E, em algum ponto de nossas vidas, todos deveríamos experimentar tal medo. O tipo correto de medo leva ao arrependimento e a um relacionamento restaurado com Deus. Infelizmente, muitos não reconhecerão o seu Criador e continuarão a ignorar a ira acumulada contra si próprios (2:4-5; 2Co 5:10; Ap 16:1-21).

3:19-20

Paulo concluiu a primeira grande seção de sua carta com um esclarecimento sobre a Lei e o motivo de Deus a conceder, um ponto que ele desenvolverá na seção seguinte. O Senhor entregou a Lei sem qualquer expectativa de que alguém pudesse cumpri-la. Ele já sabia o resultado desde o início porque reconheceu aquilo que nós mesmos nos recusamos a ver: a humanidade — tanto judeus quanto gentios — está perdida no pecado. Não nos *pecados,* as coisas que temos feito, mas no *pecado,* aquilo que nos tornamos, por dentro e por fora, da cabeça aos pés. Como um erudito comentou: se o pecado fosse azul, seríamos completamente azuis.

A graça da Lei de Deus não pode ser encontrada na cura que ela traz, pois ela só pode trazer morte para o culpado. Deus concedeu a Lei porque sabia que as más notícias da nossa condição pecaminosa nos levam às boas notícias do evangelho. Portanto, graças a Deus por sua Lei! Graças a Deus por sua confrontação amorosa e incansável de nosso pecado!

EXCURSO: A FÉ DOS ANTEPASSADOS

ROMANOS 3:9-20

Paulo tanto citou como ensinou a partir do Antigo Testamento para demonstrar claramente que o justo sempre recebeu sua justificação pela graça por meio da fé, e não pela obediência ao padrão de bondade de Deus. Naturalmente, isso levanta a questão: "Como as pessoas foram salvas pela graça por meio da fé antes de Jesus Cristo ter nascido?".

A resposta foi e sempre será pela "fé em Deus conforme Ele revelou-se a si mesmo". Quando alguém crê genuinamente, a fé que essa pessoa tem naturalmente resultará na obediência às instruções de Deus. Todavia, é a graça de Deus que salva, e essa graça só pode ser recebida por meio da fé.

Embora Deus permaneça o mesmo e nunca mude, Ele revelou-se à humanidade de maneiras diferentes no passado e suas instruções mudaram. O Senhor revelou-se ao povo de Israel na forma de uma nuvem cintilante pousada sobre a arca da aliança. Em seguida, instruiu o povo a construir uma estrutura sagrada, a obedecer a certas regras de conduta e a sacrificar animais quando as pessoas inevitavelmente falhassem. A crença genuína daqueles que haviam colocado sua fé em Deus poderia ser vista em sua obediência às suas instruções. A graça de Deus salvou aqueles que creram. Enquanto isso, a resposta obediente deles era a expressão tangível de sua confiança genuína nele.

Não vamos mais a um templo sagrado nem sacrificamos animais. "Na dispensação da plenitude dos tempos" (Ef 1:10), Deus revelou-se perfeitamente na forma de um homem, o Filho de Deus, Jesus Cristo. E, movido apenas pela graça, Ele instruiu: "Venham a mim, todos os que estão cansados e sobrecarregados, e eu lhes darei descanso. Tomem sobre vocês o meu jugo e aprendam de mim, pois sou manso e humilde de coração, e vocês encontrarão descanso para as suas almas" (Mt 11:28-29). Aqueles que respondem a Deus conforme Ele se revela nesses últimos dias — ou seja, na pessoa de Jesus Cristo — serão declarados justos pela graça por meio da fé, tal como nossos antepassados do Antigo Testamento.

APLICAÇÃO

Romanos 3:9-20

MÁS NOTÍCIAS, BOAS NOTÍCIAS

Martinho Lutero entendeu corretamente. "O objetivo principal, portanto, da Lei na verdadeira divindade cristã é tornar os homens melhores, não piores; ou seja, ela lhes mostra seu pecado para que, a partir disso, possam ser humilhados, aterrorizados, feridos e quebrantados, e, por meio disso, possam ser levados a buscar conforto e, assim, achegarem-se à Semente bendita [isto é, Cristo]". [16]

A Lei nunca foi dada para salvar vidas; a Lei foi dada para revelar a pecaminosidade do pecado. Tal como a ressonância magnética realizada por um médico, a Lei é a ferramenta que Deus usa para revelar o câncer moral que consome nossas almas. Felizmente, existe uma cura para a doença do pecado. Contudo, devemos aceitar a verdade do nosso diagnóstico.

Hoje em dia, existem pregadores que não querem se concentrar no lado negativo da verdade cristã, ou seja, a doença terminal do pecado. Preferem permanecer concentrados apenas no lado positivo, que parece maravilhoso na superfície. Mas isso é como um médico que gosta de falar apenas sobre coisas agradáveis. Não posso falar por você, mas não vou ao médico em busca de sorrisos e elogios. Quero a verdade — a verdade nua, crua e feia — sobre o meu corpo. Se o médico encontrar um tumor, espero ficar sabendo disso — imediatamente. E, se eu tiver câncer, quero saber que tenho câncer. Especialmente se ele for tratável!

Se você quiser saber a verdade sobre a sua saúde moral, leia a Lei. Comece com os Dez Mandamentos. Encontre um que você não tenha quebrado. Ao ler, não se engane pensando *bem, eu só quebrei um ou dois, e sem muita frequência. Não sou tão imoral quanto as outras pessoas*. Basta apenas uma violação para fazer com que você adoeça da doença do pecado. Deus não tolerará o pecado — nenhum pecado — em sua presença, assim como você não toleraria a presença de nem mesmo um único tumor maligno em seu corpo.

Tal qual um bom oncologista, porém, o Grande Médico não nos mostra nossa culpa simplesmente para gerar vergonha. Ele não diz "tenho vergonha de você!" e nos abandona para morrermos. O Senhor nos oferece um remédio 100% eficaz o qual podemos pedir gratuitamente.

Se olharmos de relance algumas páginas adiante no livro de Romanos, encontraremos o seguinte em 5:1: "Tendo sido, pois, justificados pela fé, temos paz com Deus, por nosso Senhor Jesus Cristo". Em uma carta aos cristãos de outra igreja, Paulo afirmou: "Pois vocês são salvos pela graça, por meio da fé, e isto não vem de vocês, é dom de Deus" (Ef 2:8).

A única cura para a doença do pecado é o relacionamento com Jesus, que pagou completamente a penalidade por nosso erro em nosso favor. O presente da liberdade do pecado foi pago pelo Filho de Deus e é oferecido a cada um de nós. Para receber cura, devemos crer que a oferta é verdadeira e, então, receber o presente.

Não existe fórmula mágica, ou gabarito de resposta que você precisa seguir. Alguns, porém, iniciaram seu relacionamento com Deus orando palavras semelhantes a estas:

Querido Deus,
Sei que o meu pecado colocou uma barreira entre mim e ti. Obrigado por enviares teu Filho, Jesus, que pagou o preço completo pelos meus pecados quando morreu em meu lugar. Confio apenas em Jesus para receber o perdão pelos meus pecados e aceito seu presente de vida eterna. Peço a Jesus que seja o meu Salvador e o Senhor da minha vida. Obrigado por me aceitares como sou e por teu compromisso de me fazer a pessoa que desejo ser.
Em nome de Jesus, amém.

A GRAÇA DE DEUS
(ROMANOS 3:21—5:21)

Não muito depois de os descendentes hebreus de Abraão deixarem o cativeiro no Egito para conquistar sua Terra Prometida, perceberam-se sozinhos no deserto e incapazes de encontrar água ou comida. A descarga inicial de entusiasmo por estarem, de fato, livres, terminou quando muitos começaram a reclamar para Moisés: "Por que o Eterno não nos deixou morrer em paz no Egito, onde tínhamos ensopado de carneiro e pão à vontade? Você nos trouxe a este deserto para matar de fome toda a comunidade de Israel!" (Êx 16:3, MSG). Nesse ponto, vários começaram a elaborar um plano para voltar para sua escravidão dolorosa, embora previsível, no Egito.

Naturalmente, o Senhor não havia conduzido seu povo a um lugar no deserto em que não havia água nem comida simplesmente por ser cruel, mas para dar início à primeira parte de sua jornada espiritual. Basicamente, Ele queria que os israelitas dissessem com absoluta certeza de que "nem só de pão viverá o homem, mas de toda palavra que procede da boca do Senhor" (Dt 8:3; cf. Mt 4:4). Mas essa habilidade não vem espontaneamente à humanidade em seu estado natural. Os filhos e filhas de Adão precisariam ser ensinados. Para dar expressão tangível a essa verdade sobre a vida e a dependência de Deus, Ele lhes deu uma substância fina, branca e frágil que tinha o mesmo gosto de biscoito com mel. A cada manhã, o seu povo amado se levantava e encontrava esse elemento espalhado pelo chão, exatamente na frente de suas tendas. Eles precisavam recolher apenas o suficiente para aquele dia e confiar que Deus proveria no dia seguinte. Esse presente de vida durava apenas um curto período, de modo que não podiam demorar para recolhê-lo, e estragava se não fosse comido antes do próximo amanhecer.

Por fim, passaram a chamá-lo de "pão do céu", mas inicialmente deram a ele o nome de "maná", que em hebraico quer dizer "o que é isso?".

De fato, o que é essa coisa capaz de sustentar a vida que não pode ser caçada, cultivada, fabricada, comprada ou vendida? O que é essa coisa de outro mundo, totalmente gratuita, absolutamente indispensável e que não pode ser conquistada, mas apenas recebida? Do que vamos chamá-la? Para os hebreus no deserto, ela assumiu uma forma física e eles a chamaram de "pão do céu". Antes de outra reunião do povo hebreu em um lugar desolado, essa substância espiritual mais uma vez assumiu forma física, e Ele a si mesmo se apresentou como "o pão da vida" (Jo 6:35).

Paulo chamou esse elemento sobrenatural de "graça". O maná ilustrou o princípio; Jesus veio para revelá-lo de forma perfeita. Todavia, nem todos o verão. Assim, portanto, se vocês o veem, "felizes são os olhos de vocês, porque veem" (Mt 13:16).

TERMOS-CHAVE EM ROMANOS 3:21—5:21

■ *charis* (χάρις) [5485] "graça", "favor", "causa de contentamento"

No Novo Testamento, *charis* refere-se especificamente às bênçãos imerecidas e superabundantes que Deus concede ao seu povo. Em Romanos, a graça é o dom de Deus que perdoa os crentes e os liberta para viver uma nova vida pelo Espírito. Graça é a base da justificação dos pecadores promovida por Deus (veja *dikaioō*, a seguir) (3:24; 4:16; 5:15, 17, 21; 6:1). Pela graça, Deus inclui os crentes entre o remanescente escolhido (11:5). A graça de Deus concede aos crentes a capacidade de servi-lo e de servir aos outros (12:3, 6; 15:15). E a graça — não a Lei — é o princípio norteador da vida cristã (6:14-15).

■ *dikaioō* (δικαιόω) [1344] "justificar", "declarar justo", "provar como inocente", "vindicar"

No Novo Testamento, este verbo quase sempre carrega uma conotação jurídica na qual uma pessoa recebe o *status* legal de "inocente". De acordo com Paulo, todos nós somos culpados e estamos sujeitos às consequências do nosso pecado. De modo específico, em Romanos, Paulo demonstra que a Lei nos mostrou nossa culpa, de modo que somente pela graça de Deus por meio da fé somos "justificados" por Ele (3:24,28,30; 4:5; 5:9; 8:30). A justificação — o ser declarado justo — não está disponível por meio das boas obras, mas é concedida unicamente pela graça de Deus (3:4, 26; 4:2; 8:33).

■ *ergon* (ἔργον) [2041] "obra", "feito", "realização de uma tarefa ou obrigação"

Esta palavra grega, tal como o substantivo "obra" em português, descreve tanto o ato de trabalhar quanto o seu resultado. Se, por exemplo, uma pessoa fosse construir uma casa, a construção é considerada como sua "obra". Ou seja, a casa representa tanto o esforço quanto o resultado da atividade do construtor. Em Romanos, em muitas ocorrências dessa palavra Paulo atribuiu a esse termo comum um significado mais específico, quase técnico. Para o apóstolo, "obras" ou "feitos" podem descrever a luta de alguém para obedecer à Lei de Moisés e os resultados de seu esforço (2:15; 3:20; 4:6; 11:6). Nesse sentido, ela tem uma conotação negativa, uma vez que as "obras" tentam obter aquilo que só pode ser recebido pela graça por meio da fé. Contudo, Paulo usa a palavra de maneira mais geral para referir-se tanto à própria obra de Deus (14:20) como às boas obras dos crentes que foram justificados pela fé (2:6-7; 13:3; 15:18).

■ *hilastērion* (ίλαστήριον) [2435] "meio de perdão", "meio de restauração"

Relacionada ao adjetivo *hileōs* [2436], que significa "feliz", "amigável" ou "gracioso",[17] *hilastērion* é o meio pelo qual alguém alcança essas boas relações com Deus. O *hilastērion* aplaca a ira de Deus, satisfaz os requisitos da justiça e busca comunhão continuada. O termo não sugere que Deus já não esteja disposto a perdoar ou a estender graça; em vez disso, ele descreve a ação de uma pessoa genuinamente arrependida que busca receber perdão e restauração.

■ *peritomē* (περιτομή) [4061] "circuncisão", "alguém que foi circundado", "um entre os circuncidados"

Este termo é a forma substantiva do verbo *peritemnō* [4059], que descreve o ritual hebraico no qual o prepúcio de um macho é cortado. Conforme instituído por Deus, esse ritual identifica o varão como um participante na aliança divina com Abraão. Com o passar do tempo, essa característica distintiva tornou-se símbolo do povo, da aliança e da cultura.

Desembrulhando o presente da graça

LEIA ROMANOS 3:21-31

Se há um tipo de pessoa que não admiro nem um pouco é o chamado independente, aquela pessoa que alcança o sucesso por seus próprios esforços.

Já convivi com muitas dessas pessoas em meu ministério — homens e mulheres que começam com nada e, por meio de determinação, suor e sacrifício, se tornam extremamente importantes (pelo menos da maneira como o mundo julga a significância). Elas invariavelmente chegam ao topo ou dão início à sua própria organização. Embora eu não fique abertamente impressionado com pessoas que o mundo chama de "bem-sucedidas", de fato admiro muitas de suas qualidades. Aprecio seu carisma, fico maravilhado diante de sua assombrosa capacidade de motivar as pessoas e de coordenar os esforços delas. Respeito sua determinação obstinada, seu espírito inconformista, sua recusa em permitir que a opinião da maioria as impeça de fazer o que elas sabem ser o certo. Alegro-me com elas quando seus esforços honestos são maravilhosamente recompensados. Mas não admiro a pessoa que se faz *por si mesma*, porque com muita frequência elas também costumam adorar o quem as fez.

Naturalmente você não precisa ser rico para ser uma pessoa que chega ao topo por esforço próprio. As igrejas estão cheias delas — pessoas que trabalham diariamente em empregos escravizantes da religião, tentando desesperadamente produzir melhores obras do que seus vizinhos, na esperança de impressionar os porteiros do céu. É irônico que, no final de seus esforços, pouco antes de serem baixadas à terra, uma congregação de seus amigos e familiares mais próximos se junta para cantar seu hino favorito:

> Preciosa a graça de Jesus,
> que um dia me salvou.
> Perdido andei, sem ver a luz,
> mas Cristo me encontrou.
>
> A graça, então, meu coração
> do medo libertou.
> Oh, quão preciosa salvação
> a graça me outorgou![18]

John Newton não escreveu um hino em honra da justiça conquistada pela própria pessoa. Suas estrofes ressoam a partir de uma alma vazia que anseia ser preenchida pelo alto. Aqueles que presumem trabalhar por seu lugar no céu deveriam, em vez disso, cantar uma letra como esta:

> Com muitas obras vou subir
> Ao céu do meu próprio deus!
> Um dia mau, agora bom
> Sinceramente eu sou.
>
> As minhas obras me darão
> Lugar no céu com Deus.
> Com muito esforço eu provei
> Que posso conseguir.

E quando enfim ao céu chegar
Ali eu cantarei
Louvores ao meu esforço e fé
Em mim e em meu labor!

Esse não é o evangelho que Paulo recebeu de Jesus Cristo e ao qual dedicou a sua vida para ensinar! As boas-novas não são uma mensagem que diz algo como "encontre o bem dentro de você e faça-o crescer". Absolutamente o evangelho não sugere que "Deus ajuda a quem se ajuda". De fato, as boas-novas começam com uma clara compreensão da nossa real condição de adoecidos pelo pecado: ela é terminal! Felizmente, ela também é curável. Contudo, a doença mortal do pecado não pode ser tratada com boa alimentação e exercício vigoroso — por melhores que sejam essas coisas. Precisamos de uma cirurgia radical. Estamos espiritualmente mortos e precisamos de nada menos que um transplante.

As palavras de Paulo em Romanos 3:21 — "Mas agora se manifestou uma justiça que provém de Deus, independente da lei, da qual testemunham a Lei e os Profetas" — marcam outra transição crucial em sua apresentação do evangelho. Tendo comunicado a horrível verdade da depravação que apodrece nossa alma, nossa rebelião voluntária contra Deus, nossas deploráveis tentativas de melhoria própria, nossa bússola moral enviesada e nosso orgulho patético, o apóstolo nos redireciona a uma verdade cheia de esperança. Os versículos a seguir esboçam nada menos do que quatro verdades significativas sobre o evangelho:

- A salvação é uma transferência de justiça.
- A salvação é um presente da graça.
- A salvação é uma manifestação de amor.
- A salvação é uma declaração de fé.

3:21-22

Paulo descreveu a "justiça de Deus" em termos bastante poéticos. A palavra grega *phaneroō* [5319], com o sentido de "manifestada" ou "tornada conhecida", era comumente usada na literatura grega para significar "brilhar", "iluminar" ou "aparecer", muito semelhante à maneira como alguém descreveria o nascer do sol. Na escuridão mais profunda da história humana, na qual as pessoas trabalharam em vão para obter a justiça de Deus, a graça amanheceu com a ascensão do evangelho. Ela produz justiça genuína, a qual Paulo diferenciou da justiça própria de três maneiras.

Primeiro, a justiça genuína não pode ser obtida por meio de obediência à Lei — pelo menos não para aqueles que foram infectados pelo pecado.

Ninguém consegue livrar o seu corpo do câncer apenas consumindo comida saudável. Eliminar toxinas cancerígenas é uma boa maneira de evitar que se contraia a doença, mas quando alguém a desenvolve, a cura exige ação radical. Infelizmente, nascemos com a doença do pecado.

Segundo, a justiça genuína não é um conceito novo. Ela foi testemunhada, declarada e disponibilizada à humanidade desde o início dos tempos. A Lei e os Profetas descreveram e demonstraram que esta justiça sempre foi parte do plano redentor de Deus em todas as épocas

Terceiro, a justiça genuína não procede do nosso mundo interior; ela vem unicamente por meio da fé em Jesus Cristo.

3:23

Deus e a humanidade não medem a justiça pelo mesmo padrão. Ao passo que o Senhor exige perfeição, preferimos pensar em termos de competição. Em outras palavras, ao invés de perguntar "o que Deus exige?", julgamos nossa própria bondade com base na bondade relativa de outras pessoas. E, falando em termos comparativos, algumas pessoas *de fato* vivem vidas impressionantemente morais. Todavia, Paulo declara que a conquista da entrada no céu não é uma competição de salto em altura.

Na época em que escrevo este texto, o recorde mundial para o salto em altura está um pouco acima de 2,40 metros. *Dois metros!* Sem qualquer acanhamento, confesso livremente que, em um bom dia, eu talvez seja capaz de pular metade dessa altura. Se o padrão de justiça fosse medido pelo salto vertical de uma pessoa, os atletas profissionais envergonhariam a maioria de nós. Enquanto mal conseguimos nos afastar da mesa tempo suficiente para passar trinta minutos em uma esteira ergométrica, eles estão esmurrando os seus corpos para alcançar o seu rendimento máximo. Conquanto a habilidade de pular sobre uma barra a praticamente dois metros de altura do chão é um feito impressionante, o padrão do céu é muito mais elevado. Mais de dois metros... ou dez... ou cem.

Os religiosos há muito tempo celebram a dedicação de homens e mulheres que saltam mais alto do que qualquer um de nós pode imaginar. E o cristianismo não é exceção. As igrejas comemoram o comparecimento perfeito, reverenciam aqueles que carregam bíblias bem usadas e admiram doações significativas para causas dignas. O treinamento em seminários de alguma forma sugere um padrão mais elevado de valor espiritual. A ordenação certamente deve colocar uma pessoa em outro plano espiritual. E o que dizer dos missionários? Ora, eles devem ter alcançado o mais elevado crédito moral de todos!

Mas imagine assistir a uma competição de salto em altura a partir de um avião voando em círculos a onze mil metros acima do campo e você terá uma boa ideia da perspectiva de Deus sobre a justiça humana. Como é absurdo pensar que qualquer um daqueles atletas de ponta poderia conseguir sua entrada no céu por meio de um salto! Quanto mais absurdo é sugerir que qualquer pessoa possa obter a justiça de Deus por meio do esforço humano. O caráter de Deus é o padrão moral, o que coloca a barra milhares de anos-luz acima da superfície da terra, e todos nós ficamos absurdamente distantes da glória de Deus.

3:24

Sendo assim, como é possível obter uma justiça digna de Deus e do seu céu? Ela só pode ser recebida como um presente.

O termo "justificado" usado por Paulo precisa de alguma explicação, pois descreve um princípio espiritual fundamental. "Justificado" descreve a situação legal de um réu perante um juiz, e esse posicionamento legal por fim determina seu futuro. Se uma pessoa for considerada "justa", ela não receberá punição. Se, por outro lado, uma pessoa for considerada "injusta", ela enfrentará multas, prisão ou coisa pior. Em tribunais humanos, a pessoa precisa provar sua inocência com o objetivo de ser declarada justa pelo juiz.

Essa imagem seria especialmente gráfica tanto para Paulo quanto para seus leitores, que viviam sob a mão de ferro de Roma. O governador

Na condição de uma colônia romana de imensa importância estratégica, Corinto se tornou uma versão em miniatura da capital completa, com um *bēma*, ou "trono do julgamento", mostrado aqui. Essa imagem de justiça teria sido particularmente vívida para os cristãos que habitavam em Roma.

imperial da região normalmente se colocava em uma grande plataforma elevada de mármore azul e branco chamada *bēma* [968], ou "trono do julgamento", a partir da qual julgava os casos judiciais que lhes eram apresentados. Alguns anos antes, em sua primeira visita a Corinto, Paulo se apresentara diante do *bēma* para enfrentar as acusações feitas contra ele pelos líderes judeus; todavia, o procônsul romano rejeitou o caso, declarando que não era razoável ouvi-lo (At 18:12-17).

De acordo com o argumento anterior de Paulo (Rm 1:18—3:20), todas as pessoas se encontram incontestavelmente culpadas perante nosso Criador e Juiz. Toda a humanidade está absurdamente distante do padrão de justiça de Deus. Portanto, precisamos ser justificados por algum outro meio. Somos justificados — declarados justos —

"gratuitamente"
"por sua graça"
"por meio da redenção que há em Cristo Jesus".

Embora sejamos culpados, e completamente destituídos de justiça perante Deus, somos *declarados* justos por meio de uma transferência de justiça para nossa conta a partir da de Jesus Cristo.

Considere a seguinte ilustração dos dias atuais. Em 13 de junho de 2000, um casal de surdos se colocou perante o juiz Donald McDonough em um tribunal de Fairfax, Virgínia, e não ofereceu nenhuma contestação à reclamação do seu senhorio de que eles estavam com o aluguel atrasado. Infelizmente, o recente casamento havia resultado na perda de benefícios por deficiência, que muito os ajudavam a manter um teto alugado sobre suas cabeças. Naquele momento, eles deviam 250 dólares e não tinham esperança de saldar a dívida.

O juiz McDonough não podia discordar. O senhorio tinha direito ao seu aluguel, o casal era de fato culpado de não fazer o pagamento e a justiça não poderia ser deixada de lado. Contudo, a compaixão do juiz não o permitiu bater o martelo. Não naquele momento. Assim que o advogado do queixoso terminou de apresentar seu caso, o juiz repentinamente saiu da sala do tribunal. Alguns momentos mais tarde, ele voltou de seu gabinete com 250 dólares em dinheiro, entregou-os ao advogado do senhorio e disse: "Considere pago". Com uma transferência de fundos do justo para o injusto, a dívida foi paga e o caso encerrado. A lei fora satisfeita. Os réus foram assim "justificados" ou "declarados justos" aos olhos da corte.[19]

De uma maneira bastante semelhante, temos uma transferência de justiça da conta de outra pessoa para cobrir o nosso déficit moral, de modo que possamos nos apresentar justificados perante o tribunal do céu. Como

Do meu diário

Celebrando com meu colega de crime

ROMANOS 3:21-31

Enquanto dirigia para a casa dos meus amigos, lembro-me de ter ponderado em voz alta com minha família que estávamos prestes a participar de uma festa bastante incomum. Um casal maravilhoso de amigos meus estava celebrando a volta do seu filho para casa. Ele havia recebido liberdade condicional depois de sete longos anos na prisão. Embora fosse culpado das acusações contra ele, a sentença que recebera foi extraordinariamente severa quando comparada aos crimes de outros presos. Não importava. Ele estava em casa. O seu entusiasmo pela vida contagiava todos ao redor. A experiência que tão frequentemente endurece homens e os torna amargos havia refinado e amaciado aquele jovem. O que surgiu do cadinho da prisão foi um filho de Deus tranquilamente arrependido, doce e humildemente grato.

Ele falou livremente de suas experiências, começando com o momento em que o juiz aceitou o veredito do júri e bateu o martelo. Enquanto todas as pessoas reuniam seus pertences e se dirigiam para o estacionamento, ele foi levado para uma sala lateral e em seguida colocado em uma cela. A seguir, foi despido, analisado, fotografado, fichado, algemado e então colocado em um ônibus do sistema prisional. Nos sete anos seguintes, ele carregou o título de "culpado" e, para o resto de sua vida, seria chamado de "ex-detento" ou "condenado".

Ao refletir sobre a experiência daquele jovem preciso perguntar a mim mesmo: "Em que eu e ele somos diferentes?". Existem várias diferenças. Sua ficha de delitos é uma questão de registro público; a minha está trancada no céu. Ele sofreu uma punição que a maioria das pessoas mal pode imaginar; eu não sofrerei um único momento de retribuição pelos meus erros. O mundo para sempre o incluirá entre os últimos de seus cidadãos; eu sou injustamente celebrado. "Onde está, então, o motivo de vanglória? É excluído" (3:27)! O criminoso e eu somos mais parecidos

> do que diferentes. Meu coração não é menos depravado do que o dele — ou o seu. Os tribunais terrenos consideraram adequado colocá-lo atrás das grades, mas eu e você não somos menos culpados diante de nosso Juiz todo-poderoso. Verdade seja dita, você e eu merecemos coisa muito pior.
>
> Portanto, se ousarmos nos vangloriar na presença do meu amigo em liberdade condicional, que nos vangloriemos com ele. Vamos nos unir a ele na exaltação a Jesus Cristo e ao seu inexplicável presente da graça. Vejamos a nós mesmos como seus iguais, criminosos em condicional desfrutando de liberdade imerecida. "Onde está, então, o motivo de vanglória?" Não está em nós. Não está em nossa bondade. Posso relembrar você mais uma vez? A salvação é um presente, e esse presente demonstra a bondade do Doador, não a de quem o recebe.

isso aconteceu? "Por sua graça." Um presente, uma dádiva que nos foi ofertada não porque *nós* sejamos bons, mas porque *Ele* é bom. Por quais meios recebemos essa transferência de justiça? "Por meio da redenção que há em Cristo Jesus."

Redenção. Este é outro termo-chave que devemos entender. Esta ilustração antiga nos ajudará a compreender. Muito antes de os governos oferecerem programas de assistência aos pobres, uma pessoa poderia contrair uma dívida, perder suas terras e ficar completamente desamparada — irremediavelmente empobrecida, sem uma família à qual pudesse recorrer. O único meio possível de evitar a prisão do devedor ou que ele passasse privação era fazer uma escritura ou contrato de servidão com alguém rico; ou seja, pedir a alguém com muito dinheiro que pagasse os credores em troca de escravidão. Normalmente, os anos de serviço seriam determinados pela quantia paga. Contudo, um mestre cruel ou ganancioso poderia manter um escravo perpetuamente endividado e preso para sempre ao acordo. Também tinha o direito de vender seus escravos em um leilão caso precisasse de dinheiro.

Se alguém fosse inimaginavelmente bondoso, poderia fazer um lance pelo escravo, comprá-lo e então libertá-lo. O escravo seria assim "redimido" da dívida e da escravidão.

Toda a humanidade tornou-se escravizada ao pecado em virtude de nossa dívida moral. A Lei de Deus exige pagamento com o objetivo de sermos considerados "justos", mas somos desesperadamente incapazes de pagar o suficiente a partir de nossa própria bondade. Precisamos de um redentor. Precisamos que alguém pague nossa dívida em nosso lugar. E, de acordo com o evangelho, temos tal redentor em Jesus Cristo, que pagou completamente a dívida.

3:25

O termo chave na explicação de Paulo sobre como Cristo redimiu a humanidade é *hilastērion* [2435]. É traduzido como "propiciação" e "sacrifício pelo pecado" em algumas versões. O termo hebraico equivalente no Antigo Testamento é *kippurim* [H3725], do qual os judeus derivam o nome do feriado de Yom Kippur, ou Dia da Expiação (Lv 16:1-34; 23:26-32).

No Yom Kippur, o sumo sacerdote deveria levar dois bodes machos perante a congregação de Israel e lançar sortes (o equivalente antigo de tirar cara ou coroa) para determinar o destino de cada bode. Naturalmente, os hebreus não acreditavam na sorte. Jogar sortes era sua maneira de entregar o controle à mão soberana de Deus (cf. Pv 16:33). O sacerdote deveria então trazer "o bode cuja sorte caiu para o Senhor" e sacrificá-lo "como oferta pelo pecado" (Lv 16:9).

Tendo sacrificado um novilho em favor de si mesmo e de sua família, o sumo sacerdote entrava no Lugar Santo do templo, onde estava a arca da aliança. O Antigo Testamento nos diz que a presença especial de Deus poderia ser vista na forma de uma luz sobrenatural (chamada de *shekinah* pelos escritores extrabíblicos) pairando acima da tampa da arca, chamada de "propiciatório" (Lv 16:2). O sumo sacerdote — e somente o sumo sacerdote — só podia entrar no Lugar Santíssimo uma vez por ano no Yom Kippur, e qualquer violação dessa restrição provocaria a morte imediata do intruso culpado.

O sacerdote deveria aspergir o sangue do bode sacrificado sobre o *kapporet* [H3727] (um substantivo hebraico derivado do verbo *kapar* [H3722], que significa "resgatar", "garantir favor por meio de um presente"). *Kapporet* significa "cobertura da expiação", "lugar de propiciação, satisfação, apaziguamento". A tradução para o grego desta passagem específica do Antigo Testamento usa o termo *hilastērion*. Esse rito sacrificial simbolizava a satisfação da ira santa de Deus contra o pecado por meio da morte.

O sumo de sacerdote então colocava suas mãos na cabeça do outro bode diante da congregação, transferindo simbolicamente os pecados da comunidade para o "bode expiatório". Esse bode era então libertado para correr livre para o deserto, levando consigo "todas as iniquidades deles para um lugar solitário" (Lv 16:22).

Quando pecou, Adão colheu as consequências do pecado, que é a morte (Rm 6:23). Naquele mesmo instante, ele morreu espiritualmente e o seu corpo iniciou a marcha de decadência rumo à sepultura. Isso também diz respeito a nós. A penalidade para o nosso pecado tornou-se nossa dívida extraordinária no tribunal do céu. Estamos diante de um Juiz cuja ira contra o pecado deve ser satisfeita. Como descobrimos em nosso estudo de 1:18-23, Deus é amor (1Jo 4:8), mas não um amor patético que se posiciona de forma indolente enquanto o mal consome sua criação. A sua natureza santa arde contra "toda impiedade e injustiça" (Rm 1:18). Ela exige justiça. O único castigo justo para o pecado é a morte — não apenas o término físico da vida na terra, mas a separação de Deus na eternidade — um destino muito mais apavorante.

Paulo declarou que a crucificação de Jesus foi a aspersão pública de sangue — um ritual de propiciação do Dia da Expiação — que satisfez dois requisitos importantes. Primeiro, a expiação realizada por Cristo satisfez a ira de Deus, que exigia justiça para o pecado da humanidade. Segundo, essa expiação silenciou a acusação injuriosa contra Deus. Por todo o Antigo Testamento Deus postergou o julgamento, o que fez com que alguns sugerissem que Ele não era inteiramente bom. Pois como pode um Deus santo permitir que a violência e a crueldade contra o inocente fiquem impunes? "Deus o ofereceu [Cristo] como sacrifício para propiciação mediante a fé, pelo seu sangue, demonstrando a sua justiça. Em sua tolerância, havia deixado impunes os pecados anteriormente cometidos" (3:25).

Eis um resumo de Romanos 3:21-25: o padrão de justiça nunca foi nada menos do que a perfeição moral, o que nenhum simples mortal jamais poderia alcançar. Portanto, nossa única esperança é sermos declarados justos pelo dom gracioso de Deus. Recebemos esse presente por meio da fé em Jesus Cristo, que assumiu a nossa punição em nosso benefício, satisfazendo assim os requisitos do tribunal celeste para que a justiça fosse cumprida.

3:26

A ira de Deus clamava para que a justa penalidade do pecado fosse paga, e sua ira foi satisfeita na morte expiatória de seu Filho. Portanto, Deus é "justo", porque o pecado não fica impune, e Ele é "justificador", porque a morte de seu Filho abre o caminho para que Ele declare os crentes justos sem contradizer sua própria natureza. Contudo, para que eu e você nos beneficiemos dessa oferta de vida eterna, devemos *recebê-la*. Aceitamos esse presente por meio da fé.

O que teria acontecido se o casal presente na corte do juiz McDonough recusasse a aceitar os 250 dólares necessários para quitar sua dívida? Se o orgulho deles tivesse impedido sua disposição de aceitar aquele presente? Um presente não produz nenhum bem ao presenteado até que seja recebido!

Existe um nome para aquilo que o juiz compassivo ofereceu. Chama-se "graça". Favor sem merecimento. Misericórdia que não é conquistada nem merecida. Não pode ser exigida, apenas oferecida. Não pode ser retribuída, apenas recebida.

Essa ousada declaração da verdade fez Paulo dar uma pausa e fazer três perguntas àqueles que sugerem que, de alguma forma, merecem a salvação:

- "Onde está, então, o motivo de vanglória?" (3:27)
- "Deus é Deus apenas dos judeus? Ele não é também o Deus dos gentios?" (3:29)
- "Anulamos então a lei pela fé?" (3:31)

3:27-28

"Onde está, então, o motivo de vanglória?" O céu estará cheio de pessoas exaltando-se a si mesmas?

> E quando enfim ao céu chegar
> Ali eu cantarei
> Louvores ao meu esforço e fé
> Em mim e em meu labor!

Não! A graça de Deus anula o direito de qualquer pessoa de se vangloriar.

Em 1959, visitei uma igreja na cidade de San Francisco em cujo átrio semicircular havia enormes pinturas a óleo de grandes homens como Mahatma Gandhi, Martin Luther King Jr., Abraham Lincoln e George Washington. Senti-me cercado e, devo admitir, de certa forma diminuído por eles. Se a grandeza é medida pelo impacto que alguém causa no mundo, então aqueles certamente foram grandes homens. Todos eles haviam se tornado cavaleiros da liberdade de suas épocas. Placas de bronze na parte inferior dos retratos diziam: "Todos vocês são filhos de Deus...".

Eu sabia que aquela igreja incentivava os mais altos ideais da conduta e do amor cristãos, mas que há muito tempo ela havia zarpado do ancoradouro da verdade bíblica. Dei-lhes crédito por reconhecer que todas as pessoas, sejam grandes sejam pequenas, estão sujeitas à soberania de Deus, e admirei seu desejo genuíno de fazer o que era certo em um tempo em que a luta pela igualdade racial não era popular. Mas ressenti-me da implicação de que boas obras qualificavam aqueles homens para a "grandeza" no reino de Deus.

Fiquei sentado na congregação por cerca de uma hora, ouvindo alguém eloquentemente dizer nada. Se o nome de Jesus Cristo era pronunciado, ele — tal como aquelas pinturas no átrio — apenas permanecia ao lado daqueles outros exemplos de caridade e bondade dignos de serem notados. Ninguém ouviu a história de seu sacrifício expiatório ou de seu triunfo sobre a morte. Ninguém ouviu que somos convidados a compartilhar os espólios de sua vitória.

Depois do culto, permanecei no átrio com meus amigos, que eram membros daquela igreja. Apontei para aqueles títulos escritos em bronze e perguntei:

— A propósito, estão vendo essas reticências? Vocês sabem o que o restante do versículo diz?

— Não — respondeu um deles. — Você sabe?

— É da carta de Paulo aos Gálatas. "Todos vocês são filhos de Deus *mediante a fé em Cristo Jesus*". Vocês já depositaram sua fé em Jesus Cristo?

Percebi em sua fria indiferença que aquilo marcou o final de nossa conversa.

A verdade do evangelho é ofensiva ao nosso orgulho. O orgulho sugere que bondade suficiente pode substituir a fé no Filho de Deus. A fé exige uma admissão humilde de que somos incapazes de redimir a nós mesmos.

A declaração seguinte de Paulo é crucial. Até este ponto, sua carta havia demonstrado a insuficiência das boas obras para nos salvar. Agora, ele começa a provar a necessidade absoluta da fé: "o [ser humano] é justificado pela fé, independente das obras da Lei".

3:29-30

A segunda pergunta hipotética de Paulo examina o conceito de que Deus é, de alguma forma, parcial. Se a justificação vem pela obediência à Lei de Deus e ele deu a Lei exclusivamente a Israel, isso poderia sugerir que Deus desejava que apenas os israelitas fossem salvos. O apóstolo respondeu à pergunta de maneira simples e direta, dizendo, com efeito: "Não, porque uma pessoa é justificada através da fé, e não por meio da obediência à Lei e, uma vez que todos são convidados a crer, Deus é Deus de todos". Alguns confiam na graça divina e demonstram sua crença por meio do ritual da circuncisão; outros confiam na graça divina independentemente desse ritual hebreu. O denominador comum é a fé.

3:31

Isso sugere que a Lei dada a Israel por meio de Moisés é irrelevante? Paulo usou o termo grego *katargeō* [2673], que significa "anular", "considerar inútil", "reduzir a nada". Uma resposta afirmativa a essa pergunta hipotética geraria duas implicações. Primeiro, que esse "princípio da fé" (3:27) é um princípio novo, que não era um fator antes de Cristo; e segundo, que a supostamente nova verdade sobre a fé considera obsoleta a antiga verdade concernente à Lei.

Paulo rejeita essa linha de pensamento: "De maneira nenhuma!". Deus é um e Ele não muda. E, em 4:1-13, Paulo usará o exemplo de Abraão e o ritual hebreu da circuncisão para ilustrar que esse "princípio da fé" é tão antigo quanto o tempo. O código de conduta dado aos israelitas por meio de Moisés foi uma expressão da graça de Deus, mas não como meio de justificação; pelo contrário, Ele deu a Lei para expor o nosso pecado e provar a nossa culpa. Uma vez que a Lei reflete o caráter de Deus, jamais poderemos dizer que a Lei é ruim. Contudo, ela de fato contribui para a nossa perdição porque prova objetivamente que nos rebelamos contra Ele.

Longe de enfraquecer ou contradizer a verdade da Lei de Deus, a fé "consolida" ou "estabelece" a Lei. Esse "princípio da fé" é anterior à Lei de Moisés e, mais importante, fornece o alicerce sobre o qual a Lei se apoia. A desobediência nada mais é senão uma prova objetiva da descrença na bondade e no poder de Deus. Assim, alguém recebe a graça de Deus independentemente das boas obras por meio da fé.

A salvação — ser declarado justo perante nosso Criador e Juiz — é um presente a ser recebido, não um salário a ser ganho.

APLICAÇÃO

Romanos 3:21-31

A DÁDIVA E A GLÓRIA

Em Romanos 3:21-31, Paulo resume seu indiciamento da humanidade, acusando-a de estar muito distante da justiça de Deus, e, em seguida, apresenta a sua defesa da fé. A salvação não é uma recompensa por bom comportamento. Em vez disso, a salvação é

- uma transferência de justiça da conta de Jesus Cristo para a nossa (3:21-23);
- um presente da graça motivado pela bondade de Deus, não pela nossa (3:24); e
- uma manifestação do amor de Deus por nós, não do nosso por Ele (3:25-26).

Portanto, a salvação é um presente que glorifica o Doador. Em outras palavras, enquanto a salvação é *para* nós, ela não *é sobre* nós; o foco central da salvação é Deus.

Paulo então passa da necessidade humana para a provisão da graça de Deus, que é recebida por meio da fé — doutrina que muitas autoridades religiosas rejeitaram. Ele antecipou a objeção dessas autoridades repetindo as perguntas que frequentemente encontrava em suas viagens.

Pergunta: "Onde está, então, o motivo de vanglória?" (Quem merece crédito pela salvação?)
Resposta implícita: Deus! (3:27-28)

Pergunta: "Deus é Deus apenas dos judeus?" (A salvação é restrita?)
Resposta implícita: Não, qualquer um pode receber a salvação! (3:28-30)

Pergunta: "Anulamos então a lei pela fé?" (Que papel a Lei desempenha?)
Resposta implícita: A Lei é o meio pelo qual Deus confronta e diagnostica nosso problema. Volte-se para Ele! (3:31)

Ainda que a ênfase de Paulo no papel que a fé desempenha na salvação seja uma parte essencial da proclamação das boas-novas aos que não creem, não é menos crucial para a conduta diária dos crentes. Os puritanos foram muito difamados por sua forma estrita de viver — injustamente, na maior parte das vezes —, mas considero que seus escritos são exatamente aquilo de que preciso quando o orgulho começa a enredar meu discurso ou influenciar minhas decisões. Eles me lembram de que nunca estamos acima de nossa necessidade da graça e que confiar no poder de Deus para nos salvar do mal é uma decisão diária.

Recomendo enfaticamente você incluir textos puritanos ao seu tempo diário com Deus.[20] Tenho em minha biblioteca uma coleção bastante desgastada cujo título é *The Valley of Vision* [O vale da visão], na qual lemos a seguinte oração de humildade e rendição:

> Venho a ti no nome sempre vencedor de Jesus, sem nada de meu para suplicar, sem obras, sem merecimento, sem promessas.
> Muitas vezes me afasto, quase sempre conscientemente me opondo à tua autoridade, muitas vezes abusando da tua bondade;

Grande parte da minha culpa surge dos meus privilégios religiosos, da minha pouca estima por eles, da minha incapacidade de usá-los a meu favor,
Mas não me descuido do teu favor nem desconsidero a tua glória;
Impressiona-me profundamente com a percepção de tua onipresença, que tu estás junto ao meu andar, meus caminhos, meu deitar, meu fim.[21]

Sempre que qualquer um de nós começa a acreditar que sua bondade própria é suficiente para até mesmo um único dia, a leitura do livro de Salmos ou das orações de santos piedosos de toda a história ajuda a nos colocar em nosso devido lugar. E isso é uma coisa boa!
A *Deus* seja toda a glória!

Justiça é uma palavra de duas letras
LEIA ROMANOS 4:1-15

John Milton Gregory escreveu um dos melhores livros sobre ensino que já li na minha vida. Tenho meu exemplar gasto e esfarrapado de *As sete leis do ensino* sempre à mão e ele me ajuda a manter minha comunicação no caminho certo. Sua quarta lei declara que conhecimento novo é construído em cima de conhecimento antigo. Talvez seja esta a razão de as ilustrações serem tão úteis. As boas ilustrações usam imagens familiares para explicar conceitos novos. O grande pregador inglês Charles Spurgeon descrevia o sermão como uma casa na qual as janelas da ilustração permitem a entrada da luz para eliminar as trevas.

Paulo entendia a necessidade da ilustração. Durante séculos, a verdade da graça de Deus foi obscurecida pela desordem da filosofia grega e das tradições judaicas, uma vez que ambas ensinavam, em essência, que "Deus ajuda a quem se ajuda". Todo bom judeu passava a vida inteira tentando alcançar a "justiça de Deus" por meio da obediência às suas leis e da observância meticulosa de seus rituais. Muitos ensinavam que o cristianismo era simplesmente uma continuação dessa busca — uma nova vida que se tornava possível por meio da expiação realizada por Cristo, a qual alguém se juntava ao segui-lo em obediência ao Pai. Assim, a declaração de Paulo segundo a qual se "é justificado pela fé, independente da obediência à Lei" (3:28) soou como uma doutrina radicalmente nova, especialmente para os crentes judeus. Para demonstrar que a doutrina da justificação pela graça por meio da fé não era de forma alguma nova, Paulo tomou como base dois ícones familiares da fé e da prática judaicas: Abraão (4:1-8) e o ritual da circuncisão (4:9-12).

4:1-2

Quando os norte-americanos discutem o que os torna essencialmente norte-americanos, normalmente apontam para aqueles homens comumente chamados de "pais fundadores", homens que defendiam certos princípios e que decidiram formar uma nação em torno deles. Debatemos as respostas a diversas perguntas. Em que eles acreditavam? Quais ideais atemporais e universais guiaram suas ações? Continuamos fiéis a esses princípios nas políticas que adotamos hoje? Para defender nosso argumento, podemos nos basear nos exemplos de George Washington, Benjamin Franklin, Thomas Jefferson e James Madison. Do mesmo modo, os judeus olhariam além de seus profetas, de sua longa linhagem de reis, dos juízes e até mesmo de Moisés — chegando até seu pai Abraão, o progenitor físico da raça hebreia por meio de seu filho Isaque e de seu neto Jacó. Se um exame honesto da vida dele revelasse um homem justificado pela obediência às leis e aos rituais entregues por Deus, então todo aquele que desejasse a justiça de Deus deveria prestar atenção e seguir seu exemplo. Afinal de contas, Abraão foi o pai físico e espiritual da nação escolhida de modo especial por Deus.

Paulo então colocou uma condição hipotética que ele sabia ser falsa, mas que assumiu ser verdadeira em favor da avaliação: "Se de fato Abraão foi justificado pelas obras" — ou seja, se Abraão pudesse ser considerado justo por causa daquilo que fez —, então ele tinha o direito de exaltar as suas próprias realizações. Mesmo assim, Paulo recuou da ideia. Ele mal podia tolerar a sugestão de que qualquer pessoa pudesse alcançar sua própria justiça por meio de obras.

4:3

Em vez de permanecer muito tempo concentrado na noção absurda de que qualquer pessoa — até mesmo o venerado pai do povo hebreu — pudesse alcançar sua própria justiça, Paulo cita Gênesis 15:6 como base de seu argumento:

> [Abraão] creu no Senhor, e isso lhe foi creditado como justiça (Gn 15:6).

No início da vida adulta do patriarca, o Senhor o escolheu para desempenhar um papel crucial no grande plano de redimir o mundo do mal. Ele o dez estabelecendo uma aliança incondicional com aquele homem e seus descendentes.

Então o S<small>ENHOR</small> disse a Abrão:
"Saia da sua terra,
do meio dos seus parentes
e da casa de seu pai,
e vá para a terra que eu lhe mostrarei.
Farei de você um grande povo,
e o abençoarei.
Tornarei famoso o seu nome,
e você será uma bênção.
Abençoarei os que o abençoarem,
e amaldiçoarei os que o amaldiçoarem;
e por meio de você todos os povos da terra serão abençoados"
   (Gn 12:1-3).

Perceba que os pais daquele homem lhe deram o nome de Abrão, que significa "pai exaltado". Contudo, por uma ironia do destino, ele se casou com uma mulher que não podia conceber um filho. Mesmo assim, Abrão obedeceu às instruções de Deus quanto a deixar sua parentela e se estabelecer na terra que Deus havia prometido dar a ele e aos seus descendentes (Gn 12:7; 13:15; 15:18; 17:7-8).

Se eu estivesse escrevendo essa história, teria recompensado a obediência de Abrão logo de início. Teria permitido que ele se estabelecesse em um vale fértil e belo na Terra Prometida e, então, dado a ele um bando de pequenos Abrãos, que o teriam chamado de "exaltado". Usaria sua obediência como uma oportunidade de mostrar a todos que sou um deus digno de ser obedecido. Felizmente, o único e verdadeiro Deus é mais sábio do que eu. Ele esperou. O Senhor queria algo mais do que um arranjo comercial envolvendo obediência em troca de bênçãos. Queria um relacionamento, e relacionamentos exigem intimidade e confiança em porções iguais.

À medida que Abrão e Sarai, sua esposa, enfrentaram diversos perigos, os dois fraquejaram com bastante frequência. Derrotaram inimigos com bravura, mas mentiram quando o inimigo lhes pareceu ser forte demais (Gn 12:11-13). Rejeitaram a adoração a ídolos, mas sobreviveram à fome buscando refúgio na prosperidade do Egito. Acreditaram nas promessas de Deus, mas não viram maneira de reivindicá-las a não ser por meio dos costumes dos homens (Gn 15:2-3). E, durante tudo isso, envelheceram consideravelmente.

Quando Abrão estava prestes a completar 85 anos de idade, muito depois de Sarai já ter passado pela menopausa, os dois começaram a se questionar sobre as promessas de Deus. Em resposta, o Senhor o assegurou. Levou-o para fora da tenda e disse-lhe: "Olhe para o céu e conte as estrelas, se é que pode contá-las". E prosseguiu: "Assim será a sua descendência" (Gn 15:5).

A resposta de Abrão foi crer. Não em si mesmo. Não na promessa. Não numa tentativa de impressionar Deus e certamente não como um ato de justiça. Abrão "creu no SENHOR" (Gn 15:6, ênfase minha). Em outras palavras, aquele homem idoso confiou em Deus. Confiou no caráter dele. Acreditou que Deus estava disposto e era capaz de cumprir suas promessas, a despeito das óbvias dificuldades naturais. E o Senhor respondeu à confiança de Abrão declarando-o justo. "Isso lhe foi creditado como justiça" (Gn 15:6).

"Foi creditado" é um termo contábil que descreve o processo de analisar e ajustar contas. Você tem um cartão de crédito. A cada mês, a companhia do cartão envia a você uma fatura com uma lista detalhada das transações: compras, taxa de juros, tarifas e pagamentos que você fez. Seu balanço — o valor total que você deve — é então ajustado para refletir todas essas atividades: as cobranças são debitadas da sua conta, enquanto os pagamentos são creditados.

O Senhor fez um crédito, por assim dizer, na conta de Abrão por causa da crença dele e, então, colocou um carimbo que dizia "pago" em sua fatura. Abrão foi declarado justo não porque conseguiu ou mereceu a designação, mas porque o seu credor — Deus — decidiu estender-lhe graça.

4:4-8

Paulo ampliou a sua analogia contábil para enfatizar a natureza incondicional da graça e para demonstrar como esse princípio da graça se aplica a todos.

Se você tem um trabalho por meio do qual presta serviços a um empregador, você recebe um contracheque com base no salário combinado, de acordo com a quantidade de horas trabalhadas ou com aquilo que você produziu. O salário não é um presente; você conquistou aquele dinheiro. Você trabalhou por ele e tem o direito de esperar o valor a ser recebido. Do mesmo modo, seu empregador tem uma dívida para com você até que seja paga. Embora você seja sábio por sentir-se grato por seu trabalho, o salário que você recebe é apenas uma compensação, e não graça.

Por outro lado, Paulo declarou que a graça que Abraão recebeu por meio da fé está disponível a nós também. Da mesma maneira que Deus creditou justiça ao pai dos hebreus, ele vai creditá-la a nós. Contudo, Paulo nunca quis sugerir que a fé é simplesmente outra forma de pagamento. A fé não é uma virtude que simplesmente tem mais poder do que outras qualidades nobres, como honestidade, bondade, humildade ou altruísmo. Acreditar em Deus é bom, até mesmo necessário, mas não é uma boa obra que torna alguém digno da graça. Paulo continua a chamar quem recebe a graça de Deus de "ímpio" (4:5), porque a fé nada faz para remover de nós a depravação que existe por conta do pecado.

Por meio da fé, *Deus* trata o problema do pecado e da depravação. Contudo, a nossa transformação não é instantânea. Continuaremos a ter dificuldades com o pecado e com os fracassos até morrermos. É por isso que devemos fazer uma distinção cuidadosa entre a *posição* e a *condição* de uma pessoa. Quando alguém recebe a graça de Deus por meio da fé, essa pessoa é considerada justa e tratada como tal a despeito de seu comportamento atual. Imagine um prisioneiro trancado numa cela cuja sentença foi comutada por um juiz. Em termos judiciais e legais (posição), ele está livre; contudo, em termos experienciais (condição), ele permanece confinado. Em algum momento, sua experiência se harmonizará com a sua posição judicial.

Por meio do ato soberano de Deus, a pessoa injusta que recebe sua graça por crer é declarada "justa". O rei Davi, outro "pai fundador" da história hebraica, celebrou essa verdade no Salmo 32. Ele havia caído das alturas do sucesso para cometer adultério com a esposa de Urias, seu fiel admirador, a quem ele em seguida matou com o objetivo de esconder seu pecado (2Sm 11:2-25). Depois de ter sua culpa confrontada, Davi admitiu: "Pequei contra o Senhor!" (2Sm 12:13). Ele então se arrependeu e recebeu o perdão de Deus. Talvez tenha sido nesse exato momento que Davi escreveu estas linhas:

> Como é feliz aquele que tem suas transgressões perdoadas
> e seus pecados apagados!
> Como é feliz aquele a quem o Senhor não atribui culpa
> e em quem não há hipocrisia!
> Enquanto escondi os meus pecados, o meu corpo definhava de tanto gemer.
> Pois de dia e de noite a tua mão pesava sobre mim;
> minha força foi se esgotando como em tempo de seca. [Pausa]
> Então reconheci diante de ti o meu pecado
> e não encobri as minhas culpas.
> Eu disse: Confessarei as minhas transgressões ao Senhor,
> e tu perdoaste a culpa do meu pecado [Pausa] (Sl 32:1-5).

4:9-12

Tendo demonstrado que Abraão — o pai da raça escolhida por Deus — foi declarado justo pela graça, por meio da fé, e não como resultado de obediência, Paulo então volta sua atenção para um segundo ícone da fé e da prática judaicas, o ritual da circuncisão.

> ### CIRCUNCISÃO: UM DIREITO OU UM RITUAL?
>
> #### ROMANOS 4:9-12
>
> Quando confirmou sua aliança com Abraão pela terceira e última vez (Gn 17), o Senhor ordenou que todos os homens que viviam na comunidade da aliança fossem circuncidados como um símbolo de sua participação nela. Recusar a circuncisão era o equivalente a divorciar-se da comunidade e rejeitar a Deus. Portanto, o rebelde deveria ser removido da sociedade hebreia e, então, ser considerado um estrangeiro. Além disso, sua rejeição a Deus e à sua aliança o marcavam claramente como um homem condenado. Submeter-se à circuncisão, por outro lado, permitia ao jovem ter acesso a todos os direitos e privilégios da sociedade hebreia assim que atingisse a maioridade.
>
> Diante de tamanha ênfase colocada neste ritual íntimo de participação na aliança de Deus, é fácil entender por que muitos judeus ampliaram a sua importância. Muitos argumentavam que, se a recusa à circuncisão condenava o homem, então a circuncisão deveria salvá-lo. A participação na aliança e a obediência à Lei passaram a ser vistas como um caminho exclusivo para a salvação, uma atitude que alguns cristãos judeus tentaram (sem sucesso) transferir para a Igreja (At 15:1; Gl 2:3-4). Para muitos judeus, não ser circuncidado era não ser salvo; submeter-se à circuncisão dava início à árdua jornada de um homem rumo à justificação.

Na realidade, Paulo pergunta: "Este princípio de fé é destinado apenas àqueles que se identificam com a aliança de Deus com Abraão?".

O apóstolo respondeu à sua própria pergunta retórica com outra pergunta para seus leitores: quando creu em Deus e recebeu sua graça Abrão se encontrava na condição de circunciso ou de incircunciso?

A resposta sobre Abrão e seu estado de incircuncisão teria sido óbvia para os judeus, que conheciam melhor do que ninguém a história da aliança de Abraão e sua associação com a circuncisão. O Senhor confirmou a sua aliança com Abraão não menos do que três vezes durante a vida do patriarca. A primeira aconteceu quando Ele o instruiu a deixar sua terra (Gn 12:1-3). O encontro citado por Paulo foi a segunda oportunidade (Gn 15:1-21). Deus só vinculou o ritual da circuncisão à aliança muitos anos depois (Gn 17:9-14). De fato, passaram-se mais de doze anos (Gn 16:16; 17:1).

Nos séculos posteriores a Abraão, o povo da aliança de Deus colocou cada vez mais ênfase no símbolo exterior da circuncisão e virtualmente se esqueceu do significado espiritual interior de seu relacionamento com Deus. Infelizmente, essa é uma ocorrência comum na religião, até mesmo hoje em dia. Fico arrepiado ao pensar nos incontáveis milhares que se submetem ao batismo e observam a Ceia do Senhor sem um conhecimento pessoal de Jesus Cristo. Esses rituais são sem sentido se não estiverem ligados a um relacionamento entre Deus e o indivíduo. Sendo assim, Paulo precisou esclarecer o propósito original da circuncisão para demonstrar que a participação na aliança de Deus com Abraão sempre foi uma questão do coração.

O ritual da circuncisão nada fez para salvar o homem do pecado ou creditar-lhe justiça. Paulo chamou isso de um "selo" (*sphragis* [4973]). O *Dicionário teológico do Novo Testamento* descreve o significado legal deste termo.

> O selo serve como proteção e garantia legal. Dessa forma, é colocado sobre propriedades, testamentos etc. As leis proíbem o mau uso dos selos, os quais os donos rompiam pouco antes de sua morte. O selo serve como uma prova de identidade. Ele também protege casas, sepulturas etc. contra a violação. Tanto o testador quanto as testemunhas selam os testamentos. Na lei romana, todas as testemunhas devem romper seus próprios selos para abrir o testamento, e no sul da Babilônia os beneficiários atestavam ou selavam quando a herança era dividida. Os selos também servem como um credenciamento, por exemplo, de pesos e medidas. O selo desempenha um importante papel público no governo. Todas as autoridades possuem selos. O selo do rei confere autorização. Seja na vida privada ou na pública, possuir um selo expressa um elemento de poder.[22]

Talvez o exemplo mais comum dessa situação atualmente seja o reconhecimento de firma em um cartório, que diferencia as cópias oficiais de um documento das cópias não oficiais. Outro bom exemplo seria um diploma. O selo oficial (ou marca-d'água) o diferencia de falsificações. O Senhor pretendia que o ritual da circuncisão fosse um selo de autenticidade da aliança entre um homem e seu Deus. Embora essa aliança com Abraão tivesse sido unilateral e incondicional — Deus jurou fazer aquilo que prometera independentemente da resposta do povo —, o Senhor pretendia que a participação hebreia no acordo incluísse mais do que um simples sinal exterior. Um caráter piedoso manifestamente visível deveria acompanhar o símbolo muito particular da circuncisão.

Da mesma forma, o batismo deve acompanhar a decisão de uma pessoa de confiar em Jesus Cristo. É uma declaração pública da sua separação do pecado para uma vida inteira em busca da semelhança a Cristo. Uma pessoa não pode ser salva através do ritual do batismo, e ninguém deve ser batizado com o objetivo de ser salvo. Seu propósito é ser o "reconhecimento de firma" do Senhor quanto à participação de um crente na nova aliança. Idealmente, a conduta do cristão tornaria seu relacionamento com Cristo plenamente evidente para um mundo que o observa.

Porque Abraão creu e recebeu a "justiça de Deus" anos antes de ser circuncidado, Paulo chamou-o de pai de todos os que creem, circuncidados ou não. Muitos homens e mulheres não hebreus receberam a graça de Deus por meio da fé, e muitos hebreus circuncidados confiaram nos símbolos exteriores de uma fé não centrada em Cristo. Portanto, a fé do pai Abraão lhe conferiu o papel de patriarca sobre a família dos crentes genuínos.

4:13-15

Em 4:13-15, Paulo completa o ciclo concluindo o seu argumento ao reiterar a colocação feita em 4:4-5. Contrariando o mal-entendido mais comum sobre a expectativa de Deus em relação à humanidade, não podemos ser declarados justos por meio da obediência à sua Lei. (Por favor, releia essa sentença!) Se fosse possível ser declarado justo por meio da obediência perfeita, não haveria necessidade da graça de Deus. Na realidade, porém, não temos esperança à parte da graça de Deus, porque ninguém pode ganhar o título de "justo" por meio de boas obras. Ainda que obedecêssemos perfeitamente deste momento em diante, a justiça futura não pode apagar o pecado passado.

Por que então Deus nos concedeu a sua Lei? Não foi para sugerir a possibilidade de sermos salvos por ela. Muito longe disso! Ele nos deu a Lei para tornar nossa desobediência óbvia, para demonstrar como nossa natureza caída e pecaminosa corre na direção oposta à dele. Qualquer pessoa que acreditar que a Lei foi dada como um meio de a humanidade provar o seu valor logo ficará frustrada e, por fim, entrará em desespero. Qualquer pessoa que espera ser declarada justa por meio da obediência à Lei experimentará repetidos fracassos. Nossa única esperança é receber a justiça de Deus como um presente ao cremos na promessa de Deus. Justiça é de fato uma palavra de duas letras. Você a soletra como F-É.

APLICAÇÃO
Romanos 4:1-15
O KIT DE DEUS: "NÃO FAÇA VOCÊ MESMO"

Para ilustrar o princípio de que a justificação — ser declarado justo por Deus — sempre foi uma questão de fé, Paulo se baseou no exemplo de Abraão, o modelo indiscutível da fé e da prática hebraicas. Por causa da fé de Abraão Deus ajustou sua conta de modo a refletir justiça completa (4:1-3). A salvação do patriarca não teve nada a ver com bom comportamento. Pelo contrário, Paulo usou a fé de Abraão para demonstrar um princípio espiritual fundamental: trabalhar conquista um salário (4:4), ao passo que confiar na graça de Deus traz um presente (4:5-8).

Para ilustrar ainda mais o papel da fé na salvação, Paulo examinou o ritual da circuncisão e destacou três coisas:

- A salvação de Abraão aconteceu antes de Deus instituir o ritual (4:9-10).
- Deus nunca sugeriu que esse ritual (ou qualquer outra atividade) tenha feito qualquer coisa para mudar a pessoa internamente. Em vez disso, a circuncisão tinha o propósito de ser um indicador externo da fé interior de um menino na graça de Deus (4:11). Além do mais, o ritual foi dado em confiança. Ou seja, o símbolo exterior da fé interior era realizado no menino com a expectativa de que, um dia, ele viesse a colocar sua confiança na graça de Deus.
- O ritual da circuncisão e a aliança que ele simbolizava foram concedidos na expectativa de que o exemplo de Abraão (e o da sua descendência) conduziriam o restante do mundo à fé na graça de Deus (4:12).

Esses princípios também se aplicam ao papel das atividades, rituais e tradições na Igreja. Nada pode substituir a graça de Deus, que só pode ser recebida pela fé em Jesus Cristo. Jesus ordenou que seus seguidores fossem batizados como um símbolo exterior de sua transformação interior. Tal como a circuncisão para o judeu, o batismo é um selo de autenticidade, marcando o indivíduo como um recipiente da graça de Deus. Ele não garante a salvação nem faz qualquer coisa para mudar o coração da pessoa que se submete ao ritual.

Jesus também ordenou que seus seguidores participassem da Ceia como um meio de recordarem a graça que receberam através de sua morte sacrificial em favor deles. O pão é simplesmente pão; o vinho é simplesmente vinho. Esses elementos são símbolos naturais de uma realidade sobrenatural. Uma pessoa que não crê, quando participa dessa ordenança da Igreja, permanece inalterada, e um crente não se torna mais ou menos filho de Deus depois que a cerimônia termina.

Naturalmente, nada disso é informação nova para o crente maduro; contudo, em um nível menos consciente, podemos nos tornar culpados de atribuir significado a outros rituais e tradições. Sem lembretes diários da graça de Deus, inconscientemente passamos a supor que frequentar a igreja, contribuir financeiramente, estudar ou memorizar textos bíblicos, trabalhar na comunidade e outras atividades dignas nos torna mais justos quando as realizamos. Isso inevitavelmente leva a julgamentos sobre aqueles que não fazem isso.

De todo coração encorajo atividades e rituais que aprofundem nossa intimidade com o Todo-poderoso, mas essas expressões sadias de fé nunca devem se tornar as ferramentas da nossa justiça do tipo "faça você mesmo". Não podemos tornar o nosso interior mais limpo. Somente Deus deve fazer isso por nós. Sendo assim, por que deveríamos nos dedicar às disciplinas espirituais? Por uma razão: elas são um meio pelo qual chegamos ao conhecimento íntimo e experiencial do Filho de Deus.

Quando você participar dos rituais ou costumes da Igreja, praticar as disciplinas espirituais, ou empregar suas energias em fazer boas obras, reoriente o foco das suas expectativas fazendo a seguinte oração:

> Pai, ajuda-me a entender mais sobre o teu Filho e a me tornar mais sensível aos ensinamentos do teu Espírito Santo como resultado daquilo que estou fazendo. Amém.

O dom da justiça de Deus é baseado nos princípios que ele estabeleceu. Pense neles como ferramentas do kit divino "não faça você mesmo". E sabe qual é o nome desse kit? *Graça*.

Esperando contra toda esperança
LEIA ROMANOS 4:16-25

Tendo estabelecido como verdade o fato de que os seres humanos não podem obter a justiça de Deus por meio das obras (4:1-15), Paulo então ilustra como Deus pode creditar sua justiça a nós. É pela nossa "fé", um termo que sofreu muitas mudanças de significado com o passar do tempo.

Mark Twain colocou as seguintes palavras nos lábios de seu personagem Pudd'nhead Wilson, um detetive amador com um amor incomum pelos fatos que podiam ser provados: "Fé é acreditar naquilo que você sabe que não é assim".²³ Infelizmente, essa tem se tornado a principal definição de fé em nossos tempos. Ou, mais precisamente, a fé é a "firme crença em alguma coisa para a qual não existe prova".²⁴ Mas nem sempre foi assim. Essa definição específica de fé é o resultado de uma mudança filosófica, uma alteração fundamental na maneira como as pessoas pensam sobre o universo, que começou há muito tempo, por volta do século 13, com os ensinamentos de Tomás de Aquino. Seus escritos estabeleceram os reinos espiritual e físico em categorias distintas e sugeriram maneiras de provar que eles estavam conectados. Isso é profundamente importante porque, até então, praticamente todo mundo percebia o universo como resultado de causas naturais *e* sobrenaturais simultâneas.²⁵ Em outras palavras, as pessoas geralmente presumiam que todos os eventos eram resultado tanto da Física quanto das ações de Deus (ou deuses, nas culturas pagãs).

Tragicamente, o que começou com a divisão conceitual de Tomás de Aquino entre os reinos espiritual e físico tornou-se um horrível divórcio. Praticamente todo o sistema filosófico desde então tentou explicar o relacionamento entre o tangível e o intangível como se os dois não pudessem conviver na mesma casa intelectual. Por fim, uma filosofia do século 20 chamada "existencialismo" sugeriu que o abismo entre os dois reinos não pode ser eliminado intelectualmente, que nem a lógica nem a ciência podem levar alguém a experimentar as realidades espirituais. De acordo com os existencialistas, o reino espiritual é tão completamente "outro" que alguém precisa desafiar toda a lógica e saltar sobre esse abismo; é preciso dar um "salto de fé" cego e acreditar que ali existe alguma coisa em lugar de nada. Agora, a compreensão mais comum de fé é a crença não racional, ou "acreditar naquilo que você sabe que não é assim".

A fé, conforme apresentada na Bíblia, é qualquer coisa menos irracional. A fé costuma transcender a prova, mas isso não é o mesmo que dizer que a fé exige que desliguemos nosso cérebro, ignoremos a lógica e creiamos cegamente naquilo que *esperamos* ser verdadeiro. Para ajudar a esclarecer a questão, substitua a palavra "confiança" por "fé". Exercer o tipo de fé descrita na Bíblia é uma escolha em confiar em alguma coisa ou em alguém. Você exercita a fé toda vez que embarca em um avião ou permite que um médico realize um procedimento em seu corpo enquanto você está sedado. Tendo uma expectativa razoável de que o avião é planejado e construído corretamente e que a equipe que o opera é competente para fazê-lo funcionar, você embarca com todas as expectativas de aterrissar em segurança no seu destino. Tendo uma segurança razoável de que o seu médico é tanto conhecedor quanto experiente, você submete seu corpo inconsciente ao cuidado dele, esperando ficar melhor do que antes. Ninguém pode provar que sua viagem terminará em segurança ou que você será curado. Contudo, o que você tem visto lhe permite confiar naquilo que não consegue ver ainda. Com o tempo, a experiência reforça a decisão de confiar. Por fim, a experiência repetida permite que a fé nas viagens aéreas ou na medicina se fortaleça.

A fé — ou a confiança — nos permite ir além daquilo que vemos com o objetivo de experimentar aquilo que ainda não pode ser visto. Todavia, a fé não é um salto... e a fé nunca é cega. Paulo ilustrou essa verdade no relacionamento de Abraão com Deus.

4:16-17

A palavra "portanto" ("essa é a razão"; "é por isso") estabelece uma conexão lógica entre o que ele acabou de escrever e o que vai declarar a seguir. Assim como os salários são obtidos por meio de trabalho e a falha em obedecer à Lei provoca a ira de Deus, a graça é recebida por meio da fé. Graça e fé devem caminhar juntas, porque a graça é totalmente estranha ao nosso mundo. É um ato miraculoso de Deus — em nada diferente de abrir o mar (Êx 14:13-31) e fazer chover pão do céu (Êx 16:1-7) —, no qual o poder de Deus supera todas as demais forças. E, para ilustrar a dinâmica sobrenatural da graça de Deus e da fé genuína, o apóstolo mais uma vez aponta para a experiência do pai Abraão. Assim como Abraão é o pai dos hebreus e de sua aliança com Deus, ele é o pai de todos aqueles que viriam a se unir a Deus por meio da confiança nele.

A vida de Abraão foi uma jornada de fé. Tudo começou quando Deus o escolheu entre os caldeus, em uma civilização idólatra aninhada no berço da humanidade. Ninguém sabe por que Deus escolheu este caldeu em particular; tudo que sabemos é que isso *não* se deveu a nenhum mérito próprio presente naquele homem. O Senhor prometeu dar a ele uma grande propriedade de terra, uma descendência abundante e bênçãos eternas. Assim, o futuro patriarca viajou da bacia do Tigre-Eufrates, passou pelo ponto mais alto do Crescente Fértil e desceu o vale do Jordão.

Décadas mais tarde, o caldeu envelhecido se desesperou. Com quase cem anos de idade, tendo visto a Terra Prometida sofrer fome (Gn 12:10-20), sua família ser dividida pela ganância (Gn 13:5-12) e sua paz destruída por invasores (Gn 14:5-24), Abrão — o "pai exaltado" — ainda não tinha filhos. Para encorajar Abrão, o Senhor lhe apareceu em um sonho e confirmou que de fato ele se tornaria "o pai de muitas nações" (Gn 17:4). Para selar sua promessa, o Senhor mudou o nome de Abrão para Abraão, "pai de uma multidão", e o de sua esposa de Sarai, "contenciosa", para Sara, "princesa". O velho homem reagiu da maneira que a maioria de nós reagiria: ele *riu!*

Abraão prostrou-se, rosto em terra; riu-se e disse a si mesmo: "Poderá um homem de cem anos de idade gerar filhos? Poderá Sara dar à luz aos noventa anos?" E Abraão disse a Deus: "Permite que Ismael seja o meu herdeiro!" (Gn 17:17-18)

Quem é Ismael? O produto do lapso de fé de Abraão. Treze anos antes, Abrão e Sarai decidiram que o plano divino precisava de uma pequena intervenção humana. (Todos nós somos muito bons nisso.) Um estudo cuidadoso da promessa de Deus não diz nada sobre Sarai ser a mãe dos filhos da aliança com Abrão. Talvez Ele tivesse planejado um substituto. Gerar filhos havia se tornado uma impossibilidade física para ela, mas não para Abrão. Talvez eles não estivessem sendo suficientemente criativos. Sendo assim...

[Sarai] disse a Abrão: "Já que o Senhor me impediu de ter filhos, possua a minha serva; talvez eu possa formar família por meio dela". Abrão atendeu à proposta de Sarai. Quando isso aconteceu já fazia dez anos que Abrão, seu marido, vivia em Canaã. Foi nessa ocasião que Sarai, sua mulher, entregou sua serva egípcia Hagar a Abrão (Gn 16:2-3).

Mas o plano não funcionou. Isso sempre acontece quando decidimos ajudar Deus a cumprir suas promessas. Hagar e Ismael se tornaram uma amarga fonte de contenda no lar do patriarca, algo muito longe da bênção que ele pensou que alcançaria por meio de seus próprios esforços. Assim, quando o Senhor esclareceu que o ventre estéril de Sarai de fato seria a fonte de sua "multidão", Abrão não conseguiu segurar um riso incrédulo (Gn 17:17). Como era de se esperar, mais tarde, quando ouviu as notícias dos lábios dos anjos, Sara também riu (Gn 18:12).

Não podemos ser muito duros com Abrão e Sarai. Pelo fato de termos a Bíblia, já sabemos que Deus é o Criador todo-poderoso do universo. Mas, no início, eles não sabiam quase nada sobre Ele. Então, à medida que o Senhor revelava mais e mais do seu caráter e poder, como reação, a fé que eles possuíam crescia. Longe de ser um salto cego, eles se engajaram na jornada de fé, liderada pelo Senhor, na qual, desde o início, requereu-se confiança em pequenas medidas. Cada escolha em confiar foi recompensada com bênçãos e uma maior compreensão de Deus. À medida que Ele se mostrava fiel, a fé dos dois amadurecia.

Perceba a resposta do anjo ao riso incrédulo do casal idoso: "Existe alguma coisa impossível para o Senhor?" (Gn 18:14). A nossa perspectiva limitada e presa à natureza nos levaria a nos concentrar no fato de que mulheres de noventa anos de idade não podem ter filhos. Mas Deus não está preso às limitações do mundo natural. Ele é sobrenatural — acima da natureza —, e tanto é capaz quanto está disposto a realizar aquilo que ninguém mais pode fazer.

Alguns capítulos mais tarde na história de Abraão e Sara lemos as palavras: "[...] e o Senhor cuidou de Sara como disse que faria e fez por ela aquilo que disse que iria fazer" (Gn 21:1, minha tradução). A mulher idosa então concebeu, carregou seu filho por nove meses (o que deve ter sido um espetáculo!) e deu à luz um filho, a quem deu o nome de Yitshaq, "ele riu". Nós o conhecemos como Isaque. Sara comentou sobre a ironia do nome de Isaque quando declarou "'Deus me encheu de riso, e todos os que souberem disso rirão comigo'. E acrescentou: 'Quem diria a Abraão que Sara amamentaria filhos? Contudo eu lhe dei um filho em sua velhice!'" (Gn 21:6-7).

Que maravilhoso é ver que o riso dela se transformou de zombaria em alegria... de cinismo em celebração!

Mas o que isso tem a ver com Romanos 4:16-25? Tudo! Especialmente para todos os leitores judeus. Paulo havia declarado anteriormente: "Pois sustentamos que o homem é justificado pela fé, independente da obediência à Lei" (3:28). Ele então demonstrou que a justiça de Abraão veio por meio da fé (4:1-15). A fé era uma exigência porque Abraão não era capaz de obter justiça por meios naturais tanto quanto uma mulher de noventa anos de idade não é capaz de conceber uma criança. A aliança de Deus com Abraão prometeu uma multidão de descendentes. O patriarca tentou reivindicar a promessa através de meios naturais (a criada de Sara, Hagar), mas foi em vão. A única coisa que ele tinha a oferecer era sua fé no caráter e no poder de Deus para realizar o que fora prometido. E, no tempo devido, de maneira soberana e sobrenatural, Deus cumpriu sua promessa sem qualquer ajuda de Abraão ou Sara.

4:18

"Contra toda esperança, em esperança creu" é um jogo de palavras paradoxal que alguns usam para apoiar a abordagem do "salto de fé" da crença cristã. Ao usar essa expressão, Paulo quis separar a esperança natural da esperança sobrenatural. Em outras palavras, Abraão colocou sua esperança no poder sobrenatural de Deus de realizar aquilo que é impossível por quaisquer meios naturais. Contudo, sua esperança não estava em um salto às cegas. Era bastante razoável para ele crer no poder sobrenatural de Deus porque ele já o vira em ação antes. Além do mais, a fidelidade de Deus permitiu que Abraão confiasse nele sem que precisasse saber especificamente como o futuro se desdobraria.

Paulo usou o "contra toda esperança" de Abraão como um padrão para o tipo de fé que devemos ter. Tornar-se suficientemente bom para o céu não é algo que possamos alcançar por quaisquer meios humanos ou naturais. É algo que só podemos receber por meio da fé. Contudo, essa fé não é um salto cego nem uma escolha de confiar contra a razão ou as provas. Deus comprovou ser digno de confiança.

Abraão e Sara experimentaram um longo período de espera, o que pode parecer cruel do ponto de vista humano. Mas o Senhor usou a demora para cumprir dois objetivos importantes. Primeiramente, ele queria que Abraão e todos os seus descendentes entendessem que a aliança era divina em sua origem e sobrenatural em seu cumprimento. Segundo, Ele queria — por meio da experiência pessoal deles — cultivar a fé tanto de Abraão quanto de Sara à medida que eles obtivessem maior conhecimento do seu caráter santo e de seu poder ilimitado.

4:19-21

Fico animado ao ver o comentário divinamente inspirado de Paulo sobre a fé demonstrada por Abraão e Sara. Lendo a história deles, vejo múltiplos exemplos de uma fé com pernas bambas. Contudo, Deus olhava não tanto para seu crescimento falho, mas para seu destino derradeiro. Da nossa perspectiva, eles vacilaram inúmeras vezes durante o caminho; por outro lado, o Senhor via o fato de eles terem chegado, apesar dos impedimentos naturais. Eles podem ter rido, mas aquele riso não anulou sua confiança. O casal de idosos estava plenamente ciente de seus corpos em decadência e do desvanecimento da potência sexual enquanto eles, juntos, escolheram acreditar em Deus. A despeito de contratempos ocasionais, a mente de Abraão permaneceu íntegra — fraca na compreensão humana, mas sempre focada em Deus e em nenhum outro.

De forma gradual, a experiência de Abraão com Deus deu-lhe maior capacidade de confiar no Senhor a despeito das aparentes contradições que o cercavam. Sua confiança se fortaleceu até o ponto de ele conseguir crer sem quaisquer reservas que Deus cumpriria tudo que havia prometido. Uma última provação, não mencionada nesta passagem, embora plenamente visível a todos que conhecem sua história de fé, comprovou a têmpera da confiança de Abraão. Pense nela como a prova final daquele homem.

Vários anos após o nascimento de Isaque — o filho único de Abraão e Sara e a própria personificação da promessa da aliança de Deus —, o Senhor ordenou a Abraão que fizesse algo humanamente impensável. "Tome seu filho, seu único filho, Isaque, a quem você ama, e vá para a região de Moriá. Sacrifique-o ali como holocausto num dos montes que lhe indicarei" (Gn 22:2). Sem hesitação (ainda que com grande angústia, não tenho dúvida), o pai fiel obedeceu.

Conforme os dois se aproximavam do lugar indicado para o sacrifício, Isaque, que não era tolo, fez a pergunta óbvia: "As brasas e a lenha estão aqui, mas onde está o cordeiro para o holocausto?" (Gn 22:7). A resposta de seu pai poderia ser interpretada como evasiva, mas vejo em suas palavras uma opção de confiar na bondade de Deus sem necessariamente entender quando ou como Ele cumpriria sua promessa. "Deus mesmo há de prover o cordeiro para o holocausto, meu filho" (Gn 22:8).

Se essa tivesse sido a primeira experiência de Abraão com Deus, sua fé poderia ser considerada um salto gigante. Contudo, ela é o resultado de uma jornada, iniciada, liderada, sustentada, cultivada e completada por Deus, naturalmente com a participação voluntária de Abraão. A fé plenamente desenvolvida do patriarca gerou o fruto da obediência, diante do que o Senhor respondeu: "por meio [da sua descendência], todos os povos da terra serão abençoados, porque você me obedeceu" (Gn 22:18).

4:22-25

A partir de uma perspectiva natural e humana, é possível pensar que a obediência de Abraão à ordem de Deus foi o que lhe concedeu a bênção da aliança. Mas a ilustração de Paulo, baseada no monte Moriá, prova que a obediência de Abraão foi simplesmente uma manifestação visível de sua fé e que foi sua fé que permitiu-lhe receber o dom da justiça de Deus.

Paulo elaborou sobre a questão com o objetivo de fazer uma importante conexão. Abraão é o pai dos hebreus, mas não apenas deles. Ele é o pai de todos aqueles que recebem a graça de Deus por meio da fé e são declarados justos não por méritos próprios. A única diferença entre Abraão e nós é em que, especificamente, devemos crer. Abraão foi chamado a obedecer à ordem de Deus de sacrificar seu único filho Isaque com a compreensão de que "Deus mesmo há de prover" (Gn 22:8). Somos chamados a crer "naquele que ressuscitou dos mortos a Jesus, nosso Senhor. Ele foi entregue à morte por nossos pecados e ressuscitado para nossa justificação" (Rm 4:24-25).

Este é o evangelho em seus termos mais diretos. Cristo morreu por nossos pecados de acordo com as Escrituras e foi sepultado. Depois, Cristo ressuscitou dos mortos e foi visto por seus discípulos, incluindo uma reunião na qual Ele interagiu com uma congregação de mais de quinhentos seguidores (1Co 15:3-6). Quando confiamos na provisão de Deus a despeito do caráter aparentemente definitivo da morte, esperamos "contra toda esperança" e recebemos o dom da vida eterna.

APLICAÇÃO
Romanos 4:16-25
TORNE-SE ADEPTO DE UM DEUS GRANDE

Paulo admitiu livremente que a justificação de uma pessoa pecadora era impossível... pelo menos em termos humanos. Ele então usou a incapacidade de Abraão e Sara de terem filhos para ilustrar outro princípio fundamental na salvação. A promessa de Deus e o princípio da graça tornam todas as coisas possíveis, até mesmo as impossíveis. Deus tem a habilidade de dar vida ao morto e de criar alguma coisa a partir do nada (4:16-17).

Deus prometeu a Abraão que ele seria o progenitor de multidões — de nações, na verdade. Contudo, muitos anos se passaram, assim como a capacidade de Sara de ter filhos. Muito tempo depois de ter se tornado fisicamente impossível para ela conceber, Deus reafirmou sua promessa e, "contra toda esperança", Abraão confiou nele. Essa não foi uma fé cega. O velho homem reconheceu a impossibilidade da circunstância, contudo confiou na grandeza de seu Deus (4:18-21).

Abraão adorou e serviu um grande Deus. Ele entendia que seu Criador era imensamente mais poderoso do que qualquer impossibilidade humana. A partir de Abraão aprendemos duas lições importantes sobre a fé.

A primeira é que *a fé genuína é fortalecida quando precisamos esperar que as promessas de Deus se cumpram.* Quando temos de esperar para receber alguma coisa que o Senhor prometeu, gradualmente afastamos nossos olhos das circunstâncias para, em vez disso, olhar para a grandeza e a fidelidade de Deus.

A segunda coisa é que *a fé genuína é diretamente proporcional ao nosso conhecimento de Deus.* À medida que compreendermos mais plenamente sua natureza, nossa fé só crescerá.

Robert Dick Wilson é principalmente lembrado por suas realizações impressionantes em linguística no Seminário Teológico Princeton. Ele aprendeu mais de 45 línguas antigas em sua busca para entender as Escrituras com maior precisão. Mas seus alunos se lembram dele mais por sua abordagem singular ao avaliar a pregação deles. Ele não criticava a sua competência de analisar gramaticalmente os verbos ou de dissecar as formas antigas de uma frase; ele não avaliava a sua erudição nem prestava atenção em seu carisma. Em vez disso, ele os ouvia em busca de uma qualidade mais crucial. Depois de ouvir um aluno em particular pregar, o professor comentou: "Fico feliz por você ser adepto de um Deus grande. Quando meus meninos voltam, verifico se eles são adeptos de um Deus grande ou de um Deus pequeno; dessa forma sei como será o ministério deles".[26]

Quão grande é o seu Deus? Você é jogado de um lado para outro pelas ondas das circunstâncias no mar do caos, ou entende que Deus tem qualquer situação sob seu divino controle e que Ele tem um propósito para todo evento que você enfrenta?

Você aceita o caráter definitivo das impossibilidades ou permite que Deus tenha a palavra final sobre esses assuntos?

Quando você ora, sente-se intimidado de pedir a Deus que realize grandes coisas ou confia que Ele não apenas é capaz, mas que muito provavelmente esteja disposto a agir de maneira dramática e sobrenatural em seu favor?

O tamanho do seu Deus tem tudo a ver com as respostas que você dá a estas perguntas. Quem está direcionando seu futuro — independente da sua idade — um deus fraco sem imaginação e com pouco poder? Ou você serve um Deus infinitamente criativo, gigantesco e imensamente poderoso?

Permita-me desafiá-lo a seguir um Deus grande. Comece dedicando-se a conhecê-lo como Ele é.

Paz com Deus

LEIA ROMANOS 5:1-11

Certa vez perguntei à minha irmã Luci: "Na sua opinião, qual é a melhor de todas as emoções que uma pessoa pode experimentar?". Esperava que ela dissesse algo como amor, deleite, contentamento, realização ou alegria, mas sua resposta me surpreendeu. Ela disse imediatamente e com confiança: "Alívio".

Depois de pensar por algum tempo, tive de concordar. E a experiência tem confirmado para mim que o alívio é de fato a melhor e mais agradável de todas as emoções da vida. Consequentemente, o alívio é um ingrediente fundamental na arte e no entretenimento. Grandes histórias, sinfonias, discursos e até mesmo montanhas-russas gradualmente criam tensão até chegar a um clímax e, então, resolvem a crise. É uma fórmula que nunca falha como maneira de satisfazer as audiências.

A maneira brilhante como Paulo elaborou a sua carta aos cristãos em Roma não apenas utiliza o melhor estilo literário como também resume nossa experiência com Deus. Os capítulos iniciais tratam daqueles que são complacentes em seu relacionamento com Ele. Alguns confiam que sua herança hebraica os qualifica a ter um tratamento especial. Outros confiam que suas boas obras e seus bons antecedentes serão suficientes para impressionar o Juiz celestial. Paulo, porém, rapidamente introduz a crise e a elabora, levando a um crescendo: "Não há nenhum justo, nem um sequer" (3:10); "todos pecaram e estão destituídos da glória de Deus" (3:23).

Tendo agitado a alma com as notícias pavorosas de que não existe nenhuma possibilidade de alguém escapar da ira de Deus por meio de qualquer meio natural, o apóstolo resolveu a crise com as boas-novas. A justiça requerida para que alguém obtenha a vida eterna com Deus e todas as alegrias do céu é um presente gratuito recebido por meio da fé (3:28). E, para resolver o assunto de forma conclusiva tanto para judeus quanto para gentios, ele apontou para o exemplo da graça de Deus estendida a Abraão, que foi recebida por meio da fé (4:1-15).

Mas existe um problema. Parece que Paulo encurtou demais a história da graça de Deus. O quarto capítulo de um romance de dezesseis não é o momento correto para levar uma narrativa ao clímax e resolver a crise! Isso tende a deixar a audiência pensando *tudo bem... e agora?*

Na carta de Paulo aos Romanos este é o ponto em que a história de fato começa. Com a crise da ira de Deus resolvida por meio da morte e da ressurreição de Jesus Cristo e a justiça de Deus recebida por meio da fé, o crente deve então aceitar o alívio que a salvação traz. Ora, antes de você descartar esse pensamento, permita-me garantir-lhe que essa não é uma tarefa simples. Se fosse, Paulo não teria dedicado três quartos de sua carta ao assunto!

A mensagem do apóstolo no capítulo 5 é essencialmente esta: "Agora que tem paz com Deus, você está simplesmente começando a viver... e tudo só fica melhor a partir daqui". Os primeiros 11 versículos começam com um vislumbre do passado (5:1), continuam com uma apreciação do presente (5:2-8) e então nos acompanham rumo ao futuro com expectativa (5:9-11).

5:1-2

Para preparar seus leitores para o restante da jornada, Paulo nos orienta a parar por um momento para considerarmos onde estamos. Nós agora cremos! Esse passo é monumental na vida de um crente e, se não fizermos uma pausa para apreciar sua importância, o restante de nossa jornada permanecerá um mistério. Ele nos ergue em seus ombros, por assim dizer, e nos vira na direção contrária para olharmos para a estrada por onde já viajamos, afirmando: "Tendo sido, pois, justificados pela fé, temos paz com Deus, por nosso Senhor Jesus Cristo" (5:1).

Pare!
Não dê mais nenhum passo adiante!
Leia de novo, devagar.

"Paz com Deus." Existe mais alívio nessas três palavras do que em quaisquer outras. Mais do que as palavras "você está curado" ditas a um paciente com câncer. Mais do que "você está livre" para um prisioneiro no corredor da morte. E parece que, quanto mais uma pessoa compreende o perigo da assustadora ira de Deus, mais experimenta o incrível alívio (aqui está a melhor de todas as emoções) de ter paz com Ele. Jesus ilustrou essa verdade por meio de uma parábola.

> "Dois homens deviam a certo credor. Um lhe devia quinhentos denários e o outro, cinquenta. Nenhum dos dois tinha com que lhe pagar, por isso perdoou a dívida a ambos. Qual deles o amará mais?" Simão respondeu: "Suponho que aquele a quem foi perdoada a dívida maior". "Você julgou bem", disse Jesus. (Lc 7:41-43)

"Paz" não se refere à tranquilidade interior, embora isso seja parte do alívio que sentimos. "Paz" se refere a não mais estarmos sujeitos à ira de Deus por causa do pecado. A morte de Jesus Cristo satisfez a nossa dívida pelo pecado e anulou a hostilidade resultante, de modo que Deus e as pessoas não estão mais separadas pela rebelião, mas reconciliadas em paz. E o alívio resultante é indescritível. Qualquer pessoa que já passou a vida tentando ganhar a aprovação de Deus ou procurando acumular quantidade suficiente de boas obras para escapar do inferno entende essa parábola melhor do que a maioria.

Martinho Lutero passou grande parte da primeira metade de sua vida tentando apaziguar a ira de Deus por meio da litania de boas obras prescritas pela Igreja Católica Romana. Mas ele não encontrou alívio. O fato é que, quanto mais trabalhava, mais se tornava consciente da futilidade delas.

> Embora eu tenha vivido como monge de maneira irrepreensível, sentia que era pecador perante Deus, com uma consciência extremamente perturbada. Não conseguia acreditar que Ele estava sendo aplacado por minha satisfação. Eu não amava, sim, eu odiava a justiça de Deus que pune os pecadores e, de forma secreta, e até blasfema, certamente com muita murmuração, eu estava irado com Deus e dizia: "Como se, de fato, já não fosse suficiente que pecadores miseráveis, eternamente perdidos em razão do pecado original, fossem esmagados por todo tipo de calamidade pela lei dos [Dez Mandamentos], sem ter Deus acrescentando dor à dor através do evangelho e, pelo evangelho, nos

ameaçando com sua justiça e ira!". Assim eu me enfureci, com uma consciência feroz e perturbada. No entanto, importunei insistentemente Paulo naquele lugar, desejando ardentemente saber o que São Paulo queria [em sua carta aos Romanos].[27]

O problema de tentar nos livrar de uma dívida com Deus por nossos próprios meios é que nunca conseguimos saber o quanto é suficiente. Pergunte à maioria das pessoas "você vai para o céu depois de morrer?" e a maioria responderá "espero que sim". Aqueles que confiam que a religião pode salvá-los, se eles a levarem a sério, devem permanecer num constante estado de terror, cientes de que apenas a morte resolverá o mistério de seu destino eterno e que a sina deles pode ser o sofrimento eterno.

Lutero finalmente encontrou alívio:

> Pela misericórdia de Deus, meditando dia e noite, levei em consideração o contexto das palavras, a saber: "Porque no evangelho é revelada a justiça de Deus, uma justiça que do princípio ao fim é pela fé, como está escrito: 'O justo viverá pela fé'" [Rm 1:17]. Ali comecei a entender que a justiça de Deus é aquela pela qual o justo vive por um dom de Deus, ou seja, pela fé. E este é o significado: a justiça de Deus é revelada pelo evangelho, ou seja, a justiça passiva com a qual o Deus misericordioso nos justifica pela fé, como está escrito "O justo viverá pela fé". Aqui senti que havia nascido completamente de novo e que havia entrado no próprio paraíso por meio de portões abertos. Ali uma face completamente diferente de toda a Escritura se apresentou a mim. Logo a seguir, repassei a Escritura de memória. Encontrei também em outros termos uma analogia, como a obra de Deus, que é aquilo que Deus faz em nós, o poder de Deus, com o qual Ele nos torna sábios, a força de Deus, a salvação de Deus, a glória de Deus.

E eu o exaltei com as mais doces palavras, com um amor tão grande quanto o ódio com o qual eu anteriormente havia odiado o termo "justiça de Deus". Dessa forma, este lugar em Paulo foi para mim verdadeiramente o portão para o paraíso. [28]

Paulo chamou a experiência de receber a graça de Deus por meio da fé, assim como a paz resultante, de uma "introdução". A palavra grega é *prosagōgē* [4318], que é traduzida de maneira intercambiável como "acesso" ou "introdução"; esses termos, porém, deixam de captar a imagem cultural dessas palavras. *Prosagōgē* descreve o processo de ser conduzido à corte de um rei e então anunciado, o que implica o direito ou a oportunidade de dirigir-se ao governante. Paulo usou o mesmo termo para descrever a oração para os cristãos de Éfeso:

De acordo com o seu eterno plano que ele realizou em Cristo Jesus, nosso Senhor, por intermédio de quem temos *livre acesso* a Deus em confiança, pela fé nele (Ef 3:11-12, ênfase minha).

O uso que Paulo faz de *prosagōgē* declara que Jesus Cristo nos introduziu em um território completamente novo chamado "graça", no qual temos o direito ou a oportunidade de viver de acordo com uma perspectiva inteiramente diferente. Esse novo território funciona de acordo com um padrão totalmente distinto, que é, em muitos aspectos, o oposto daquele de onde viemos. Perceba também a frase "na qual agora estamos firmes" (Rm 5:2). O termo grego para "estar firme" implica o estabelecimento de alguma coisa permanente. Tal como imigrantes, passamos a ter residência permanente na terra da graça. Naturalmente, isso exigirá de nós um grande ajuste. Devemos aprender a cultura e nos adaptar ao seu jeito.

Paulo concluiu assim essa sentença introdutória com a frase "e nos gloriamos na esperança da glória de Deus", que usa três termos importantes que valem a pena ser estudados. Eles se tornarão cada vez mais significativos à medida que Paulo descreve a vida cristã.

"Gloriar" é provavelmente a melhor palavra para traduzir o termo grego usado por Paulo, que literalmente significa "gabar-se/vangloriar-se" (*kauchaomai* [2744]). Normalmente pensamos em vangloriar-se como sendo um comportamento negativo, mas um léxico respeitado define o uso grego do verbo como "expressar um grau incomumente alto de confiança em alguém ou em alguma coisa que é excepcionalmente digna de nota".[29] Enquanto alguns vivem com uma expectativa incômoda quanto às suas boas obras, se elas serão suficientemente boas para o céu, aqueles que assumem a residência na terra da graça podem viver com confiança completa. Ironicamente, o "gabar-se" dos crentes é inerentemente humilde, pois eles não têm qualquer confiança em sua própria bondade; em vez disso, expressam confiança completa no dom gratuito da graça. Para os nossos propósitos, vamos traduzir o verbo desta maneira: "viver com confiança alegre".

"Esperança", no sentido bíblico, não tem o elemento de expectativa positiva que damos ao termo em nosso idioma. Uma criança pode dizer "tenho esperança de que vou ganhar uma bicicleta vermelha no Natal" e poderá encontrá-la debaixo da árvore — ou não. A palavra usada por Paulo é um substantivo cujo significado é "uma expectativa garantida" (*elpis* [1680]). Ao comprar uma entrada para um concerto, uma pessoa tem em suas mãos a esperança — a expectativa garantida — de um assento num determinado dia. Paulo usou esse termo de uma maneira bastante específica para descrever o dia futuro em que Jesus retornará para governar o mundo e renová-lo conforme lhe agrade.

"Glória" (*doxa* [1391]) se refere ao estado das coisas conforme Deus as deseja. O bem triunfa sobre o mal, a justiça prevalece, o pecado não mais tem lugar e tudo existe em harmonia com o caráter Santo de Deus.

5:3-5

Paulo descreveu a ação de "gloriar" (viver com confiança alegre) como possuindo três níveis. Primeiramente, nós "nos gloriamos na esperança" (5:2). Ou seja, vivemos com confiança alegre na expectativa garantida de que Cristo um dia acertará todas as coisas. É a alegria de saber que fomos renovados e que estamos no processo de nos tornarmos mais semelhantes a Jesus. É o tipo de alegria que experimentamos quando as coisas estão indo bem e podemos ter expectativa de sua segunda vinda sem circunstâncias desagradáveis para nos distrair.

Infelizmente, a vida deste lado do céu incluirá sofrimento. Isso é verdade para todos; talvez um tanto mais para o crente (Jo 15:18-19), o que nos leva ao segundo nível de alegria: "Também nos gloriamos nas tribulações" (Rm 5:3). O primeiro nível surge de uma maneira bastante natural. Como não nos alegrarmos ao pensar no futuro maravilhoso que nos espera? O segundo, porém, deve ser cultivado sob a cuidadosa orientação do céu.

A palavra grega traduzida como "tribulação" é *thlipsis* [2347]. O termo costuma ser traduzido como "tribulação", mas pode referir-se de maneira mais geral à "pressão" ou "aflição". Tais pressões surgem em todas as formas e tamanhos. Todos nós as enfrentamos — pressões dos prazos, economia, expectativas das pessoas, políticas e exigências do ambiente de trabalho, consertos em casa e em veículos, relacionamentos. Essas pressões podem se tornar intensas diante de problemas de saúde, perda de emprego, luto, divórcio, perseguição e outros eventos importantes da vida. Todavia, porque fomos inseridos em uma maneira completamente nova de vida, podemos viver com confiança alegre em *thlipsis*, sob pressão, em meio à tribulação.

Como adquirimos essa habilidade sobrenatural? Obviamente não é por meio de outras pessoas, de nossos empregos e nem de força interior. Adquirimos a capacidade de nos regozijar sob pressão por meio de um programa de treinamento cuidadosamente monitorado e dirigido pelo próprio Senhor. Paulo descreveu esse programa como uma reação em cadeia na qual uma fase leva à outra, dando-nos, por fim, a habilidade de experimentar a alegria a despeito de nossas circunstâncias. Essa reação em cadeia envolve vários termos-chave. Pense neles como pedras de um dominó, colocadas em pé pela lateral, cada uma derrubando a seguinte.

"A tribulação produz perseverança" (5:3). *Thlipsis* gera *hypomonē* [5281], que significa "resistência paciente". Naturalmente, quando a pressão aumenta, devemos tomar medidas razoáveis para aliviar o desconforto. Ninguém está sugerindo que devemos nos voluntariar para sentir dor ou ignorar a oportunidade de eliminá-la. Às vezes, porém, não existe solução, nenhum remédio, nenhum alívio. Às vezes não conseguimos evitar ou escapar da pressão. Quando isso acontece, deliberadamente optamos por suportar e por fazê-lo com dignidade calma e cheia de graça.

A sequência de verdades continua em 5:3 e 5:4 com a frase "a perseverança [gera] um caráter aprovado". *Hypomonē* gera *dokimē* [1382], ou "valor comprovado". *Dokimē* tem relação com o verbo "atestar por meio de prova", o qual pode se referir a um metalúrgico colocando uma amostra de ouro ou de prata sob intenso calor para observar como ela reage. A forma adjetiva descreve soldados e atletas cujo valor foi comprovado por sua resistência em combate ou na competição. Também podemos pensar em *dokimē* como "resistência triunfante".

Isso não significa fingir, negar e nem recorrer ao poder do pensamento positivo. Essa resistência triunfante não é nem mesmo algo que possamos escolher desenvolver. Ela vem à medida que as provações da vida em um mundo caído se tornam instrumentos nas mãos do Espírito Santo, que cria no âmago do nosso ser um "caráter aprovado".

"O caráter aprovado [gera] esperança" (5:4). *Dokimē* gera *elpis* [1680], que, como já vimos, se refere a "uma expectativa garantida", a certeza de um resultado prometido. Experimentamos esse tipo de esperança quando assistimos a uma vitória de roer as unhas, de virada, sobre uma equipe superior, contra probabilidades insuperáveis... depois de ver o placar final. Saber o resultado de uma competição muda profundamente a maneira como a experimentamos. Assistimos sem ansiedade. Suportamos os contratempos sem pânico. Esse é o tipo de esperança que não desaponta, porque temos um resultado garantido.

Observemos a lógica de Paulo ao contrário: o programa divino de construção de caráter para os crentes se baseia inteiramente nessa expectativa garantida (5:4-5). Nossa vitória garantida fornece o alicerce para nosso "caráter aprovado" (5:4), que exige "perseverança" (5:4), o que, por sua vez, permite que suportemos as "tribulações" com dignidade e graça (5:3). Para oferecer a firmeza de que precisamos, Paulo apresentou duas grandes verdades pela primeira vez em sua carta aos Romanos: o grande amor de Deus e a habitação de seu Espírito Santo (5:5).

Aprendemos sobre a ira de Deus em 1:18-32; aqui, descobrimos que aqueles que agora têm paz com Deus podem experimentar o seu amor. O Espírito Santo de Deus nos enche, transforma e capacita. Ele concede força em nossas fraquezas, sabedoria em nossa insensatez, amor em nossa dúvida e evidência em nosso desespero. O Espírito Santo vivendo em nós é a nossa garantia sempre presente de vitória futura.

5:6-9

Muitos cristãos cometem o erro de pensar que, tão logo somos salvos pela graça, todo o restante fica por nossa conta. Alguns gostam de pensar que podem se comportar de qualquer maneira que lhes agrade, uma vez que já possuem um bilhete de entrada no céu em seu bolso. Muitos outros se esforçam à exaustão tentando se tornar dignos da graça que receberam. Nenhuma das perspectivas reconhece o fato de que, mesmo depois do momento em que nossa vida eterna após a morte é selada, ainda precisaremos do nosso Salvador. Ainda somos impotentes sem a graça de Deus. Nunca superaremos a nossa necessidade de Deus se inclinar em nossa direção e nos erguer.

Para ilustrar nossa necessidade contínua da graça e da fidelidade de Deus em provê-la, Paulo reconstitui os passos do evangelho. Ao fazer isso, ele enfatiza o fato de que nada em nós merecia ser salvo, mas que, ainda assim, Cristo morreu por nós. Como é notável ver uma boa pessoa sacrificar sua própria vida para salvar a de outra pessoa boa. A maioria de nós consegue se identificar com esse tipo de altruísmo e espera ter semelhante coragem caso sejamos chamados a fazer a mesma coisa. Mas quem se disporia a assumir voluntariamente o lugar de um assassino em série no corredor da morte? Quem daria sua própria vida para salvar a vida de Hitler ou a de Stalin?

Jesus Cristo fez isso.

Você pode estar dizendo a si mesmo algo como *bem, certamente não sou um genocida!* Todavia, não devemos nos esquecer da lição que Paulo nos ensinou em Romanos 2. O mesmo coração corrompido pelo pecado que bate no peito do pior criminoso bate da mesma forma no seu. O céu não classifica o pecado em uma escala, como nós somos inclinados a fazer. O nosso pecado faz com que sejamos tão inúteis quanto os exemplos mais depravados da humanidade. Todavia, insisto que você memorize a declaração de Paulo: "Deus demonstra seu amor por nós: Cristo morreu em nosso favor quando ainda éramos pecadores" (5:8).

Preste atenção nos verbos "demonstra" e "morreu". O primeiro está no tempo presente, o que é curioso. Normalmente, esperaríamos ler "Deus *demonstrou* seu amor por nós: Cristo morreu em nosso favor quando ainda éramos pecadores". Paulo usou essa mudança inesperada de tempos verbais para fazer uma colocação importante. Não éramos aquilo que deveríamos ter sido *antes* de sermos salvos, e não somos aquilo que deveríamos ser *agora*. Contudo, Deus, que fielmente concedeu favor imerecido para nos salvar do pecado, ainda hoje continua a nos oferecer favor imerecido.

Por causa da morte de Cristo, nós (pela graça, por meio da fé) fomos declarados "justos" pelo Juiz do céu. Não precisamos mais temer a sua ira.

Do meu diário

Uma lição absurda
ROMANOS 5:1-11

Há muitos anos, lecionei em uma classe de estudo bíblico no lar que, em pouco tempo, passou a contar com mais de setenta frequentadores. Pelo fato de muitas dessas pessoas nunca terem ouvido falar sobre o evangelho e estarem obviamente ansiosas para entendê-lo, decidi tornar as boas-novas o nosso foco. Depois de nove semanas, pensei: "Vamos ver quantos estão entendendo a mensagem". Assim, entreguei a cada pessoa um cartão de 10 x 15 e pedi que escrevessem uma explicação breve do evangelho usando não mais do que uma frase ou duas — nada complicado. Então, entre aproximadamente setenta alunos, quantos entregaram uma resposta correta?

Cinco!

No início, fiquei confuso e decepcionado. Como pude ser um professor tão ineficiente? Contudo, conforme continuei a trabalhar com a classe, descobri que as pessoas acham muito difícil ligar os pontos e aceitar o conceito da graça. É humanamente ilógico — parece até mesmo irresponsável — pensar que qualquer coisa na vida seja gratuita. Uma vez que o mundo é um lugar em que "você obtém aquilo pelo que paga", naturalmente esperamos que a salvação seja assim também. Dessa forma, não demora muito até que comecemos a acumular pontos para chegar ao céu frequentando a igreja, alimentando os famintos, doando dinheiro para causas dignas, memorizando passagens bíblicas, dando a outra face, alimentando pardais feridos para que restabeleçam a saúde... No final, chegamos a uma conclusão lógica: todo esse trabalho certamente está chamando a atenção de Deus. Espero que Ele me recompense... e que talvez até me deixe entrar no céu.

Mas a economia de Deus não funciona dessa maneira. A graça é a moeda do céu, o que faz dela um conceito completamente absurdo para o mundo. A graça é gratuita para aquele que a recebe e caríssima para aquele que a concede. A graça transfere a bênção do armazém de quem é digno para a necessidade do indigno. A graça é concedida sem expectativas, sem condições, sem restrições e sem registro. De fato, a graça não é genuína se não puder ser abusada pela pessoa que a recebe. E muitos de fato abusam da graça.

Quando alguém derrama graça continuamente sobre pessoas não merecedoras, que na maior parte das vezes abusam dela, chamamos tal pessoa de tola, idiota e ingênua. Deus certamente jamais deixaria a sua dignidade de lado ou desceria a um nível tão baixo... ou será que faria isso?

Ele faria. E Ele o fez. Leia isto bem devagar, de preferência em voz alta:

[Jesus], embora sendo Deus, não considerou que o ser igual a Deus era algo a que devia apegar-se; mas esvaziou-se a si mesmo, vindo a ser servo, tornando-se semelhante aos homens. E, sendo encontrado em forma humana, humilhou-se a si mesmo e foi obediente até a morte, e morte de cruz! (Fp 2:6-8)

Deus se humilhou para se tornar um homem? E, então, humilhou-se ainda mais para sofrer uma punição que nós merecemos? Mesmo após quatro anos de seminário e mais de cinco décadas de ministério pastoral, mal consigo compreender isso. Não é surpresa que os novos crentes tenham dificuldade para ligar os pontos.

Não estamos mais sujeitos à punição. O sacrifício dele pagou nossa dívida pelo pecado — não apenas os nossos pecados do passado, mas também aqueles que nós certamente cometeremos no futuro. Não somente escapamos da ira de Deus no julgamento final depois da morte; não estamos mais sujeitos à sua ira durante nossa vida.

Paulo escreveu tudo isso para apoiar sua declaração de abertura em 5:1. A morte e ressurreição de Jesus Cristo nos introduziram em um território completamente novo chamado "graça", no qual temos a oportunidade de crescer de acordo com uma perspectiva completamente diferente.

5:10-11

Mas isso não é tudo. Como se a paz com Deus — estar livre de sua ira — não fosse suficiente, existem mais coisas. *Muitas mais*. A morte do Filho de Deus em favor da humanidade é apenas parte da história. Ele não apenas morreu; Ele ressuscitou! Sua morte removeu a condenação da morte; sua ressurreição nos deu vida abundante e eterna.

Preste atenção mais uma vez aos tempos verbais. "Fomos reconciliados" está no tempo verbal do pretérito perfeito. A obra da reconciliação está completa. O enorme abismo que se colocou entre nós e Deus foi permanentemente transposto. A morte de Cristo se tornou o meio para o nosso *prosagōgē* — nosso acesso, nossa introdução (lembra-se de 5:2?) — para vivermos em harmonia com Deus. E, "tendo sido reconciliados" (pretérito mais-que-perfeito composto),[30] nós "seremos salvos" (futuro do presente)

O uso que Paulo faz do termo "salvos" inclui muito mais do que a preservação dos tormentos do inferno. Significa a preservação de todas as coisas que são contrárias a Deus, incluindo qualquer pecado futuro que ameace impedir de desfrutarmos a nossa nova vida no território chamado "graça". Essa segurança, declarou Paulo, nos concede acesso ao terceiro nível da alegria: "Também nos gloriamos em Deus" (5:11).

Crentes maduros experimentam um tipo de alegria que transcende todas as outras considerações porque está ancorada em nossa "paz com Deus" (5:1), em nosso relacionamento reconciliado com o Todo-poderoso. Eles vivem com confiança alegre a despeito das aflições deste mundo caído, das consequências físicas do pecado passado, e até mesmo de sua falha em viver como deveriam. Eles vivem conforme as palavras de um velho hino que aprendi ainda jovem e que ainda amo cantar:

> Então estaremos onde devemos estar,
> Então seremos o que devemos ser,
> Aquilo que não é nosso e que não pode ser
> Em breve a nós irá pertencer.[31]

As coisas ainda não são como deveriam ser. O mundo não funciona de acordo com os caminhos de Deus e ainda temos muito da velha natureza dentro de nós. Contudo, tendo sido declarados "justos" pela fé, temos paz com Deus por nosso Senhor Jesus Cristo, por meio de quem temos sido introduzidos em uma esfera de existência completamente nova, na qual temos a oportunidade de crescer com confiança garantida no dia em que todas as coisas serão corrigidas — um dia no qual o bem triunfará sobre o mal, a justiça prevalecerá, o pecado será removido e tudo existirá em harmonia com o caráter santo de Deus.

Este terceiro nível de alegria, que chamarei de "alegria triunfante", se eleva acima das circunstâncias presentes para celebrar a vitória do Senhor sobre o pecado, a aflição, a tristeza e a morte. Essa alegria, que não pode ser obtida por nenhum meio natural, é a obra do Espírito Santo no interior do crente. É dele a voz de segurança que continuamente sussurra às almas de seus cristãos amados: "Agora que tem paz com Deus, você está simplesmente começando a viver... e tudo só vai melhorar daqui em diante".

APLICAÇÃO
Romanos 5:1-11
PAZ COM DEUS, ALEGRIA NA TRIBULAÇÃO

Assim que nós, os crentes, recebemos a graça de Deus por meio da fé em Jesus Cristo, "temos paz com Deus" (5:1-2). Portanto, podemos descansar no conhecimento de que nenhuma circunstância é resultado de punição. Coisas ruins não acontecem porque fomos maus. Nenhum evento é uma expressão da vontade de Deus contra nós. Pelo contrário, Ele prometeu usar todas as circunstâncias, sejam agradáveis sejam dolorosas, para guiar os seus filhos na direção da maturidade (5:3-5).

Para demonstrar a verdade de que Deus é *por* nós, Paulo destacou que a graça de Deus foi estendida para nos salvar enquanto ainda éramos hostis a Ele, muito antes de termos começado a caminhar com Ele em um relacionamento baseado na fé (5:6-8). Quão insensato é pensar que, depois de termos "paz com Deus", Ele enviaria circunstâncias danosas para punir os nossos erros! Muito pelo contrário. Agora que fomos justificados, salvos da ira e reconciliados, podemos nos regozijar para sempre, ainda que eventos dolorosos nos causem angústia (5:9-11). Esses eventos difíceis nunca são punitivos.

O fato normal e infeliz da vida é que vivemos em um mundo caído que ainda não foi redimido. Um dia ele será redimido e transformado (Ap 21—22). Até lá, porém, nossa "paz com Deus" vem à custa da hostilidade com o sistema do mundo corrompido. Jesus prometeu que seríamos odiados pelo mundo por causa de nossa união com Deus (Jo 15:18-21). Todavia, o que o mundo planeja para o nosso mal, Deus recruta para o nosso bem! Portanto, mesmo na tribulação, podemos nos regozijar. Para descansarmos plenamente nesta verdade, devemos aplicar três princípios:

1. *O segredo para nos regozijarmos é termos o foco correto.* O meu foco não pode mais estar em mim mesmo ou nas minhas circunstâncias. Agora, o meu foco precisa estar no meu Salvador e nos seus propósitos. Ele fixou residência em minha vida e deseja ter o primeiro lugar no trono da minha vontade. Ele está realizando um grande plano para o mundo, do qual eu sou uma parte vital. Em todas as circunstâncias devo deliberadamente perguntar: "O que Deus está realizando em mim e por meio de mim para concretizar o seu plano para o mundo?".
2. *Escolher o foco correto leva a ter a atitude correta.* Uma vez que já desviei o foco de mim mesmo e da minha dor para me concentrar no plano de Deus para realizar coisas boas em mim e através de mim, não ficarei mais devaneando em dúvida ou me remoendo em autopiedade. Não mais duvidarei da bondade de Deus ou de sua fidelidade, não terei mais medo de que meus infortúnios sejam de alguma maneira a consequência de algum pecado, não mais desperdiçarei horas pensando quando tudo aquilo vai acabar. Quando meu foco é correto, aprendo submissão, humildade e gratidão.
3. *O fruto de uma atitude correta é a alegria triunfante.* Conforme Deus me torna ensinável, humilde e grato, vejo crescer dentro de mim uma alegria que me leva para além das circunstâncias. Essa é uma alegria que vem de sentir a presença de Deus e de perceber seu propósito. Essa alegria é completamente contagiante! Posso não saber os detalhes específicos do propósito de Deus, mas sei que é para o meu bem e para a sua glória. Isso faz com que até mesmo os piores momentos se tornem serenamente bons.

Howie Hendricks, meu mentor e amigo, certa vez perguntou a um pastor:
— Como vão as coisas?
O fulano respondeu:
— Ai, amigo, sob essas circunstâncias, estão terríveis.
Hendricks disse:
— Então o que você está fazendo aí embaixo?
Não se permita viver *sob as* circunstâncias da sua vida. Aprenda a erguer-se acima delas, não por seu próprio poder ou capacidade, mas confiando na bondade de Deus e no amor irrestrito que Ele tem por você. Você tem paz com Deus. Portanto, alegre-se!

Culpa *versus* graça

LEIA ROMANOS 5:12-21

Enquanto lê essas palavras, uma grande batalha cósmica é travada dentro de você e ao seu redor. E você não pode permanecer neutro; é preciso escolher um lado. Não estou falando sobre a guerra constante entre o bem e o mal. Refiro-me ao conflito entre a graça e a culpa. Qual delas receberá a sua lealdade? Qual delas guiará as suas escolhas? Qual delas caracterizará os seus relacionamentos? Qual das duas você promoverá? Qual delas moldará a sua perspectiva sobre aquele *outro* grande conflito (aquele entre o bem e o mal)?

A luta entre essas duas grandes forças começou no jardim do Éden, não muito depois da criação da humanidade. O Criador formou os primeiros

---

EXCURSO: QUE VERGONHA POR SE SENTIR CULPADO!

ROMANOS 5:12-21

O termo "culpa" pode ser confuso. Por um lado, ele pode se referir à "culpa objetiva", que nada tem a ver com sentimentos, mas que descreve o estado moral de uma pessoa que fez alguma coisa errada. A questão de a pessoa experimentar ou não emoções negativas depois de cometer um ato maligno é irrelevante; essa pessoa é objetivamente culpada, não importa como se sinta. Por outro lado, "a culpa subjetiva" pode produzir sentimentos de tristeza ou remorso, e normalmente leva uma pessoa a ter pensamentos de autocondenação.

Prefiro chamar esse sentimento subjetivo de "vergonha". Quando uma pessoa é culpada — ou seja, objetivamente digna de culpa por um delito —, sentimentos de vergonha *precisam* existir! Os pais costumavam dizer a seus filhos malcomportados: "Que vergonha você ter feito tal coisa!". Em outras palavras, "o fato de você ser culpado deveria fazê-lo sentir-se envergonhado". A vergonha é uma emoção dada por Deus, e seu propósito é nos levar ao arrependimento.

Infelizmente, as pessoas relutam em se arrepender, mesmo quando sufocadas pela vergonha. Quando a vergonha se intensifica mas o arrependimento não acontece, elas invariavelmente fazem escolhas irracionais e destrutivas. Adão e Eva se cobriram com folhas de figueira em vez de se arrependerem, e o comportamento induzido pela vergonha tem se tornado cada vez mais bizarro.

Deus já nos deu o meio para remover a vergonha: Ele enviou seu Filho para remover a culpa!

seres humanos e os colocou em um ambiente imaculado, que Ele criou tendo especificamente as necessidades físicas deles em mente. Cercados por tal plenitude, tudo que o homem e a mulher tinham de fazer era cuidar do jardim, saborear suas delícias, amar um ao outro e desfrutar de um relacionamento íntimo com Deus para sempre. Além disso, o Senhor delegou autoridade ao casal, emponderando-os e encarregando-os de serem seus corregentes sobre a terra (Gn 1:26-28; 2:15). Tendo sido embalados nessa abundância extravagante de bem, eles deveriam evitar uma única árvore solitária.

Tendo uma natureza ainda não corrompida pelo pecado, Adão tinha a liberdade de escolher entre a obediência e a desobediência, entre o bem e o mal. Contudo, todos nós sabemos o que ele escolheu. Sua decisão de se rebelar contra a única proibição feita por Deus mudou tudo. Enquanto "o homem e sua mulher viviam nus, e não sentiam vergonha" (Gn 2:25) antes de sua desobediência, eles "esconderam-se da presença do SENHOR Deus entre as árvores do jardim" (Gn 3:8) quando Ele veio confrontá-los. Essa foi a segunda escolha trágica de Adão. Ele se cobriu de culpa e fugiu da graça. Certamente ele devia saber ser o amor de Deus o que motivava sua ira.

Depois que o Senhor expulsou o casal amedrontado de seu esconderijo, proferiu uma série de maldições. Ou seja, Deus apresentou as inescapáveis consequências do pecado deles. Ele já havia declarado anteriormente que "no dia em que dela comer, certamente você morrerá" (Gn 2:17). Adão logo descobriu que essa morte envolvia muito mais do que simplesmente o fim de sua existência física. O agradável ato de cuidar do jardim se transformaria num trabalho pesado porque o próprio solo da terra se rebelaria contra o seu domínio. A alegria de Eva no parto se tornaria algo misturado com agonia. A intimidade do casal passaria a ser uma amarga disputa entre as suas vontades à medida que cada um procuraria dominar o outro. E a morte — o término da vida física — levaria a uma segunda e mais temida morte, a separação eterna do Criador.

Esse é o primeiro legado do homem. Ele escolheu o mal e não o bem e, ao fazê-lo, condenou-nos a seguir os seus passos pecaminosos. No mesmo sentido em que um monarca, um presidente ou um primeiro-ministro age representando o seu povo, o qual então colhe as consequências das políticas daquele líder, Adão escolheu esse caminho para toda a humanidade; na verdade, para toda a criação. Isso inclui você e eu. Além disso, herdamos sua natureza alterada, de modo que somos incapazes de escolher apenas o bem e evitar todo o mal.

Isso não parece justo, não é? Adão escolheu o meu destino? Estou condenado porque *ele* desobedeceu? Mas espere! Não se esqueça de que ratificamos o pecado inaugural de nossos representantes ao adicionar nossos próprios pecados. Nossas escolhas pecaminosas nos colocam exatamente atrás de Adão na rebelião contra a bondade de Deus. Encaremos a realidade: somos completamente "indesculpáveis" (Rm 1:20). E, tal como Adão, nosso cabeça, devemos sair do esconderijo e admitir: "eu comi do fruto" (Gn 3:12). Tal como Adão, nosso precursor, devemos sair do esconderijo e enfrentar o nosso Criador. Nunca encontraremos a graça se permanecermos escondidos entre os arbustos.

Paulo iniciou esta porção de sua carta com a expressão grega *dia touto*, "portanto", que, com efeito, significa "porque a informação anterior é verdadeira, a informação seguinte também é verdadeira". Os crentes recebem a justiça que Deus exige como um presente por meio da fé, uma verdade que é confirmada pelo exemplo de Abraão (Rm 4:1-25). *Portanto*, os crentes têm paz com Deus e têm o direito ou a oportunidade de viver com confiança garantida de que quando Cristo, por fim, corrigir todas as coisas, compartilharemos desse triunfo (5:1-11). *Portanto* (5:12)...

O "portanto" de Paulo se comporta como uma vírgula, em vez de como um ponto final. Uma verdade revelada leva naturalmente à outra que devemos considerar. Esta passagem intrigante compara e contrasta a importância de dois homens fundamentais na história humana: Adão e Jesus. Além disso, ela resume tudo que o apóstolo tem escrito até este ponto e nos prepara para a próxima verdade cristã monumental. Esta seção pode ser esboçada da seguinte maneira:

5:12-14 A ruína da humanidade (resumo de 1:18—3:20).
5:15-19 O resgate da humanidade (resumo de 3:21—5:11).
5:20-21 O reinado da humanidade (introdução de 6:1—8:39).

5:12-14

O pecado traz a morte. É uma lei fundamental do universo tão previsível e abrangente como a da gravidade. Tal como um rei e uma rainha, o pecado e a morte governam juntos. Nos primeiros dias após a criação, a decisão pecaminosa de um homem tornou-se o condutor da morte. (Paulo omite o nome, mas todos nós sabemos quem é esse homem.) A morte, é preciso lembrar, não está limitada ao final inevitável da existência física; a "morte" inclui as maldições que Deus proferiu em Gênesis e a separação eterna dele na eternidade. E, tal como um vírus, o pecado infectou toda a humanidade, condenando-nos todos a uma existência semelhante à morte.

Deus não especificou nem codificou seus padrões para a conduta humana até a época de Moisés, vários milhares de anos depois da criação. Desse modo, Paulo declarou que o pecado não foi "imputado" até então, o que não é uma sugestão de que a humanidade seria de forma alguma menos culpada de pecado ou menos merecedora de punição. A morte — a consequência natural do pecado — reinou sobre a humanidade mesmo assim. O que Paulo coloca aqui é uma questão judicial.

A "Lei" nada mais é do que uma expressão particular do caráter santo de Deus preservada de forma escrita para nós. Antes de ser entregue a Moisés, que a deu a Israel para que a preservasse e difundisse, homens e mulheres já viviam em contenda com seu Criador. Todavia, eles eram "indesculpáveis", mesmo sem terem a escrita, como Paulo havia provado anteriormente (1:18—2:16). A palavra "imputado" é mais um termo contábil em grego — *ellogeō* [1677] —, que significa "descontar da conta de alguém (ver Fm 1:18).

Pense nisso da seguinte maneira. Dois jovens voltam para casa vindos da lua de mel, se estabelecem em seu apartamento e começam a vida juntos. Ele trabalha; ela trabalha; eles gastam o que recebem e tudo parece bem. Três anos mais tarde, as taxas de financiamento imobiliário diminuem e eles têm uma oportunidade de ouro de comprar uma casa. Infelizmente, não têm dinheiro suficiente para dar como entrada. O fato é que eles acumularam uma dívida razoável no cartão de crédito. Para colocar suas finanças em ordem, eles consultam um especialista financeiro que os ajuda a estabelecer um orçamento. O especialista coloca o salário deles de um lado do balancete e então lista suas despesas mensais do outro lado. Com essa análise, descobrem que estão lentamente cavando um buraco financeiro há muitos meses e, assim, precisam ajustar os seus hábitos.

O que mudou como resultado de olharem o balancete no papel? Certamente não foi a sua situação financeira. Apenas a *consciência* dela. O balancete trouxe à luz a verdade sobre sua irresponsabilidade fiscal, o que lhes deu uma oportunidade de fazer alguma coisa em relação a ela.

A Lei é o balancete moral que chama a nossa atenção para a verdade sobre nossa dívida moral. Com ou sem o balancete, continuamos endividados. Consequentemente, antes do balancete da Lei ser dado à humanidade, "a morte reinou desde o tempo de Adão até o de Moisés" (Rm 5:14). Até mesmo aqueles que não pecaram contra uma ordem explícita, como Adão fez, ainda assim são culpados de pecado e merecedores da morte.

5:15-17

A última frase de 5:14 estabelece um paralelo entre Adão e Jesus, que são semelhantes em dois aspectos importantes. Primeiro, ambos os homens, quando foram tentados pelo mal, eram moralmente impolutos — Adão, antes da queda, e Jesus, em virtude de sua natureza divina e concepção virginal. Segundo, os dois homens representavam toda a humanidade — Adão como progenitor físico de toda a humanidade e Jesus como nosso representante divinamente delegado. Contudo, a semelhança termina aqui. Paulo então traça uma linha imaginária que divide a página de alto a baixo e coloca os nomes "Adão" e "Jesus" em lados opostos com o objetivo de contrastar seu impacto sobre a humanidade.

ADÃO	JESUS
Árvore proibida	A cruz
"Transgressão"	"Presente gratuito"
Muitos morreram	A graça transbordou para muitos
Condenação	Justificação
A morte reinou	A dádiva da justiça reinará

Perceba o efeito contrastante da escolha moral de cada um dos homens. Adão pecou; Jesus obedeceu (Mt 26:39; Mc 14:36; Lc 22:42). Enquanto toda a humanidade sofreu a consequência da morte como resultado do pecado de Adão, a graça foi oferecida a toda a humanidade por meio da obediência de Cristo. O pecado de Adão trouxe condenação sobre todos, mas a provisão da morte de Cristo oferece justificação a todos. O pecado de Adão colocou a morte no trono da criação, enquanto a dádiva de justiça de Cristo um dia governará o mundo.

Também é importante notar outra diferença crucial no modo como a ação de cada homem impactou a humanidade. As consequências mortais do pecado de Adão são um fato universal e histórico, enquanto o dom gerador de vida da obediência de Cristo é um futuro potencial para alguns, mas não para todos. A dádiva da graça "transbordou para muitos" (ou seja, os mesmos "muitos" que foram afetados pela transgressão de Adão: todos). Contudo, nem todo mundo escolherá receber a dádiva da graça de Deus.

Compare agora as duas cláusulas: "a morte reinou" e "aqueles que recebem... reinarão". O primeiro verbo está no tempo passado, descrevendo alguma coisa que já aconteceu. O segundo verbo está no tempo futuro, descrevendo um evento que ainda vai acontecer. O assunto da primeira cláusula é "morte". A morte reinou sobre a criação. O assunto da segunda cláusula é "aqueles que recebem [a graça e a dádiva]". Os crentes um dia desbancarão a "morte" do trono da criação e governarão em seu lugar.

5:18-19

Para estabelecer de forma clara o impacto contrastante dos dois homens sobre a humanidade, Paulo reduziu tudo a dois pares de declarações paralelas, que, por razões de clareza, organizarei desta maneira:

Adão: Por meio de um ato de transgressão, o resultado foi a condenação de todas as pessoas

Jesus: Por meio de um ato de justiça, o resultado foi a justificação de vida para todas as pessoas.

Adão: Por meio da desobediência de um homem, muitos foram feitos pecadores.

Jesus: Por meio da obediência do Filho, muitos serão tornados justos.

O verbo grego *kathistēmi* [2525], traduzido como "feitos" (5:19), é um termo judicial que se refere à nomeação de alguém para um cargo oficial. A desobediência de um homem nomeou muitos para serem pecadores, e a obediência de um homem nomeou muitos para serem justos. Nossa recém-nomeada posição como "pessoas justas" vem com certos direitos e responsabilidades, que uma pessoa recebe quando é nomeada (ver Tt 1:5). Essa é outra maneira usada por Paulo para descrever a justificação pela fé, na qual o crente é declarado justo — obtendo uma posição correta diante da Lei e, portanto, ficando isento da punição.

5:20-21

Dizer que a transgressão foi "ressaltada" como resultado da Lei é algo que pode ser interpretado de duas maneiras. Primeiro, o pecado "reinou" no sentido de que, agora, vemos o que estivera invisível antes de a Lei definir claramente o que era certo e errado. Segundo, a presença da Lei estimula o coração rebelde a fazer o exato oposto do que ela ordena. As duas interpretações são válidas. O comentário de Paulo reflete de maneira precisa o papel judicial da Lei de indiciar o mal na humanidade, mas também descreve com precisão nossa natureza humana rebelde. Ouvir "não faça..." na verdade leva nossa velha natureza a se rebelar.

Paulo encerra esta seção específica de sua carta resumindo o seu ponto principal: a salvação não pode ser obtida por meio da obediência à Lei; a salvação é uma dádiva da graça (5:20). A sentença final desta seção, portanto, prenuncia o tópico da seguinte: a ascensão da graça sobre o pecado e sua vitória final sobre o mundo (5:21).

APLICAÇÃO

Romanos 5:12-21

CULPA OU GRAÇA?

Enquanto lê estas palavras, uma grande batalha cósmica se desencadeia dentro de você. Como já aprendemos, a batalha não é entre o bem e o mal. O mal já requereu seu coração. Não, as forças que disputam a sua alma são a culpa e a graça. Você pecou, de modo que a culpa é uma resposta apropriada, quer você a sinta quer não. Tal como muitas pessoas, você talvez tenha lidado com a culpa por um erro valendo-se de um sem-número de meios: negação, minimização, distração, transferência da culpa e até mesmo a religião. Infelizmente, essas coisas não conseguem cobrir a culpa, da mesma forma que as folhas de figueira de Adão não encobriram sua desobediência.

A resposta de Deus ao pecado de Adão poderia ter sido rápida e severa. Ele poderia ter dado um fim ao universo tão facilmente quanto o havia criado, e não seria menos santo por fazer isso. De fato, muitos filósofos questionam como um Deus bom e todo-poderoso pode tolerar a presença do mal. A resposta, mais uma vez, é a graça. Favor imerecido. Misericórdia inexplicável. Em vez de exercer justiça e reduzir a criação a cinzas, o Senhor, movido pelo amor, confrontou Adão por seu pecado. Sua primeira pergunta — "onde está você?" — é retórica. Era um convite ousado para Adão sair do seu esconderijo.

No momento correto, o Senhor confrontou a humanidade por nosso pecado dando-nos a Lei. Embora a Lei seja perigosa e mortal, uma vez que convence e condena aqueles que pecam, ela também é o meio de graça de Deus. Por meio da Lei, a ira de Deus sopra no nosso jardim e ousadamente insiste conosco para que saiamos de nosso esconderijo. Estamos certos em temer a sua ira, mas seremos tolos ao desconfiarmos de sua graça. Afinal de contas, se o desejo principal de Deus fosse executar a justa pena pelo pecado, Ele já o teria realizado

Diante disso, você tem uma escolha. Culpa ou graça? Você pode ter qualquer uma das duas. Pode continuar a se esconder, apegar-se à sua culpa e sofrer o inevitável juízo por seu pecado — a separação eterna e agonizante de Deus. Ou você pode parar de se esconder, colocar-se perante Ele, reconhecer seu pecado, admitir sua incapacidade de agradá-lo por seus próprios meios e receber a dádiva gratuita de sua graça.

Deus enviou seu Filho, Jesus Cristo, para viver uma vida sem culpa que não podemos viver, para morrer a morte expiatória que merecemos, para ressuscitar e reivindicar nova vida em nosso favor e para introduzir (*prosagōgē*) aqueles que creem em um tipo completamente novo de existência. Sua dadiva é gratuita, estendida pela graça e recebida por meio da fé. Sendo assim, a escolha é sua. Culpa ou graça?

A FIDELIDADE DE DEUS
(ROMANOS 6:1—8:39)

Em 22 de setembro de 1862, o presidente norte-americano Abraham Lincoln fez um pronunciamento que começava desta maneira:

> No primeiro dia de janeiro do ano de nosso Senhor de mil oitocentos e sessenta e três, todas as pessoas mantidas como escravas dentro de qualquer Estado ou parte designada de um Estado, — quem o fizer está,, assim, em rebelião contra os Estados Unidos — serão, a partir de então e para sempre, livres.

A União teria de lutar por muitos meses antes que os escravos nos estados do sul pudessem reivindicar sua preciosa liberdade.

Booker T. Washington tinha nove anos quando a emancipação chegou à sua fazenda no sudoeste da Virgínia, um dia que ele relembrou em sua autobiografia *Memórias de um negro*.

> A coisa mais clara de que agora me lembro em conexão com a cena é que um homem que parecia ser estrangeiro (um oficial dos Estados Unidos, eu presumo) fez um pequeno discurso e então leu um documento bastante longo — a Proclamação de Emancipação, creio eu. Depois da leitura, fomos informados que estávamos todos livres e que poderíamos ir quando e para onde nos agradasse. Minha mãe, que estava em pé ao meu lado, inclinou-se e beijou seus filhos enquanto lágrimas de alegria corriam por sua face. Ela nos explicou o que aquilo tudo significava, que aquele era o dia pelo qual ela havia orado por tanto tempo, mas que temia jamais poder ver.[32]

No devido tempo, depois da rendição final da Confederação, do assassinato de um presidente e de uma difícil luta política, os Estados ratificaram a Décima terceira Emenda, que aboliu oficialmente a escravatura na América. Em 18 de dezembro de 1865 as notícias varreram a colina do Capitólio, alcançaram Shenandoah, escalaram os Apalaches, seguiram pelas estradas vicinais das Carolinas, chegando até as distantes fazendas da Geórgia, Alabama, Mississippi, Louisiana e aos campos de algodão do Texas e de Arkansas. A notícia fora divulgada: os escravos estavam livres — pelo menos oficialmente. Os aspectos práticos da liberdade eram uma outra questão.

> A agitação da alegria experimentada pelas pessoas de cor emancipadas durou apenas um breve período, pois notei que, quando retornaram para suas cabanas, houve uma mudança em seus sentimentos. A grande responsabilidade de ser livre, de tomar conta de si mesmos, de ter de planejar e pensar por si próprios e por seus filhos parecia se apossar daquelas pessoas. Foi algo muito semelhante a enviar repentinamente um menino de dez ou doze anos ao mundo para cuidar de se sustentar sozinho. Em poucas horas, as grandes questões com as quais a raça anglo-saxã por séculos estivera lidando foram lançadas sobre aquelas pessoas para que elas as resolvessem. As questões tratavam de assuntos como lar, sustento, criação de filhos, educação, cidadania e o estabelecimento e sustento de igrejas. Não era de se esperar que, depois de algumas horas, a imensa alegria tenha cessado e um sentimento de profunda melancolia parecesse invadir o alojamento dos escravos? Para alguns, parecia que, agora que estavam na verdadeira posse dela, a liberdade era uma coisa mais séria do que eles esperavam encontrar. Alguns dos escravos tinham setenta ou oitenta anos de idade. Seus melhores dias eram passado. Já não tinham mais forças para garantir o seu sustento em um lugar estranho e entre pessoas estranhas, ainda que tivessem certeza de encontrar um novo lugar de moradia. Para essa classe, o problema parecia especialmente difícil. Além disso, no profundo do seu coração havia uma ligação estranha e peculiar com o "velho Sinhô" e a "velha Sinhá" e com os filhos deles, laços cujo rompimento era algo difícil até de pensar. Com aquelas pessoas eles haviam vivido, em alguns casos, quase meio século, e não era pouca coisa cogitarem partir. Gradual e secretamente, a princípio um a um, os escravos mais velhos começaram a deixar o alojamento dos escravos e voltavam à "casa grande" para ter uma conversa discreta com seus antigos donos em relação ao futuro.[33]

Depois de uma breve comemoração, muitos antigos escravos voltaram aos campos para continuar sua servidão agora como "meeiros". Embora oficialmente livres para irem onde quisessem, pouca coisa mudou para eles no sentido prático. A emancipação legal simplesmente apresentou aos escravos a oportunidade de viverem como homens e mulheres livres. Transformar sua situação legal numa experiência real exigiria uma transformação interna. Aqueles que consideraram esse desafio por demais atemorizante optaram pela desconfortável familiaridade da escravidão.

Isso parece muito insensato da perspectiva de pessoas que nunca conheceram a escravidão. Contudo, os cristãos — eu diria a maioria deles

— todos os dias escolhem a escravidão em detrimento da liberdade. Tendo sido libertos, viverem como homens e mulheres livres não lhes é fácil ou natural. É um processo e, tal como a salvação, deve ser realizado de maneira sobrenatural. Os teólogos deram um nome à transformação gradual e interna de um escravo recém-liberto do pecado em um indivíduo plenamente maduro e completamente livre. O termo é "santificação". Este é o assunto desta seção da carta de Paulo aos Romanos.

TERMOS-CHAVE EM ROMANOS 6:1—8:39

■ *doxa* (δόξα) [1392] "glória", "esplendor", "fama"

Na tradução do Antigo Testamento para o grego, a *doxa* de Deus é normalmente uma manifestação física de sua natureza santa e justa, que a humanidade pode observar correndo grande risco de morte (Êx 33:18-23). No Novo Testamento, "a ênfase muda para a participação",[34] por meio da qual o crente compartilha da glória de Cristo (Rm 8:17; Cl 1:27; 3:4) e por fim recebe um corpo ressurreto semelhante ao dele (Fp 3:21). No vocabulário do céu, *doxa* é a justiça tornada visível.

■ *hagiasmos* (ἁγιασμός) [38] "santificação", "consagração", "santidade"

Este substantivo faz parte de um grupo de palavras que, no contexto da adoração pagã, se referia a coisas que eram purificadas, separadas para uso específico na adoração de um deus em particular e, portanto, cerimonialmente puras. Os judeus usavam esses termos em referência a qualquer coisa reservada para o uso por parte de Deus, incluindo a nação hebraica. Paulo deu ao termo uma aplicação pessoal ainda maior. Pelo fato de o Espírito Santo habitar o crente, este se torna um templo e, portanto, não menos consagrado do que o "Lugar Santíssimo" (Êx 26:33-34; Lv 16:2; 1Co 6:19-20). Como discípulos de Cristo, devemos viver em "escravidão à justiça que leva à santidade" (Rm 6:19).

■ *pneuma* (πνεῦμα) [4151] "espírito", "aspecto imaterial da humanidade", "Espírito Santo"

Pneuma pode ser traduzido como "vento" ou "sopro" e, na literatura secular grega, poderia se referir ao aspecto imaterial de uma pessoa — aquilo que deixava de existir depois da morte ou continuava a viver separadamente do corpo, dependendo da escola de pensamento. Os autores do Novo Testamento, incluindo Paulo, usaram *pneuma* de maneira similar, mas também usaram para fazer referência ao Espírito

Santo de Deus. Além disso, o "Espírito" não era apenas a terceira pessoa da Trindade; o termo também representava a mentalidade de Deus em oposição ao modo de vida caído do mundo. "Espírito", neste último sentido, é precisamente o contrário de *sarx* (veja a seguir).

■ *proorizō* (προορίζω) [4309] "determinar antecipadamente", "decidir de antemão", "preordenar"

A palavra significa simplesmente "determinado antecipadamente". Embora o termo presuma a presciência, não sugere de que maneira o conhecimento do futuro tem impacto sobre a tomada de decisão, se é que tem algum.

■ *sarx* (σάρξ) [4561] "carne", "aspecto físico da humanidade"

Em seu sentido mais básico, *sarx* se referia simplesmente às coisas físicas, particularmente à natureza material do corpo. Contudo, para o apóstolo Paulo, *sarx* frequentemente se refere à nossa maneira pecaminosa e rebelde de pensar e agir que reverencia o sistema mundano pervertido depois da queda (Gn 3:14-19). *Sarx* é aquela parte de nossa tendência caída que se opõe ao novo modo de ser e agir do Reino de Deus. Como tal, ela se coloca em conflito com o "Espírito", que busca inspirar atitudes e promover ações contrárias ao mundo e seus valores.

Morrer para viver

LEIA ROMANOS 6:1-14

"Não existe essa coisa de almoço grátis."
"Comamos e bebamos, porque amanhã morreremos."
"Mantenha os amigos por perto e os inimigos mais perto ainda."
"O risco é do comprador."
"Você recebe aquilo pelo que paga."
"Deus ajuda a quem se ajuda."

O que se passa por sabedoria do mundo normalmente é teologia ruim. Isso acontece porque o mundo parou de funcionar da maneira como Deus desejava logo depois que a desobediência de Adão arrastou com ele todo o restante da criação para a rebelião. Consequentemente, a ordem e a beleza que uma vez agraciaram a criação de Deus, embora não totalmente obliteradas, tornaram-se distorcidas e grotescas. Agora, o mundo funciona de acordo com um sistema diferente, um que deixa pouco ou nenhum espaço para qualidades celestiais tais como humildade, altruísmo, fé ou a mais estranha de todas, a graça.

Ao concluir a seção anterior, Paulo declarou ousadamente que, conquanto o pecado tenha reinados obre a terra, e, por meio do pecado a morte, Jesus Cristo iniciou uma reforma completa: a graça transbordou "a fim de que, assim como o pecado reinou na morte, também a graça reine pela justiça para conceder vida eterna, mediante Jesus Cristo, nosso Senhor" (5:20-21). Isso resume aquilo que ele explicará nos capítulos 6 a 8.

VOCÊ REALMENTE ESPERA UMA RESPOSTA?

ROMANOS 6:1

Uma pergunta retórica é na verdade uma declaração em forma de questionamento, de modo que não se espera obter uma resposta. Isso faz dela uma ferramenta particularmente eficiente na arte do debate. Além de fortalecer uma posição, a pergunta retórica parece colocar o oponente na posição de não ter resposta e, portanto, de não poder reagir. Por exemplo, alguém pode encerrar uma discussão ao perguntar: "Você não espera que eu traia meus princípios, não é?".

Paulo sem dúvida enfrentou uma grande quantidade de perguntas retóricas em suas viagens pelo Império Romano e parece que ele incluiu algumas delas em sua carta aos Romanos como que em antecipação a certas objeções comuns. As perguntas não refletem seu ensinamento sobre o assunto; elas simplesmente dão a ele uma oportunidade de responder. Ele frequentemente iniciava uma pergunta retórica com a frase "e então?" e correlatas antes de responder com uma explicação da sã doutrina. Veja aqui alguns exemplos:

- Que vantagem há **então** em ser judeu, ou que utilidade há na circuncisão? (3:1)
- Que concluiremos **então**? Estamos em posição de vantagem? (3:9)
- **Portanto**, que diremos do nosso antepassado Abraão? (4:1)
- **E então?** Vamos pecar porque não estamos debaixo da Lei, mas debaixo da graça? De maneira nenhuma! (6:15)
- Que diremos **então**? A Lei é pecado? (7:7)
- Que diremos, **pois**, diante dessas coisas? Se Deus é por nós, quem será contra nós? (8:31)
- E **então**, que diremos? Acaso Deus é injusto? De maneira nenhuma! (9:14)

Para começar sua explicação, o apóstolo faz duas perguntas que ilustram quão estranha é a graça para um mundo dominado pela morte e para mentes entregues à depravação. Estas eram duas perguntas para as quais ele já tinha respostas:

"Continuaremos pecando para que a graça aumente?" (6:1)
"Vamos pecar porque não estamos debaixo da Lei, mas debaixo da graça?" (6:15)

Sem dúvida, Paulo encontrou esses desafios à graça em todas as sinagogas desde Jerusalém até Roma.

6:1

Paulo tomou a pergunta retórica de seus oponentes, um desafio à doutrina da graça, e a expôs: "Se o pecado traz graça e muito pecado traz muito mais graça, não deveríamos pecar tanto quanto possível com o objetivo de manter a graça fluindo do céu?". A resposta dos oponentes naturalmente seria: "Sabemos que isso não pode ser verdadeiro, de modo que a doutrina da graça deve ser falsa".

Os oponentes de Paulo fizeram uma colocação válida. Uma mente depravada certamente verá a graça a partir de uma perspectiva distorcida. Mas Paulo transformou o ataque em vantagem para si. Seus oponentes demonstraram muito claramente por meio de seu ponto de vista distorcido que Deus não pode permitir que aqueles que recebem sua graça permaneçam em seu estado depravado de mente ou que mutilem a graça, como fizeram os detratores de Paulo. Portanto, os crentes necessitam receber uma nova natureza, uma nova mente.

6:2-3

Paulo respondeu à falsa noção com uma forte repreensão: "De maneira nenhuma!". Ele então apresenta outras duas perguntas retóricas aos seus leitores, cada uma delas contendo uma verdade cristã monumental. A primeira pergunta — "nós, os que morremos para o pecado, como podemos continuar vivendo nele?" — destaca o fato de que os crentes não servem mais ao seu antigo senhor. Éramos escravizados ao pecado porque a nossa velha natureza o considerava irresistível. Contudo, a morte nos libertou dessa escravidão. Quão trágico seria se um escravo emancipado continuasse a sofrer a dor dos maus-tratos e a degradação da servidão quando poderia!

Naturalmente, isso leva à pergunta "como é possível que tenhamos morrido para o pecado, uma vez que estamos obviamente muito vivos?". Paulo responde com uma segunda pergunta retórica — "ou vocês não sabem que todos nós, que fomos batizados em Cristo Jesus, fomos batizados em sua morte?" — e essa segunda pergunta introduz uma verdade complexa chamada "identificação". De acordo com essa verdade, todos aqueles que depositaram a sua fé em Jesus Cristo foram "batizados" nele. O contexto deixa claro que não se trata de um batismo nas águas. Esta é uma poderosa alegoria bastante familiar aos crentes romanos, especialmente aos judeus.

A palavra "batizar" é uma transliteração do termo grego *baptizō* [907], que significa "imergir" ou "submergir". Ser batizado em alguma coisa é ser completamente envolvido por ela. Além disso, o significado fundamental do batismo é a identidade. Os novos convertidos ao judaísmo eram batizados na aliança de Deus com Abraão, de modo que passavam a se identificar com os judeus de nascimento natural e se tornavam herdeiros de tudo aquilo que Deus havia prometido aos descendentes hebreus de Abraão.

Quando confiamos em Jesus Cristo para sermos salvos do pecado, é-nos dito que somos envolvidos por Ele em um sentido espiritual. De uma maneira bastante real, nossa identidade se torna unida à dele, assim como sua experiência se torna a nossa. Ele morreu e nós morremos com Ele. Ele ressuscitou dos mortos para um novo tipo de vida e o mesmo acontecerá conosco. Em virtude de nossa identificação com Jesus Cristo, sua morte e sua ressurreição, fomos emancipados da escravidão do pecado. A identificação com Cristo começa com o ato de crer, mas tem consequências permanentes

Esse é um conceito bastante difícil porque é muito abstrato. Mas de fato não é assim tão diferente da verdade que aprendemos em Romanos 3:21—5:21. Fomos identificados com Jesus Cristo quando Ele sofreu o castigo em nosso favor e pagou a penalidade legal pelo pecado em nosso lugar. Deus então creditou a justiça de seu Filho em nossa conta moral e recebemos essa graça por meio da fé. Mas a graça não para ali.

Warren Wiersbe criou uma tabela que ilustra maravilhosamente os benefícios contínuos da graça que recebemos por meio da fé em Jesus Cristo.

ROMANOS 3:21—5:21	ROMANOS 6—8
Substituição: Ele morreu por mim	Identificação: eu morri com Ele
Ele morreu por meus pecados	Ele morreu para o pecado
Ele pagou a pena do pecado	Ele destruiu o poder do pecado
Justificação: justiça imputada (colocada na minha conta)	Santificação: justiça concedida (passou a fazer parte da minha vida)
Salvo por sua morte	Salvo por sua vida[35]

A identificação permite que o crente compartilhe tudo do que o Filho de Deus desfruta. Para ajudar os crentes a aproveitarem ao máximo essa dádiva, Paulo primeiramente explicou a complexidade dessa verdade cristã vital (6:4-10), e a importância da identificação (6:11-12), e então concluiu com uma explicação sobre como aplicá-la (6:12). Temos aqui três termos-chave para analisar em detalhe:

- Saber.
- Considerar.
- Apresentar.

6:4

Saber a verdade
A emancipação libera legalmente uma pessoa da escravidão involuntária, mas não garante que ela experimentará a liberdade. A pessoa precisa primeiramente *saber* que foi liberta.

A explicação de Paulo sobre a identificação começa com a conjunção "portanto" (*oun* [3767]), que é importante porque indica que a declaração seguinte do apóstolo é uma continuação lógica daquilo que ele vem escrevendo. Em outras palavras, a sentença seguinte não se apresenta de forma isolada, ela expande a verdade que afirma que "todos nós, que fomos batizados em Cristo Jesus, fomos batizados em sua morte" (6:3). "[Porque fomos batizados em sua morte] fomos sepultados com ele através [do mesmo batismo mencionado] na morte." O batismo de 6:4 é o mesmo de 6:3 — espiritual, não com água.

Quero deixar isso bem claro, pois alguns afirmam que a graça e as promessas da salvação são recebidas por meio de um tanque de água, não por meio apenas da fé. Paulo trabalhou para estabelecer a verdade de que a circuncisão — um importante símbolo da participação judaica na aliança de Deus com Abraão — não tem poder para salvar ninguém. A circuncisão é um "reconhecimento de firma" cujo propósito é comprovar a autenticidade da fé do indivíduo. Lembre-se de que foi a fé de Abraão que lhe foi creditada como justiça. Da mesma forma, o batismo com água — um importante símbolo da participação do cristão na nova aliança de Deus por meio de Cristo — não tem poder para salvar ninguém. O batismo com água é um "reconhecimento de firma" que comprova a autenticidade do batismo espiritual de alguém em Cristo.

As palavras e o fraseado de 6:4 são profundamente carregados de significado, de modo que peço permissão para dividir o versículo desta maneira:

"PORTANTO..."	COMO CONSEQUÊNCIA LÓGICA...
"fomos sepultados com ele..."	nossa experiência é a experiência dele...
"por meio do batismo..."	por meio da nossa identificação com Ele...
"na morte..."	no sentido em que Ele foi envolvido pela morte...
"a fim de que, assim como Cristo foi ressuscitado dos mortos..."	para que, da mesma maneira como Cristo foi ressuscitado...
"mediante a glória do Pai..."	pelo poder de Deus, o Pai...
"também nós..."	possamos, potencialmente...
"vivamos uma vida nova"	experimentar o novo tipo de vida que Cristo experimentou e, assim, vivermos de acordo com Ele.

6:5-7

Como consequência lógica de nossa identificação com Cristo em sua morte (o fato de Ele morrer em nosso lugar), seremos identificados com Ele em sua ressurreição. É uma verdade, quer saibamos quer não. Na eternidade, seremos como Ele. Nossos novos corpos serão como seu corpo ressurreto; não estaremos mais sujeitos à dor, sofrimento, fraqueza ou tentação. Contudo, nesse meio tempo, enquanto vivemos nestes corpos em uma criação caída, esse novo tipo de vida é potencialmente nosso. Para que possamos experimentá-lo aqui e agora, devemos requerê-lo (ver 1Jo 3:2-3).

"Corpo do pecado" é uma expressão que Paulo explicará mais detalhadamente adiante. Por hora, precisamos apenas reconhecer que, embora o corpo não seja inerentemente mau (como alguns afirmam), ele é, todavia, o veículo de nossa velha natureza pecaminosa. O corpo não é inerentemente pecaminoso, mas é uma parte deste mundo caído e, portanto, está sujeito à tentação e à corrupção. Em um sentido espiritual, nós já morremos. Cadáveres não reagem à tentação. Defuntos não escolhem fazer o que é errado. A tentação e o pecado não têm poder sobre cadáveres. Um dia, experimentaremos essa verdade no aspecto físico. Enquanto isso, mesmo antes de morrermos fisicamente e sermos fisicamente ressuscitados para um novo tipo de vida, temos a oportunidade de experimentar essa verdade.

O primeiro passo na direção de experimentar essa vida nova e abundante em Cristo é "saber". Saber o quê? Que "o nosso velho homem foi crucificado com ele, para que o corpo do pecado seja destruído, e não mais sejamos escravos do pecado" (Rm 6:6). Em outras palavras, estamos sob nova direção. Estamos sujeitos à autoridade de Deus em vez de sob a autoridade do pecado, do mundo ou de qualquer outro governante. Não somos mais obrigados a escolher pecar.

Permita-me ilustrar isso com uma história. No início dos meus anos de serviço à Marinha, estive sujeito à autoridade de um instrutor, talvez a autoridade mais intimidante e opressora que eu jamais havia encontrado. Seu objetivo: frear o arbítrio de rapazes simples do interior e dos espertalhões da cidade grande, para transformar tais rapazes teimosos em soldados determinados. Os instrutores de treinamento não são conhecidos por sua compaixão. Eles determinam cada um dos seus movimentos — quando comer, quando beber, quando dormir, quando acordar e até mesmo quando ir ao banheiro. As consequências pela desobediência são extremas.

Depois do treinamento básico, recebi as instruções sobre onde viver e que tipo de trabalho realizar. A Marinha não me perguntou se havia algum problema em me mandar de navio para o outro lado do planeta, longe da minha esposa, e me manter ali por dezesseis meses. O relacionamento era simples. Eles me diziam o que fazer e eu era obrigado a cumprir. Então, fui dispensado com honras, deixando assim de estar sob a autoridade deles.

Muitos anos depois, quando viajava como um civil comum, vi um grupo de recrutas de primeira viagem que se preparava para partir para o campo de treinamento. Ao lado deles, ouvi o som familiar de seus próprios instrutores de treinamento latindo comandos para aqueles futuros soldados: "Vocês aí, façam uma fila. Uma fila reta! Você sabe o que é uma fila reta? Você, fique aqui. Você, ali!".

Depois de alguns momentos olhando tudo aquilo a distância, um dos instrutores de treinamento olhou na minha direção. Olhei direto para ele e disse: "Como vão as coisas, sargento? Colocou todos esses chorões em fila?".

Ele olhou para mim, deu um sorriso maroto e disse: "Sim, senhor!".

Tive ótimos momentos com ele. Por quê? Porque ele não tinha autoridade sobre mim. Ele até mesmo me chamou de "senhor"! Se ele tivesse tentado me mandar ficar na fila, eu teria dado uma risada em alto e bom som, feito uma careta e marchado diretamente para a lanchonete! Não preciso mais obedecer aos instrutores de treinamento da Marinha — a propósito, nem aos generais. Eles não têm mais controle sobre mim.

Isso também é verdadeiro quando se trata do cristão e o pecado. Quando morremos com Cristo, nossos corpos foram libertos da submissão ao pecado. Fomos dispensados com honras. Quando o pecado latir suas horríveis ordens, podemos simplesmente dar-lhe as costas e ir embora.

6:8-11

Considerar a verdade

Uma vez que sabemos que o dom de Deus está disponível, devemos reivindicá-lo. Paulo continuou o seu raciocínio com outra conjunção lógica:

"se" (*ei* [1487]). Neste caso, o "se" é condicional, pois o que se segue é verdade apenas para aqueles que creram e, portanto, "morreram com Cristo". Se morremos com Cristo, cremos que também viveremos com Ele, ou seja, que teremos o mesmo tipo de vida que Ele tem. Esse novo tipo de vida não pode jamais terminar em morte.

Jesus ressuscitou o seu amigo Lázaro dos mortos... temporariamente (Jo 11). Algum tempo depois, Lázaro sucumbiu à doença, ou à idade avançada ou a um desastre, e morreu novamente. Esse não é o tipo de ressurreição que Jesus experimentou. Ele foi ressuscitado para um novo tipo de vida. Seu corpo físico não apenas despertou da morte como também foi transformado em um tipo de corpo não mais sujeito à doença, acidentes ou envelhecimento. Não era mais um corpo do qual o mundo poderia abusar. Isso será verdadeiro para nós quando nossos corpos tiverem morrido e formos ressuscitados para esse novo tipo de vida.

Esse é um futuro maravilhoso que podemos aguardar com certeza confiante. Contudo, não precisamos esperar; podemos começar a desfrutar dos benefícios dessa verdade agora. A morte que Cristo morreu, Ele morreu em favor de todos (Rm 3:21—5:21); e o novo tipo de vida que Ele agora vive Ele "vive para Deus" (capítulos 6—8). A vida ressurreta tem Deus tanto como sua fonte quanto como seu propósito. E, para reivindicar essa dádiva, devemos "considerar" ou "reconhecer" que ela é verdade e, então, agir de acordo com ela. Com base em sua autoridade de agente das boas-novas, Paulo ordenou aos crentes: "Considerem-se mortos para o pecado". Reconheça isso como verdadeiro. Reivindique essa verdade como uma realidade. Conte com ela e viva de acordo com ela.

6:12-13

Apresentar a verdade

Uma vez que *sabemos* sobre nossa emancipação da escravidão e nos *consideramos* livres dessa velha escravidão, devemos nos *apresentar* ao nosso novo Mestre para desfrutar dos benefícios da nova vida.

Os escravos cumprem as ordens de seu senhor. Eles são os instrumentos do senhor, e ele os utiliza para realizar os seus desejos. Antes da emancipação, não conseguíamos rejeitar a autoridade do pecado; agora, porém, não mais precisamos obedecer às suas ordens. Em vez de permitir que nossos corpos físicos sejam instrumentos dos desejos do pecado, da "injustiça", devemos agora apresentar nossos corpos ao nosso novo Senhor, Deus, para realizarmos o seu desejo, a "justiça" (6:13).

A palavra grega traduzida como "instrumentos" (*hoplon* [3696]) frequentemente se refere às armas de guerra. Não devemos mais apresentar os nossos corpos como armas para serem usadas pelo pecado na realização de propósitos malignos, mas para nos tornarmos soldados de infantaria no interesse da justiça.

6:14

Paulo concluiu seu ponto com uma breve declaração: "O pecado não os dominará". Então, ele apresenta seu ponto seguinte: "Vocês não estão debaixo da Lei, mas debaixo da graça". Uma vez que já fomos libertados da escravidão do pecado, tais leis não se aplicam mais. O propósito da Lei é apontar nossa transgressão; logo, aqueles que não têm envolvimento com o pecado não estão sujeitos às leis.

Estou bem longe de ser perfeito; contudo, nunca fui tentado a usar drogas ilícitas; elas nada têm a me oferecer e, se repentinamente deixassem de existir, nada em minha vida sofreria qualquer alteração. Assim, se as leis referentes à venda e posse de heroína repentinamente mudassem, eu não seria afetado de modo algum. A heroína não tem lugar na minha vida, de modo que as leis que me impedem de vendê-la ou usá-la são irrelevantes. No que se refere a mim, esses estatutos poderiam muito bem não existir. Eles não têm significado para mim. Em outras palavras, não estou "debaixo" daquelas leis.

Imagine alguém cuja natureza foi tão completamente transformada a ponto de essa pessoa perder completamente o desejo por qualquer coisa pecaminosa. Tal pessoa não estaria mais sujeita às leis — não apenas àquelas relacionadas à heroína, mas a todas as leis. Essa pessoa poderia viver o resto de seus dias como se leis, policiais, tribunais e prisões não existissem. Além disso, esse espírito transformado poderia viver como se Deus jamais tivesse definido quais ações são pecaminosas e quais não são. Regras que restringissem seu comportamento seriam irrelevantes. De acordo com Paulo, esse é o potencial de alguém que está sujeito ao poder transformador da graça.

...

A graça não é deste mundo. Ela é sobrenatural em origem e incompreensível a uma mente depravada. Sendo assim, não é surpresa que um espírito recém-emancipado enfrente dificuldades para entender e aplicar alguma coisa tão estranha à sua velha natureza.

Ouço de pessoas que estudaram com Lewis Sperry Chafer, o fundador e primeiro presidente do Seminário Teológico de Dallas, que ele passou os últimos dos seus 81 anos de vida ensinando teologia sistemática sentado numa cadeira de rodas. Seu tópico favorito era a graça. Um mentor meu que estudou com Chafer me disse que, depois de uma leitura particularmente tocante, o idoso professor fechou sua Bíblia, rodou até a porta e apagou as luzes. Os alunos não fizeram nenhum movimento. Então ele disse: "Passei toda minha vida estudando a graça de Deus e só agora estou começando a entender um pouco dela. E, senhores, ela é magnífica".

Os homens que estudaram com o dr. Chafer e que mais tarde se tornaram meus mentores foram todos modelos da graça. Todos eles. O encanto cativante da graça tem uma influência poderosa e duradoura sobre as pessoas.

APLICAÇÃO
Romanos 6:1-14
A MELHOR VIDA AGORA

Uma vez que a graça é assim tão estranha para a mente depravada, uma mente recém-restaurada terá dificuldade para se ajustar. Todavia, o Espírito Santo será fiel em usar todas as circunstâncias e todas as experiências para transformar o novo crente de dentro para fora. Por fim, quando esta vida física der lugar para a vida eterna, nós, os crentes, seremos como Cristo (1Jo 3:2). Até lá, somos obras em andamento.

Embora o Espírito Santo seja capaz de realizar a obra de transformação e ainda que estejamos cientes de que Ele será fiel em completar a tarefa (Fp 1:6), somos convidados a participar desse processo. Temos uma participação genuína na determinação da qualidade da vida que desfrutamos aqui e agora. Naturalmente, a qualidade da vida à qual estou me referindo tem pouco a ver com as nossas circunstâncias físicas. Refiro-me à alegria autêntica, intimidade com o Todo-poderoso, liberdade das compulsões do pecado e a tornar-me como Cristo. Deus será fiel ao realizar em nós aquilo que Ele deseja, mas o grau de nossa participação tanto ajuda quanto impede nosso progresso.

O crescimento na graça começa com três mudanças específicas na maneira como agimos. O padrão se repetirá cada vez que encontrarmos uma nova verdade espiritual.

1. *Saber a verdade* (6:1-10). Neste caso, a verdade sobre a nossa nova condição espiritual é que estamos mortos para o pecado. Antes de cremos em Cristo, estávamos escravizados ao mal. Não tínhamos a capacidade de parar o nosso próprio erro. Agora, o

pecado tem apenas uma arma: o engano. Satanás quer que você pense que as compulsões pelo pecado não podem ser rompidas. Mas a verdade se impõe. Estamos livres!
2. *Considerar a verdade* (6:11). Assim que encontrarmos uma nova verdade, devemos descartar nossa velha maneira de pensar e substituí-la por essa nova compreensão. Normalmente isso não é fácil. Fomos condicionados pelo velho padrão de pensamento a inconscientemente nos comportarmos de uma determinada maneira. Além disso, ficamos emocionalmente ligados à nossa velha maneira de viver — mesmo quando ela não é agradável. É difícil abandonar velhos hábitos. Portanto, devemos, de forma repetida e contínua, "considerar" a verdade divina; ou seja, decidir que ela é verdadeira.
3. *Apresentar nossos corpos à verdade* (6:12-14). Tendo decidido que alguma coisa é verdadeira, devemos mudar nosso comportamento de modo a refletir isso. Paulo expressou essa ordem em seus termos mais básicos. Sua mente controla seu corpo, de modo que você deve assumir o comando e fazer seu corpo agir de acordo com aquilo que você aceitou como verdadeiro.

Imagine como seria se um bilionário dissesse a você que, por nenhuma outra razão além da bondade, ele depositou cem milhões de dólares na sua conta-corrente. Completamente gratuito. Sem nenhuma condição. Livre de impostos. Não sei como você reagiria, mas veja o que eu faria:

1. *Saber a verdade* — Eu entraria em contato com meu gerente do banco e verificaria se os fundos de fato foram creditados na minha conta.
2. *Considerar a verdade* — Eu pegaria meu talão de cheques (sim, eu ainda tenho um!), faria uma marcação no canhoto para registrar o depósito e ajustaria meu saldo.
3. *Apresentar meu corpo à verdade* — Depois de fazer uma doação substancial para minha igreja e vários ministérios favoritos, eu começaria a preencher cheques! Poderia ter dificuldades em aceitar a verdade da minha superfortuna, mas faria todos os esforços para aplicar os ajustes necessários.

Se você atualmente enfrenta dificuldades com um pecado repetitivo ou compulsivo em particular, você muito provavelmente sofre com o engano de que ele jamais vai soltar as rédeas que pôs em você. Não vou ofendê-lo dizendo que a transformação será fácil;

não será. Contudo, a verdade não é complicada. Se você é crente, se aceitou a divina dádiva gratuita da vida eterna por meio da fé em Jesus Cristo, então tem dentro de si riquezas espirituais além da sua imaginação. O poder de superar qualquer mal vive dentro de você. Ele não é nenhum outro senão Deus na pessoa do Espírito Santo. Clame por sua ajuda!

Saber, considerar e apresentar não são a solução completa para nossos problemas, e não pretendo simplificar excessivamente o processo do crescimento espiritual. Padrões de pecado profundamente entrincheirados exigem muito mais atenção do que um simples procedimento contábil. Contudo, é preciso começar.

Portanto, não espere. Comece agora. Nunca é tarde demais para começar a fazer aquilo que é certo.

De quem você é escravo?

LEIA ROMANOS 6:15-23

Ray Stedman, um dos meus mentores, ministrou na área de São Francisco na Califórnia, que sempre foi um local muito interessante. Isso foi especialmente verdadeiro durante as décadas de 1960 e 1970. Num certo ano, J. Vernon McGee o convidou para pregar uma série de mensagens na Igreja das Portas Abertas em Los Angeles, o que ele fez com alegria. Durante uma pausa, certa noite, ele passeava pela Hope Street, local que o fazia se lembrar muito de seu próprio campo missionário no norte. Ele não caminhou muito até encontrar um dos moradores mais exuberantes da área: um homem excêntrico, com cabelos longos e emaranhados, barba por fazer, roupas imundas e usando uma daquelas placas de anúncio do tipo "sanduíche" que as pessoas praticamente vestem. Na parte da frente, em letras garrafais — sem dúvida escritas pelo próprio homem — estavam as palavras "eu sou um escravo de Jesus Cristo". O profeta maltrapilho atraiu a atenção de Ray, que ficou olhando fixamente até que ele passou. Continuando a andar pela calçada, Ray se virou para ler o que estava escrito na parte de trás daquela placa. Lia-se "De quem você é escravo?".

Uma ótima pergunta feita por um estranho personagem! Todos nós servimos a alguma coisa; a questão é apenas a quê.

Alguns são escravos do seu trabalho. Estes servos dos negócios e das realizações não conseguem fechar seus *laptops* por mais do que algumas poucas horas por vez, e seus dispositivos eletrônicos estão praticamente implantados cirurgicamente em suas mãos. Eles tiram férias do trabalho para agradar seus entes queridos negligenciados e, de forma mesquinha, acumulam dias de folga que nunca pretendem tirar. Uma vida equilibrada está sempre um pouco além do prazo final do projeto atual.

Outras pessoas são escravas dos bens, das posses, das coisas temporais. Motivadas pela fantasia de que o contentamento pode ser encontrado em possuir coisas, elas não conseguem parar de adquirir por tempo suficiente para desfrutarem do que já possuem, o que leva à pergunta: "Quanto é suficiente?". H. L Hunt, o bilionário magnata do petróleo, é considerado o autor da mais honesta resposta que já ouvi até agora: "O dinheiro é apenas uma maneira de contar os pontos".

Talvez mais do que nunca, as pessoas estão escravizadas a relacionamentos. Como num passe de mágica, elas se transformam em qualquer forma agradável que as faça ganhar a aprovação de outra pessoa. Vivem num ciclo que varia entre autoaceitação e autoaversão, dependendo da afirmação ou da crítica que recebem. Com avidez, sacrificam a si próprias — e, ironicamente, também aqueles a quem amam — com o intuito de evitar a mais horrível condição de todas: a solidão.

Talvez os escravos mais patéticos e cada vez mais comuns sejam aqueles que estão escravizados ao deus do ego. Os psicólogos os chamam de narcisistas. O nome vem de um personagem da mitologia grega chamado Narciso, que se apaixonou por seu próprio reflexo numa fonte de água. Quando tentou beijar o objeto de seu amor, seus lábios agitaram a água e sua imagem desapareceu, o que o deixou de coração partido. Ele decidiu não mais beber a água daquela fonte com medo de perder seu amor para sempre. Por fim, o escravo do amor a si mesmo morreu de sede.

Os narcisistas servem a si próprios, mesmo quando parecem ser altruístas, e incansavelmente exigem tempo, atenção, admiração, devoção e estímulo de outros. Mas isso, tal como as outras formas de escravidão, somente os conduz a um vazio ainda maior.

Todos nós servimos a alguma coisa — é apenas uma questão do quê.

6:15-16

Paulo concluiu sua resposta à pergunta "continuaremos pecando para que a graça aumente?" (6:1) com a declaração "o pecado não os dominará, porque vocês não estão debaixo da Lei, mas debaixo da graça" (6:14). Em outras palavras, porque os crentes agora possuem a opção de não pecar, eles têm a liberdade de erguerem-se acima da Lei. Isso conduziu à segunda pergunta retórica, mais uma vez, uma que Paulo provavelmente ouvia com frequência em resposta ao evangelho: "Vamos pecar porque não estamos debaixo da Lei, mas debaixo da graça?" (6:15).

Paulo mais uma vez respondeu de forma emocional, dizendo, na prática, "que tal coisa jamais aconteça!". Ele então demonstrou o absurdo da pergunta, começando com uma pergunta retórica própria. (Lembre-se de que uma pergunta retórica é na verdade uma declaração na forma de uma consulta.) "Não sabem que, quando vocês se oferecem a alguém para lhe obedecer como escravos, tornam-se escravos daquele a quem obedecem: escravos do pecado que leva à morte, ou da obediência que leva à justiça?" (6:16). O apóstolo relembrou os seus leitores de que um homem é escravo daquele a quem se compromete a obedecer. Ser escravo de alguma coisa é tornar-se um instrumento a serviço de seus interesses (6:12-13). Porque a graça nos libertou, agora temos uma escolha entre dois senhores. O antigo senhor, o pecado, dedica-se à destruição daqueles que o servem. O novo senhor, a obediência, busca a justiça, aquelas coisas que agradam a Deus e dão vida àqueles que o servem.

Os antigos romanos eram bem conhecidos por sua escravidão, que assumia duas formas. O tipo mais comum de escravidão envolvia capturar um inimigo, destruindo qualquer coisa que pudesse tentá-lo a voltar para casa e, então, transportá-lo para Roma para vendê-lo em leilão. Todavia, um tipo mais antigo e comum de escravidão era a "escravidão voluntária". Pessoas pobres poderiam oferecer a si próprias como escravas a alguém com o objetivo de obter comida para se sustentar e um lugar para viver. Em outras palavras, as pessoas aceitavam voluntariamente a escravidão com o objetivo de satisfazer suas necessidades básicas.

No sul dos Estados Unidos, depois da guerra civil, muitos escravos libertos não tinham outra escolha senão se tornarem meeiros, o que lhes dava a terra e o meio de sustento, mas exigia que "compartilhassem" a maior parte da sua produção com o dono da terra. Naturalmente, isso era apenas escravidão com um nome mais gentil e agradável. Todavia, ninguém escolhia um mestre cruel, a não ser como último recurso.

Na prática, Paulo estava perguntando: "Por que você escolheria um senhor cujo único propósito é manter você escravizado e, por fim, matar você? Isso é o mesmo que um escravo emancipado escolher ajudar seu antigo senhor a reforçar as suas algemas e a construir uma forca! Por qual razão alguém serviria voluntariamente a um senhor tão cruel?".

Temos necessidades básicas que precisamos satisfazer. E temos uma escolha entre dois senhores. A qual deles buscaremos? A quais interesses serviremos? Um promete vida; o outro, morte.

Servir ao pecado? Que ideia absurda!

6:17-18

Isso levou Paulo a irromper em uma doxologia espontânea: "Graças a Deus"! O evangelho tem implicações atuais, constantes e eternas. A vida eterna começa em algum tempo no nosso futuro, depois que esta vida termina. Mas alguma coisa acontece imediatamente quando uma pessoa recebe a graça de Deus por meio da fé. Ela recebe instantaneamente um novo coração, uma nova natureza que odeia o pecado e deseja obedecer ao seu novo senhor: a justiça.

6:19

Como pastor, consigo apreciar o comentário parentético de Paulo. Uma boa ilustração tem o poder de simplificar e esclarecer conceitos difíceis. Charles Spurgeon comparava um grande sermão a uma catedral, que seria escura por dentro não fosse pelas janelas da ilustração. As ilustrações permitem que a luz preencha o espaço de modo que todo mundo possa ver claramente. Contudo, uma ilustração particularmente boa pode assumir vida própria e tornar-se uma distração. Os pregadores precisam ser cuidadosos para não transformar uma analogia numa alegoria. Ao mesmo tempo em que a ilustração da escravidão é poderosa, ela é falha em um aspecto importante. A verdade que Paulo se empenhou a ensinar é de fato um paradoxo. A escravidão a Deus é a maior liberdade que um homem pode vir a conhecer.

Quando Deus criou Adão e Eva, eles carregavam perfeitamente a imagem de seu Criador. Viviam em harmonia perfeita com o propósito para o qual foram criados, que era viver em comunhão ilimitada com Ele, desfrutar de intimidade desinibida um com o outro e governar sobre o restante da criação como corregentes de Deus. Nunca os seres humanos foram tão livres como quando estavam em harmonia com o propósito para o qual foram criados ou, como Paulo colocou, quando eram "escravos da justiça".

Quando servimos à justiça, não apenas agradamos a Deus como também fazemos o que é melhor para nós mesmos. O Senhor criou o universo para que funcionasse dessa maneira antes de ele ser corrompido pela desobediência. Mas a humanidade trocou a verdade pela mentira e olhou para o pecado em vez de para o seu Criador em busca de uma maneira de satisfazer suas necessidades básicas. Essa decisão simplesmente perpetuou o pecado e intensificou a escravidão que se seguiu. Essa é a espiral descendente do ciclo do pecado.

A graça de Deus mudou tudo isso. A morte sacrificial de Cristo cria o potencial para reconquistarmos uma parte da inocência e da liberdade do Éden. Assim como servir ao pecado nos mantêm ligados ao pecado, servir à justiça nos liberta para vivermos em harmonia com o propósito para o qual fomos criados, que é viver em comunhão ilimitada com Deus, desfrutar de intimidade sem inibição um com o outro e governar sobre o restante da criação como corregentes de Deus. Paulo chama isso de *hagiasmos* [38], palavra que normalmente é traduzida como "santificação", "santidade", "consagração" ou "pureza". Para Paulo, a santificação é tanto um estado do ser quanto um processo. Embora apareça apenas duas vezes em sua carta (6:19 e 6:22), é, todavia, o tema central desta grande seção (capítulos 6—8).

6:20-22

Mais uma vez, Paulo esclarece qual é a escolha do crente. O pecado e a justiça são mutuamente exclusivos. Nas palavras de Jesus, "ninguém pode servir a dois senhores; pois odiará a um e amará o outro, ou se dedicará a um e desprezará o outro" (Mt 6:24). Além do mais, a natureza humana detesta o vácuo. Deus criou a humanidade com certas necessidades. No início, essas necessidades físicas, emocionais e espirituais eram satisfeitas à medida que a humanidade desfrutava de paz com Deus. Depois da queda, em vez disso, procuramos o pecado.

Isso levou o apóstolo a fazer outra pergunta retórica, não como uma hábil estratégia de debate, mas para levar o leitor a olhar para o seu interior (Rm 6:21). Com efeito, ele perguntou: "quando você estava tentando satisfazer, por meio do pecado, aquelas necessidades dadas por Deus, o que você ganhou?".

Por séculos, por inúmeras razões, as pessoas têm se voltado para as drogas que alteram a mente; contudo, o desejo mais básico delas é sentirem-se bem em vez de mal. Essas pessoas normalmente descobrem que a compensação é imediata e imensamente satisfatória... no curto prazo. Especialistas em medicina nos dizem que essas drogas, em longo prazo, têm um efeito duplo: elas aumentam a necessidade que o usuário tem da droga, diminuindo a resposta de seu corpo. Em outras palavras, a droga gradualmente cria uma necessidade maior de ter mais, exigindo doses cada vez maiores e mais intensas para o usuário desfrutar do mesmo efeito satisfatório.

Isso também é verdade em relação ao pecado. O pecado normalmente é o produto de alguém que procura preencher uma necessidade legítima e dada por Deus através de um meio ilegítimo. Paulo lembrou seus leitores de que, mesmo depois de termos sido libertos da escravidão do pecado, ainda temos necessidades que precisam ser satisfeitas. E iremos procurar alguma coisa para satisfazê-las.

Como afirmei anteriormente, todos nós servimos a alguma coisa; é apenas uma questão do quê.

O crente, tendo sido liberto da escravidão ao pecado — liberto do seu vício no pecado, por assim dizer —, pode agora olhar para o Criador em busca de satisfação. Enquanto o impulso do pecado é para baixo, o ciclo de santificação atrai o crente para mais perto de Deus. A dependência crescente do Senhor fornece satisfação significativa e, ironicamente, maior liberdade. E, ao invés de conduzir à morte, a escravidão a Deus, em última instância, conduz à vida eterna.

Quem não gostaria disso?

6:23

Paulo conclui com maestria sua resposta à acusação de que a graça incentiva o pecado. Perceba o contraste:

O salário do pecado é a morte	MAS	O dom gratuito de Deus é a vida eterna

"EM CRISTO" EM ROMANOS

A expressão "em Cristo" era profundamente significativa para Paulo. Ela aparece não menos que 84 vezes em suas cartas, incluindo 13 vezes em sua carta aos Romanos.

- 3:24
- 6:11
- 6:23
- 8:1
- 8:2
- 8:39
- 9:1
- 12:5
- 15:17
- 16:3
- 16:7
- 16:9
- 16:10

Este versículo é comumente usado para explicar o evangelho àqueles que ainda não creem, mas Paulo o escreveu para encorajar os crentes à santificação. E, nessa declaração de conclusão, ele introduz um novo conceito, que é "em Cristo", o qual ele se encarregará de explicar no próximo capítulo.

Anteriormente neste capítulo, Paulo declarou que aqueles que colocam sua confiança em Jesus Cristo e recebem a graça de Deus por meio da fé são "batizados em Cristo Jesus" (6:3). Os crentes são, portanto, identificados com Ele, de modo que as experiências dele se tornam as nossas experiências, suas bênçãos se tornam as nossas bênçãos e seu poder se torna o nosso poder. Nada do que foi citado acima é propriamente nosso. Temos tudo isso em virtude de estarmos "em Cristo". Estamos "mortos para o pecado, mas vivos para Deus *em* Cristo Jesus" (6:11; ênfase minha). Além disso, recebemos vida eterna por estarmos "em Cristo" (6:23).

Esse conceito "em Cristo" se torna a chave para entender tudo que Paulo diz aos seus leitores nos capítulos seguintes. A vida do crente deriva de estar em Cristo, sua alegria deve ser encontrada em Cristo, seu sucesso depende de descansar em Cristo e temos comunhão com outros que estão em Cristo.

Como veremos, o fato de estar "em Cristo" fornece a oportunidade de escapar de ser puxado para baixo pelo pecado e de desfrutar de liberdade como nunca pensávamos ser possível. Contudo, não há garantia de que experimentaremos esse tipo de alegria nesta vida. Tal como a emancipação, devemos "saber" (entender sua verdade), "considerar" (requerer sua verdade) e "apresentar" (aplicar sua verdade). Infelizmente, nosso antigo senhor se recusa a nos libertar de suas garras. A proclamação de emancipação já ocorreu; todavia, uma guerra é travada ao nosso redor e dentro de nós. Se você é um crente no Senhor Jesus Cristo, então tem de responder diariamente a uma pergunta, e sua resposta o levará à vida ou à morte. De quem você é escravo?

APLICAÇÃO
Romanos 6:15-23
ESCOLHA O SEU MESTRE

Paulo declarou ousadamente que não somos mais obrigados a servir ao pecado ou a servir aos propósitos da injustiça (6:15-21). Podemos livremente escolher obedecer ao pecado e, então, colher suas tristes consequências, ou podemos livremente escolher obedecer a Cristo e, então, compartilhar de sua alegria (6:20-23).

Quando reflito sobre as palavras de Paulo e revisito os meus anos no ministério pastoral, descubro que grande parte do meu tempo é gasto combatendo pelo menos um entre dois problemas.

Primeiramente, *é possível ser escravo de algo e pensar que é livre*. Esse é o dilema do perdido. Ele serve de forma submissa a alguma coisa que acha que lhe trará satisfação ou que eliminará seus problemas. Dinheiro, carreira, sexo, relacionamentos, aventura, poder, reconhecimento, educação, realização, até mesmo vícios... os ídolos deste mundo são uma legião. Vejo pessoas se sacrificarem para manter o seu deus vivo, temendo como será a vida se — ou quando — o objeto de sua esperança desaparecer. Fico surpreso diante da incapacidade delas de compreender a extensão de sua escravidão à medida que, o tempo todo, continuam tentando convencer a si próprias e a outros de que a vida é boa exatamente da maneira como é. Além disso, recusam-se a dar atenção às boas-novas por medo de que a submissão a Cristo venha a tirar--lhes a liberdade!

Segundo, *é possível ser livre e pensar que está escravizado.* Este segundo problema é quase tão trágico quanto o primeiro. Os gabinetes de aconselhamento ao redor de todo o mundo estão cheios de cristãos que enfrentam dificuldades para aceitar o fato de que não servem mais a deuses imaginários. Eles permanecem algemados a compulsões, escondidos na vergonha, sem consciência de que agora adoram um Deus que não exige, mas que empodera. Eles têm paz com Deus, que não condena seus filhos, mas que deseja vê-los vitoriosos sobre o pecado.

O remédio para os dois problemas é o mesmo: a verdade.

Os não crentes precisam saber que "o salário do pecado é a morte, mas o dom gratuito de Deus é a vida eterna em Cristo Jesus, nosso Senhor" (6:23). A "liberdade" que experimentam é uma ilusão planejada para atrair sua atenção para longe do fato de que o pecado está lhes roubando tudo o que valorizam e que, por fim, os arrastará para o tormento eterno.

Os crentes, por outro lado, precisam aprender a abraçar sua liberdade e reconhecer a tentação pelo que ela de fato é. Cada oportunidade de pecar é um convite para submeter nossos corpos a alguma coisa. A tentação faz a seguinte pergunta: "A qual senhor você vai submeter o seu corpo pelos próximos poucos momentos: à sua compulsão, que sempre deixa você se sentindo mais vazio do que antes, ou a Cristo, que sempre afirma o seu valor como filho de Deus?".

Sendo bem franco, descobri que o simples fato de *não* fazer alguma coisa errada quando tentado não é suficiente. Preciso de alguma coisa a mais à qual eu possa submeter meu corpo. Veja a seguir um processo de quatro passos que descobri ser bastante útil quando sou tentado a fazer o mal:

1. Fuja da tentação; ou seja, mude as suas circunstâncias. Mova-se fisicamente do lugar onde você está e rapidamente vá a algum lugar diferente, ainda que seja apenas por alguns minutos.
2. Faça alguma coisa que traga honra a Deus como alternativa. Orar é bom, mas sugiro adicionar alguma coisa mais tangível. Responda sistematicamente ao desejo de pecar realizando uma atividade piedosa.
3. Agradeça a Deus por lhe dar a liberdade de escolhê-lo em lugar do erro, e peça-lhe encorajamento. A batalha espiritual é exaustiva!
4. Procure descobrir o gatilho que disparou a tentação e tome atitudes práticas para evitar a mesma situação.

Retrato de um cristão em luta
LEIA ROMANOS 7:1-25

Quando se fala de retratistas, poucos conseguem se igualar ao realismo de Dmitri Vail. A escolha que ele faz de cores e sombreamento, sua atenção aos mínimos detalhes, até mesmo a textura de suas pinceladas dão aos seus quadros uma qualidade tão literal que você não tem certeza se está vendo uma fotografia ou uma pintura. Visitei sua galeria mais de uma vez, muitos anos atrás. A galeria ficava numa parte antiga de Dallas. Caminhar pelo corredor longo e estreito onde os retratos estavam pendurados era como voltar no tempo para uma visita aos grandes nomes de Hollywood. Cada moldura possuía uma pequena placa de latão com o nome do retratado, como se alguém precisasse dela.

Vi comediantes como Rowan Atkinson e Steve Martin pendurados ao lado de Dean Martin e Jerry Lewis. Ali estava Benny Goodman com seu clarinete, que ele tocava com imensa facilidade, ao lado de Jack Benny com seu violino, que produziu os sons mais tortuosos que se podia imaginar. John Wayne, James Dean, Red Buttons, Ed Sullivan, Frank Sinatra e Sophie Tucker — estavam todos ali, além de alguns presidentes, astronautas e atletas internacionais. No final da longa fila das pessoas mais brilhantes, ousadas e belas do mundo estava pendurado um retrato pálido de um personagem sombrio, quase triste. A moldura era menor e mais rústica do que as outras, e não trazia o nome da pessoa retratada. Assim, pedi a uma funcionária que me contasse algo sobre a pintura.

— Quem é ele? — perguntei.

Ela sorriu com ar de sabedoria e disse:

— Muita gente me faz a mesma pergunta. Este é um autorretrato do artista. Ele o pintou bem recentemente, durante um período de intensa luta pessoal. Escolheu colocá-lo aqui. Não está à venda.

Admito que fiquei surpreso. Acho que esperava que alguém que tivesse estado com pessoas daquele calibre — celebridades, heróis populares e políticos — fosse uma máquina de alegria e entusiasmo inesgotáveis. No entanto, ele era um homem, como muitos que conheci, que enfrentava lutas na vida.

Até onde sei, o apóstolo Paulo nunca segurou um pincel de artista. Todavia, o retrato que ele faz da humanidade, com pena e tinta, está pendurado na galeria de sua carta aos Romanos. O primeiro quadro exibe o nome "Pessoa Perdida", e é francamente preciso. É uma pintura de depravação, vazio e orgulho. O segundo quadro traz a imagem de um personagem agradecido chamado "Pecador Justificado". Tendo sido recém-liberta das garras mortais do pecado, essa pessoa mal consegue conter sua alegria. O quadro seguinte é animador, uma vez que captura a exuberância do "Crente Vitorioso". Ele descobriu que, na realidade, a vida eterna não começa depois da morte; ela começa quando alguém crê em Cristo.

No final do corredor acha-se pendurada uma imagem sombria. O sujeito retratado é um homem triste, exausto e derrotado. "Quem é ele?", você pergunta. É um autorretrato do artista. É Paulo. Se tirar a poeira da placa de latão, você verá o nome, escrito de próprio punho: "Homem Miserável".

O capítulo 7 de Romanos é o autorretrato de Paulo, no qual ele usou o pronome pessoal da primeira pessoa do singular, "eu", quase trinta vezes. Perto do final de seu autorretrato verbal ele exclamou: "Miserável homem que eu sou!" (7:24). O termo "miserável" é a tradução da palavra grega *talaipōros* [5005], que significa "sofredor, aflito, miserável".

No Texas temos um termo para se extrair água de um pano molhado. Você "torce" a água quando enrola um pano, segurando-o pelas pontas e o girando-o em direções opostas. Essa é a ideia por trás de "miserável". Paulo descreveu a si mesmo como sentindo que alguma coisa havia "torcido" a vida para fora dele. Mas por quê? Como isso é possível? Obviamente, os retratos formam uma progressão, começando com "Perdido" e chegando a "Vitorioso". Qual a razão de, depois de escapar da tirania do pecado, a próxima pintura retratar um homem sofredor, aflito, miserável?

Para encontrar a resposta, devemos primeiramente entender o relacionamento entre o crente e as regras que governam a conduta, ou a "lei".

7:1-4

Anteriormente, Paulo fizera uma declaração provocativa segundo a qual os crentes "não estão debaixo da Lei, mas debaixo da graça." (6:14). Ele agora explica como isso pode ser verdadeiro, primeiramente por meio de uma já conhecida ilustração usando a lei civil.

Paulo propôs um cenário hipotético a ser considerado por seus leitores. Nesse cenário, o casamento entre um homem e uma mulher é aparentemente abalado pelo desejo dela de estar com outro. Contudo, a lei matrimonial proíbe que ela deixe seu primeiro marido para se casar com outra pessoa; essa lei a classificaria como culpada de adultério. Caso, porém, o seu cônjuge venha a falecer, ela fica liberada de sua obrigação à lei e poderia livremente se casar com outra pessoa. "Assim" — ou seja, seguindo o mesmo raciocínio — a obrigação do crente para com a Lei de Moisés é finalizada pela morte.

A ilustração de Paulo envolve três elementos: um marido, uma esposa e a lei que regula o comportamento deles. Muitos cometem o erro de colocar a Lei no papel do marido, sugerindo que a Lei de Moisés é como um parceiro autocrático e abusivo que finalmente morre, para grande alívio do cônjuge sobrevivente! Mas preste atenção em quem é que morre na aplicação de Paulo. Não é a Lei. A Lei ainda está muito viva e ativa, cumprindo seu propósito no plano redentor de Deus. Quem morre é o *crente* e, com ele, as suas obrigações conjugais para com o pecado (6:2, 18, 22). Isso se torna claro na conclusão de Paulo sobre a questão, em 7:6: "Mas agora, morrendo para aquilo que antes nos prendia, fomos libertados da Lei". Antes, estávamos presos ao pecado.

Existe um relacionamento entre o crente e a Lei depois de sua morte "em Cristo", mas é um relacionamento bastante diferente.

7:5-6

Deus concedeu a Lei para realizar dois objetivos. Primeiro, a Lei expõe os nossos *pecados*. Deus concedeu sua Lei para nos confrontar com nosso pecado, de modo que possamos nos arrepender e ir até Ele em fé. (Aprendemos essa verdade durante nosso estudo de 5:12-13.) Segundo, a Lei expõe nossa *pecaminosidade*. A Lei incita a nossa natureza rebelde a agir, o que demonstra a nossa incapacidade de ajudarmos a nós mesmos e prova a necessidade que temos de que Deus mude o nosso coração.

Anos atrás, um dos primeiros hotéis arranha-céus a abrir em Galveston, Texas, ficava diretamente à beira do Golfo — tão perto da água, na verdade, que os funcionários temiam que as pessoas lançassem suas linhas de pesca na água diretamente da varanda dos quartos. Janelas de vidro no primeiro andar, ventos fortes e grandes chumbadas eram, com certeza, uma combinação ruim, de modo que a gerência colocou uma placa em cada quarto que dava para o oceano, na qual se lia o seguinte:

É terminantemente proibido pescar da varanda.

O que aconteceu? Você já adivinhou. Os hóspedes do restaurante do primeiro andar faziam suas refeições com os constantes golpes das chumbadas batendo contra os painéis de vidro das janelas. Às vezes o vidro literalmente trincava. Por fim, as pessoas que administravam o hotel perceberam seu erro e tomaram uma sábia decisão: removeram todas as placas nos quartos dos hóspedes.

Problema resolvido! Ninguém voltou a pescar das varandas de novo.

O MUNDO DE ACORDO COM PLATÃO

ROMANOS 7:1-25

Por volta do ano 400 antes de Cristo, um aluno de Sócrates chamado Platão descreveu o universo em termos que influenciariam a filosofia ocidental, a ciência e a religião por milênios. Fato é que grande parte da teologia cristã, sem que se percebesse, foi involuntariamente influenciada pelo ensino de Platão, normalmente com terríveis consequências.

Platão dividiu o universo em dois reinos. O reino das "ideias" (ou "formas") consistia em todas as coisas teóricas. Esse reino intangível é perfeito, ordenado, moralmente puro e eterno. É a habitação de deus, que não é uma pessoa e sim a origem impessoal da razão e da ordem. O reino do "material" (ou "substâncias"), por outro lado, é o mundo físico e material em que habitamos. Ele é uma representação falha e inferior do reino muito superior das ideias.

Por exemplo, o conceito de "cadeira" do reino das ideias é expresso no reino material de várias maneiras. Existem cadeiras para sala de jantar, cadeiras de escritório, cadeiras de balanço e até mesmo cadeiras reclináveis. Elas são diferentes, mas todas incorporam uma qualidade intangível ou ideia que define cada um desses itens como sendo uma cadeira. Contudo, essas representações materiais são falhas. Diferentemente da ideia de uma cadeira incorruptível e eterna, elas podem ser destruídas, alteradas ou contaminadas. Portanto, elas são inferiores; cada cadeira material é uma simples sombra da cadeira real, que se encontra no reino das ideias.

Esse modelo de universo então tornou-se a fonte de infindáveis sistemas religiosos e filosóficos. A maioria deles via as pessoas como fragmentos de ideia pura, "espíritos", presos nos corpos materiais e corruptos da carne. Enquanto o espírito de uma pessoa é puro e incorruptivelmente bom, o corpo é uma prisão contaminada, e inerentemente mal.

Paulo estava familiarizado com a filosofia grega, mas rejeitava o universo de Platão em favor do Antigo Testamento. Portanto, devemos ter o cuidado de interpretar "espírito" e "carne" como Paulo pretendia, não como nossa cultura sutilmente sugere.

Paulo deu um nome a essa natureza rebelde. Ele a chamou de "carne", e o uso que ele faz do termo é diferente de qualquer outro autor da Bíblia. No Novo Testamento, "carne" frequentemente é usada de maneira figurativa com relação ao aspecto material da humanidade, em oposição às nossas almas ou espíritos. Jesus disse certa vez que a carne era fraca (Mt 26:41); todavia, antes de Paulo, ninguém a havia chamado de pecaminosa ou má.[36]

Paulo usou o termo "carne" simbolicamente para representar a humanidade em seu estado caído. A carne é programada para pensar de acordo com o sistema do mundo, que é uma visão pervertida da ordem original criada de Deus, e que continua a se opor à sua vontade. Assim como o mundo caído se opõe à graça, a carne se opõe ao Espírito Santo. E estar "na carne" é pensa e agir em sintonia com o mundo caído e depravado, conforme Paulo descreveu em Romanos 1:18-32.

"Mas agora", declarou Paulo, fomos libertos de nossa obrigação legal de levar adiante os objetivos do pecado (7:6). Além disso, nosso relacionamento com a Lei mudou, pois temos uma nova natureza que não se opõe à Lei. Paulo chamou essa nova natureza de "Espírito", com *E* maiúsculo, porque é o Espírito de Deus, a quem recebemos. Em vez de viver em harmonia com a Lei por estudá-la e cumpri-la literalmente (o que, em todos os aspectos, éramos incapazes de fazer), permitimos que o Espírito de Deus, que não pode desobedecer, viva através de nós.

Um poeta expressou a mudança da seguinte maneira:

> Senhora inflexível era a Lei:
> "Tijolo exigirei, palha negarei";
> Mas quando com a língua do evangelho canta,
> Asas ela me dá, e voar me manda.[37]

7:7-13

Paulo provavelmente sentiu que seus leitores judeus poderiam interpretá-lo mal neste ponto. Seu tom apaixonado poderia levar alguns a pensarem que ele considerava a Lei má ou acreditava que a graça se opunha à Lei. Outros poderiam ter interpretado equivocadamente as suas ilustrações como se afirmassem que o pecado e a Lei são sinônimos. Desse modo, ele abordou a questão diretamente: "A Lei é pecado?" (7:7).

Mais uma vez, o apóstolo respondeu de modo apaixonado: "De maneira nenhuma!". Então, como sempre, ofereceu um esclarecimento. A Lei é boa para o que se pretendeu ser o seu propósito, que é chamar-nos à responsabilidade pelo pecado e expor a pecaminosidade da nossa "carne". Uma ilustração atual do esclarecimento de Paulo pode ser útil.

Não muito tempo atrás, as pessoas só descobriam que tinham câncer quando era tarde demais. Os primeiros sintomas normalmente levavam a notícias bastante ruins dadas pelo médico. Então, alguém inventou a máquina de ressonância magnética (RM), um aparelho maravilhoso que, de maneira rápida e precisa, examina a carne do paciente e gera uma imagem detalhada de seu corpo. Um olho treinado pode então examinar a imagem e localizar tumores cancerosos muito antes de o paciente apresentar qualquer sintoma. Se a RM leva a um diagnóstico de câncer, o paciente seria tolo ao culpar a máquina por sua doença. Antes, aquele paciente deveria ser grato pelo fato de o problema ter sido descoberto cedo o suficiente para poder ser tratado.

Em essência, Paulo disse: "Eu não sabia que estava morrendo da doença do pecado até que a Lei revelou minha condição terminal. Além disso, a Lei me mostrou que eu amava minha doença e que faria qualquer coisa para mantê-la. Eu era como um morto-vivo! Ao apontar meu problema, a Lei demonstrou que eu estava vivendo debaixo de uma sentença de morte".

A Lei é a ferramenta de diagnóstico de Deus. Seu propósito é expor a doença do pecado e nos confrontar com o prognóstico: a doença é mortal se não for tratada, mas ela é completamente curável. A Lei causa a morte? Não, da mesma forma que a RM não causa câncer.

7:14-16

Paulo já havia introduzido o conceito de "carne" anteriormente, declarando que ela é o oposto do Espírito. Contudo, ele precisava explicar como a carne continua a causar impacto sobre o crente, especialmente à medida que as interações se tornam mais complexas. Antes de alguém crer, a carne serve ao pecado e sente a condenação da lei. Ainda que essa pessoa quisesse obedecer à Lei de maneira consistente, qualquer iniciativa logo terminaria em fracasso. Assim que uma pessoa recebe a graça de Deus por meio da fé, o Espírito Santo passa a habitar no crente, e assim começa a luta interior. A carne continua a servir ao pecado, enquanto o Espírito serve à justiça. "Não entendo o que faço. Pois não faço o que desejo, mas o que odeio. E, se faço o que não desejo, admito que a Lei é boa" (7:15-16).

7:17-23

Paulo descreveu o impulso carnal inclinado ao pecado como "o pecado que habita em mim" (7:17). Embora ele tenha recebido uma nova natureza quando creu em Jesus Cristo, a carne parecia ter uma mente autônoma. É como se ele estivesse unido a uma pessoa que amava as mesmas coisas que ele mais odiava. E isso se aplica a todo crente. Todo cristão recebe uma nova natureza, que deseja nada mais do que agir como Jesus Cristo agiria. Enquanto isso, a carne, a velha natureza humana, quer que a vida continue como sempre foi. Aqui está parte da descrição que Paulo faz da batalha:

> Neste caso, não sou mais eu quem o faz [o que não quero fazer], mas o pecado que habita em mim. Sei que nada de bom habita em mim [...]. Porque tenho o desejo de fazer o que é bom, mas não consigo realizá-lo. Pois o que faço não é o bem que desejo, mas o mal que não quero fazer, esse eu continuo fazendo. [...] No íntimo do meu ser tenho prazer na Lei de Deus; mas vejo outra lei atuando nos membros do meu corpo, guerreando contra a lei da minha mente, tornando-me prisioneiro da lei do pecado que atua em meus membros. (7:17-19, 22-23)

Permita-me fazer uso novamente da analogia da heroína. A maioria dos especialistas concorda que a abstinência repentina do vício em heroína é uma das experiências mais excruciantes que uma pessoa pode suportar. Dor nos ossos e nos músculos, insônia, diarreia, vômito e sintomas semelhantes a choques normalmente atingem o auge dois ou três dias depois da última dose e normalmente levam mais de uma semana para diminuir. A angústia física já seria suficiente sem o trauma psicológico que o adicto sofre. Contudo, mesmo depois de suportar o tormento da abstinência e de conseguir superar a dependência física da droga, muitos voltam a usá-la. Os problemas que encorajaram o adicto a correr para a heroína ainda estão presentes. A ânsia por alívio se torna grande demais para suportar sozinho.

Qualquer pessoa que já tenha experimentado dependência física de qualquer coisa afirmará que o desejo nunca está longe demais. Até mesmo fumantes crônicos que abandonaram o hábito me dizem que, anos depois, às vezes eles ainda desejam desfrutar de um cigarro depois de uma boa refeição. É por isso que os especialistas em tratamento de drogas são unânimes em sua opinião: tratar o corpo para superar a dependência física é apenas o começo. A chave para a sobriedade permanente está em tratar a mente, o que em si já é um empreendimento para a vida toda. O viciado nunca está realmente "curado". O vício sempre fará parte de sua vida. Contudo, os viciados podem permanecer "em recuperação" para sempre.

Todos nós somos viciados crônicos do pecado. Muito depois de termos sido salvos, nossos corpos ainda clamam por aquilo que nos dava um prazer de curta duração e nos causava uma angústia de longo prazo. O impulso para satisfazermos o desejo pelo pecado sempre fará parte de nossa vida... pelo menos até que sejamos libertos "do corpo sujeito a esta morte" (7:24). E o que dizer sobre o presente? "Miserável homem que eu sou!"

7:24-25

A descrição que Paulo faz de sua luta pessoal com a velha natureza pinta uma imagem sombria do futuro para o cristão comum, não é? Eu prontamente admito que não sou nenhum Paulo, de modo que se ele se sentiu derrotado, que esperança existe para mim?

Paulo usou a palavra "miserável" para descrever a si próprio. Não usamos essa palavra com muita frequência em nosso linguajar moderno e não consigo pensar em uma palavra para substituí-la. Assim, permita-me lançar mão de uma alegoria. Imagine um boxeador depois de apanhar muito durante quinze assaltos. Com meses de treinamento, euforia e sonhos de glória no campeonato escorrendo pelo ralo, ele está ali, em pé, exausto, desmoralizado, praticamente sem conseguir enxergar através de seus olhos inchados e quase incapaz de respirar por causa de algumas costelas fraturadas. E, para piorar as coisas, ele precisa ir até o meio do ringue para ouvir sua derrota ser anunciada para a multidão.

A luta que Paulo descreveu o havia deixado em estado miserável. Incapaz de derrotar sua carne pelos meios de sua carne — ou seja, por sua própria capacidade —, ele clama por ajuda. Que outra coisa, senão a morte, pode libertá-lo de um corpo que anseia pelo pecado mais poderosamente do que sua mente anseia por justiça? Quem o resgatará dessa agonia?

A resposta vem rapidamente: "Deus, por Jesus Cristo, nosso Senhor" (7:25).

• • •

Pouco antes de deixar a galeria de Dmitri Vail em Dallas, a funcionária me disse: "Nossa esperança é que o sr. Vail venha a pintar outro retrato de si mesmo em um dia melhor". Não sei se ele chegou a fazer isso. Felizmente, Paulo não parou de pintar no capítulo 7. Seu melhor trabalho ainda estava por vir. E, porque a esperança dele é a nossa esperança, podemos antecipar o mesmo futuro glorioso com certeza confiante. Apenas espere e verá.

APLICAÇÃO
Romanos 7:1-25
A PROCURA DO ARCO-ÍRIS, DO AUTOAPERFEIÇOAMENTO E OUTRAS BUSCAS INÚTEIS

Assim que um crente morre para o pecado "em Cristo", seu relacionamento com a Lei é transformado para sempre. A nova aliança

(Jr 31:31-33) nos dá uma nova norma de vida: o Espírito Santo (Rm 7:1-6). Deus deu a Lei à humanidade para confrontar a nossa injustiça e para demonstrar a nossa necessidade de salvação. Logo que uma pessoa abandona sua tentativa inútil de guardar a Lei e, então, recebe a graça de Deus por meio da fé em Jesus Cristo, a Lei cumpriu seu propósito (7:7-13). O relacionamento do crente com a Lei é então rompido.

Sendo assim, qual é o nosso objetivo na vida agora que somos salvos? Por acaso não seria agradar a Deus cumprindo a Lei? Não deveríamos nos tornar como Cristo, que é moralmente perfeito? Não deveríamos retribuir a bondade de Deus buscando fazer boas obras e erradicar o pecado de nossa vida? Agora que somos salvos da condenação pela graça de Deus, não devemos nos santificar por meio de jejum, oração, estudo bíblico, contribuição e outras disciplinas espirituais?

Se há uma coisa que o autorretrato de Paulo nos ensina é que o autoaperfeiçoamento realizado na força da carne é uma busca inútil (7:14-25). Você pode se esforçar até o ponto da exaustão tentando com todas as forças ser como Cristo; contudo, sua vida seria muito mais fácil se você tentasse alcançar um arco-íris. Alguns mestres e pregadores reconhecem a impossibilidade de se alcançar a perfeição divina, mas, ainda assim, acham que vale a pena sonhar alto. Outros abaixam o padrão de perfeição para que seja mais fácil alcançá-lo e, então, anunciam-no como vitória sobre o pecado. A maioria simplesmente se esforça até lamentável exaustão e, então, desabam — às vezes com força avassaladora.

Mas Deus nunca exigiu perfeição. (Leia isso mais uma vez — em voz alta!) A moralidade imaculada desapareceu com o Éden. Não, não somos salvos pela graça e então santificados por meio de nossas próprias obras. A obra da graça não foi feita pela metade. O objetivo do autorretrato miserável de Paulo era demonstrar que a humanidade não pode purificar-se do pecado depois de ser salva tanto quanto não podia antes da salvação. Somente Deus pode purificar uma alma.

Sendo assim, qual é a nossa missão agora, como crentes salvos pela graça? Nosso propósito principal é conhecer Jesus Cristo de maneira pessoal, crescendo cada vez mais na intimidade com Ele (Fp 3:8-11). Quer leiamos as Escrituras, oremos, meditemos quer escrevamos um diário, quer jejuemos, que o façamos com o único propósito de conhecer a mente de Deus. Quando adorarmos, servirmos, participarmos da Ceia ou passarmos tempo na companhia de crentes, que aprendamos sobre Ele por meio da sua obra transformadora nos outros. Ao alimentarmos os pobres, defendermos os fracos, confortarmos o solitário ou proclamarmos o evangelho ao mundo ferido e necessitado, que nossa caminhada, seguindo as pegadas de Jesus, nos proporcione um conhecimento pessoal de seu caráter. Que toda provação ou triunfo nos traga um conhecimento mais profundo da natureza de Cristo e uma maior compreensão dos propósitos dele.

As disciplinas espirituais não são um meio para a santidade; elas são um meio para conhecermos a Cristo. À medida que nos comprometemos com a piedade pessoal, na comunhão com outros crentes e com o envolvimento com o mundo como um todo em nome de Cristo — à medida que o conhecermos mais intimamente —, o Espírito Santo fará aquilo que somente Ele pode fazer: tornar-nos mais semelhantes ao nosso Salvador. Assim como a lua reflete a luz do sol, uma vez que não tem luz própria, do mesmo modo brilharemos com o resplendor de Deus à medida que vivermos próximos de seu Filho.

Sim, *essa* é uma busca que vale a pena.

Vamos falar sobre nossa caminhada
LEIA ROMANOS 8:1-17

A viagem de carro do oeste do Texas para o Colorado é cheia de extremos, especialmente no calor do verão. Já fiz essa viagem sem ar-condicionado e mal posso imaginar como seria fazê-la montado num cavalo. A viagem começa em planícies estéreis e poeirentas que parecem se estender para sempre. Infindáveis quilômetros quentes passam por baixo de você enquanto viaja até Panhandle e, depois de horas monótonas, você começa a duvidar se vai conseguir até mesmo cruzar a divisa do estado. Então, você finalmente passa pela cidade inteligentemente chamada de Texline, Texas, e entra no Novo México para se juntar à antiga Trilha de Santa Fé, hoje chamada de Interestadual 25. Grande parte desse território permanece plano, poeirento e *quente*. Por acaso já mencionei quão opressivamente quente o deserto pode ser?

Finalmente, porém, você cruza a Raton Pass, que se eleva a mais de dois mil metros acima do nível do mar. O ar-condicionado é desligado, as janelas descem, o verde substitui o marrom e você tem o primeiro vislumbre das montanhas com picos nevados à distância. Não demora muito e você descobre que está respirando um ar mais frio durante o dia e ouvindo a chuva cair durante toda a noite. Às vezes sou tentado a pensar que Deus deve viver nas montanhas do Colorado. Quando você escuta os trovões sobre os picos e através dos cânions, é como se Ele estivesse limpando a garganta.

A carta de Paulo nos levou por alguns territórios difíceis. Começou nas planícies poeirentas dos solos improdutivos espirituais e nos levou por muitos quilômetros através de pradarias infindáveis e áridas. E o deserto de Romanos 7 foi particularmente desanimador, uma vez que se parecia muito com o lugar que somos gratos por termos deixado.[38] Felizmente, a carta de Paulo se parece bastante com a vida, particularmente para o cristão. Exatamente quando a esperança começa a se desvanecer, entramos em seu Raton Pass.

O que o apóstolo descreveu em seu autorretrato sombrio é a inutilidade de se tentar viver a vida cristã sem o Espírito de Deus. Não é menos inútil do que tentar obter a justiça à parte da fé. Não tínhamos condições de superar a doença mortal do pecado sem o favor imerecido de Deus, e somos igualmente impotentes para agradar a Deus sem que seu Espírito nos supra com graça. Como Paulo colocou, "sei que nada de bom habita em mim, isto é, em minha carne. Porque tenho o desejo de fazer o que é bom, mas não consigo realizá-lo" (7:18).

Em minha própria jornada cristã descobri que a "miserabilidade" parece ser uma parada necessária. Tal como Paulo, cheguei a um lugar de total desesperança. Sentia-me preso em minha incapacidade de viver da maneira que Deus pudesse considerar agradável, um estilo de vida que eu genuinamente desejava. Eu trabalhava sob o peso da condenação, que talvez seja o sentimento mais desanimador que um cristão possa suportar. Não há nada tão capaz de forçar você a parar e de empurrá-lo na direção do pecado como a vergonha. E, para piorar as coisas, fui guiado por pessoas bem-intencionadas que defendiam uma teologia ruim. Muitas igrejas hoje pregam um evangelho que se torna estranhamente silencioso depois que alguém crê em Jesus Cristo e que só promete falar novamente após a morte. De acordo com essa versão das boas-novas, os cristãos são deixados sozinhos para lutar contra a carne até o Dia do Juízo, no qual uma fita de suas sessões de pugilismo será divulgada para que todos a vejam assim que os portões de pérolas forem abertos para recebê-los. Doutrina esquisita.

Salvos pela graça, mas santificados pelas obras? Essas não são boas notícias.

Depois de alcançar meu próprio estado de miserabilidade, rendi-me ao fato de que não sou capaz de viver a vida cristã. Somente *então* — tendo chegado ao meu limite, nem sequer um dia antes — eu estava pronto para aceitar a verdade da deslumbrante declaração de Paulo no início de Romanos 8. Tal como um clarão na escuridão, tal como uma Raton Pass na jornada rumo à habitação de Deus, a verdade emerge à vista: "Portanto, agora já não há condenação para os que estão em Cristo Jesus" (8:1). Essa é a verdade norteadora da nova vida "em Cristo" de todo crente. Essa é a verdade sobre a qual permanecemos, por meio da qual vivemos e através da qual por fim alcançaremos vitória.

Chegamos a um ponto de transição significativo. Deste lugar em diante, a jornada será frequentemente desafiadora e às vezes confusa, mas nunca desesperadora. A partir desta posição privilegiada, as boas-novas só melhoram.

8:1-4

Não devemos passar apressadamente pela primeira palavra. A conjunção conclusiva "portanto" é importante demais para ser ignorada. Ela nos diz que a declaração "agora já não há condenação para os que estão em Cristo Jesus" é a continuação de um pensamento anterior.

No desespero tenebroso da solidão e da luta inútil de Paulo contra a carne, ele clamou: "Quem me libertará do corpo sujeito a esta morte?" (7:24). Perceba o tempo verbal futuro: "Quem me *libertará*". A questão do destino eterno já fora decidida (3:28; 5:1-2; 6:23); a pergunta na mente de Paulo era sobre a sua luta presente. E a resposta veio: "Deus por Jesus Cristo, nosso Senhor [me libertará do corpo sujeito a esta morte]" (7:25). "Portanto, *agora* já não há condenação..." (8:1, ênfase minha).

Permita-me destacar três verdades cruciais derivadas de 8:1-4:

1. Estamos eternamente seguros, tanto *agora* como quando enfrentarmos o julgamento (8:1). Deus declarou oficialmente a nossa justificação e Ele nunca volta atrás em sua palavra.
2. Estamos internamente libertos do controle do pecado, tanto *agora* como quando chegarmos ao céu (8:2). O Espírito de vida nos libertou (tempo verbal passado com resultados contínuos).
3. Somos posicionalmente justos, tanto *agora* como quando nos colocarmos diante de nosso Juiz celestial (8:3-4). Aquilo que a Lei não conseguiu realizar, Deus realizou em nosso favor através de seu Filho.

Aprecio o fato de Paulo ter colocado essa reafirmação bem à vista. Isso não apenas consola o miserável, como nos liberta para ouvir e absorver aquilo que ele tem a nos ensinar a seguir. Em mais de uma ocasião recebi uma ligação de alguém sobre um de nossos filhos e sempre fiquei profundamente feliz pelo fato de a pessoa que ligava dizer imediatamente "Chuck, deixe-me dizer em primeiro lugar que seu filho/filha está bem...". Com meus piores temores imediatamente colocados de lado, consigo ouvir com mais clareza o que precisa ser dito.

8:5-8

Quando Paulo pintou seu obscuro autorretrato, aprendemos sobre as duas naturezas que lutam pelo controle: "a carne" — a nossa velha natureza pecaminosa — e "o Espírito": o dom da presença de Deus em nós. Depois de sermos tranquilizados pelas verdades presentes em 8:1-4, essa luta parece muito diferente. Embora a velha natureza nunca desista, nunca recue, nunca conceda derrota, podemos viver com segurança confiante de que o Espírito Santo é mais forte. Ora, a pergunta é: "A quem cederemos o controle?". A explicação de Paulo implica uma escolha da parte do crente. Para enfatizar essa escolha, permita-me apresentar a estrutura de 8:5 como se segue:

> Quem vive segundo a carne tem a mente voltada para
> o que a carne deseja;
> mas
> quem vive de acordo com o Espírito, tem a mente voltada para
> o que o Espírito deseja.

O próximo dístico prediz as implicações de cada escolha. "A mentalidade da carne é morte, mas a mentalidade do Espírito é vida e paz" (8:6).

Mas o que é a mentalidade da carne? O que é ser "dominado pela carne"? Como sempre, permitimos a Escritura interpretar a Escritura. O autorretrato de Paulo descreve em dolorosos detalhes o que é ser dominado pela carne. Ser dominado pela carne pode envolver uma busca intensa pelo pecado. Afinal de contas, a carne é hostil a Deus. Antes de recebermos sua graça e de seu Espírito fazer morada em nós, a carne ansiava apenas pelo mal. Consequentemente, os cristãos são conhecidos por se entregarem ao erro por diversas razões. Alguns espectadores sugeririam que tais pessoas não eram genuinamente crentes naquele momento, mas isso é apenas especulação. Estive próximo de uma ou duas pessoas as quais tenho bastante certeza de serem crentes de fato, mas que, por alguma razão, se comportaram como pagãs.

Nesta passagem, porém, Paulo estava descrevendo algo muito mais comum na experiência cristã. O crente é dominado pela carne quando tenta se tornar justo simplesmente por meio de um esforço mais intenso. Lembra-se de nosso estudo de 3:23 e a ilustração da competição de salto em altura? Aqueles que treinam mais intensamente, na expectativa de saltar para o céu com base em seu próprio poder, vão "se comprovar insuficientes". Essa é a maneira de pensar da velha natureza. O sistema mundano diz: "Deus ajuda a quem se ajuda". A graça declara: "O homem é justificado pela fé, independente da obediência à Lei" (3:28).

A mentalidade da carne pode ter ideais nobres e desejos admiráveis, mas também é orgulhosa até à medula. A mentalidade da carne presume que pode alcançar objetivos piedosos sem Deus. Ela rejeita a graça de Deus em favor da sua própria vontade, do seu próprio jeito, da sua própria capacidade de fazer o bem em seus próprios termos. A mentalidade da carne se baseia na filosofia do "faça você mesmo" e se alinha notavelmente bem com o espírito empreendedor. Embora o individualismo bruto e a atitude que diz "é possível fazer" possam ser bons para os negócios, esse tipo de pensamento traz morte à vida espiritual. Ele vai deixar você completamente miserável.

Por mais bem-intencionada que a carne possa parecer nunca devemos nos esquecer de que ela era hostil a Deus antes de recebermos a salvação; portanto, seremos tolos em pensar que a carne vai cooperar agora. A carne não consegue mudar; ela só pode ser abandonada.

8:9-11

Paulo relembrou seus leitores de que eles já não eram iludidos pela mentalidade da carne, mas que receberam a capacidade de pensar e escolher como resultado de sua liberdade "em Cristo". O Espírito de Deus lhes deu essa liberdade. É interessante perceber que Paulo qualificou sua segurança, limitando-a àqueles que receberam a graça de Deus por meio da fé. Portanto, tudo que o apóstolo ensinou em relação ao crente não se aplica a todo mundo de maneira geral. De fato, muito de sua instrução parecerá sem sentido para aqueles que não estão "no Espírito".

Donald Grey Barnhouse apresentou uma maravilhosa ilustração da necessidade do Espírito nos dar acesso a verdades espirituais:

> Dois homens, cada um acompanhado de um cachorro, se encontram em uma estrada no interior. Os homens começam a conversar e os cachorros tocam os focinhos e começam a se comunicar, ao estilo dos cães, um com o outro. Talvez eles tenham uma maneira própria de dizer um ao outro que existe uma trilha de coelho escondida nos arbustos e ambos saem correndo juntos. Eles retornam para seus donos e seus ouvidos de cachorro captam os sons da conversa que está acontecendo entre os dois homens, mas eles não têm a menor ideia do seu significado, se os homens estão conversando sobre física atômica ou o preço da arroba de milho. Agora, como os cachorros podem saber das coisas de um cachorro a não ser pela natureza canina que há neles? Do mesmo modo, nenhum cachorro entende as coisas de um homem, mas apenas o espírito de um homem pode entendê-las... Pois assim como um cachorro consegue entender um cachorro, mas não consegue entender um homem, do mesmo modo um homem

pode entender um homem, mas jamais poderá entender Deus se não for ajudado pelo Espírito.[39]

8:12-13

Porque o Espírito vive em nós e porque temos acesso à mente de Deus, temos uma obrigação. Isso soa como obra, não é? Alguns teólogos bastante respeitados e populares ensinam que o sacrifício de Jesus Cristo em nosso favor nos coloca em dívida para com Ele. Eles proclamam que, embora sua dádiva não tenha preço e jamais possamos cobrir o custo, temos, todavia, uma dívida de gratidão para com Ele. Esta dívida exige a nossa completa dedicação em fazer boas obras até dia da nossa morte... e talvez até depois disso.

A palavra grega para tal ensinamento é *asneira!*

De fato, temos uma obrigação, mas não é de fazermos coisas boas para Deus. A obrigação é permitir que o Espírito faça boas obras em nosso lugar, por meio de nós, de modo que sejamos cada vez mais iguais a Jesus e compartilhemos as bênçãos que são decorrentes dele. (Quão fantástico é isso?) Paulo ensinou isso em Éfeso, Filipos, Tessalônica e talvez em uma centena de outros lugares entre Jerusalém e Roma. Aos efésios ele escreveu:

> Pois vocês são salvos pela graça, por meio da fé, e isto não vem de vocês, é dom de Deus; não por obras, para que ninguém se glorie. Porque somos criação de Deus realizada em Cristo Jesus para fazermos boas obras, as quais Deus preparou antes para nós as praticarmos. (Ef 2:8-10)

Aos filipenses, ele escreveu:

> Estou convencido de que aquele que começou boa obra em vocês, vai completá-la até o dia de Cristo Jesus. (Fp 1:6)

O Senhor preparou boas obras para nós antecipadamente. Ele tem tanto o desejo como a capacidade de nos preparar para tais boas obras. O melhor de tudo é que Ele prometeu reunir tudo para realizar aquilo que já determinou. Nossa única responsabilidade é permitir que Ele o faça em e por nós. Se o fizermos, viveremos; se não fizermos, se nos entregarmos à carne, então o nosso fim inevitável será uma existência miserável e semelhante à morte.

8:14-17

Paulo já havia se concentrado sobre o negativo (dizendo o que *não* fazer) por tempo suficiente. Ele rapidamente se volta para o positivo. Em cada um dos próximos quatro versículos encontramos um benefício prático de se viver no Espírito.

Primeiro benefício: *liderança prática e diária vinda de Deus* (8:14). Isso é frequentemente usado como base bíblica para apoiar a ideia de que os crentes recebem mensagens tanto verbais quanto não verbais do Espírito Santo dizendo quais decisões tomar ou o que fazer em seguida. Esse *não é* o ensino de Paulo aqui. Isso, na verdade, distorce e diminui as promessas da nova aliança. Como aprenderemos no final deste capítulo, o Senhor fará algo muito mais profundo e muito mais útil do que simplesmente sussurrar ordens nos ouvidos do nosso espírito. De fato, a próxima declaração de Paulo nos dá a garantia de que o Espírito Santo é um dom, não um ditador.

Perceba como Paulo formulou esta sentença: "Porque todos os que são guiados pelo Espírito de Deus são filhos de Deus". Muitos invertem a ordem para apoiar sua conclusão predeterminada: "Os filhos de Deus são guiados pelo Espírito". Mas essa não é uma declaração verdadeira. Embora o Senhor certamente é fiel em orientar os crentes genuínos, a maioria deles ou está muito distraída ou é teimosa demais para seguir, de modo que, na prática, esses crentes não estão indo a lugar algum. O ensinamento de Paulo em outras partes das Escrituras deixa claro que o Espírito de fato guia, mas que o crente pode escolher seguir seu próprio caminho, dessa forma "entristecendo" o Espírito (Ef 4:30).

Este versículo é tanto uma promessa quanto um meio prático de garantia. Aqueles que estão seguindo ativamente o Espírito darão evidência inequívoca dessa liderança (ver Gl 5:18-25). Quando essa evidência — ou "fruto", como Paulo gostava de chamá-la — é visível, ela garante ao crente que ele é de fato um "filho de Deus".

A propósito, não devemos substituir o gênero da palavra "filho", ainda que estejamos nos referindo a mulheres. Paulo poderia ter escolhido o termo grego neutro para "filho", mas ele deliberadamente escolheu o termo masculino para indicar que os crentes herdarão algo. Nesse sentido, as mulheres são "filhos de Deus" porque elas, não menos do que os homens, são uma parte da propriedade de Deus.

Segundo benefício: *intimidade audaciosa com Deus* (8:15). Paulo mais uma vez reforçou a boa notícia de que os crentes foram emancipados. Eles não servem mais ao senhor que lhes dizia o que fazer, quando fazer, por quanto tempo, com que frequência e onde. Fomos libertados e, portanto, somos verdadeiramente livres. Deus nos comprou. O pagamento foi a morte de seu Filho. Embora tivesse todo o direito de nos possuir como escravos, Ele rasgou o recibo da compra e venda em pedaços e elaborou um novo documento: uma certidão de adoção! Ele não é simplesmente um senhor mais bondoso e mais gentil; Ele é o nosso "Aba". Esse é o termo no aramaico que expressa o carinho que se tem pelo pai. A palavra mais próxima que temos dela é o termo "Papai".

Intimidade com o Todo-Poderoso Criador do universo! Que pensamento maravilhoso.

Temos uma obrigação, não como escravos que pagam uma dívida, mas como filhos que têm uma participação genuína nas propriedades de nosso papai. A obrigação não vem como a ordem de um cruel dono de escravos, mas como um convite para nos tornarmos membros contribuintes de uma família. Se fizermos o bem, será não apenas para o bem do Senhor, mas também para o nosso próprio bem e o de todas as outras pessoas da família de Deus.

Terceiro benefício: certeza *de pertencer a Deus* (8:16). Este é o único lugar no Novo Testamento que parece sugerir que o Espírito Santo fala com os crentes individualmente *como uma prática generalizada*. Depois de Jesus ter inaugurado a nova aliança (que vamos examinar mais adiante), o Senhor falou através de pessoas designadas. Ele falou profeticamente por meio dos apóstolos e profetas até que o último dos livros do Novo Testamento, o Apocalipse, fosse escrito pelo último apóstolo remanescente, João.

Alguns críticos têm objeções a isso, apontando para o fato de que a Bíblia está repleta de histórias de Deus falando para e por pessoas, e que Ele ainda tem o poder de fazê-lo. Isso é verdade. O Senhor escolheu especificamente alguns para serem seus porta-vozes durante um determinado tempo e com um propósito definido. Contudo, como um comentarista perspicaz afirmou, o que é *narrativo* não é necessariamente *normativo*. O simples fato de alguém na Bíblia ter experimentado alguma coisa não significa que devemos esperar que isso se torne uma ocorrência comum.

A mula de Balaão, sob direção sobrenatural de Deus, repreendeu o seu senhor (Nm 22:28-30). O evento aconteceu na Bíblia, o Senhor ainda tem a capacidade de falar por meio de qualquer coisa que Ele escolher e não há nada que o impeça de fazer isso novamente. Todavia, recomendo que continuemos com nossas Bíblias, em vez de visitar currais, para ouvir a voz de Deus.

Não precisamos de nenhum outro pronunciamento profético até que os eventos do fim dos tempos comecem a se revelar. Temos toda informação de que precisamos. Verdade seja dita, temos até mais do que conseguimos lidar em nossa existência! Isso não quer dizer que estejamos sozinhos ou que o Espírito não nos guie. Ele está conosco e nos guia. (Em breve aprenderemos com o apóstolo como o Espírito guia.) Contudo, neste estágio da cronologia da redenção, Deus não fala profeticamente a pessoas ou por meio delas. Esse é um dos maiores pilares da Reforma — *sola scriptura* — o que, em parte, nos define como protestantes. Não temos necessidade de papas, seja em Roma ou na casa ao lado, e nem precisamos de visões noturnas. Temos a Palavra de Deus em letras pretas sobre páginas brancas, acessível em múltiplos idiomas e compreensível a todos. Sugiro que mantenhamos nosso foco nela. Se o Espírito Santo fala às almas de seus filhos amados, é apenas para dizer isto: "Você é meu filho precioso".

Quarto benefício: *um lembrete contínuo de nosso valor perante Deus* (8:17). A adoção era uma prática comum na lei romana. Grande parte da sociedade romana dependia de um sistema chamado "patronagem", no qual uma pessoa se tornava benfeitora de pessoas menos poderosas. Essas pessoas, os clientes, por sua vez, deviam lealdade ao seu patrono. Com muita frequência, um patrono adotaria um cliente favorito não aparentado para herdar seus bens. Quando Paulo diz que o Espírito nos "adota como filhos", seus leitores romanos teriam imediatamente se lembrado de que César Augusto recebera grande parte de seu poder por meio da adoção realizada por seu patrono Júlio César, o pai fundador do Império Romano.

Por meio da adoção, os crentes se tornaram coerdeiros com o primeiro e único Filho de Deus. Por meio de nossa identificação com Ele, estamos em posição de herdar tudo que é devido a Ele. Avance rapidamente até Apocalipse 5:12 para ver o que isso envolve. Jesus compartilhará tudo com seus irmãos e irmãs adotados — tudo, ou seja, exceto a adoração. Essa pertence somente a Ele.

APLICAÇÃO
Romanos 8:1-17
PERMISSÃO PARA NÃO FAZER NADA

Paulo penou muito para convencer os crentes de que apenas pessoas descrentes vivem segundo a carne e que apenas os filhos de Deus vivem segundo o Espírito. Uma reação natural a essa verdade seria dizer "então quero viver pelo Espírito! Como faço isso?". Devo admitir que minha primeira tendência foi vasculhar essa passagem em busca de aplicações. Mas não encontrei imperativos — nenhuma ordem, nenhum "faça isto" ou "não faça aquilo", nem mesmo uma sugestão útil. O apóstolo não descreveu que tipo de comportamento nos ajudará a "viver segundo o Espírito" nem receitou um plano de sete passos para nos tornarmos mais espirituais.

Para ser honesto, achei isso frustrante. Confesso que, em minha carne, tentei transformar esta vida liderada pelo Espírito em uma santidade autofabricada. De repente, vi-me retornando ao capítulo

7 e comecei a sentir novamente aquela dor reveladora e miserável. Então me lembrei de que a carne está sempre conosco e, oh, como ela deseja estar no controle!

Em vez de mencionar uma lista de ações que resultem em santidade, Paulo nos garantiu que o próprio Espírito de Deus decidiu começar a viver em e por meio dos crentes. Em seguida, o apóstolo descreveu o que o Espírito fará por nós e as bênçãos que receberemos como resultado! Viver segundo o Espírito não tem a ver com o que fazemos por Ele; lembre-se de que não podemos fazer nada. A vida no Espírito tem a ver com o que Ele fará em nosso favor, porque a presença do Espírito de Deus habitando em nós é um presente da graça. O mesmo presente que nos redime da escravidão ao pecado também nos resgata dele. O dom gratuito da salvação do pecado começa agora, e não depois de termos ido para a sepultura.

Diante disso, o que devemos fazer? Qual é a nossa obrigação? A resposta é simples. É difícil de fazer porque a carne não cederá o controle facilmente, mas a resposta é suficientemente direta: *nada*.

Nada?! Você não precisa orar? Não precisa acordar às quatro da manhã para uma "hora silenciosa"? Você não precisa fazer culto doméstico? Não precisa distribuir todo o seu dinheiro, tomar banho todo dia, obedecer aos Dez Mandamentos, usar roupas escuras, comer comida com baixo teor de gordura ou fazer uma pilha de boas obras para se tornar mais espiritual?

Não. Nada. Se tiver o Espírito dentro de si, você já é tão espiritual quanto jamais poderá ser.

Se existe um imperativo a ser encontrado na descrição que Paulo faz da vida no Espírito é: pare de *tentar insistentemente* ser espiritual. Pare definitivamente. Em vez disso, deixe o Espírito ser espiritual. Quando isso fizer sentido para você, então pode ter certeza de que está colocando sua mente nas coisas do Espírito... e que você está começando a entender a graça. Até lá, você não estará pronto para aceitar o ensinamento de Paulo na segunda metade de sua carta aos Romanos.

Gloriando-se e gemendo
LEIA ROMANOS 8:18-27

Em 1957, eu estava a doze mil quilômetros de distância de minha casa, no sudeste da Ásia, acampado com outros 47 fuzileiros em uma cabana tipo *Quonset* e distante da minha esposa. Estávamos casados havia apenas dois anos e meio — praticamente em lua de mel —, de modo que Okinawa *não era* onde eu gostaria de estar, e eu estava bastante ressentido com Deus por me colocar ali. Felizmente, outro homem havia escolhido estar ali e servia ao seu Mestre por meio de uma organização chamada *The Navigators* [Os navegadores]. Em uma noite particularmente solitária, ele colocou em minhas mãos um presente que mudaria tudo para mim... a começar por mim mesmo.

Sentei-me na minha cama de campanha e tirei um exemplar muito bem encadernado de sua capa protetora para ler o título: *The Amplified New Testament* [O Novo Testamento amplificado]. Até àquele momento, as únicas versões bíblicas em inglês disponíveis eram a antiga Bíblia King James e a tradução de J. B. Phillips, mas aquela era totalmente nova e completamente singular. Naquela noite de Natal, abri aquele exemplar, sentei-me e li atentamente as passagens familiares na solidão dos alojamentos vazios — por quanto tempo, eu não sei. Quando cruzei com Filipenses 3:10, a versão expandida me impactou tão profundamente que decidi que o texto seria meu foco para o novo ano.

Enquanto Paulo compartilhava seu entusiasmo pelo ministério e pelo evangelho com seus irmãos e irmãs em Filipos, sua paixão atingiu o clímax com a declaração do seu propósito na vida:

> [Meu firme propósito é] que eu possa conhecer Cristo [que eu possa progressivamente me tornar mais profunda e intimamente familiarizado com Ele, percebendo, reconhecendo e entendendo as maravilhas da sua Pessoa de maneira mais intensa e mais clara], e que eu possa da mesma maneira conhecer o poder superabundante que flui da sua ressurreição [que ele exerce sobre os crentes] e que possa compartilhar os seus sofrimentos, sendo continuamente transformado [em espírito e até mesmo em semelhança a Ele] em sua morte (Fp 3:10, NVI com comentários do original).

Em janeiro, concentrei-me nas três primeiras frases: "[Meu firme propósito é] que eu possa conhecer Cristo [que eu possa progressivamente me tornar mais profunda e intimamente familiarizado com Ele...]". Durante todo aquele mês, concentrei meu tempo e atenção em conhecê-lo de maneira profunda, íntima e progressiva. Passei um tempo maior com Ele, conversei com Ele durante o dia por meio da oração e tentei pensar da mesma maneira como eu imaginava que Ele pensaria. Ia para a cama à noite mentalmente concentrado nele.

Em fevereiro, concentrei-me na porção seguinte: "Que eu possa da mesma maneira conhecer... o poder superabundante que flui da sua ressurreição [que ele exerce sobre os crentes]. Eu pensava: *Deus, se o Senhor pudesse me dar esse tipo de dinâmica... Quem sabe? Eu talvez conseguisse falar com um dos meus colegas aqui sobre Jesus. Assim, entrego ao Senhor esta parte deste versículo para o meu fevereiro de 1958.* Antes do final do ano, sete deles vieram a conhecer a Cristo. Embora isso talvez não pareça significativo, muitas pessoas considerariam que 7 de um total de 48 em um alojamento da Marinha era um reavivamento! Assim, nós 8 formamos um pequeno grupo de estudo bíblico e nos comprometemos com um programa de memorização das Escrituras. Frequentávamos uma reunião dos soldados nas noites de sexta-feira e tentávamos caminhar por entre as páginas de um pequeno hinário da InterVarsity. Dediquei-me a memorizar vários daqueles ótimos hinos. Foi um ano incrível.

Em março, concentrei-me na frase "que eu possa compartilhar os seus sofrimentos". Não me importo de confessar a você que a frase não me caiu bem. O ressentimento que eu sentia em relação ao Senhor por me deixar ali numa ilha havia diminuído bastante, principalmente por causa do meu amigo missionário, mas aquilo ainda não estava completamente resolvido.

Muitas pessoas vão a Cristo na esperança de que todos os seus problemas vão evaporar no exato momento em que crerem e começarem a segui-lo. Muitos pregadores populares proclamam esse evangelho falso, uma doutrina que eles chamam de "Palavra de Fé". Eu já era cristão havia um certo tempo naquela época, mas ainda esperava que o Senhor deixasse as coisas mais fáceis para aqueles a quem Ele redime e chama de filhos. Colocar o mundo inteiro entre um casal recém-casado me parecia cruel, e tive dificuldades para encontrar a bondade de Deus nas minhas circunstâncias.

Poucas pessoas desfrutaram de um relacionamento tão íntimo com Deus do que Paulo. Poucos experimentaram a alegria que ele relatou em suas cartas por todo seu ministério. Contudo, poucos sofreram mais do que ele. Suas colocações transparentes aos crentes em Corinto resumiram apenas algumas das suas dificuldades:

> São eles servos de Cristo? — estou fora de mim para falar desta forma — eu ainda mais: trabalhei muito mais, fui encarcerado mais vezes, fui açoitado mais severamente e exposto à morte repetidas vezes. Cinco vezes recebi dos judeus trinta e nove açoites. Três vezes fui golpeado com varas, uma vez apedrejado, três vezes sofri naufrágio, passei uma noite e um dia exposto à fúria do mar. Estive continuamente viajando de uma parte a outra, enfrentei perigos nos rios, perigos de assaltantes, perigos dos meus compatriotas, perigos dos gentios; perigos na cidade, perigos no deserto, perigos no mar, e perigos dos falsos irmãos. Trabalhei arduamente; muitas vezes fiquei sem dormir, passei fome e sede, e muitas vezes fiquei em jejum; suportei frio e nudez. Além disso,

enfrento diariamente uma pressão interior, a saber, a minha preocupação com todas as igrejas. (2Co 11:23-28)

Às vezes, a experiência é a autoridade mais convincente que um professor pode ter. O corpo de Paulo carregava as cicatrizes do sofrimento por causa de Cristo, e cada marca celebrava uma vitória. Talvez nenhuma outra pessoa na terra poderia encorajar os romanos de maneira tão eficaz. E, tendo assegurado a seus leitores que o Senhor seria fiel e haveria de completar neles aquilo que havia começado, Paulo precisava abordar uma questão óbvia: "Se agora não existe mais condenação e se sou agora um filho de Deus, por que me sinto como se estivesse sendo punido?".

8:18

Paulo declarou que o Espírito Santo reafirma continuamente o lugar do crente na família de Deus como um de seus filhos (8:16). Além do mais, estamos em posição de compartilhar a herança de Cristo, o que inclui tanto bênçãos como sofrimento, tanto o glorificar como o gemer (8:17). Embora o apóstolo não tenha minimizado a intensidade de nossas dificuldades atuais — incluindo as suas próprias, muito mais severas do que as da maioria —, ele as considera uma simples fração do esplendor futuro do qual vamos desfrutar para sempre.

Alan Redpath escreveu o seguinte em seu livro *The Making of a Man of God* [A formação de um homem de Deus]: "Não há vitória sem luta e não há batalha sem feridas".[40] Não estou sugerindo que devemos pagar por nossa glória com gemidos ou que a santificação pode ser comprada com sofrimento. Por toda a história cristã, homens e mulheres bem-intencionados literalmente se autoflagelavam com varas e chicotes na esperança de superar a carne e obterem mais do Espírito para si próprios. Alguns desses "flageladores" descobriram mais tarde que a santificação não feria tanto se eles usassem uma jaqueta de couro grossa debaixo de suas roupas, o que naturalmente é um absurdo. Descobriram também que nem a dor inútil nem a autorrepreensão fingida fazem alguém andar mais rapidamente na trilha da maturidade espiritual.

Não precisamos sair à procura de sofrimento. O simples ato de viver de maneira autêntica no Espírito sob a tirania de um mundo caído, como Ele fez, já nos trará sofrimento suficiente. Essa aflição nos permite, em alguma medida, compartilhar a experiência de Jesus. Afinal de contas, Ele nos advertiu que o mundo nos afligiria como o afligiu, simplesmente por nos recusarmos a cerrar fileiras com o mal (Jo 15:18-20). Assim, em um sentido bastante prático, o sofrimento nos diz que estamos no caminho certo. Como F. B. Meyer afirmou em seu livro *Christ in Isaiah* [Cristo em Isaías], "se me disserem que há um trecho pedregoso de estrada entre este ponto e o meu destino, sei que cada solavanco ao longo do caminho é um lembrete de que estou no caminho certo".[41]

"Embora sendo Filho, ele aprendeu a obedecer por meio daquilo que sofreu" (Hb 5:8), e a obediência o levou a morrer uma morte torturante. Paulo seguiu Cristo pelo caminho do sofrimento e isso o levou ao martírio. Nesta seção de sua carta, o apóstolo nos convida a segui-lo como ele seguiu a Cristo.

8:19-22

O nosso sofrimento depois de sermos adotados como filhos também não é resultado de uma surra sem sentido da parte de Deus. O Criador permanece soberano sobre sua criação, mas as coisas ruins que acontecem a nós *não são* o seu desejo original. Ele não criou estes corpos para suportarem dor, nem para definharem diante da doença ou para ansiarem pelo mal. Deus nos criou para adorá-lo e desfrutar dele para sempre; portanto, a morte é a suprema afronta ao seu ato criativo. A morte é resultado do pecado, uma perversão do plano original de Deus... uma inimiga.

A história da Criação se encerra com um mundo perfeito no qual toda folha de grama é verde como jade, todo riacho é limpo como cristal, toda árvore está cheia de frutos. Deus disse que tudo era 'bom" e, então, entregou aos seus primeiros filhos, Adão e Eva, como uma herança a ser administrada (Gn 1:27-30). Mas, então, os filhos de Deus trocaram a verdade por uma mentira, venderam sua herança como filhos pelo cativeiro como escravos e abriram a porta para que doença, desastre, morte e deterioração entrassem no mundo antes idílico de Deus. Paulo personificou a criação como que gemendo na expectativa desesperada e angustiante por um evento futuro: a revelação dos filhos de Deus" (Rm 8:19)

Perceba como ele escolheu descrever esse evento futuro. Não é "a revelação do plano de Deus", que naturalmente acontecerá. Nem mesmo "a revelação do Filho de Deus", o que certamente ocorrerá. Mas é a revelação dos "filhos de Deus" o que comunica a sutil sugestão de que a identidade dos filhos permanece um mistério. Sem sombra de dúvida, ficaremos surpresos ao descobrir entre os santos a presença de alguns que foram considerados pagãos, e a ausência de outros que eram admirados como gigantes espirituais! Além disso, não é coincidência que Paulo tenha escolhido a palavra grega *apokalypsis* [602] — da qual deriva a nossa palavra "apocalipse" — para descrever esse evento. É o momento em que Jesus retorna para corrigir todas as coisas.

Quando a humanidade caiu, a criação caiu. Quando Deus restaurar o remanescente fiel da humanidade, a criação será restaurada. O próprio

Senhor governará como Rei, o deserto florescerá como uma rosa, o cordeiro e o leão se deitarão juntos e o pecado não mais terá lugar. Até lá, vivemos no intervalo. Até que aquele dia chegue, a criação geme em expectativa angustiante como uma mãe em trabalho de parto.

Romanos 8:19-22 revela quatro fatos importantes sobre o gemido da criação:

- O gemido da criação é temporário (8:19).
- O gemido da criação é consequência do pecado (8:20).
- O gemido da criação é um meio para um fim (8:20-21).
- O gemido da criação é universal (8:22).

8:23-25

Por sermos parte integral da criação, nós também gememos. Gememos durante as inevitáveis dificuldades de se viver em uma criação caída: tragédias da ruína financeira, relacionamentos rompidos, desastres naturais, doenças incuráveis e a inevitável morte. Além de tudo isso, gememos porque a resistência da carne nos impede de desfrutar intimidade completa e ininterrupta com o nosso Criador. Somos como filhos em um orfanato, que aguardam com as malas prontas e segurando os papéis da adoção preenchidos pela chegada de nosso Pai... a quem chamamos de "Papai" (8:15).

Novamente Paulo usou o termo grego *elpis* [1680] ("esperança") para descrever a "certeza da esperança" de nosso futuro inevitável (ver o comentário de 5:1-5). Embora tenhamos sido adotados e redimidos, existe um aspecto dessas dádivas que ainda permanece sem cumprimento. Nessa "certeza da esperança fomos salvos, mas somos cidadãos de outro Reino vivendo em território hostil — vivendo atrás das linhas inimigas, por assim dizer. Recebemos apenas os "primeiros frutos" de nossa salvação (8:23).

Pessoas que obtêm seu sustento da terra entendem muito bem o conceito de "primeiros frutos". Elas lutam contra ervas daninhas, seca, pestes e condições climáticas extremas para cultivar a sua safra. Lançam as sementes no solo ou cuidam de suas árvores e vinhas sem quaisquer garantias. Assim, o primeiro sinal de produção é motivo de celebração. Além disso, a qualidade desse primeiro fruto é uma indicação de como será o restante da safra. Se a primeira espiga de milho, cesta de maçãs, cacho de uvas ou fardo de trigo é de excelente qualidade, as pessoas que trabalharam neles dão um suspiro de alívio. Tudo que precisam fazer é proteger a plantação e esperar que ela amadureça. Os trabalhadores perseveram e ansiosamente esperam por isso (cf. 8:25).

Do meu diário

Orar sem palavras
ROMANOS 8:26-27

Lembro-me de uma luta em particular que me manteve de joelhos por semanas. Minhas orações começaram a partir do meu esboço de um plano de ação racional feito para que o Senhor seguisse. Conforme as dificuldades continuaram, porém, percebi que Ele pode ver os problemas que me são ocultos e Ele pode levar em consideração infinitas variáveis que eu não posso (Is 55:8-9). Dessa forma, decidi que era melhor deixar o "como" nas mãos de Deus e me concentrar em pedir pelo resultado que eu desejava obter. Conforme a dificuldade se arrastava, comecei a aceitar que o resultado que eu desejava talvez não fosse a resolução correta, de modo que entreguei isso ao Senhor também. Esse fardo em particular me fez chegar ao fim das minhas próprias forças, deixando-me totalmente apático, exausto demais até mesmo para orar. Meu sofrimento sobrepujou minha capacidade de falar, de modo que, à medida que a confusão se intensificava, tudo que conseguia expressar a Deus eram gemidos de súplica, emoções intensas demais para as palavras.

Admito que é comum eu não entender o Senhor. Não consigo compreender por que Ele permitiu que eu sofresse tanto e por tanto tempo, quando, em um instante, com uma simples palavra, Ele poderia resolver o problema e dar fim à minha tristeza. Naquele momento, Ele me parecia distante e indiferente, de modo que tornei isso uma disciplina para me lembrar da sabedoria e da bondade do Senhor.

> Os caminhos do SENHOR são justos;
> os justos andam neles,
> mas os rebeldes neles tropeçam. (Os 14.9)

Quando cessou todo o raciocínio, depois que minhas forças haviam sido drenadas e minhas palavras silenciaram, quando as emoções angustiadas vazaram por todos os poros do meu corpo e me deixaram ressequido, entreguei-me submisso à vontade *de Deus e ao seu modo de agir. Descansei na certeza de que, embora eu não tivesse palavras e não soubesse o que orar, o Espírito de Deus estava intercedendo em meu favor. Ele estava fazendo o que eu não conseguia fazer.*

Quando minha dificuldade terminou, o Senhor resolveu muitos problemas de maneira muito mais eficiente do que eu poderia ter imaginado. Ele deixou alguns assuntos ainda sem solução, é claro, mas confio em seu julgamento. O mais importante é que fui transformado, e, sem dúvida, para melhor. Sai de minha provação serenamente submisso à vontade de Deus, uma postura que considero ser muito mais fácil agora, depois da minha provação. Sou extremamente grato por isso.

Tenho o claro sentimento de que não estou sozinho na luta que acabei de descrever.

Além de gemer em meio às dificuldades da vida e suas inevitáveis dores de cabeça, também gememos por causa da carne e do contínuo obstáculo que ela é para a vida que desejamos desfrutar. Nossos corpos e nossa maneira natural de pensar são parte da criação, que não está menos distorcida agora do que quando Adão e Eva trouxeram a morte e a degradação ao mundo por meio do pecado. Desse modo, nós gememos internamente à medida que a guerra civil entre a velha e a nova naturezas se arrasta.

8:26-27

"Da mesma forma...". Da mesma forma que o quê? A resposta encontra-se na progressão do ensino de Paulo desde 8:19 até este ponto. A criação geme (8:19-22) e nós gememos interiormente (8:23-25); da mesma forma, o Espírito também geme (8:26). Ele geme em nosso favor porque, tal como o Filho, o Espírito assume para si, voluntariamente, o problema do mal ao habitar em seus filhos. Jesus prometeu aos seus discípulos que outro viria para estar com eles em suas dificuldades — um Consolador, um Professor, um Advogado. Ele prometeu o seu Espírito Santo. Ele não apenas nos convence do pecado e nos ensina a verdade, mas também suporta nosso sofrimento junto conosco. Ele foi "chamado para estar junto" (uma tradução literal do termo grego *paraklētos* [3875], ou "paracleto") para nos ajudar a suportar.

Quando sou tentado a pensar que Deus é cruel por nos abandonar em nosso sofrimento, lembro-me de que Ele também geme "com gemidos inexprimíveis" (8:26). Quando vejo uma mãe soluçando, em lágrimas sobre o corpo morto de seu filho, sei que o Espírito Santo também sofre a sua angústia. Quando vejo um homem beijar o rosto gelado de sua esposa e entregar seu corpo aos cuidados de um agente funerário, sei que o Espírito Santo sente sua dor desesperadora. Ele é o Espírito do Criador, e fez esses corpos para refletirem sua glória, não para sofrerem doença, desastre, morte e deterioração. Ele nos ama ainda mais do que nós nos amamos e, portanto, geme conosco.

Felizmente, o Espírito Santo possui um poder que nós não temos. Quando nossas forças acabam, nós gememos, e é só isso. Não existe nada mais. O Espírito geme com um propósito. Ele intercede em nosso favor, orando com uma sabedoria que não possuímos, pedindo por nós aquilo que somos míopes demais para perceber. E — o mais importante de tudo — Ele geme intercedendo por nós no céu de modo que nossa mente e a mente do Pai sejam unidas para realizar a vontade dele.

...

Passar dezesseis meses em Okinawa não era a minha vontade. Estacionado em São Francisco, eu tinha uma esposa jovem e linda, um pequeno apartamento maravilhoso, um posto invejável na Marinha e uma agradável oportunidade de cultivar o nosso casamento. Eu tinha sucesso! Então, chegou o telegrama que arruinou tudo isso. Sentado completamente só na minha cama naquele alojamento frio na noite de Natal, senti-me abandonado pelo Senhor. Ou melhor, até que Ele me confrontou com a pergunta que transformaria a minha vida, a qual eu nunca teria escutado em meio ao alvoroço da minha felicidade lá nos Estados Unidos: "Você quer me conhecer?".

Por causa da carta de Paulo, sei que o Espírito Santo gemeu durante ao longo de toda a minha solidão e decepção comigo mesmo. Contudo, no ponto em que eu teria abandonado qualquer esperança de alegria, Ele intercedeu por mim, orando em meu favor pela vontade do Pai para minha vida. O Espírito me puxou na direção do plano de Deus para o meu futuro, o ministério que eu jamais poderia ter imaginado e que certamente teria perdido se tivesse egoisticamente seguido minha própria agenda. A. W. Tozer escreveu: "É improvável que Deus abençoe grandemente um homem antes de o ferir profundamente".[42] Gostaria que houvesse uma maneira mais fácil e mais agradável de preparar um coração para receber a alegria — algum outro meio que não o esmagar. Se houvesse, nosso Deus de amor certamente o usaria.

Olhando para trás, dezesseis meses foi um período bastante curto quando comparado com a dificuldade de outros. Aqueles dezesseis meses de gemido me prepararam para receber mais de quarenta e cinco anos de alegria no ministério. O resultado supera em muito o sofrimento. Hoje, mal posso imaginar o que meus curtos 90 anos (nasci em 1934) na terra vão gerar na eternidade!

APLICAÇÃO
Romanos 8:18-27
GEMIDO... E DEPOIS GLÓRIA!

O problema do mal é difícil para todo mundo. Os não crentes têm dificuldades em compreender como um Deus bom e todo-poderoso pode permitir que o mal continue. Os crentes começam a questionar tudo quando a intensidade da tristeza ou do sofrimento se torna insuportável. Até mesmo a própria criação geme em espera angustiada até que a doença, o desastre, a morte e a deterioração terminem. Todavia, Paulo considerava esse sofrimento presente como leve quando comparado com a glória da eternidade (8:17-25).

Tendo ensinado e vivido essa porção das Escrituras por quase meio século, observo dois princípios em funcionamento.

Primeiro, *quanto maior o gemido, maior a glória.* Deus não é a fonte da dor, e Ele não promete impedir nosso sofrimento. Em vez disso, Ele prometeu que nenhuma dor seria em vão. O que o mundo planeja para o mal, Deus usará para o nosso bem. Ele não apenas nos tornará mais semelhantes a seu Filho; Ele usará as aflições para nos dar uma maior capacidade para bênçãos futuras.

Quando você se vir afligido e em sofrimento, descanse certo de que, independentemente de quão profunda for a sua ferida, sua alegria será ainda maior quando a provação terminar. Portanto, suporte com esperança — com certeza confiante.

Segundo, *quanto mais fraco nosso espírito estiver, mais forte será o auxílio de Deus.* Lembro-me das muitas vezes quando mal tinha forças para ficar de pé no púlpito no domingo. Em uma tarde de sexta-feira, nossa filha caiu no chão do topo de uma pirâmide humana das líderes de torcida e quebrou suas costas. Durante as 36 horas seguintes — a noite de sexta-feira, o sábado e a noite de sábado — ficamos sentados ao seu lado na cama do hospital, orando para que sua paralisia não fosse permanente. Com sua condição de longo prazo ainda incerta, preguei conforme agendado no domingo. Piscando os olhos em meio a lágrimas, de alguma maneira consegui chegar ao final do sermão, que certamente fora um fracasso. Ou pelo menos eu achava assim. No fim das contas, a gravação daquele sermão em particular se tornou a mais pedida entre todos que eu já havia pregado naquela igreja. Por quê? Estou convencido de que foi porque preguei em meio a uma fraqueza total.

O momento em que a aflição e o sofrimento levam você a se colocar de joelhos é aquele em que o poder de Deus tem maior efeito em seu ministério (2Co 12:10). Minha intenção não é sugerir que recuar um pouco no seu trabalho não seja algo necessário. Você precisa estar em condições para servir. Contudo, quando realmente continuamos a ministrar aos outros em meio ao sofrimento, Deus multiplica o poder dele em nossa fraqueza.

Deixe-me resumir isso a alguns conselhos práticos sobre o que fazer e o que não fazer:

Não presuma que seu sofrimento é o resultado da punição de Deus.
Espere que, quando o sofrimento terminar, Ele dará a você uma alegria ainda maior.

Não presuma que o Senhor abandonou você.
Confesse seu temor e sua dúvida e peça a Ele que lhe dê forças para continuar.

Não presuma que você foi rejeitado ou esquecido por Deus.
Permaneça fiel às suas tarefas, ainda que precise reduzir sua carga nesse momento.

Não presuma que suas orações não são ouvidas.
Continue a orar, mesmo quando não souber o que dizer.

Não presuma que seu sofrimento lhe dá permissão para desistir.
Confie que o Senhor aumentará a força dele através da sua fraqueza.

Jesus advertiu seus discípulos de que o mundo os odiaria por causa dele e que os maus-tratos marcariam seus dias tão certamente quanto marcaram os dele (Jo 15:18-19; 16:33). Sendo assim, a experiência dele estabeleceu o padrão para nós: "Durante os seus dias de vida na terra, Jesus ofereceu orações e súplicas, em alta voz e com lágrimas, àquele que o podia salvar da morte, sendo ouvido por causa da sua reverente submissão. Embora sendo Filho, ele aprendeu a obedecer por meio daquilo que sofreu" (Hb 5:7-8). Ele compartilhou do nosso sofrimento; em breve vamos compartilhar da sua glória! *Isso* não é sensacional?

Extraordinariamente vencedores
LEIA ROMANOS 8:28-39

Muitos anos atrás, Rod Serling escreveu um episódio da série *Além da imaginação* no qual um amável vendedor de antiguidades por acaso libertou um gênio de uma garrafa aparentemente sem qualquer valor. Para manter a tradição, o gênio concedeu desejos ao homem — incluindo um generoso quarto desejo —, mas também o advertiu para que escolhesse com sabedoria. Depois de desperdiçar um desejo em algo insignificante e então consultar sua esposa, o homem quis dinheiro — um milhão de dólares, para ser exato —, o que o gênio concedeu imediatamente. Depois de entregar cerca de sessenta mil aos seus amigos necessitados, o homem e sua esposa ansiosamente fizeram as contas das suas economias. Infelizmente, antes que pudessem terminar, o auditor da Receita aplicou-lhes uma multa em cima dos últimos cinco dólares que restaram.

Ele deveria ter desejado um milhão de dólares livres de impostos. Aquele homem deixou de considerar as consequências de seu desejo e, assim, de desejar algo adequado.

Em seguida, ele desejou poder, ser o líder máximo de um país moderno e poderoso do qual jamais pudesse ser tirado do cargo. O gênio concedeu imediatamente seu pedido e, num relance, o homem viu-se em um bunker cercado por funcionários nazistas e exibindo um estilo de bigode que nunca voltará a ser moda.

Ele deveria ter considerado o gosto do gênio por ironia e ter sido mais específico.

O pobre homem não tinha mais alternativa senão usar seu último desejo para restaurar a vida como ela era. O comerciante temporariamente rico e poderoso ganhou apenas sabedoria a partir de sua experiência. Ele aprendeu imediatamente que o poder de desejar sem ter conhecimento antecipado completo pode ser a origem do seu próprio inferno. Quem dera ele tivesse conhecido um gênio que se importasse genuinamente com ele.

Ao descrever o problema do mal que continua a afligir o mundo como resultado do pecado, Paulo destacou duas limitações humanas que tendem a piorar as coisas. Primeira: "ainda não vemos" (8.25). A nossa perspectiva é limitada. Não enxergamos nada do futuro e não podemos predizer o que ocorrerá, nem mesmo sobre alguns poucos minutos adiante. Segunda limitação: "não sabemos como orar [como deveríamos]" (8:26). Até podemos fazer o nosso melhor para orar em harmonia com a vontade de Deus, mas constantemente desejamos exatamente o contrário daquilo que é bom para nós. Felizmente, não temos um gênio cruel como deus. Já perdi a conta do número de vezes que já agradeci ao meu Senhor por *não* me conceder um pedido prematuro e míope!

8:28

Não enxergamos e não sabemos como orar como deveríamos; contudo, realmente conhecemos um fato de suma importância. O versículo não começa com "esperamos", "supomos" ou "desejamos", mas sim "sabemos". Temos uma promessa fundamentada sobre o caráter de nosso Criador: "Para aqueles que amam a Deus, Ele faz com que todas as coisas cooperem para o bem, para aqueles que são chamados de acordo com o seu propósito" (minha tradução literal). Paulo escolheu cuidadosamente suas palavras e as arranjou com atenção para declarar essa promessa fundamental. Cada frase merece uma análise mais profunda.

"Para aqueles *que amam a Deus...*". O idioma grego dá grande importância à ordem das palavras. Paulo colocou essa frase no início da sentença para enfatizar que a promessa destina-se aos crentes. Embora o Senhor aja em benefício de todo o mundo, Ele fez essa promessa particular exclusivamente para seus próprios "filhos".

"*Ele faz com que...*". O termo que Paulo usou é um composto de "com" e "fazer". Pense em um tecelão cuidadosamente entrelaçando pedaços de fios coloridos em um padrão predefinido.

"*Todas as coisas...*". Os escritores gregos frequentemente usavam esse termo para se referir ao universo — todas as coisas, tanto vistas quanto não vistas, boas e más, reais e até mesmo imaginárias. Deus faz uso de tudo — incluindo as ações malignas de pessoas más.

"*Para o bem...*". A preposição traduzida como "para" carrega a ideia de espaço, como se todas as coisas fossem colocadas em um mesmo local por sua vontade soberana. Uma boa tradução poderia ser "em", que reflete a realização de um propósito específico de Deus, mas prefiro "para". Ele não apenas tem um propósito em mente à medida que entrelaça todas as coisas; Ele chegará a um resultado. E esse resultado será bom.

A nossa carne quer nos levar a acreditar que o "bem" que Deus ocasiona é o *nosso* bem, o qual nos dará felicidade, alegria e contentamento. Mas isso é apenas parcialmente verdadeiro. Por toda a carta de Romanos Paulo usou o termo "bem" quase que exclusivamente em um sentido moral. "Bem" é aquilo que agrada a Deus porque reflete sua natureza e se conforma à sua ordem original criada. No princípio, Ele criou o mundo bom e, no final dos dias, o mundo será recriado bom.

O "bem" de Deus não é completamente concentrado na humanidade; contudo, as pessoas são felizes, contentes e alegres quando vivem na bondade de Deus e com Ele da perspectiva adequada.

"Para aqueles que são chamados de acordo com o seu propósito". Essas pessoas são idênticas "aqueles que amam a Deus". Jesus disse "se vocês me amam, obedecerão aos meus mandamentos" (Jo 14:15) e "é preciso que o mundo saiba que eu amo o Pai e que faço o que meu Pai me ordenou" (Jo 14:31). Amar a Deus e seguir seus mandamentos estão inevitavelmente conectados. Além disso, os "chamados" são chamados não apenas para escapar da condenação; eles são chamados para se unirem a Deus na realização de seu plano redentor para o mundo (Mt 28:19-20).

Se juntarmos novamente todas as partes teremos o seguinte: "Para aqueles que amam a Deus, o Senhor soberanamente entrelaça os fios de todas as circunstâncias, toda influência, todo átomo ou ideia com os quais eles se deparam, com o propósito de criar o bem moral dentro deles — aqueles a quem chamou para se unirem a Ele em seu plano redentor para o mundo".

Quando o Senhor restaurar o universo, este será ainda melhor do que o plano divino original. A restauração divina começa com o seu povo. Para realizar o seu plano em cada um de nós, Ele orquestra todas as coisas, incluindo doença, desastre, morte e depravação. Os planos destrutivos do mundo então se tornam ferramentas nas mãos do Todo-poderoso, que os transformará para que realizem o bem divino.

Isso significa que todas as coisas do mundo são boas? É óbvio que elas não são. O mundo é injusto, brutal, chocante e desanimador, e está cheio de pessoas que incansavelmente se opõem à ordem criada por Deus. Todavia, quando o mal tenta destruir, o Senhor transforma a destruição do mundo em nosso benefício.

Se Deus usa o mal para os seus propósitos, por acaso isso significa que Ele traz o mal sobre seu povo? Jamais! Deus não é o autor do pecado. Somente coisas boas procedem de Deus. Ele não trouxe o mal para o mundo; nós o fizemos por meio do pecado e, como raça, perpetuamos o sofrimento por meio de pecado continuado. O Senhor simplesmente permite que a humanidade e o mundo continuem a viver de acordo com o que escolheram, mas nunca além de seu controle soberano sobre a criação.

8:29-30

Nada irá subverter ou alterar os planos de Deus. O destino de cada crente é o que Paulo anteriormente chamou de "bem", e que ele, mais tarde, definiu como "serem conformes à imagem de seu Filho" (8:29). Isso deu ao apóstolo uma oportunidade de revelar outra verdade que gera segurança. Tendo mostrado aos cristãos de Roma o destino da jornada espiritual deles, Paulo então os leva a voltarem o olhar para o caminho por onde vieram.

Conhecidos de antemão → predestinados para serem como Cristo → chamados → justificados → 👤 → glorificados

Deus "de antemão conheceu" (*proginōskō* [4267]) a eles, o que quer dizer que Ele os conheceu intimamente mesmo antes de nascerem. A raiz verbal *ginōskō* [1097] (que é equivalente ao verbo hebraico *yada* [H3045]) descreve o conhecimento escrutinador que vai além da simples percepção. Quando usado em relação a pessoas, o verbo retrata conhecimento pormenorizado de uma pessoa por parte de outra. De fato, era um eufemismo comum para a intimidade sexual compartilhada pelos cônjuges no casamento.

Aqueles a quem Deus conheceu de antemão nesse sentido íntimo e ativo não inclui todo o mundo. Isso levou alguns a sugerirem que Deus deliberadamente preteriu algumas pessoas, escolhendo-as para o castigo eterno. Esta pode ser uma inferência lógica, mas devemos ser cuidadosos para não levar as Escrituras além daquilo que elas realmente dizem. Este ensinamento de Paulo é sobre os crentes; ele não disse nada sobre os não crentes neste ponto.

Aqueles que Deus conheceu de antemão, Ele predestinou. Este termo grego (*proorizō* [4309]) tem como base a mesma palavra que estudamos em 1:1, onde Paulo escreveu que ele fora "separado" (*aphorizō* [873]). A raiz *horizō* [3724] significa "limitar", "apontar" ou "determinar". O prefixo *pro-* indica que a ação foi realizada anteriormente no tempo, como quando alguém é "*pro*ativo". Aqueles a quem o Senhor de antemão conheceu de forma íntima e ativa, Ele determinou antecipadamente que se transformassem à semelhança de Jesus em seu caráter. Dessa forma, o único Filho de Deus se tornaria, como aconteceu, o irmão mais velho daqueles a quem o Pai adotou.

Aqueles a quem Deus predestinou são chamados a crer, e aqueles que creem são justificados (3:21—5:21). Por fim, todos os crentes serão "glorificados", o que não envolve a exaltação como a de um herói; ser glorificado é ser como Cristo. Ser glorificado é ter tanto o caráter puro quanto um corpo que não pode ser mais afetado pelo mundo.

8:31-35

Paulo continua o seu encorajamento propondo uma pergunta retórica: "que diremos, pois, diante dessas coisas?". Entendo "dessas coisas" como sendo a somatória de todos os ensinamentos de Paulo até este ponto: a depravação da humanidade (1:18—3:20), a justificação pela graça por meio da fé (3:21—5:21) e a santificação pelo Espírito Santo (6:1—8:30). À medida que os crentes consideram o percurso da salvação, não podem deixar de lado o papel proativo de Deus em trazê-los para o caminho.

Conhecidos de antemão ⟶ predestinados para serem como Cristo ⟶ chamados ⟶ justificados ⟶ glorificados

O uso que Paulo faz do termo provisional "se" (*ei* [1487]) presume que a condição seja verdadeira por causa do argumento. Portanto, o termo "porque" pode ser inserido para traduzir este versículo: "Porque Deus é por nós, quem será contra nós?".

Na prática, Paulo está perguntando: "Porque Deus proativamente conheceu de antemão e predestinou os crentes a serem como seu Filho e, então, fielmente, nos chamou e nos justificou, não será Ele fiel em completar a última etapa?". Isso levou Paulo a sossegar os seus leitores, propondo e respondendo quatro perguntas retóricas, tal como um orador motivando a multidão a agir. Cada uma das perguntas tem claramente como alvo Satanás e suas hostes, exigindo sempre a mesma resposta — "ninguém!" —, porque o mal é impotente diante do Deus todo-poderoso:

- "Quem será contra nós?" (8:31)
- "Quem fará alguma acusação contra os escolhidos de Deus?" (8:33)
- "Quem os condenará?" (8:34)
- "Quem nos separará do amor de Cristo?" (8:35)

"Quem será contra nós?" (8:31)
Não devemos nos iludir aqui; existe muita coisa que se opõe a nós nesta vida. Dificuldades e tragédias incansavelmente se chocam contra a esperança de todos os crentes. Perseguidores e opositores se levantam contra nós. O pecado que habita em nós se opõe a nós. O medo da perda se opõe a nós. O maligno e aqueles que o servem se opõem a nós. Por fim, a morte se opõe a nós. Mas o que são todas essas coisas em comparação ao poder de Deus?

Para o caso de alguém ainda duvidar da fidelidade do Senhor, Paulo cita o fato de que Ele já havia sacrificado seu Filho para nos redimir e libertar da escravidão. Tendo pago o preço, não faria sentido Ele se recusar a entregar o que comprou. E, tendo comprometido completamente o seu maior objeto de amor, por que então Ele reteria aquilo que vale muito menos do que seu Filho? Permita-me ilustrar o absurdo.

Digamos que o gerente de uma joalheria local ligou para você certa tarde para dizer que seu nome fora incluído num sorteio e que você é o ganhador de um colar de diamantes bastante caro. "Tudo o que você precisa fazer é vir à loja às 10 da manhã de amanhã para receber seu prêmio!".

Assim, na manhã seguinte, você chega pouco antes das 10 horas na loja e descobre que há uma pequena multidão reunida em torno de uma plataforma de apresentação. Depois de alguns comentários, o gerente coloca o colar em volta do seu pescoço para algumas fotografias, todo mundo aplaude e a cerimônia termina. Você já está com o seu presente, mas não deseja usá-lo a caminho de casa, de modo que educadamente pergunta ao gerente: "Você teria uma caixa para este lindo colar? Quero mantê-lo em segurança na viagem até minha casa".

Nenhum gerente da terra responderia: "Não! Nós lhe demos o colar; a caixa é por sua conta!". O valor de uma caixa não é nada comparado ao valor do colar.

Temos tudo de que precisamos em Cristo e o Pai não reterá nada para proteger seus filhos e conduzi-los para si mesmo em segurança.

"Quem fará alguma acusação contra os escolhidos de Deus?" (8:33)
Esta é uma pergunta da área legal. O termo grego traduzido como "fazer acusação contra" (*enkaleō* [1458]) significa simplesmente "intimar".[43] É uma intimação oficial para comparecer perante o tribunal e enfrentar uma acusação.

Lembro-me de uma ocasião em que estava sentado na primeira fileira de uma igreja que pastoreei anos atrás, cantando com a congregação, pouco antes de pregar. Um homem com aparência severa, vestido de terno, entrou pelo fundo do santuário e lentamente caminhou em direção à frente. Achei que ele entraria em uma das fileiras de bancos, pegaria um hinário e se juntaria ao canto, mas ele continuou andando. Seguiu o corredor inteiro até chegar à frente, olhou para mim e bateu com um envelope em meu peito. Era uma intimação!

Dei uma rápida olhada e logo percebi que se tratava de mais um maluco com um caso leviano; mesmo assim, aquilo me perturbou. Existe algo em ser chamado perante um juiz que me embrulha o estômago, embora soubesse que eu era legalmente irrepreensível. Tenho uma preocupação irritante de que algum advogado especialmente esperto consiga enganar o tribunal.

Ora, suponha que o único juiz com qualquer jurisdição por acaso fosse o meu pai. A acusação leviana daquele doido não teria a mínima chance de sequer obter uma audiência.

Nenhuma acusação trazida contra nós se sustenta perante o tribunal. A nossa dívida pelo pecado foi paga plenamente, portanto, somos irrepreensíveis. Somos e para sempre seremos considerados justos perante o Juiz celestial.

"Quem os condenará?" (8:34)

Quando recebi a intimação, sabia que a acusação era leviana. Confiei que o juiz daria uma olhada, jogaria o caso no lixo e tudo acabaria ali mesmo. (Foi exatamente isso que aconteceu.) É difícil receber uma acusação falsa, mas pelo menos eu tinha a justiça do meu lado. Posso encarar um acusador injusto sem medo, contanto que um juiz justo ouça o caso. Mas e se esse juiz estiver contra você? Que esperança você tem?

A resposta de Paulo destaca quatro grandiosas doutrinas cristãs:

> *"Foi Cristo Jesus que morreu..."*. Esta é a doutrina da *substituição*. O Filho de Deus pagou a dívida do pecado em nosso favor.
> *"Que ressuscitou..."*. Esta é a doutrina da *ressurreição*. O Filho de Deus ressuscitou para uma nova vida e, por meio da nossa identificação com ele, nós também temos uma nova vida.
> *"E está à direita de Deus..."*. Esta é a doutrina da *ascensão*. O Filho de Deus recebeu o título sobre todo o universo e, agora, governa como seu rei e juiz supremo.
> *"E também intercede por nós..."*. Esta é a doutrina da *intercessão*. O Filho de Deus é nosso advogado, nosso representante no céu, e busca com fidelidade o nosso bem-estar.

Assim, temos o Pai, que sacrificou seu Filho unigênito para nos libertar da escravidão do pecado. Temos o Filho, que pagou o preço para nos libertar e agora tem poder sobre todas as coisas. E temos o Espírito Santo, que vive em nós para compartilhar nosso sofrimento e ser a força motriz espiritual que não podemos ser. Com o Deus trino trabalhando em nosso favor em todas as frentes, que chance real qualquer forma de mal tem de prevalecer?

"Quem nos separará do amor de Cristo?" (8:35)

Paulo sugeriu nada menos do que sete possibilidades, tendo pessoalmente suportado todas elas (2Co 11:23-28). Sejamos honestos. Quando sofremos as aflições da pressão, do preconceito, da perseguição ou da pobreza, naturalmente começamos a questionar se o Senhor se importa conosco ou até mesmo se Ele ainda se lembra de que estamos vivos. Nossa carne se sente cuidada quando tudo está tranquilo e se sente abandonada durante as dificuldades. Para reafirmar o amor de Deus aos seus leitores, Paulo cita Salmos 44:22 para lembrar-lhes que as dificuldades sempre foram a experiência dos que seguem a Deus com fidelidade.

Depois de passar por um procedimento de saúde, sempre gosto que o médico me diga o que posso esperar sentir nos dias seguintes. "Talvez você sinta uma dor aguda em torno da área afetada. Não se preocupe, isso é normal." Então, quando a dor chega, sei que não preciso ligar para o médico nem correr para o hospital. Só preciso superar os episódios dolorosos, ciente de que eles eventualmente diminuirão e, por fim, desaparecerão completamente.

Paulo tranquilizou os crentes de Roma dizendo, na prática: "Vocês poderão experimentar as dificuldades procedentes do mundo ou até mesmo a perseguição dos não crentes. Não se preocupem. Isso é normal".

8:36-39

Crer e aceitar a graça não é algo natural para a carne; portanto, devemos fazer agora o que fizemos no início: conhecer a verdade, considerar a verdade e aplicar a verdade à medida que dependemos do Espírito Santo para nos manter conectados com o Pai.

"Em todas estas coisas" (8:37). Que coisas? Tudo que o cristão experimenta. Do júbilo inicial da libertação até à esplêndida realidade da liberdade, a percepção de que nosso antigo senhor não nos deixará partir facilmente; a luta contra a carne, a perseguição e o mundo. As alegrias, as tristezas, os reveses, os triunfos — isso tudo. Em todas essas coisas nós, as ovelhas (8:36), somos mais que vencedores.

A imagem da ovelha vencendo e superando o inimigo é risível! Uma ovelha lutadora? Na verdade, não. Vencemos porque temos um defensor. Jesus, o "Cordeiro de Deus" é também o "Leão de Judá" (ver Ap 5:5-6). O "Servo Sofredor" do livro profético de Isaías também é o rei vencedor dos Salmos e do livro do Apocalipse. Seremos vitoriosos porque Ele alcançará a vitória em nosso favor.

Escrevendo com absoluta autoridade apostólica, Paulo declarou: "Estou convencido..." (*peithō* [3982], Rm 8:38). O verbo está no tempo perfeito no grego, indicando que alguma coisa ocorreu no passado com resultados que se refletem no presente. Ele estava convencido de que nada em nossa vida e nem mesmo o nosso arqui-inimigo, a morte, pode nos separar do amor de Cristo. A própria morte e a ressurreição de Cristo revelam esse poder sobre toda e qualquer coisa que nos ameace no reino natural. Além disso, nada no reino sobrenatural — incluindo anjos (eleitos ou caídos) e forças espirituais — pode nos ferir. Deus criou todas as coisas, incluindo tudo no reino sobrenatural, e Ele continua a governar sobre seu universo.

Porque Deus governa sobre todas as coisas no tempo e no espaço, nada pode subverter a sua vontade, que é atrair para si o seu povo para si mesmo, purificar-nos do pecado tanto no interior como no exterior, transformar-nos à imagem de Cristo, restaurar-nos para a vida e permitir que desfrutemos de "paz com Deus" para sempre (5:1).

• • •

Paulo iniciou esta importante seção com uma pergunta penetrante: "Continuaremos pecando para que a graça aumente?" (6:1). Em outras palavras, agora que fomos libertados da escravidão ao pecado, continuaremos a servir ao pecado como antes? A resposta óbvia é um sonoro "não!". Contudo, o pecado não desistirá de seus escravos facilmente. A batalha persiste.

Em 26 de agosto de 1863, vários meses após a Proclamação de Emancipação ter começado a valer, o presidente Lincoln tranquilizou a nação usando uma alegoria retirada da obra *Moby-Dick*, de Herman Melville: "Somos agora como baleeiros que estão há muito tempo numa caçada; finalmente jogamos o arpão no monstro, mas agora precisamos verificar como vamos manobrar; senão, com apenas uma 'virada' de sua cauda, ele nos mandará para a eternidade".[44]

Estou preparado para a eternidade. Não tenho nada a temer na vida futura. Todavia, aprender a viver na liberdade da graça de Deus não será nem natural nem fácil. Felizmente, o meu Deus tem o seu arpão fincado no monstro. Matá-lo é apenas uma questão de tempo.

APLICAÇÃO
Romanos 8:28-39
MARQUE ESTAS PALAVRAS

Não tenho ideia de qual é o desafio que você está enfrentando hoje ou da tristeza que pesa fortemente sobre seu coração. Existem boas chances de poucas pessoas, se é que existe alguma, saberem da sua luta. E, se souberem, ninguém consegue compreender a complexidade, o absurdo, a desesperança desse fardo — uma dificuldade que as palavras não conseguem descrever adequadamente. Em muitos aspectos, não nos sentimos à vontade para compartilhar isso com outras pessoas porque, na verdade, ninguém pode participar completamente da nossa tristeza, apesar de seus melhores esforços para entendê-la. Damos boas-vindas a qualquer momento fugaz de empatia que encontramos, mas eles não conseguem nos satisfazer.

Você já deve esperar que eu diga isso; todavia, devo fazê-lo porque é verdadeiro: *Deus sabe*.

O fato de que Deus sabe todas as coisas é uma verdade sublime das Escrituras. Ele é onisciente. Deus não está descobrindo, Deus não está aprendendo, Deus não está assistindo e depois adaptando seu plano para adequar aquilo que possa ajudar a nos deixar tranquilos. O plano dele já está estabelecido. O conhecimento de Deus é total e Ele dá sentido a todas as circunstâncias caóticas deste mundo caído e corrompido. Além do mais, Ele nos ama completamente — mais do que qualquer pessoa possa nos amar, incluindo nós mesmos. Portanto, podemos descansar em seu plano. Como o músico Michael W. Smith disse num concerto recente, "Deus ainda é Deus e eu continuo não sendo".

Em minha experiência, submeter as minhas provações ao plano soberano de Deus e acatar a sua providência sobre todos os assuntos terrenos é um processo:

> *Rejeição*. Inicialmente, nós nos recusamos a aceitar a injustiça ou o absurdo da finalidade da nossa dificuldade, e vamos com todas as nossas forças contra eles. Para derrotá-los, exaurimos todos os recursos financeiros, emocionais, intelectuais e relacionais. Procuramos cada brecha de vida na tentativa de uma saída honrosa... e, então, passamos a considerar aquelas que não são tão honrosas. A ideia de que essa aflição pode, na verdade, ser o plano soberano de Deus é detestável e impensável.
>
> *Tolerância*. Progressivamente, à medida que as circunstâncias se arrastam ou pioram, começamos a pensar na possibilidade de que Deus talvez não intervenha miraculosamente, de que Ele possa deixar a aflição como está. Frustração, ira, súplica, negociação, busca de propósito e tentativas adicionais de fugir de nossa dor terminam por dissolver-se em uma tristeza desesperadora. Debatemo-nos menos sob o peso esmagador do plano soberano de Deus, resignados a extrair o melhor de um futuro que não pode ser evitado.
>
> *Epifania*. Gradualmente, começamos a vislumbrar o propósito de Deus; um raio de esperança, como alguns o chamariam. Como já há muito entregamos a nossa vontade ao seu plano soberano — ainda que com desesperança emburrada —, pouco a pouco vamos aceitando a providência de Deus. Aqui e ali, reunimos fragmentos de alegria e, antes que percebamos, a vida se torna rica. Nossa aflição se transforma de um inimigo indesejado em uma parte indispensável de quem nos tornamos. Uma adição dolorosa, porém vital. Então, um dia, nós o vemos. O propósito. Percebemos, com uma doce tristeza, que a aflição foi necessária para que recebêssemos as bênçãos de que agora desfrutamos e como o plano de Deus não poderia ter seguido outro caminho.

Você pode reconhecer um padrão familiar no processo de submissão ao plano de Deus. Elisabeth Kübler-Ross chamou esse processo de "estágios do luto" em seu livro *On Death and Dying* [publicado em português sob o título *Os 5 estágios do luto*]: negação, raiva, negociação, depressão e aceitação.[45] Todavia, não confunda essa habilidade natural de se recuperar de uma tragédia com a obra sobrenatural do Espírito Santo. Sim, mais cedo ou mais tarde nós alcançaremos o estágio final da "aceitação", mas somente Deus pode nos transformar e somente Ele nos dará percepção espiritual. Muitos não crentes entram em acordo com as calamidades que enfrentam, mas eles raramente saem delas plenamente restaurados. Os crentes, por outro lado, se tornam como o Filho de Deus: "Embora sendo Filho, ele aprendeu a obedecer por meio daquilo que sofreu" (Hb 5:8).

Quero encorajá-lo a fazer algo incomum. Abra a sua Bíblia em Romanos 8:28-39. Pense numa palavra (ou duas) que melhor resuma aquela luta que você enfrenta agora, a aflição que torna sua vida miserável, aquela dor que você faria qualquer coisa para remover. Faça um par de colchetes na margem da sua Bíblia envolvendo o texto de 8:28-39 e então escreva o nome da sua aflição ao lado dos colchetes.

Nos dias seguintes, coloque sua Bíblia em algum lugar próximo a você e mantenha-a aberta nesta passagem. Leia esse texto regularmente e ore cada vez que você o ler. Ore para que as promessas dessa passagem penetrem sua mente. Ore pedindo que o Espírito Santo cure suas feridas e ensine a você tanto a confiança quanto a submissão. Ore para que sua aflição termine, e então, rapidamente, entregue o controle aos caminhos de Deus.

Não vou me atrever a dizer como as coisas acontecerão para você, nem ouso sugerir que o caminho da obediência será curto ou fácil — muito pelo contrário! Mas posso lhe prometer o seguinte: esta página da sua Bíblia, com as palavras que você escreveu ao lado de Romanos 8:28-39, um dia se tornará um tesouro para você. Você refletirá sobre esse momento e perceberá quão longe já chegou... e não desejará trocar qualquer coisa pela riqueza da bênção que você recebeu de Deus.

A MAJESTADE DE DEUS
(ROMANOS 9:1—11:36)

O Criador todo-poderoso do universo não se escondeu de suas criaturas. A obra de suas mãos oferece evidência persuasiva de que o mundo foi formado por um ser inteligente. É lamentável perceber que o pecado embotou os sentidos da humanidade de tal modo que, a despeito de nosso instinto de olhar na direção dos céus em busca de um Criador, é preciso mais do que um simples milagre para que o vejamos. O instinto mais poderoso é substituí-lo por coisas de nossa própria invenção. Nos tempos antigos, nós o substituímos por coisas que havíamos escavado do chão e esculpido numa forma ou outra de algo grotesco. Agora, preferimos ídolos de um tipo mais teórico, como mitos científicos de alguma coisa vinda do nada e filosofias vãs que celebram o potencial ilimitado da evolução humana. Não importa. Tal como seus antecessores, eles são deuses substitutos que inspiram uma falsa esperança.

Ciente de que revelar a si mesmo por meio da natureza não seria suficiente, o Senhor também se revelou à humanidade de maneiras dramáticas e miraculosas. Ele falou audivelmente a alguns e visitou outros em sonhos e visões. Interagiu com pessoas de várias maneiras por toda a história antiga e, então, manifestou sua presença especial entre os israelitas por meio do brilho místico da *shekinah* sobre a Arca da aliança. Revelou seu caráter santo por meio da Lei de Moisés e falou a toda a humanidade através de profetas e apóstolos, os quais, de forma diligente e inerrante, registraram a mensagem de Deus para que todos a lessem e aplicassem. Por fim, Deus revelou a si mesmo de maneira perfeita na pessoa de seu Filho, Jesus Cristo.

O Todo-poderoso revelou a si mesmo de todas as possíveis maneiras que os seres humanos poderiam achar significativas, e o fez de modo preciso e suficiente. Ainda assim, Ele permanece sendo um mistério, e o mesmo pode ser dito dos seus caminhos. Embora o vejamos de maneira precisa, não conseguimos compreendê-lo plenamente.

Um bom exemplo da natureza inescrutável de Deus é sua tri-unidade. A Bíblia fala dele como Pai, Filho e Espírito Santo, três pessoas que afirmam unidade, mas que se referem umas às outras — e até mesmo falam entre si — de maneira distinta. Muitos não estão insatisfeitos em simplesmente aceitar esse paradoxo como a natureza incompreensível de Deus. Consequentemente, a história está repleta de homens e mulheres bem-intencionados que tentaram, em vão, explicar ou ilustrar sua tri-unidade. Cada tentativa patética tem resultado em uma heresia perigosa atrás da outra. É bem melhor aceitarmos aquilo que não somos capazes de compreender e cantarmos com o poeta Walter Chalmers Smith:

> Deus sábio, invisível, perfeito, imortal,
> poder intangível da luz celestial,
> glorioso e bendito, do tempo Senhor,
> a ti, Deus excelso, cantemos louvor. [46]

Da mesma forma que não consigo compreender como Deus pode ser um e três e, ainda assim, ser Um, não entendo seus caminhos inescrutáveis. Portanto, admitirei sem qualquer vergonha que esta seção da carta de Paulo contém mistérios que não tenho habilidade de revelar. Tal como o enigma da natureza de Deus, aceito o plano soberano do Senhor conforme as Escrituras o revelaram e, então, fielmente o ensino conforme o Espírito Santo me capacita. Infelizmente, isso não satisfará a todos. Alguns pensarão que não fui suficientemente ousado por não desenvolver uma doutrina a partir daquilo que as Escrituras apenas inferem. Outros vão se irritar porque não arredondo as arestas que Paulo deixou intencionalmente pontiagudas. Contudo, no final da história, quero basear meu ensinamento em exegese bíblica sadia, ainda que isso deixe espaços em minha teologia ou pareça abalar alguma outra verdade claramente ensinada em outro ponto das Escrituras. Não quero repetir a história, que está repleta de esforços de homens e mulheres que pensaram que deviam ter todo segredo dos céus codificado, classificado, catalogado, correlacionado e conectado. O legado dessas pessoas seria risível caso elas não tivessem levado tantos crentes a abraçar uma doutrina bizarra ou outra.

Nos oito primeiros capítulos de sua carta aos Romanos Paulo foi maravilhosamente sequencial e lógico em sua apresentação. E, nos cinco capítulos finais (12—16), ele foi igualmente direto. Mas não é assim nesta seção! De fato, a maioria dos comentaristas começa sua exposição com uma advertência, seja reconhecendo os "problemas" levantados por esta passagem seja negando que exista qualquer dificuldade. Sem qualquer ambiguidade, afirmarei que as duas posições estão corretas.

A seção é claramente difícil porque desafia aquilo que consideraríamos lógico. É aqui que aprendemos sobre predestinação e eleição. Encontramos a descrença dos judeus e o destino das promessas de Deus a eles. E somos forçados a considerar como os gentios se encaixam no plano mestre de Deus para o mundo. Mas, quando permitimos que o tratado de Paulo sobre a soberania de Deus se coloque por si próprio, é bastante simples de entender. Portanto, devemos aceitar Romanos 9—11 como fazemos com a vontade de Deus, que frequentemente parece contrária ao senso comum. Nesses tempos difíceis, devemos aprender a confiar no Senhor e então, mais cedo ou mais tarde, devemos nos render aos seus caminhos. Então, à medida que nossa perspectiva se alinhar com a dele e não formos mais puxados ou empurrados pelas circunstâncias, inevitavelmente descobriremos que Ele estava certo... como sempre. Que assim seja com Romanos 9:1—11:36. Como um dos meus amados e muito respeitados professores de teologia costumava advertir, não devemos tentar fazer com que essas verdades sejam relegadas ao esquecimento.

Em nosso estudo desta seção examinaremos três facetas da natureza de Deus. Sem muita explicação, encontraremos *a soberania de Deus* no capítulo 9, lutaremos com suas implicações e, por fim, aprenderemos a descansar em sua verdade. Em seguida, consideraremos *a justiça de Deus* no capítulo 10. Aprenderemos a aceitar que Ele não se submete à nossa ideia de jogo limpo; Ele tem todo o poder, de modo que Ele é o Juiz. Então, encontraremos conforto na *fidelidade de Deus* no capítulo 11. Onde as respostas falham, podemos confiar na bondade infalível de nosso Criador e no seu amor incomparável por suas criaturas... e deixar tudo assim.

TERMOS-CHAVE EM ROMANOS 9:1—11:36

■ *eleos* (ἔλεος) [1656] "misericórdia", "fidelidade graciosa"

A tradução do Antigo Testamento para o grego normalmente escolheu *eleos* para traduzir o termo hebraico profundamente significativo *hesed* [H2617]. *Hesed* primariamente descrevia o relacionamento mútuo de afeição entre duas partes, particularmente Deus e seu povo. Essa afeição não é simplesmente uma emoção, mas envolve ação repleta de graça em favor do outro. Entre Deus e seu povo, *hesed* denota graça da parte de Deus em resposta ao povo conforme definida na aliança entre eles.[47] Como tal, *hesed* é um ato de graça livremente escolhido, motivado pelo amor. No Novo Testamento, *eleos* é a atitude nos crentes que imita a disposição de Deus em relação aos pecadores. Para Paulo, o *eleos* de Deus é o oposto de sua ira.

■ *hypoleimma* (ὑπόλειμμα) [5275] "remanescente", "restante", "o que sobrou"

Na Septuaginta (a tradução do Antigo Testamento para o grego) esse termo poderia se referir a restos de comida depois de uma refeição ou a restos de madeira queimada,[48] mas quando os profetas do Antigo

Testamento predisseram um período de julgamento divino, o *hypoleimma* foi uma referência aos sobreviventes hebreus que levariam adiante a tradição e se tornariam os recipientes da bênção da aliança de Abraão. Enquanto os rabinos da época de Jesus otimistamente viam o remanescente como sendo predominantemente de judeus, Paulo ensinou sobre o remanescente como sendo tanto de judeus quanto de gentios que declararam Jesus como Senhor.

■ *mystērion* (μυστήριον) [3466] "mistério", "segredo previamente não revelado"

O substantivo provavelmente deriva do verbo grego *mueō*, "iniciar", e geralmente se refere a um segredo. Na adoração pagã, "mistérios" são conhecimentos secretos reservados para os poucos que estão dispostos a sacrificar, realizar rituais complexos ou até mesmo sofrer em devoção a um deus em particular. Nas literaturas hebraica e cristã, porém, um "mistério" é uma verdade divina que foi revelada pela primeira vez. O que anteriormente era um segredo é agora conhecimento comum para todos que escolhem reconhecê-lo.

■ *sklērynō* (σκληρύνω) [4645] "endurecer", "tornar teimoso"

Sklērynō está relacionado ao nosso termo médico "esclerose", que é o endurecimento de tecidos que impede um órgão de realizar sua função normalmente. O sentido literal da palavra usada na literatura fora do Novo Testamento pode se referir a uma textura de pedra, metal ou madeira e até mesmo a sentir o vento e o som do trovão. Essa palavra é usada figurativamente no Novo Testamento para se referir às consequências de se persistir no pecado e na descrença, o que leva à morte caso alguém não se arrependa. No Novo Testamento, esta palavra aparece seis vezes (At 19:9; Rm 9:18; Hb 3:8, 13, 15; 4:7).

Conversa franca sobre predestinação

LEIA ROMANOS 9:1-33

Predestinação. A palavra em si já parece intimidadora. Talvez seja um dos conceitos mais difíceis de toda a doutrina cristã porque, na superfície, parece roubar dos humanos seu tesouro mais precioso: a autonomia. Embora a doutrina desafie nossas ideias de autodeterminação, é em última análise aquilo que separa os cristãos dos humanistas, que proclamam que o destino do mundo está em *nossas* mãos. O passado, dizem eles, foi queimado na fornalha da história e não pode ser alterado, mas o amanhã ainda é barro macio e flexível, pronto para ser moldado pelas mãos da humanidade. De forma individual e coletiva, nós — não uma invenção todo-poderosa de ilusões — determinaremos nosso próprio futuro. Colocado nos termos dos dias atuais, "tudo gira em torno de nós".

Hoje coloco-me na companhia de grandes teólogos, pregadores, mestres, missionários e evangelistas para proclamar exatamente o oposto. Junto-me às fileiras de reformadores como William Tyndale, John Wycliffe, João Calvino, Ulrico Zuínglio, John Huss, John Knox e Martinho Lutero. Canto juntamente com os poetas Isaac Watts e John Newton e prego com George Whitefield, Jonathan Edwards e Charles Spurgeon. Respondo ao chamado do missionário pioneiro William Carey, que fustigou sua sonolenta geração calvinista a seguir o chamado de Cristo e fazer discípulos de todas as nações. Coloco minha teologia juntamente com a de John Owen, A. H. Strong, William Shedd, Charles Hodge, B. B. Warfield, Lewis Sperry Chafer, John F. Walvoord, Donald Grey Barnhouse e Ray Stedman. E sou contado juntamente com meus contemporâneos John Stott, R. C. Sproul, John Piper, John MacArthur e J. I. Packer. Hoje faço companhia aos acadêmicos bíblicos sensatos para declarar que Deus não apenas criou a humanidade e dirigiu o nosso passado, como já mudou o nosso futuro. "O nosso Deus está nos céus, e pode fazer tudo o que lhe agrada" (Sl 115:3).

Aceitar a doutrina da predestinação exige uma mudança dramática de nossa perspectiva. Saímos do útero e progredimos através da infância vendo o universo tendo a nós mesmos como o centro dele. Então, alguma coisa tremenda acontece em algum momento do processo de amadurecimento — para a maioria dos adultos saudáveis, a propósito. Repentinamente percebemos que o mundo se estende além do círculo de nosso próprio horizonte e que outros veem o mesmo mundo a partir de um ponto de vista diferente. Em pouco tempo, o universo não está mais girando ao redor de nós e aceitamos que o nosso pequeno círculo é simplesmente uma parte bem pequena de uma realidade muito maior.

A mesma verdade diz respeito à salvação!

Compartilhamos fielmente o "plano de salvação" de Deus com pessoas — como de fato devemos fazer —, mas muito frequentemente deixamos de apreciar que o cristianismo não "tem a ver apenas conosco"; tem a ver com *Ele*. Se nosso desejo é proclamar o evangelho completo de Jesus Cristo, devemos reconhecer e abraçar o *plano mestre* de salvação de Deus. O Criador todo-poderoso está cumprindo sua própria agenda para o seu universo, que não pode ser alterada; portanto, aqueles que ouviram e aceitaram o plano de salvação tornaram-se parte de uma coisa muito maior do que eles próprios, ainda que não percebam isso.

Reserve alguns poucos momentos agora e releia Romanos 8:28-39 à luz do plano mestre de salvação de Deus. Nossa tendência é reivindicar as promessas daqueles versículos como indivíduos. Deus de fato nos ama de maneira pessoal e individual, mas perceba que Paulo usou a primeira pessoa do plural, "nós" e "nos", por toda essa passagem. Isso não é uma promessa de que Deus alterará o universo para garantir o bem maior para cada indivíduo. Pelo contrário, o "plano de salvação" de Deus é um rio poderoso de destino no qual o crente mergulha. Esse rio de justiça terminará inundando o mundo, lavando-o da velha ordem de modo a abrir espaço para a nova. E, quando Jesus retornar para corrigir todas as coisas, nossa crença nele permitirá que façamos parte dessa nova ordem.

Não se engane: a carta de Paulo aos Romanos *não tem a ver* com a nossa salvação. Seu objetivo primário é a justiça de Deus, da qual nossa salvação faz parte. O Senhor está seguindo sua própria agenda, lembre-se. Seu propósito é remover a morte do trono da criação e dá-lo ao seu Filho, de modo que a justiça de Deus governe todas as coisas. E ele fará isso quer alguém decida juntar-se a ele quer não.

Contudo, a promessa de Deus na conclusão do capítulo 8 levanta outras perguntas importantes. Na época em que Paulo escreveu à igreja em Roma, a maioria dos judeus havia rejeitado Jesus como seu Messias e, em números cada vez maiores, continuavam a rejeitar o plano mestre da salvação de Deus. Sendo assim, o que dizer de seu destino como povo? Eles não eram parte do plano mestre de Deus séculos antes? As promessas de Deus a Abraão, Moisés, Israel e Davi não garantiram que o povo judeu seria salvo? Se Ele não é fiel para salvar o povo da sua aliança, que tipo de garantia temos como crentes gentios?

Paulo aproveitou essa oportunidade para abordar a questão espinhosa dos judeus e sua rejeição ao evangelho. Mas isso não é um simples comentário parentético feito antes de resumir seu tópico principal no capítulo 12. Em muitos aspectos, esse é o ápice do evangelho. Enquanto Romanos 8:28-39 descreve a derradeira vitória de Deus sobre o mal, Romanos 9:1—11:36 nos concede um vislumbre mais profundo de sua natureza. E o primeiro atributo que vemos é sua soberania.

9:1-5

Ninguém mais do que Paulo queria que os judeus aceitassem Jesus como o Messias e que recebessem as bênçãos de sua aliança. Ele certamente orou por isso com frequência e com completa confiança de que orava de acordo com a vontade de Deus. Afinal de contas, certamente era plano de Deus cumprir sua aliança com Abraão. O povo hebreu deveria se tornar a nação prototípica de Deus, governado por Ele e abençoado por Ele como um convite vivo para se submeter a Ele e receber sua graça por meio da fé. Mas eles falharam. Mesmo debaixo do governo de Davi e Salomão, eles nunca chegaram perto de reivindicar toda a terra que lhes fora prometida (Gn 15:18-21). Paulo desejava que seus irmãos e irmãs judeus fossem salvos. Quem dera os filhos da antiga aliança pudessem ser *compelidos* a abraçar a nova aliança.

Mas essa seria a maneira como *Paulo* conduziria o mundo. Ele até mesmo chegou ao ponto de dizer que assumiria o lugar deles instantaneamente no tormento para vê-los salvos (Rm 9:3).

Percebe a ironia? É intencional. Alguém já havia assumido o lugar deles no tormento. Contudo, eles rejeitaram seu Messias. E, se rejeitaram o Filho de Deus, por que aceitariam o mesmo presente vindo de um pequeno evangelista da cidade de Tarso? Isso levou Paulo a elencar sete vantagens desfrutadas pelos filhos hebreus de Abraão, sendo que nenhuma delas compeliu a maioria dos judeus a enxergar a verdade.

> *"Povo de Israel"* — Quando Deus estabeleceu sua aliança com Abraão, Ele prometeu abençoar gerações de pessoas sem levar mérito em conta. Em outras palavras, os descendentes de Abraão receberiam bênçãos e privilégios simplesmente porque haviam nascido de pais hebreus — um privilégio que ninguém poderia conquistar nem sequer escolher.
>
> *"Adoção de filhos"* — Quando Deus intercedeu em favor de Israel e os libertou da escravidão no Egito, Ele os recriou como seus filhos (Êx 4:22).
>
> *"A glória"* — Quando Deus conduziu Israel para fora do Egito, Ele lhes deu uma manifestação visível de sua presença e proteção para que seguissem (Êx 13:21-22; 14:19-20), e a luz sobrenatural da *shekinah* permaneceu sobre a Arca da Aliança no tabernáculo e, posteriormente, no templo (Êx 40:34-38).
>
> *"As alianças"* — Quando Deus tirou Israel do Egito para estabelecê-los na terra de Canaã, o fez para cumprir sua aliança incondicional com Abraão (Gn 12:1-3; 15:1-21; 17:1-22). Naquele tempo, Ele estabeleceu uma aliança condicional: "Se vocês ouvirem atentamente o que ele [o anjo de Deus] disser e fizerem tudo o que lhes ordeno, serei inimigo dos seus inimigos, e adversário dos seus adversários" (Êx 23:22). Quando chegaram à fronteira de Canaã, um remanescente insistiu com a maioria para confiar em Deus, mas a maioria reclamou do tamanho e da força dos habitantes do lugar. Consequentemente, todo o grupo precisou vaguear pelo deserto até que a geração descrente desaparecesse (Nm 13:25-33; 14:33-38). Depois de quarenta anos, Israel reclamou a primeira porção de sua Terra Prometida na fé, tempo em que Deus restabeleceu e esclareceu sua aliança — mais uma vez condicionada à obediência deles (Dt 28). Ainda mais tarde, Deus estabeleceu outra aliança incondicional com

o rei Davi, prometendo que apenas os seus descendentes poderiam reclamar legitimamente o trono de Israel (2Sm 7:12-16). E, durante um dos períodos mais obscuros de Israel, o Senhor prometeu estabelecer uma "nova aliança" (Jr 31:31-34). Seja quando a aliança dependia da obediência do homem (como no Sinai), seja quando Deus agiu de maneira unilateral (como foi com Abraão), a bênção veio sobre o povo de Deus, os judeus.

"A concessão da Lei" — Quando Deus estabeleceu Israel como nação, Ele lhes deu um código perpétuo de conduta que refletia seu caráter santo (Dt 5:1-22). As leis de outras nações iam e vinham de acordo com os caprichos de reis egoístas. Nenhuma outra nação ou raça poderia reclamar os privilégios da verdade absoluta como base para a justiça.

"A adoração no templo" — Quando Deus deu ao seu povo um código de conduta, Ele também forneceu um meio de restaurá-los quando eles inevitavelmente deixassem de cumpri-lo (Êx 25—30). Ele estabeleceu o templo como um meio para que homens e mulheres se aproximassem dele e confiou seu cuidado ao seu povo da aliança.

"As promessas" — Quando Deus castigou Israel, Ele também lhes deu esperança: a promessa de um Messias, o qual seria o mediador de uma nova aliança (Jr 31:31-34).

Essas sete vantagens ilustram a fidelidade perpétua de Deus comparada à longa história de rebelião teimosa de Israel. Se não fosse por uma minoria fiel dentro da nação em momentos-chave de sua história, Israel teria se perdido completamente. Além disso, esse rápido inventário das bênçãos e privilégios de Israel sublinha sua falta de desculpa para deixar de crer. A maioria descrente ignorou a montanha de evidências apresentadas e *escolheu* não confiar em Deus, provando que sua descrença é uma questão moral, não intelectual. Ironicamente, eles transformaram mais uma vez seu relacionamento singular com Deus em um ídolo — mais uma vez confundindo o presente e o Doador —, supondo que sua herança os salvaria independentemente da fé.

Paulo afirmou que as promessas dadas aos "patriarcas" ainda estavam disponíveis através de Jesus Cristo, que é descendente deles no aspecto físico. Em outras palavras, Ele é o verdadeiro *Bar Mitzvah*, o verdadeiro "Filho da aliança" ou "da lei". Enquanto todos os outros falharam, Ele foi bem-sucedido. Ele reclamou as bênçãos da aliança devidas a Israel e tornou essas bênçãos disponíveis a todo aquele que crer.

Tendo declarado a vontade de *Paulo*, o apóstolo se propôs a declarar a vontade de *Deus*. Nesta próxima seção de sua carta, que se estende de Romanos 9:6 até o final do capítulo, existem quatro grandes verdades relacionadas à doutrina da predestinação:

- A predestinação começa com a escolha soberana de Deus (9:6-13).
- A predestinação sustenta o caráter perfeito de Deus (9:14-18).
- A predestinação nos mostra a misericórdia de Deus (9:19-22).
- A predestinação defende a imparcialidade de Deus (9:23-33).

Essa é a defesa de Paulo contra a ideia de que o plano redentor de Deus fracassou como resultado da rejeição de Israel ao seu Messias e à nova aliança. Ele começou ilustrando como a perspectiva de Deus é diferente da perspectiva da humanidade.

9:6-13

A predestinação começa com a escolha soberana de Deus

Somos democráticos por natureza no sentido de que afirmamos que a maioria governa. A maioria das formas modernas de governo dá poder à pessoa que representa a opinião da maioria e que, então, estabelece políticas e leis em seu favor para cumprir a "vontade do povo". Em um sentido bastante real, esse representante define toda a sua nação, apesar da minoria dissidente. Não é assim com Deus. A nação verdadeira é definida pela escolha soberana do Senhor, e essa nação pode ser representada pela minoria da população total. De fato, por toda a história do povo hebreu "o verdadeiro Israel" foi mais comumente identificado como um remanescente, uma minoria numérica. E essa escolha soberana de Deus pode desconsiderar os costumes ou as preferências humanas. Para ilustrar sua posição, Paulo destacou dois momentos fundamentais na história de Israel.

Você pode ter notado que fui cuidadoso em limitar as alianças de Deus com os descendentes hebreus de Abraão. Elas não se aplicam a todos os seus descendentes. Primeiramente, Abraão teve outros filhos além de Isaque. Ele foi pai de Ismael através de Hagar, a criada de Sara (Gn 16) e, depois da morte de Sara, ele casou-se com outra mulher, que lhe deu pelo menos outros seis filhos homens (Gn 25:1-2). Mas Deus limitou sua aliança com Abraão somente à descendência daquele homem através de Sara (Gn 17:18-21; 21:12). Por quê? De maneira bem direta, porque Deus decidiu fazer dessa maneira. Podemos especular a razão de Ele ter agido assim e apontar diversas boas ações para sua escolha ser o melhor curso de ação, mas tudo se resume a isto: Deus soberanamente escolheu Isaque para ser o portador da aliança.

Segundo, Isaque teve mais de um filho — gêmeos, na verdade. O costume da época era que o primogênito do sexo masculino recebesse uma porção dobrada da herança e sucedesse seu pai como líder patriarcal do clã. No caso dos gêmeos de Isaque, Esaú deveria ter recebido as bênçãos da aliança como primogênito. Contudo, antes de os gêmeos nascerem, o Senhor disse à mãe deles: "O mais velho servirá ao mais novo" (Gn 25:23). Isso não foi uma mera previsão. Foi a escolha soberana de Deus que, ao contrário do costume, o menino mais novo carregasse a aliança de Abraão.

A ilustração de Paulo corrige dois conceitos errados sobre a aliança de Deus com Abraão. Primeiramente, uma pessoa não pode requerer suas promessas simplesmente porque carrega o DNA de Abraão. Dos muitos filhos do patriarca — não menos do que oito — somente um poderia reclamar o direito legítimo à bênção. Segundo, apenas um recebe a bênção em virtude da escolha de Deus, não com base em mérito e não por direito de costume (que é a escolha dos homens).

Por fim, Jacó recebeu a bênção no lugar de seu irmão mais velho, Esaú. Por quê? Mais uma vez, porque essa foi a maneira escolhida por Deus. Antes que ambos os homens tivessem a capacidade de escolher entre o certo e o errado, o Senhor escolheu Jacó, que, a propósito, era um homem incrivelmente não merecedor. O próprio nome Jacó significa "aquele que usurpa" ou "aquele que desvia". Ele era um conspirador descarado e enganador que deixou um número enorme de inimigos irados em seu rastro. Por fim, porém, o Senhor o quebrantou em relação aos seus velhos hábitos e lhe deu um novo nome: Israel, que significa "aquele que luta com Deus".

Adicionando uma validação final ao seu ponto, Paulo cita o profeta Malaquias:

> "Eu sempre os amei", diz o Senhor. "Mas vocês perguntam: 'De que maneira nos amaste?' "Não era Esaú irmão de Jacó?", declara o Senhor. "Todavia eu amei Jacó, mas rejeitei Esaú. Transformei suas montanhas em terra devastada e as terras de sua herança em morada de chacais do deserto." (Ml 1:2-3)

9:14-18

A predestinação sustenta o caráter perfeito de Deus

Existem certos trabalhos para os quais não sou adequado. Eu, por exemplo, não daria um bom cirurgião. Primeiro, porque odeio ver sangue. Segundo, também simpatizo muito facilmente com a dor de outra pessoa, de modo que não teria a necessária objetividade. Terceiro, não busquei treinamento nessa área. Assim, muito embora eu ame demais a minha esposa, devo entregá-la aos cuidados de um cirurgião qualificado se ela vier a precisar de uma cirurgia. Eu não posso realizar esse trabalho.

Se a vaga de "Juiz Supremo do Universo" por acaso um dia fosse aberta, aqui estão as qualificações necessárias. O candidato à vaga deve ser

EXCURSO: DEUS ODEIA?

ROMANOS 9:13

"Ódio" é uma palavra poderosa. Somos ensinados desde a infância a evitar o ódio a todo custo e a obedecer ao mandamento de Cristo de amar a todos, incluindo nossos inimigos. Sendo assim, é chocante ler as palavras de Malaquias, que declarou que Deus amou Jacó mas rejeitou Esaú. Como um Deus de amor pode odiar?

Vamos começar examinando os termos em hebraico. O Antigo Testamento usa várias palavras que podem ser traduzidas como "odiar", como *sane* [H8130] e *maas* [H3988]. Esses dois termos têm apenas uma leve diferença de significado. De fato, os autores do Antigo Testamento às vezes usavam essas palavras de maneira intercambiável. O profeta Amós, por exemplo, colocou-as lado a lado para expressar a repulsa de Deus à adoração israelita, dizendo "Eu *odeio* [*sane*] e *desprezo* [*maas*] as suas festas religiosas; não suporto as suas assembleias solenes" (Am 5:21, ênfase minha).

Embora *sane* e *maas* possam expressar intenso desprazer emocional em relação a alguma coisa, "odiar", nas culturas antigas do Oriente Próximo, tem mais a ver com as prioridades de uma pessoa do que com suas emoções. Esaú, por exemplo, "desprezou" (*bazah* [H959], um termo igualmente negativo) seu direito de primogenitura quando fez uma escolha de livre e espontânea vontade por uma tigela de ensopado acima da bênção da aliança (Gn 25:29-34). Esaú não tinha intensas emoções negativas em relação ao seu direito de primogenitura — ele certamente não o "odiava" da maneira como usaríamos o termo; de fato, ele lutou arduamente para reconquistar aquilo que havia perdido e ficou inconsolável quando fracassou.

Em outro exemplo, Gênesis 29 nos conta a história das duas esposas de Jacó e como ele "amava" Raquel e "desprezava" a irmã dela, Lia. Mais uma vez, o termo indica a escolha de Jacó em favor de uma e em detrimento da outra. Ele não sentia repulsa por Lia. Afinal de contas, ele concebeu mais de dez filhos com ela!

Além disso, no Novo Testamento Jesus exigia de seus seguidores que odiassem dinheiro, família e até mesmo suas próprias vidas (Mt 6:24; Lc 14:26; Jo 12:25). Obviamente, ele não estava instruindo seus discípulos a tratar os outros de maneira cruel. O ponto em questão era a *prioridade*: escolher o discipulado acima de todas as outras coisas e escolher Cristo acima de todos os outros relacionamentos.

Seria conveniente parar aqui e fingir que o lado mais feio do "ódio" não existiu; contudo, não podemos ignorar a ocorrência no Antigo Testamento do único outro uso significativo de "odiar". No capítulo 37 de Gênesis, a expressão "odiar" descreve a aversão obsessiva dos irmãos mais velhos de José. Eles planejavam matá-lo, mas, quando uma caravana de comerciantes de escravos por acaso passou por ali, em vez disso decidiram vendê-lo.

Está claro que o termo pode descrever tanto a escolha desapaixonada quanto a obsessão apaixonada; sendo assim, onde isso nos deixa com relação a Malaquias 1:2-3?

O livro de Malaquias foi uma advertência aos israelitas que profanaram o templo ao oferecer sacrifícios abaixo do padrão e manter os melhores animais do rebanho para si mesmos. Malaquias acusou os sacerdotes de "desprezar" a bênção da aliança, de forma bem semelhante à maneira como Esaú "desprezou" seu direito de primogenitura. Ao relembrar a história de Jacó (cujo nome havia sido mudado para Israel) e Esaú (cujos descendentes formaram a nação de Edom), o profeta estabeleceu um paralelo bastante claro:

Jacó *valorizou* a aliança.	Esaú *desprezou* a aliança.
Deus prometeu resgatar Israel (Dt 4:29-31; 30:1-10).	Deus prometeu condenar Edom (Jr 49:7-22; Ez 35).

As duas profecias já haviam sido cumpridas no tempo de Malaquias. Deus havia restaurado um remanescente fiel de Israel na Terra Prometida; contudo, eles não podiam se dar ao luxo de serem presunçosos. Ao desprezar a bênção da aliança, os israelitas correram o risco de sofrer o destino de Esaú. Em outras palavras, "tome cuidado, Israel. Esaú desprezou seu direito de primogenitura e Edom incorreu em abandono judicial da parte de Deus. O que acha que vai acontecer se você desprezar seu direito de primogenitura?".

O "ódio" de Deus não é nem uma escolha desapaixonada nem uma aversão apaixonada. Embora as ações do Senhor de fato sejam repletas de emoção, elas não são nem motivadas nem dirigidas pela emoção. Tal como sua ira, o ato de escolher um em detrimento do outro ("odiar") é motivado pela justiça justa e acompanhado pela paixão.

onipotente (todo-poderoso), onisciente (conhecer tudo), onipresente (estar presente em todos os lugares ao mesmo tempo), imutável (invariável), eterno (acima e além dos limites do tempo), autoexistente (não tem necessidade de nada), santo (a própria definição de "bom") e justo (absolutamente correto em todas as decisões). Toda a humanidade é não apenas lamentavelmente não qualificada para a posição como não temos base para duvidar de quem seja qualificado.

Além do mais, não temos o direito de governar aquilo que não nos pertence. Eu, por exemplo, não posso entrar na casa de outro homem ou outra mulher e mudar as regras daquele lar. Não sou dono do lugar. Do mesmo modo, não possuímos este mundo. Recebemos o privilégio de viver no mundo de Deus e podemos sair dele a qualquer momento que quisermos, mas somente Ele tem o direito de governar sua criação. Todavia, por causa de suas qualificações, podemos confiar no julgamento de Deus.

Paulo ilustrou o direito do Senhor de governar sobre a criação com a história de Moisés e sua confrontação com o governador soberano do Egito. A declaração de Deus a Moisés estabelece um princípio universal: pelo fato de a graça ser um presente, o doador tem direito de oferecê-la ou de retê-la como desejar. Portanto, a misericórdia "não depende do desejo". A misericórdia só pode ser a escolha de quem a concede, nunca de quem a recebe. Também não depende do "esforço humano". A misericórdia é um presente; portanto, não pode ser conquistada por meio de esforço.

O caso de Moisés e o faraó é um estudo sobre contrastes. Os homens começaram a vida no mesmo ponto. Ambos foram criados no lar pagão do soberano egípcio. Ambos receberam educação nas escolas pagãs de sacerdotes idólatras. Ambos desfrutaram de um padrão de vida que excedia em muito a existência dos escravos que viviam em meio ao barro. Ambos eram herdeiros dos privilégios reais. Contudo, seus caminhos divergiram quando Deus interveio na vida de um deles. Embora Moisés fosse culpado de assassinato, o Senhor o escondeu no outro lado de lugar nenhum e usou os quarenta anos seguintes para transformar seu caráter.

O faraó, por outro lado, continuou sua existência privilegiada no palácio do Egito e, por fim, se tornou seu soberano. Ele não passou pela humilhação de se tornar um fugitivo; não suportou a existência sofrida de um pastor itinerante no deserto. Ele passou quarenta anos vivendo como vivera anteriormente, conforme um pagão.

Quando chegou o tempo adequado para o próximo estágio no plano redentor de Deus, Ele colocou os dois homens face a face. Moisés exigiu a libertação dos israelitas, mas o faraó se recusou, reclamando o direito de soberania sobre eles. Naquele momento, o Senhor poderia ter golpeado o Egito com seu cílio e reduzido a nação a um fiapo de gaze na página da história. Em vez disso, Ele respondeu com uma série de aflições que aumentaram gradualmente em severidade. Seu propósito declarado: "Mostrar-lhe o meu poder e fazer que o meu nome seja proclamado em toda a terra" (Êx 9:16).

O faraó se dedicou ao mal, em oposição direta ao plano redentor de Deus. Essa foi a escolha pessoal do faraó. Ele escolheu o mal; Deus não escolheu no lugar dele. Contudo, o Senhor o "endureceu", ou seja, solidificou sua resolução de perseguir o mal, já profundamente embutida no seu coração. E o Senhor foi completamente justo ao fazer isso. Ele não deve graça a ninguém. Portanto, Ele não foi menos justo por permitir que o faraó permanecesse no mal que ele próprio havia escolhido e sofresse as consequências dele. Além disso, o Senhor transformou o mal do faraó numa oportunidade de afirmar sua própria reivindicação de soberania sobre os israelitas e para demonstrar seu poder de triunfar sobre o mal.

Paulo recontou os caminhos divergentes assumidos por Moisés e o faraó com o propósito de vindicar o caráter justo de Deus. A história deles faz isso de duas maneiras. Primeiramente, ela demonstra a graça de Deus no fato de que Ele interveio na vida de ambos os homens, dando a ambos ampla oportunidade de se humilharem e de aceitarem o justo direito de soberania de Deus. Segundo, a história demonstra a justiça de Deus, no sentido de que Deus respondeu a cada homem de acordo com sua própria escolha. O resumo é: somente Deus merece crédito pela salvação; a pessoa condenada é responsável unicamente por sua própria punição.

9:19-22

A predestinação nos mostra a misericórdia de Deus

Paulo antecipou uma objeção comum à doutrina da predestinação. Se Deus "endurece" alguém, como endureceu o faraó, como essa pessoa pode ser condenada de forma justa? O apóstolo respondeu com uma ilustração comum do Antigo Testamento (Is 29:16; 45:9; 64:8; Jr 18:6) para esclarecer dois pontos.

Primeiramente, *por que Deus é o Criador soberano, Ele tem o direito de fazer com sua criação qualquer coisa que quiser* (Rm 9:19-21). Mais uma vez, Deus não responde à humanidade da mesma forma que não precisa responder às flores. O próprio fato de que recebemos vida é graça. O fato de que recebemos uma quantidade limitada de autonomia para escolher nosso próprio destino é graça sobre graça. E, depois de termos nos rebelado, tanto como raça quanto como indivíduos, o fato de que recebemos esperança de redenção é graça superabundante e extraordinária!

Tendo confirmado o direito soberano de Deus de fazer com sua criação o que lhe agradar, Paulo continuou sua linha de raciocínio com uma declaração "se-então" (9:22-23) — na qual o "se" é presumido como verdadeiro. E isso apoia seu segundo ponto: *perdemos nosso direito de reclamar do tratamento ruim quando escolhemos nos rebelar; portanto, qualquer coisa que recebemos que não seja a morte imediata é misericórdia.*

Pessoas em necessidade de misericórdia não têm "direitos". No caso do faraó, o soberano do Egito recebeu tempo para desfrutar de privilégios que a vasta maioria de seus pares mal poderia sonhar em ter. Graça. Ele recebeu nada menos do que dez oportunidades de se arrepender de seu pecado. Graça sobre graça. E, mesmo se não lhe fosse estendida mais graça do que isso, ele ainda estaria muito melhor do que merecia.

Não se confunda nem se engane com a frase "vasos de sua ira, preparados para a destruição" (9:22). O verbo grego traduzido como "preparado" pode ser traduzido como "vasos de ira preparados *por si próprios* para a destruição" (itálicos meus).[49]

Embora Deus tenha o direito de moldar o barro em qualquer coisa que escolha, Ele permitiu que o faraó escolhesse sua própria forma; o Senhor simplesmente o endureceu. E, com base na graça, Ele fez isso de maneira gradual, em vez de imediata.

Toda a humanidade merece um fim imediato, de modo que o fato de que ainda estamos vivos prova que Deus *não* exerceu justiça. Ele agiu de acordo com seu direito soberano de reter a justiça por um tempo. Em vez de reclamar que alguém não será salvo, devemos ver o copo como estando mais do que meio cheio e agradecer a Deus pelo fato de que *qualquer um* será salvo! Em vez de reclamar que Ele exerceu seu direito soberano de endurecer alguém na forma pecaminosa que *a pessoa escolher*, devemos ser gratos pelo fato de que Deus exerceu seu direito soberano de conceder misericórdia a qualquer um — incluindo a *nós*, dentre todas as pessoas!

Neste ponto, permita-me adicionar outro esclarecimento. Paulo não declarou seu ponto aqui, mas isso está claramente implícito. Deus não compele ninguém a pecar (ver Tg 1:13-16). Além disso, Deus não persuade nem encoraja ninguém a pecar. No caso do faraó, que é provavelmente típico de alguém que Deus endureceu, um coração rebelde foi "entregue" ou judicialmente abandonado ao pecado pelo qual ele cobiçava.

9:23-33

A predestinação defende a imparcialidade de Deus

Romanos 9:23-24 responde à pergunta implícita em 9:22: Por que o Senhor suportou com grande paciência os vasos de ira preparados por si próprios para a destruição? Em outras palavras, qual é o propósito de permitir que aqueles que estão destinados para a destruição continuem a viver? Duas razões.

Primeiramente, *Deus existe fora do tempo, enquanto nós devemos progredir através dele*. Aqueles que são eleitos para receber misericórdia e são destinados para a glória sairão do ventre perdidos e escravizados ao pecado. Eles existirão por algum tempo dessa maneira antes de receber a graça e serem transformados pelo Espírito Santo. O Senhor determinou permitir que esse processo se desdobre através do tempo em nosso favor. Toda a criação tem permissão de ver o processo da misericórdia dada a vasos indignos, e a transformação deles glorifica a Deus.

Segundo, *o Senhor permite o progresso do tempo dentro da criação para separar os eleitos dos não eleitos*. Deus sabe quem foi eleito para receber misericórdia e quem não foi, mas nós não sabemos. Ele vê e julga o interior do coração de homens e mulheres, enquanto nós vemos e julgamos apenas o exterior. Alguém que parece mau para nós pode de fato ser um "vaso de misericórdia" ainda a ser transformado. Paulo, por exemplo, foi assassino e perseguidor de cristãos antes de sua conversão (At 7:58; 8:1; 9:1-2; 22:3-5). Depois de Cristo tê-lo confrontado, ele deu glória a Deus, como quando escreveu aos efésios: "Embora eu seja o menor dos menores de todos os santos, foi-me concedida esta graça de anunciar aos gentios as insondáveis riquezas de Cristo" (Ef 3:8).

Começando em Romanos 9:25, Paulo retornou à pergunta dos judeus relembrando as palavras de Oseias e Isaías. Esses dois profetas do Antigo Testamento contaram a história de dois vasos: Israel, um "vaso de ira", e Judá, um "vaso de misericórdia". Duas histórias da eleição divina que terminaram de maneira bastante diferente.

Oseias viveu e escreveu muito depois de o reino governado por Davi e Salomão ter sido dividido no reino do norte de Israel e no reino do sul de Judá. Israel teve uma longa história de idolatria e infidelidade e, a despeito de gerações de advertência, nunca se arrependeu. Não muito tempo depois de Israel ter rejeitado o oráculo de Oseias, o Império Assírio deu início a uma série de invasões, finalmente varrendo o que sobrou de Israel em 722 a.C. Os invasores deportaram a maioria de seus habitantes, transplantaram pessoas de outras nações para Israel e encorajaram o casamento inter-racial e, dentro de poucas gerações, as tribos do norte haviam perdido sua identidade tribal. A partir disso, o reino do sul de Judá tornou-se tudo que restara do povo de Deus, organizado e diferenciado pela aliança.

Isaías foi contemporâneo de Oseias, profetizando no reino do sul de Judá, que podia apresentar um punhado de reis fiéis por toda a sua história. Judá deu ouvidos à advertência de Israel por um tempo e sobreviveu ao cerco assírio de Jerusalém. Contudo, depois de uma geração,

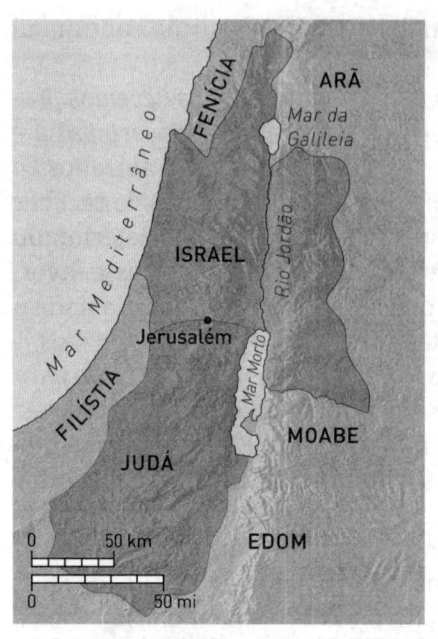

Após a morte de Salomão, a guerra civil dividiu a Terra Prometida entre duas nações continuamente em guerra: **o reino do norte de Israel e o reino do sul de Judá**. Os descendentes de Davi governaram sobre Judá, enquanto Israel viu a ascensão e a queda de várias dinastias ilegítimas.

eles também caíram de cabeça na rebelião contra o Senhor. Por fim, Nabucodonosor derrotou Judá e levou os melhores e mais brilhantes judeus para longe a fim de servi-lo na Babilônia.

Depois de décadas de cativeiro, a Terra Prometida havia sido limpa de reis hebreus infiéis. Então, o Senhor reuniu um remanescente de seu povo da aliança e os trouxe de volta para começar de novo, tal como Oseias e Isaías haviam predito. Os hebreus rebeldes que Deus havia chamado de "não meu povo" foram redimidos do cativeiro e renomeados como "meu povo".

Ao examinarmos este conto de dois vasos vemos Deus repetidamente advertindo tanto Israel quanto Judá durante um período de séculos. Ambos falharam em dar ouvidos às advertências de Deus e, por isso, sofreram graves consequências. Deus foi justo com ambos no sentido de que os buscou com igual paixão. A oferta de salvação em resposta ao arrependimento foi a mesma para ambos. E as consequências da desobediência contínua foram idênticas: deportação e exílio, tal como o Senhor havia advertido (Dt 28:15-68). Contudo, Deus exerceu sua prerrogativa como governador soberano sobre toda a criação e estendeu misericórdia a um deles: Judá. Deus preservou um remanescente com o objetivo de cumprir suas promessas incondicionais feitas tanto a Abraão quanto a Davi.

Paulo ampliou a aplicação dessas profecias do Antigo Testamento. O pequeno percentual do "não meu povo" dos dias de Oseias que novamente se tornou "meu povo" era de judeus. E o "remanescente" de Isaías também era composto por judeus que haviam retornado com Esdras e Neemias para reconstruir a nação. Todavia, Paulo enxergava a redenção dos gentios como um cumprimento mais profundo daquelas profecias.

Amo ver como Deus sempre excede as expectativas!

APLICAÇÃO
Romanos 9:1-33
INDO A EXTREMOS

Em Romanos 8:28-39, Paulo assegurou aos seus leitores que, a despeito de nossos sentimentos ao contrário, a salvação dos crentes é segura — não porque sejamos fiéis, mas porque Deus é fiel. Isso naturalmente leva à pergunta: "Sendo assim, se Deus é fiel para preservar seus eleitos, o que podemos dizer sobre os judeus descrentes? A aliança incondicional de Deus com os descendentes de Abraão parece estar em risco". A resposta de Paulo (9:1—11:36) começa com uma defesa do caráter de Deus. Ela explica a doutrina da predestinação, que estabelece quatro verdades:

- A predestinação começa com a escolha soberana de Deus (9:6-13).
- A predestinação sustenta o caráter perfeito de Deus (9:14-18).
- A predestinação nos mostra a misericórdia de Deus (9:19-22)
- A predestinação defende a imparcialidade de Deus (9:23-33).

O ensinamento de Paulo pode ser resumido ao seguinte dístico:

Deus é fiel para salvar seu remanescente escolhido;
os condenados condenaram-se a si próprios.

Somos sábios em permitir que esse dístico se mantenha por si próprio sem sucumbirmos à tentação de resolver qualquer contradição percebida. Infelizmente, alguns não conseguem deixar as coisas dessa maneira e levaram a doutrina da predestinação a um de dois extremos.

O primeiro e mais comum é dizer que a salvação é totalmente uma "escolha do livre-arbítrio" feita por uma pessoa. Embora isso pareça razoável na superfície, as implicações têm pouco ou nenhum apoio bíblico. Esse extremo

- coloca o fardo da salvação totalmente nos ombros da pessoa,
- nega ou minimiza a depravação do coração humano,
- sugere que uma pessoa pode perder sua salvação, seja por escolha ou por pecar, e
- invariavelmente leva ao legalismo (uma ênfase no cumprimento das leis para preservar a salvação).

O segundo extremo é dizer que a humanidade não desempenha nenhum papel que seja na salvação ou na condenação. Muitos chegam a esse extremo de defender a soberania de Deus e evitar dar qualquer glória ao indivíduo por sua própria salvação. Embora esse seja um final nobre — um que aprecio —, ele, todavia, leva a conclusões igualmente não bíblicas. Esse extremo

- coloca a responsabilidade pela condenação de uma pessoa totalmente em Deus,
- leva à conclusão de que Deus é culpável pelo mal,
- sugere que a humanidade não tem qualquer participação que seja no plano de Deus para redimir o mundo, e
- invariavelmente leva ao fatalismo (uma ênfase diminuída na responsabilidade humana) e à paralisia.

A história está repleta de exemplos de pessoas que levaram essa questão a um extremo ou a outro, fazendo, como resultado, com que o evangelismo sofresse. Aqueles que enfatizaram a soberania de Deus e negligenciaram a responsabilidade humana concluíram que os predestinados a crer chegariam a Cristo quer os cristãos proclamassem as boas-novas, quer não. O evangelismo internacional permaneceu inativo por décadas até que William Carey, que defendia a ênfase calvinista sobre a soberana eleição dos crentes por Deus, pegou seus irmãos por seus colarinhos teológicos e os chacoalhou com o propósito de que voltassem à razão.

Aqueles que enfatizaram a responsabilidade da humanidade e ignoraram a escolha soberana de Deus adotaram todos os meios de manipulação imagináveis para coagir indivíduos a confiar em Cristo. Agora, temos denominações inteiras inadvertidamente proclamando que "Deus ajuda a quem se ajuda". Elas adicionam as obras à graça e impõem sobre os membros a responsabilidade de preservar a sua justificação.

Na condição de estagiário sob a tutela de Ray Stedman na Peninsula Bible Church, servi juntamente com um colega também estagiário. Se o homem pigarreava para limpar a garganta, era porque Deus o havia levado a limpar sua garganta. Se cuspisse, era porque Deus o havia levado a cuspir. Se arrotasse, era porque Deus o levara a arrotar. E, se pecasse, Deus de alguma forma estava envolvido nisso!

Eu, por outro lado, me sentia mais confortável com a ênfase wesleyana sobre o livre-arbítrio humano. Viver de maneira honrosa e obediente tinha tudo a ver com o que eu fazia. Desse modo, corri na esteira ergométrica espiritual como um cristão diligente, certo de que poderia me tornar mais e mais espiritualizado por meio dos meus esforços. E, uma vez que o homem viveu conosco durante todo o verão, ah, como discutimos. Cynthia finalmente perguntou: "Será que poderíamos simplesmente jantar em vez de tentar resolver os mistérios do universo?".

Por fim, meu querido amigo chegou ao equilíbrio e Ray ajudou-me a escavar mais fundo nas Escrituras para encontrar a perspectiva correta. Ele chamou minha atenção ao fazer uma pergunta surpreendente: "Chuck, do que você tem tanto medo? Por que você tem tanto medo da doutrina da soberania de Deus?".

Eu pisquei os olhos, olhei pela janela, para os meus pés e então retornei aos olhos de Ray. "Tenho medo de perder meu zelo pelos perdidos. Tenho medo de que, se eu realmente acreditar nisso, vou me tornar um ministro passivo, que vou deixar tudo para Deus para que ele selecione os eleitos e eu não faça nada".

Ray disse: "Você precisa se lembrar de Spurgeon, um batista da graça soberana, que disse que 'se Deus tivesse pintado uma lista nas costas dos eleitos, eu passaria meus dias caminhando para cima e para baixo pelas ruas de Londres erguendo camisas. Mas porque Deus disse 'quem quiser, venha', prego o evangelho a todos. E confio que Deus vai levar à fé aqueles que são seus".

Isso foi de grande ajuda. Quanto mais eu sirvo a Deus no ministério, mais conforto encontro na doutrina da escolha soberana de Deus. Em vez de me tornar passivo, a confiança no controle completo de Deus me libertou para proclamar as boas-novas com ainda mais zelo e maior liberdade. Sinto-me bem menos preocupado com a questão de estar sendo "bem-sucedido" ou não. Minha responsabilidade é ser fiel; Deus é responsável pelos resultados.

A *Deus* seja a glória!

Conversa franca sobre predestinação

LEIA ROMANOS 10:1-21

Por vários séculos, filósofos e cientistas discutiram sobre a natureza da luz. Alguns afirmavam que a luz se comporta como uma onda viajando através do espaço, algo muito semelhante ao som. Outros discordam, afirmando que a luz é uma corrente de pequenas partículas que emanam de sua fonte. Infelizmente, a experimentação não ajudou. Quando testada como uma onda, a luz prova ser uma onda. Quando testada como uma partícula, a luz prova ser uma partícula. E, como as pessoas que entendem dessas coisas me explicam, um experimento deveria refutar o outro. Contudo, os experimentos não mentem.

O debate dividiu as mentes mais brilhantes do mundo em campos opostos, cada uma experimentando, calculando, teorizando e escrevendo para provar que a outra estava errada. Então, em 1905, um acadêmico indesejável — alguém relativamente desconhecido que trabalhava como examinador de patentes durante o dia e passava as noites desvendando grandes mistérios — publicou um artigo no principal jornal de Física da Alemanha que mudaria tudo. Albert Einstein propagou a ideia de que a luz é *tanto* uma onda *quanto* uma partícula. Sua teoria não fazia sentido algum, mas seus cálculos responderam satisfatoriamente a todas as objeções.

Como leigos da área científica, mal podemos apreciar o efeito que sua ideia teve sobre o mundo. Sua teoria, que por fim lhe concedeu um prêmio Nobel, desafia as leis da Física como as entendemos. Essa "natureza dupla da luz" não deveria ser possível. Contudo, de alguma maneira, numa dimensão além da nossa capacidade intelectual, o mistério da luz é tão simples quanto 2 + 2.

O mundo da teologia também tem os seus quebra-cabeças insolúveis. Como Deus pode ser um e três, embora seja Único? Nós realmente não conseguimos compreender isso. Todavia, a Bíblia claramente o apresenta como uma tri-unidade. É um paradoxo que ameaçou dividir o mundo cristão após a morte dos apóstolos, simplesmente porque muitos mestres preferiam uma divindade que pudessem compreender. Muitas daquelas primeiras heresias existem hoje como seitas, as quais se disfarçam habilmente para parecer autenticamente cristãs.

Outro paradoxo tem sido descrito como "a soberania de Deus *versus* o livre-arbítrio da humanidade". Teólogos do passado e do presente têm sido culpados de curvar um para servir ao outro, o que inevitavelmente leva a crenças e práticas não bíblicas. Os batistas calvinistas do século 18 na Inglaterra, por exemplo, acreditavam que o evangelismo presumia interferir com a predestinação soberana de Deus. Quando o jovem William Carey sugeriu que missionários fossem enviados a terras estrangeiras em obediência ao mandamento de Cristo presente em Mateus 28:16-20, um ministro mais velho o repreendeu: "Sente-se, meu rapaz. Você é um entusiasta! Quando Deus se agradar de converter os gentios, Ele o fará sem consultar você ou eu!".[50]

No outro extremo, os mestres do "livre-arbítrio" acreditam que a salvação está totalmente nas mãos de cada pessoa — mãos que podem se cansar de se segurar em Cristo, perder a força e fazer com que o crente caia rumo à descrença. Uma pessoa pode ou não ser declarada justa pela fé em qualquer dado momento e pode tanto ser lançada no inferno quanto voar para o céu dependendo, é claro, de seu estado mental e espiritual no momento da morte. Pessoas dessas seitas enfrentam dificuldades continuamente com medo e dúvida, o que inevitavelmente leva a uma religião baseada em obras — o exato oposto da salvação *pela graça somente por meio da fé somente em Cristo somente!*

Sendo assim, como reconciliamos essas grandes verdades — a soberania de Deus e o livre-arbítrio da humanidade? De acordo com J. I. Packer, alguém fez essa pergunta ao grande pregador calvinista C. H. Spurgeon. "'Eu não tentaria', respondeu ele; 'eu nunca reconcilio amigos'".[51] Que abordagem cheia de sensibilidade! Nenhuma das duas posições deixa de ser verdadeira simplesmente porque não somos capazes de aceitar o paradoxo.

Em Romanos 9, Paulo confirmou que a salvação é uma obra de Deus. Ele escolheu alguns e Ele "endureceu" outros. Naturalmente, essa doutrina da eleição ou predestinação levou a uma pergunta razoável: "Como Deus pode condenar de maneira justa aqueles que não optaram por crer se a escolha deles não foi a vontade de Deus?" (minha paráfrase de 9:19). Depois de defender a soberania absoluta do Senhor, sustentando sua justiça perfeita, mostrando-nos sua misericórdia e defendendo sua retidão, Paulo apropriadamente voltou sua atenção para a responsabilidade da humanidade.

Ao colocarmos os capítulos 9 e 10 juntos, vemos os dois lados dessa questão. Verdade seja dita, devemos defender cada uma delas sem diminuir a outra:

> Lado A: Deus rejeita pessoas rebeldes porque elas o rejeitaram (Rm 1:28-32; Mt 10:33; 21:42-44; Jo 15:22-24).
> Lado B: amamos a Deus porque Deus nos amou primeiro (Rm 5:8; 8:28-30; 1Jo 4:10).

Em Romanos 10:1-7, Paulo lamentou o fracasso de seus irmãos judeus não salvos em ver a justiça pessoal em seu contexto adequado. Ao tentar obter retidão por meio da força de vontade pessoal, eles erraram o alvo e deixaram de reconhecer seu Messias. Em contraste, uma pessoa cuja retidão vem através da fé admitirá sua própria incapacidade e prontamente receberá o Salvador que redime.

Então, à medida que o apóstolo confrontou a humanidade com a verdade do evangelho, ele fechou quatro possíveis rotas de fuga:

- O evangelho está disponível; portanto, aqueles que ouvem são responsáveis (10:8-10).

- O evangelho é universal; portanto, ninguém está isento (10:11-15).
- O evangelho é simples; portanto, os não salvos são responsáveis (10:16-19).
- Deus é fiel e imutável; portanto, a crise de responsabilidade permanece (10:20-21).

10:1-5

Conforme prossegue em sua explicação sobre o relacionamento dos judeus com o Senhor, Paulo mais uma vez expressa seu desejo apaixonado de que sua nação aparentada abraçasse o evangelho. Longe de condenar ou criticar seus compatriotas judeus, Paulo chorou por eles. Ele estava de coração partido. Ele se lembrou de colegas de estudo com quem viajou e estudou quando saiu de Tarso para aprender sob a tutela de Gamaliel e outros rabinos. Ele se lembrou de antigos amigos e colegas fariseus, todos buscando o objetivo errado com zelo, determinação e sinceridade. Em vez de abraçar seu Messias, perseguiram de forma sincera e apaixonada uma justiça de sua própria construção, supondo que isso seria suficiente para agradar a Deus. Paulo conhecia, a partir de sua própria experiência, a futilidade do zelo sincero sem o conhecimento correto (At 22:3; Gl 1:14). Considerando os compatriotas judeus de Paulo, eles deixaram de entender tanto o caráter de seu Deus quanto a maneira como agradá-lo. Em vez de se submeterem à retidão de Deus e permitirem que ela os controlasse a partir de dentro, eles tentaram curvá-la para que pudessem alcançar seus próprios interesses.

Descobri que a mesma tendência ocorre muito frequentemente nas igrejas cristãs! E, a partir daquilo que observei, existem duas razões primárias pelas quais as igrejas erram o caminho. Primeiramente, a ignorância: elas não conhecem as Escrituras e não sabem como formar suas crenças básicas em torno da Bíblia. Consequentemente, elas buscam o que a maioria consideraria ser bons objetivos — comida, roupa e abrigo para os pobres; paz para o mundo; fim das doenças — supondo que Deus se agradará diante de seus esforços honestos.

Segundo, as igrejas podem se tornar teimosas, tão presas aos seus caminhos que, inconscientemente, servem às suas próprias tradições e deixam de dar atenção às ordens das Escrituras. Quando uma igreja não consegue romper o molde de seus próprios costumes, ela começa a servir a si própria em vez de ao Senhor. A autopreservação se torna a principal prioridade, no lugar do avanço do Reino de Deus.

A tradição dos hebreus há muito tempo havia se desviado do seu propósito original e se tornara uma perversão trágica. A Lei de Moisés nunca teve como objetivo tornar-se o meio pelo qual as pessoas pudessem obter a justiça de Deus. Pelo contrário, "o *telos* da Lei é Cristo". *Telos* [5056] tem uma ampla gama de significados, incluindo "realização", "cumprimento", "completação", "execução", "perfeição" e "conclusão".

Todos esses termos em português estão corretos quando tomados de forma independente, mas é melhor analisá-los em conjunto. Jesus não aboliu a Lei; Ele a cumpriu. As pessoas não buscam mais a Lei como uma expressão da fé que colocam em Deus; elas vão diretamente a Deus em e através da pessoa de seu Filho, Jesus Cristo.

Em Romanos 10:5, Paulo esclareceu mais uma vez o papel da Lei no plano de Deus para trazer sua justiça ao mundo. Deus revelou sua Lei através de Moisés como uma expressão de seu caráter justo. Foi para confrontar a humanidade, dizendo, com efeito, "aqui está o padrão de justiça que eu requeiro; para você ser declarado suficientemente justo para escapar das consequências do pecado, do tormento eterno, você deve cumprir cada letra". Desse modo, a salvação pelas obras é uma possibilidade *teórica*. Contudo, tal como pular alto o suficiente para entrar no céu, é uma impossibilidade *prática*. Nenhum ser humano caído pode alcançá-la. A única resposta adequada à Lei é clamar em humildade: "Quem pode ser declarado justo dessa maneira? Certamente eu não posso!". Jesus então se tornou "o fim da lei" para aqueles que colocam sua fé nele.

- Jesus atingiu as exigências da Lei, pois a cumpriu perfeitamente.
- Jesus cumpriu a intenção da Lei, pois agradou ao Pai com sua obediência.
- Jesus completou o propósito da Lei, pois cumpriu todos os seus requisitos.
- Jesus executou a aliança da Lei, pois requereu as recompensas da obediência.
- Jesus aperfeiçoou as exigências da Lei, pois excedeu suas expectativas.
- Jesus aboliu a necessidade da Lei, pois tornou-se a Palavra de Deus para a humanidade.

10:6-7

A única resposta possível a essas verdades é a submissão humilde. Para ilustrar que a justiça por meio da fé não é um conceito novo, Paulo se baseia nas palavras de Moisés (Dt 30:9-14). Quando os israelitas estavam prestes a entrar na Terra Prometida, Deus explicou mais uma vez as grandes recompensas da obediência e as terríveis consequências da rebelião, lembrando-os de que não esperava perfeição moral por parte deles. Ele queria sua devoção. Assim, chamou-os para "se voltarem para o SENHOR, o seu Deus, de todo o coração e de toda a alma" (Dt 30:10).

A perfeição não é uma expectativa razoável. A devoção, porém, é uma resposta de fé que está muito mais ao alcance da humanidade. Os israelitas da época de Moisés receberam acesso à justiça de Deus por meio da fé em Deus, e a mesma verdade aplica-se a nós hoje. Não se espera de nós que subamos ao céu para obter qualquer coisa; Cristo desceu à terra para nos trazer tudo de que precisamos. Também não precisamos pagar nossa pena pelo pecado; Cristo pagou essa pena por nós e ressuscitou dos mortos para nos dar vida. A justiça de Deus é recebida por meio da fé, não por nosso próprio mérito. O que cada pessoa escolhe fazer com essas verdades determina seu destino, o que leva Paulo à sua defesa quádrupla da responsabilidade humana.

10:8-10

O evangelho está disponível; portanto, aqueles que ouvem são responsáveis (10:8-10).
Ironicamente, Paulo citou uma passagem em Deuteronômio na qual o Senhor coloca duas escolhas diante do povo da aliança exatamente quando estavam para entrar na Terra Prometida. Deus declarou que havia colocado diante deles a vida e a morte, o bem e o mal, e então os desafiou a escolher. A escolha pela obediência traria bênção; a escolha pela desobediência traria maldições (Dt 30:15-20). Mais de dois mil anos depois, Jesus confrontou Israel com uma escolha similar: recebê-lo pela fé e serem declarado justos, ou perseguir a justiça por meio das obras e serem condenados. Graça ou culpa. Além disso, através do testemunho e da pregação de crentes como Paulo, Israel estava mais uma vez sendo confrontado com uma escolha na forma da mensagem do evangelho: creia, e você "será salvo".

Alguns têm chamado depreciativamente essa verdade de "crença fácil". Essas pessoas não conseguem aceitar um evangelho de fé porque ele parece livrar a humanidade da punição de Deus com muita facilidade. Mas ali está ela, em tinta sobre papiro, preservada durante séculos pela fidelidade de mártires guiados pelo Espírito Santo e agora disponíveis em uma infinidade de idiomas. "Pois com o coração se crê para justiça, e com a boca se confessa para salvação" (Rm 10:10). Como qualquer pessoa que crê vai lhe dizer, esse tipo de crença não é complicado, mas é qualquer coisa menos "fácil".

Não foi fácil para Cristo, que pagou por nossa salvação com sua morte e, então, tornou a vida abundante possível por meio de sua ressurreição. Não foi fácil para os apóstolos, que preservaram essa mensagem e, em seguida, morreram enquanto a pregavam. Não foi fácil para milhares de mártires da Igreja Primitiva, que deram testemunho desta mensagem por meio da humilhação e da tortura antes de morrer. Não foi fácil para os reformadores, que renunciaram a tudo para recuperá-la da igreja apóstata de Roma. E não foi fácil para homens e mulheres que sacrificaram seu próprio conforto e segurança para levá-la a lugares hostis ao redor do mundo. Além disso, não é fácil para pessoas naturalmente pecadoras acreditarem nessa verdade sobrenatural.

Todavia, a mensagem do evangelho está disponível a todos, é gratuita e não apresenta restrições. A disponibilidade resulta em responsabilidade.

10:11-15

O evangelho é universal; portanto, ninguém está isento (10:11-15).
Paulo citou parte de Isaías 28:16. Aqui está o versículo completo: "Por isso diz o Soberano, o Senhor: 'Eis que ponho em Sião uma pedra, uma pedra já experimentada, uma preciosa pedra angular para alicerce seguro; aquele que confia, jamais será abalado'". A ilustração de Isaías deve ter sido familiar a qualquer trabalhador da construção civil. O pedreiro principal assenta a primeira pedra no ponto exato do canto da construção, exatamente na elevação correta. Essa pedra angular se torna o ponto de referência padrão. A posição correta de todas as outras pedras será avaliada em referência a ela. É uma imagem de obrigação e responsabilidade. O padrão de justiça é crer em Jesus Cristo. Todo aquele que crê nele estará alinhado, ajustado e nivelado com a pedra angular. O padrão se aplica a toda pedra no edifício de Deus, tanto judeus quanto gentios.

Além disso, todo mundo é responsável por atender ao padrão do evangelho — crença — porque as boas-novas são para todos. Alguns teólogos têm objeções em relação a isso porque responder pela fé ao evangelho se parece muito com uma boa obra. De acordo com o raciocínio deles, se tivermos a habilidade de crer em Cristo por nosso próprio livre-arbítrio, então podemos requerer crédito por nossa própria salvação. Pelo fato de sabermos que ninguém pode ser declarado justo exceto pelo ato gracioso de Deus, o que se segue é que nossa crença em Cristo não deve ser escolhida livremente e de forma independente, mas compelida pelo Espírito Santo. Essa doutrina (chamada de "graça irresistível" pelos teólogos) é o resultado de um raciocínio que parece lógico, mas que não encontra apoio direto na Bíblia.

Se continuarmos nessa linha de raciocínio, devemos concluir que apenas aqueles que são compelidos pelo Espírito Santo têm a habilidade de aceitar o presente da expiação de Cristo. Portanto (esses mesmos teólogos concluem), Cristo morreu apenas por aqueles que foram predestinados a crer... e por ninguém mais. Isso é conhecido como "doutrina da expiação limitada". E isso nada mais é do que contrário à Escritura.

As riquezas de sua graça são abundantes para "todos os que o invocam" (Rm 10:12). Mais uma vez, Paulo citou o Antigo Testamento: "Todo aquele que invocar o nome do Senhor será salvo" (Rm 10:13; citação de Jl 2:32). Paulo está proclamando a oferta gratuita que encontramos por todo o restante do Novo Testamento: "Porque Deus tanto amou o mundo que deu o seu Filho Unigênito, para que todo o que nele crer não pereça, mas tenha a vida eterna" (Jo 3:16). "Ele é a propiciação pelos nossos pecados, e não somente pelos nossos, mas também pelos pecados de todo o mundo" (1Jo 2:2). "Jesus [é] coroado de honra e de glória por ter sofrido a morte, para que, pela graça de Deus, em favor de todos, experimentasse a morte" (Hb 2:9).

Inquestionavelmente, Cristo morreu por todos. O dom de sua expiação é oferecido a todos. Ele está disponível ao mundo inteiro.

Fico especialmente intrigado pela declaração do apóstolo Pedro em relação aos falsos mestres presentes na Igreja, pessoas que ele igualou aos falsos profetas do Antigo Testamento. Perceba o que ele disse sobre eles:

> No passado surgiram falsos profetas no meio do povo, como também surgirão entre vocês falsos mestres. Estes introduzirão secretamente heresias destruidoras, *chegando a negar o Soberano que os resgatou*, trazendo sobre si mesmos repentina destruição. (2Pe 2:1; ênfase minha)

Eu mesmo sou capaz de imaginar uma dúzia de maneiras diferentes de torcer essa passagem para que ela se encaixe em qualquer sistema teológico que alguém se importe em dar um nome. Já vi essa passagem virada em toda direção possível. Mas o sentido real continua o mesmo: algumas pessoas que eram culpadas de ensinar o erro na Igreja estavam prestes a enfrentar o tormento eterno porque estavam negando Jesus Cristo, que havia pagado o preço para redimi-las. Ele pagou pelos pecados do mundo inteiro, incluindo aqueles mestres perdidos da falsa religião.

A verdade é inescapável; todos são responsáveis por sua resposta às boas-novas.

10:16-19

O evangelho é simples; portanto, os não salvos são responsáveis.
Paulo estava escrevendo especificamente sobre judeus, que estavam numa posição singular para ouvir a verdade da Palavra de Deus. Mas ouvir não resulta automaticamente em crer. Ele retornou mais uma vez ao Antigo Testamento e ao profeta Isaías, que fez uma pergunta retórica: "Quem creu em nossa mensagem? E a quem foi revelado o braço do

Senhor?" (Is 53:1). A resposta implícita pela pergunta é "Israel! Portanto, eles não têm desculpa para não crer".

O apóstolo direcionou a atenção de seus leitores para Salmos 19:4, que celebra a revelação que o Senhor fez de si mesmo no esplendor da criação. Os teólogos chamam isso de "revelação geral". O salmo prossegue para celebrar a revelação sobrenatural do Senhor de si mesmo para o povo hebreu na forma das Escrituras. Isso é chamado de "revelação especial". Essas duas não deixam desculpas para os judeus — ainda menos do que para os gentios (Rm 1:18-20).

Se a revelação da verdade feita pelo Senhor por meio da criação e do seu ato de entregar a verdade por meio das Escrituras já não fossem suficientes, Ele também disponibilizou a salvação aos gentios para chocar seu povo em meio ao seu próprio estupor. Ele se aproveitou do egoísmo da natureza humana para atiçá-los a buscar aquilo que lhes fora dado primeiramente. Todavia, muitos dos que ouviram as boas-novas a rejeitaram.

10:20-21

Deus é fiel e imutável; portanto, a crise de responsabilidade permanece.
Nosso Criador soberano não muda. Sua natureza e seu caráter são os mesmos hoje tal como sempre foram, e nada no futuro fará com que Ele se torne qualquer coisa diferente. Contudo, Ele lidou com a humanidade de maneiras diferentes em vários estágios da história. Por exemplo: Ele não nos chama mais a trazer sacrifícios animais aos seus sacerdotes à porta de um santuário. Em vez disso, Cristo se tornou "o mediador de uma nova aliança" (Hb 9:15), na qual Ele próprio se tornou o sacrifício "de uma vez por todas" (Hb 9:12) e continua sendo nosso Sumo Sacerdote. Isso não é dizer que Deus mudou o caminho da salvação — como alguns caluniosamente me acusam de dizer. A salvação é agora aquilo que sempre foi: somente pela graça, por meio apenas da fé, em resposta a Deus. Jesus é a revelação perfeita de Deus, a eterna Palavra de Deus em carne humana. A fé somente em Jesus é o único caminho para ser declarado justo e, através disso, receber o dom da vida eterna.

Assim, embora Deus nunca mude sua natureza ou seu caráter, Ele de fato se relaciona com a humanidade de maneiras diferentes através do tempo. A crise de responsabilidade que confrontou os judeus nos dias de Paulo permanece até hoje. O Senhor continua a manter o convite para receber sua graça por meio da fé em Jesus Cristo.

Para lembrar a todos, incluindo seus irmãos e irmãs judeus, Paulo citou Isaías 65:1-2, a resposta de Deus ao arrependimento dos judeus depois de seu sofrimento no exílio:

> Fiz-me acessível aos que não perguntavam por mim;
> fui achado pelos que não me procuravam.
> A uma nação que não clamava pelo meu nome eu disse: "Eis-me aqui,
>   eis-me aqui".
> O tempo todo estendi as mãos a um povo obstinado,
> que anda por um caminho que não é bom, seguindo as suas
>   inclinações.

Paulo citou livremente Isaías pela mesma razão que posso incluir a frase a seguir em um sermão sobre Gálatas 2:3-5: "Dê-me liberdade ou dê-me a morte". Muitos americanos na plateia reconheceriam imediatamente o chamado às armas feito por Patrick Henry na Revolução Americana e a longa luta que os colonos tiveram de suportar para alcançar a independência. Mas essa breve alusão se perderia para aqueles que não estão familiarizados com a história americana. Do mesmo modo, os judeus teriam rapidamente compreendido o ponto de Paulo; os gentios, porém, vivendo mais de dois milênios depois daqueles eventos, precisariam de algum contexto histórico.

Tendo suportado as terríveis consequências de seu pecado, um Israel quebrantado e humilhado lamentou:

> Contudo, Senhor, tu és o nosso Pai.
> Nós somos o barro; tu és o oleiro.
> Todos nós somos obra das tuas mãos.
> Não te ires demais, ó Senhor!
> Não te lembres constantemente das nossas maldades.
> Olha para nós! Somos o teu povo!
> As tuas cidades sagradas transformaram-se em deserto.
> Até Sião virou um deserto,
> e Jerusalém, uma desolação!
> O nosso templo santo e glorioso,
> onde os nossos antepassados te louvavam,
> foi destruído pelo fogo,
> e tudo o que nos era precioso está em ruínas.
> E depois disso tudo, Senhor, ainda irás te conter?
> Ficarás calado e nos castigarás além da conta?
>   (Is 64:8-12)

O Senhor respondeu ao apelo deles com a garantia de cumprir suas promessas aos descendentes hebreus de Abraão. Contudo, o cumprimento aconteceria apenas para um remanescente. Para argumentar em favor da responsabilidade e explicar a resposta dos judeus, Paulo aludiu ao texto de Isaías, cujo oráculo predisse que a maioria permaneceria em sua rebelião enquanto uma minoria reivindicaria as bênçãos da aliança. A mensagem de Isaías então chamou o povo de Israel a escolher sabiamente, pois seu destino continuaria sendo responsabilidade deles.

> Assim diz o Senhor:
> "Quando ainda se acha suco num cacho de uvas,
> os homens dizem: 'Não o destruam, pois ainda há algo bom';
> assim farei em favor dos meus servos;
> não os destruirei totalmente.
> Farei surgir descendentes de Jacó,
> e de Judá quem receba por herança as minhas montanhas.
> Os meus escolhidos as herdarão,
> e ali viverão os meus servos.
> Para o meu povo que me buscou,
> Sarom será um pasto para os rebanhos,
> e o vale de Acor, um lugar de descanso para o gado.
> "Mas vocês, que abandonam o Senhor
> e esquecem o meu santo monte,
> que põem a mesa para a deusa Sorte
> e enchem taças de vinho para o deus Destino,
> eu os destinarei à espada,
> e todos vocês se dobrarão para a degola.
> Pois eu os chamei, e vocês nem responderam;
> falei, e não me deram ouvidos.
> Vocês fizeram o mal diante de mim
> e escolheram o que me desagrada"
> (Is 65:8-12)

Ao examinar essas duas passagens de Isaías preste atenção em dois fatos. Primeiramente, a soberania de Deus e a responsabilidade humana existem em harmonia natural uma com a outra. Não é necessário haver reconciliação! Nem Isaías nem Paulo tentaram explicar como ambas poderiam ser verdadeiras a despeito do aparente conflito lógico. Segundo, embora a natureza e o caráter de Deus não mudem, Ele não vai estender as mãos para sempre "a um povo obstinado" (Is 65:2). O tempo para escolher chegará a um fim. Pode ser a qualquer momento.

Quando o Senhor virar a página deste capítulo da história, o tempo para o julgamento final começará e o tempo para escolher terá terminado. Se isso acontecer no pôr do sol de hoje, você estará preparado?

APLICAÇÃO
Romanos 10:1-21
ENCONTRANDO LIBERDADE NA VONTADE SOBERANA DE DEUS

Deus é soberano na escolha de seu povo: Abraão dentre todos os caldeus; Isaque e não Ismael; Jacó acima de Esaú; um remanescente que crê em meio a uma maioria de descrentes. Todavia, cada pessoa é responsável por responder à oferta da graça de Deus e é culpável por recusá-la. Aqueles que sofrerem a pena do tormento eterno pelo pecado o farão sem desculpa. O evangelho está ao alcance de todas as pessoas (10:8-10), ninguém está isento da oferta da vida eterna (10:11-15), o recebimento desse presente não requer esforço humano (10:16-20) e este presente gratuito de vida eterna permanece disponível (10:21).

Deus é soberano; as pessoas são responsáveis. Essas duas verdades devem ser mantidas simultaneamente para que o evangelho não sofra. A soberania do Senhor me dá grande conforto em dois aspectos. Primeiramente, descanso seguro no fato de que meu relacionamento com Ele não pode ser rompido por minha infidelidade. Inibido? Sim. Penoso para ambos? Sem dúvida. Mas dissolvido? Sem chance! Tudo isso porque Ele me escolheu e vai finalmente me equipar para desfrutar da vida eterna com Ele.

Segundo, descanso seguro no fato de que a salvação dos outros é uma realização de Deus, não minha. Mal posso imaginar a pressão insuportável de manter o destino eterno de outra pessoa nas minhas mãos frágeis. Eu ficaria continuamente preocupado de que um escorregão da língua, uma palavra mal escolhida, virar para a esquerda em vez de para a direita em minha abordagem pudesse empurrar alguém para mais perto do abismo da condenação. Penso que eu ficaria paralisado pelas terríveis consequências do fracasso da minha parte e, então, deixaria de dizer uma palavra sequer.

Uma vez que o controle soberano de Deus determina o destino dos outros, posso proclamar ousadamente a verdade sem temor. Não sou responsável pela salvação das pessoas; contudo, minhas responsabilidades são consideráveis... assim como as suas, se você é um crente. E essas responsabilidades são vitais para o sucesso do plano de Deus. Embora não precise de nós, Ele nos deu uma participação genuína em seu plano de redenção do mundo. Ele é onipotente, mas nós temos três tarefas fundamentais:

1. Devemos nos *importar* o suficiente com as almas dos outros a ponto de sairmos do nosso caminho, deixarmos nossa zona de conforto e colocarmos de lado nossos desejos com o objetivo de proclamar o evangelho onde, de outra maneira, ele não seria ouvido.
2. Devemos *compartilhar* as boas-novas de forma fiel, livre e constante. Preferivelmente, com competência; melhor ainda, dentro do contexto de uma vida obediente.
3. Devemos *orar* para que o evangelho penetre mentes protegidas e então ressoe nas cavidades das almas vazias. À medida que oferecermos de maneira fiel e competente a essas pessoas o dom gratuito da justificação pela graça somente, por meio da fé somente, em Cristo somente, devemos submeter o destino delas ao cuidado amoroso do seu Criador. Ore para que as mentes cegas vejam e as almas surdas escutem.

Sou lembrado frequentemente de como nossa responsabilidade e a soberania de Deus trabalham juntas para realizar esse grande esforço chamado evangelismo. Certa vez, um homem se aproximou de mim, esticou a mão na minha direção e disse: "Chuck, quero que você saiba que comecei a ouvir você no rádio anos atrás".

Ele apertou minha mão firmemente, a manteve apertada e colocou a outra mão no meu ombro à medida que continuava. "Eu não tinha ideia da sua aparência. Não imaginava onde você estava. Não fazia ideia de nada. Ouvi sua mensagem e pensei: 'Bem, isso até que faz sentido'. E foi completamente diferente de qualquer coisa em que eu já havia acreditado. Ouvi um pouco mais, sintonizei de novo no dia seguinte, ouvi mais um tanto e liguei o rádio na mesma estação de novo. E, sabe de uma coisa?".

Ele então soltou a minha mão e abriu os dois braços. "Venha cá! Você é meu pai espiritual". Então, ele me envolveu em um esmagador abraço de urso que quase arrancou a vida de mim.

Por que ele estava tão feliz? Porque eu me importei, compartilhei e orei. Eu nem sequer o conhecia. Agora ele é um genuíno filho de Deus.

Graças à visão de algumas pessoas muitos anos atrás e ao trabalho de muitas mais hoje, tenho o raro privilégio de me dirigir a multidões desconhecidas por meio das ondas de rádio, bem como através de outros meios tecnológicos. Dia após dia, nunca sei quem ouvirá as boas-novas e então responderá em fé. E, acredite se quiser, o mesmo é verdadeiro para você, ainda que você nunca se coloque atrás de um microfone ou de um púlpito um dia sequer da sua vida. A quantidade de megawatts e de congregações locais nunca se comparará ao poder sobrenatural e sem medida do Espírito Santo de levar sua proclamação fiel das boas-novas aos ouvidos daqueles que precisam ouvi-la.

Pela vontade soberana de Deus, permita-me insistir que você se importe, compartilhe e ore. Permaneça fiel. Seja diligente. E que as recompensas da sua diligência fiel possam retornar e abraçar você também.

Os judeus: esquecidos ou colocados de lado?

LEIA ROMANOS 11:1-14

Depois de mais de cinquenta anos no ministério pastoral (e ainda contando), dois problemas continuam a desafiar minha confiança no evangelho: o pagão moral e o cristão imoral. O primeiro, admito, não é uma ameaça tão grande assim à minha teologia. Penso que faz sentido que a humanidade, ainda que perdida, continue a carregar a imagem de Deus; dessa forma, não deveria ficar surpreso ao perceber vislumbres da glória de Deus ao olhar entre as camadas encrostadas de pecado que estão grudadas nos não crentes. Os cristãos, por outro lado, frequentemente levam minha confiança no evangelho a ficar fora de equilíbrio. Em mais de uma ocasião coloquei grande confiança em alguém que eu achava ser um cristão firme como pedra em Jesus Cristo e que, mais tarde, descobri que era tudo fingimento. E, francamente, descubro que as igrejas são seus lugares favoritos para se esconder. Essas pessoas dizem as coisas certas, citam a Bíblia com conhecimento, lideram grupos de maneira eficiente e alguns até mesmo pregam e ensinam com convicção, mas, por baixo desse impressionante verniz cristão, não existe *nada*. Reluzentes exemplos de hipocrisia. Moralistas moralmente ocos. Monumentos vivos à atratividade do pecado — e às suas consequências enganosas e mortais.

Seriam eles cristãos verdadeiros simplesmente enfrentando dificuldades para vencer sua depravação? Ou são impostores desencaminhados se escondendo entre os verdadeiramente fiéis? Muito tempo atrás desisti de tentar classificá-los. Devo continuar sendo pastor de todos que se dizem cristãos e deixar o resto com Deus.

Mas esses verdadeiros trens morais descarrilados seriam suficientes para me mandar para a aposentadoria, cheio de tristeza, se não fosse por uma pequena parcela preciosa que retorna a Cristo, quebrantada, totalmente vazia de orgulho e finalmente em paz com sua necessidade do Salvador. Graças a Deus, eu não sou Deus! Teria perdido minha paciência, amassado cada um deles como papel de embrulho usado e jogado todos no fogo. Nesses momentos de tal impaciência, trago à mente um dos grandes salmos de graça. Leio o seguinte nele:

> O SENHOR é compassivo e misericordioso,
> mui paciente e cheio de amor.
> Não acusa sem cessar nem fica ressentido para sempre;
> não nos trata conforme os nossos pecados
> nem nos retribui conforme as nossas iniquidades.

O REMANESCENTE

Por toda a história, Deus usou vários meios de separar o fiel do infiel, o eleito do não eleito. Muito embora os teólogos tenham dificuldades para entender a interação entre a escolha soberana de Deus e a autodeterminação da humanidade, uma verdade permanece clara:

Deus cumpre suas promessas a despeito do fracasso humano.

No final, somente Jesus é 100% fiel; portanto, somente aqueles que estão "em Cristo" vão perseverar.

O Remanescente

```
        Filhos de Adão
         ↙      ↘
    Caldeus    Abraão
              ↙      ↘
          Ismael    Isaque
                   ↙      ↘
                Esaú      Jacó
                         ↙    ↘
                    Israel    Judá
                             ↙    ↘
                        Judeus    Jesus
```

O Remanescente nas Escrituras

Gn 45:7; 2Rs 19:30-31; 21:14; 2Cr 34:9, 21; 36:20; Ed 9:8-15; Ne 1:1-2; Is 10:20-22; 11:11-16; 28:5; 37:31-32; Jr 6:9; 23:3; 31:7; 40:11-15; 42:2, 15, 19; 43:5; 44:7-14, 28; 50:20-26; Ez 9:8; 11:13; Am 5:15; Mq 2:12; 4:7; 5:7-8; 7:18; Sf 2:7, 9; 3:13; Ag 1:12-14; 2:2; Zc 8:6-12.

> Pois como os céus se elevam acima da terra,
> assim é grande o seu amor para com os que o temem;
> e como o Oriente está longe do Ocidente,
> assim ele afasta para longe de nós as nossas transgressões.
> Como um pai tem compaixão de seus filhos,
> assim o Senhor tem compaixão dos que o temem,
> pois ele sabe do que somos formados; lembra-se de que somos pó.
> (Sl 103:8-14)

Quando começo a perder a confiança no evangelho por causa da natureza imprevisível da humanidade, faço o meu melhor para me lembrar de que o remédio é óbvio. Ou deveria ser. Devo tirar meus olhos da horizontal e olhar verticalmente para a fidelidade firme como uma rocha do meu Deus soberano, para quem não há surpresas e que me dá segurança em tais momentos de que tudo está sob controle. Que conforto maravilhoso!

Quando confrontados com o problema da descrença dos judeus, os leitores de Paulo precisaram desse mesmo conforto. A ideia de que o povo escolhido de Deus rejeitaria o Senhor e condenaria a si próprio à punição eterna simplesmente dá um nó na minha mente — muito semelhante ao "cristão" moralmente corrupto — e cria uma crise de segurança. "Acaso Deus rejeitou o seu povo?" (Rm 11:1). "Acaso [os judeus] tropeçaram para que ficassem caídos?" (Rm 11:11). O problema da descrença dos judeus tem relevância particular para os cristãos gentios. Ao dar conforto aos cristãos em dificuldade, Paulo nos assegura de que a vitória para o crente é inevitável (8:28-39). Mas o apóstolo tinha de abordar a sugestão horrorosa de que Deus havia descartado o povo da sua aliança. Afinal de contas, se Deus tivesse amassado a velha aliança e a atirado no fogo, quem poderia dizer que Ele não faria o mesmo com sua nova aliança no que se refere a nós?

Paulo respondeu às duas perguntas da mesma maneira: "De maneira nenhuma!". Em seguida, ele apontou para o céu e nos ofereceu um acesso privilegiado nos bastidores do grande plano do Senhor para os filhos hebreus de Abraão.

Contudo, para apreciar isso, devemos primeiramente ajustar nossa perspectiva para alinhá-la com a de Deus, o que gera duas distinções:

- Remanescente *versus* maioria (11:1-6).
- Disciplina *versus* punição (11:7-14).

11:1

O conceito de um remanescente sempre fez parte do plano redentor de Deus, de modo que não é surpresa vê-lo presente hoje. Paulo explicou e ilustrou o conceito começando com sua própria experiência, que é uma história notável de um homem se afastando do plano de Deus. Numa outra carta, ele descreveu a si próprio como "circuncidado no oitavo dia de vida, pertencente ao povo de Israel, à tribo de Benjamim, verdadeiro hebreu; quanto à Lei, fariseu; quanto ao zelo, perseguidor da igreja; quanto à justiça que há na Lei, irrepreensível" (Fp 3:5-6). Sua crença na antiga aliança era tão forte que ele se dedicou a destruir qualquer um que tentasse enfraquecê-la. Seu alvo principal? Os cristãos. Certa vez, ele relembrou seu antigo zelo em um discurso para uma multidão de compatriotas judeus:

> "Sou judeu, nascido em Tarso da Cilícia, mas criado nesta cidade. Fui instruído rigorosamente por Gamaliel na lei de nossos antepassados, sendo tão zeloso por Deus quanto qualquer de vocês hoje. Persegui os seguidores deste Caminho até a morte, prendendo tanto homens como mulheres e lançando-os na prisão, como o podem testemunhar o sumo sacerdote e todo o Sinédrio; deles cheguei a obter cartas para seus irmãos em Damasco e fui até lá, a fim de trazer essas pessoas a Jerusalém como prisioneiras, para serem punidas." (At 22:3-5)

Enquanto Paulo estava a caminho de Damasco, o Cristo ressurreto o confrontou, deixou-o cego com uma luz semelhante a um laser, jogou-o no chão e ali, à beira da estrada, redimiu seu filho da aliança desviado. Não demorou muito e Paulo retornou ao próprio povo que custeou sua campanha de morte contra a nova aliança e passou a proclamar as boas-novas. Ele foi um exemplo vivo de que Deus não havia rejeitado seu povo. Paulo foi um homem em meio a um remanescente, prova de que Deus é fiel para preservar aqueles que Ele conheceu de antemão (Rm 8:28-39).

11:2-6

Paulo certamente se sentiu como Elias, o profeta do Antigo Testamento que se colocou contra o rei ímpio Acabe e sua agressivamente maquinadora esposa Jezabel. Eles "trocaram a glória do Deus imortal" (1:23) por Baal, o deus cananeu da tempestade, e pela deusa da fertilidade Aserá. E perseguiram agressivamente qualquer um que não seguisse sua liderança idólatra. Por causa disso, o profeta fiel amaldiçoou a terra para que não recebesse chuva por três anos e meio, o que humilhou Acabe, Jezabel e os profetas de seus deuses imaginários.

Por fim, Elias convocou uma demonstração. Ele desafiou Acabe a reunir "todo o povo de Israel" e 850 profetas de Baal e Aserá no monte Carmelo para uma demonstração do poder divino (1Rs 18:19). Os profetas foram desafiados a construir um altar para Baal e, então, invocá-lo para que, de forma sobrenatural, consumisse o sacrifício. Contudo, depois de um dia inteiro de rodopios, contorções, sangria e uivos... nada. Enquanto isso, o profeta solitário zombava: "'Gritem mais alto!', dizia, 'já que ele é um deus. Quem sabe está meditando, ou ocupado, ou viajando. Talvez esteja dormindo e precise ser despertado'." (Isso certamente não lhe conquistou amigos no palácio).

Tão logo ficou claro que os profetas de Baal haviam falhado, Elias preparou seu próprio altar. Colocou o sacrifício sobre a madeira e ordenou que homens banhassem toda a lenha em água até que tudo estivesse ensopado e a água tivesse enchido uma valeta que cercava as pedras. Na hora do sacrifício da tarde, Elias fez uma breve oração, ouvida por todos, e se afastou. "Então o fogo do SENHOR caiu e queimou completamente o holocausto, a lenha, as pedras e o chão, e também secou totalmente a água na valeta" (1Rs 18:38). O profeta então ordenou aos cidadãos de Israel que haviam testemunhado o desafio que matassem os servos de Baal. Depois disso, orou pedindo chuva, que veio de forma torrencial.

Acabe e Jezabel foram humilhados. E, quando os megalomaníacos são humilhados, eles se tornam mais perigosos do que nunca. Pouco tempo depois, um mensageiro apareceu na porta de Elias com uma ameaça vinda de Jezabel, prometendo dar fim à sua vida. Diante disso, ele fez o que qualquer pessoa razoável teria feito: fugiu e se escondeu.

Na solidão de seu esconderijo, Elias lamentou: "Tenho sido muito zeloso pelo SENHOR, o Deus dos Exércitos. Os israelitas rejeitaram a tua aliança, quebraram os teus altares, e mataram os teus profetas à espada. Sou o único que sobrou, e agora também estão procurando matar-me" (1Rs 19:14). O Senhor então prometeu exercer justiça sobre os culpados. Anunciou que uma série de eventos iria reduzir as fileiras de Israel, mas depois que a poeira assentasse, um remanescente de sete mil hebreus fiéis permaneceria (1Rs 19:18).

Esse é um exemplo vívido de Deus trazendo justiça sobre a maioria rebelde dos israelitas ao mesmo tempo em que preserva uma minoria fiel. Na mente de Deus, a maioria não fala pela nação. O remanescente fiel é aquilo que pode ser denominado de "verdadeiro Israel". Estes — e não a liderança idólatra ou a maioria do povo — herdarão as promessas que Deus fez a Abraão. Paulo poderia ter escolhido qualquer um dentre uma dezena de episódios diferentes da história de Israel para ilustrar como Deus preserva um remanescente. Sendo assim, de que maneira a experiência particular de Elias é a mesma tanto de Paulo quanto nossa? Assim como nos dias de Elias, a aparência exterior sugeriria que todo Israel havia rejeitado Deus e estava perdido para sempre. A situação parece tão desesperadora que podemos ser tentados a seguir o exemplo de

Elias, que pediu ao Senhor que desse cabo de sua vida, uma vez que não havia restado nenhuma esperança. Em vez de levar Elias para casa e fechar o livro sobre o futuro de Israel, Deus encorajou o profeta abatido de três maneiras.

Primeiramente, o Senhor garantiu a Elias que a opinião da maioria não dita o futuro de Israel; Deus vai tratar disso. Além do mais, a opinião da maioria não representa o verdadeiro Israel; Deus reconhece apenas os fiéis, quer seu número seja grande, quer pequeno.

Segundo, o Senhor deu a Elias um trabalho a realizar. Ele usaria o profeta para colocar em ação uma série de eventos, os quais terminariam por punir os líderes apóstatas e varreriam a maioria rebelde do mapa da Terra Prometida (1Rs 19:15-17).

Terceiro, o Senhor anunciou que, durante o flagelo iminente, Ele preservaria não menos do que sete mil israelitas que haviam silenciosamente se recusado a seguir os demais na direção da apostasia. Eles se tornariam seu remanescente e colheriam as promessas da aliança.

Paulo relembrou a experiência de Elias porque é outra história muito poderosa para os leitores judeus; ela ilustra perfeitamente a escolha de um remanescente por parte de Deus para levar seu plano adiante. As mesmas garantias que o Senhor deu a Elias podem ser aplicadas hoje. Israel não está perdido; uma minoria fiel de judeus abraçou seu Messias e ainda existe esperança para eles porque o Senhor capacitou os crentes a proclamar as boas-novas. Contudo, nossa maior esperança para Israel descansa no caráter de Deus. Sabemos que o Senhor sempre cumpre suas promessas, de modo que estamos certos de que haverá um Israel para recebê-las. "Assim", ou seja, da mesma forma que Deus escolheu um remanescente para preservar Israel, Ele escolherá um remanescente de judeus para se tornar o verdadeiro Israel. Além disso, a escolha soberana de Deus será motivada unicamente pela graça, não por qualquer mérito em favor dos escolhidos.

11:7-14

Tendo identificado o verdadeiro Israel como sendo um remanescente fiel em vez de a maioria rebelde, Paulo estabelece uma segunda distinção bastante útil: disciplina *versus* punição. A diferença é sutil, mas profunda. Na Bíblia, punição é uma questão de justiça, na qual uma pessoa deve sofrer as consequências do pecado: separação eterna de Deus em tormento. É permanente, punitiva e retributiva. A disciplina, por outro lado, é uma questão de santificação, na qual Deus usa todas as coisas — tanto boas quanto ruins — para desenvolver o caráter de uma pessoa. Ela normalmente é temporária e sempre construtiva.

Por um lado, não existe distinção entre judeus e gentios. Alguns indivíduos são soberanamente escolhidos pela graça de Deus; outros são endurecidos em seu pecado; as bênçãos da salvação são as mesmas para ambos, bem como as maldições no castigo. A etnicidade não tem nada a ver com o destino eterno de um indivíduo, pois Deus é imparcial. Por outro lado, o Senhor tem planos especiais para a identidade coletiva dos judeus. Eles desempenham um papel crucial nos capítulos finais da história da terra; portanto, recebem atenção singular do Senhor como povo.

No tempo presente, toda a raça hebreia está sob disciplina, incluindo judeus eleitos e perdidos. Paulo mais uma vez tomou como base a história do Antigo Testamento para mostrar que esta era de disciplina é bastante consistente com o relacionamento de Deus com Israel por toda a história. A primeira citação, em 11:8, é parte de Deuteronômio 29:4, do discurso que Moisés fez a Israel enquanto estavam na fronteira da Terra Prometida depois de quarenta anos vagueando no deserto.

> Mas até hoje o Senhor não lhes deu mente que entenda, olhos que vejam, e ouvidos que ouçam. "Durante os quarenta anos em que os conduzi pelo deserto", disse ele, "nem as suas roupas, nem as sandálias dos seus pés se gastaram. Vocês não comeram pão, nem beberam vinho, nem qualquer outra bebida fermentada. Fiz isso para que vocês soubessem que eu sou o Senhor, o seu Deus" (Dt 29:4-6).

Você talvez se lembre de que, quando Israel esteve neste local pela primeira vez, doze homens foram enviados como espiões para verificar as coisas. Eles retornaram com um relatório dividido. Dois homens encorajaram Israel a confiar em Deus, enquanto os outros dez insistiram numa retirada imediata. Quando o Senhor castigou Israel por sua falta de fé, a disciplina que Ele aplicou afetou o grupo inteiro, incluindo o remanescente. Por mais injusto que pareça, o período de disciplina cumpriu dois grandes objetivos. Para os eleitos, demonstrou a provisão fiel de Deus e o cuidado contínuo por seu povo, a despeito da falha em confiar em Deus. Para os perdidos, forneceu ampla oportunidade de se arrependerem de seu pecado.

Esse período de quarenta anos de disciplina foi um período de graça no qual Deus colocou seu plano em pausa — pelo menos a partir da perspectiva humana. (O fracasso dos israelitas e o resultante "atraso" em dar a eles a Terra Prometida estava no plano de Deus desde o início.) Ele permitiu a ocorrência desse período de graça para benefício de todos, tanto judeus quanto gentios. Não devemos nos esquecer de que, durante esse intervalo de quarenta anos durante o qual os filhos hebreus de Abraão vaguearam pelos subúrbios da Terra Prometida, os gentios que viviam em Canaã tiveram ampla oportunidade de aprender sobre o plano de Deus e entrar no mesmo barco.

Imagine como a história teria se revelado de forma tão diferente se os reis cananeus tivessem enviado uma delegação para saudar os hebreus. "Ouvimos como seu Deus dizimou os exércitos do Egito com um peteleco de sua unha e que Ele obviamente quer dar esta terra a vocês. Nós vamos dá-la a vocês, livre e desimpedida, em troca da oportunidade de aprender sobre o seu Deus e de servi-lo. Em nome do Conselho Unido dos Reis Cananeus, 'bem-vindos ao lar!'".[52]

A segunda referência ao Antigo Testamento que Paulo faz em Romanos 11:9-10 é parte de um salmo messiânico de lamento.

> A zombaria partiu-me o coração; estou em desespero!
> Supliquei por socorro, nada recebi;
> por consoladores, e a ninguém encontrei.
> Puseram fel na minha comida e para matar-me a sede
>   deram-me vinagre.
>
> Que a mesa deles se lhes transforme em laço;
> torne-se retribuição e armadilha.
> Escureçam-se os seus olhos para que não consigam ver;
>   faze-lhes tremer o corpo sem parar.
> Despeja sobre eles a tua ira;
> que o teu furor ardente os alcance.
>   (Sl 69:20-24)

Esse foi o chamado de Davi para a punição eterna cair sobre aqueles que haviam rejeitado o rei ungido do Senhor. Paulo aludiu ao poema de Davi para lembrar seus leitores de que cada período de disciplina para a nação terminou, momento em que indivíduos fiéis foram recompensados e os infiéis receberam punição eterna. Infelizmente, os hebreus perdidos normalmente eram muito mais numerosos do que os eleitos.

Parece que essa mesma verdade aplica-se aos dias de Paulo, o que levou à pergunta retórica de Romanos 11:11: "Acaso [os judeus] tropeçaram para que ficassem caídos?". Com efeito, a resposta de Paulo foi "que tal coisa nunca ocorra!".

Os judeus não foram lançados fora permanentemente; foram colocados de lado temporariamente. Tal como fez nos dias de Moisés e Josué, o Senhor suspendeu seu plano para Israel para permitir a existência de um período de graça. Deus existe para o benefício de todos: os israelitas, vagueando no deserto e esperando receber suas bênçãos da aliança, e para os gentios, que atualmente desfrutam do que pertence aos judeus. De fato, Paulo viu um benefício duplo nesse arranjo.

Primeiramente, essa pausa no plano de Deus permite que os gentios tenham oportunidade ampla de ouvir as boas-novas e de se submeter ao plano mestre do Senhor (11:12). A atual caminhada de Israel no deserto terminará chegando ao seu final e Deus retomará seu plano para os filhos hebreus de Abraão. (É claro que "pausa" e "retomada" é a maneira como vemos tudo a partir de nossa perspectiva limitada. A partir da perspectiva eterna, nada foi pausado. Tudo isso era plano de Deus desde o início.)

O segundo benefício é engenhoso. Um dos grandes papéis que os gentios têm desempenhado na vida é desfrutar plenamente da nova aliança, o que é tão enriquecedor, transformador, vivificador, emocionante e satisfatório a ponto de os judeus se tornarem zelosos para reconquistar aquilo que estão perdendo (11:11,14).

Imagine que o melhor restaurante do mundo abriu uma franquia na sua cidade. Eles têm tudo que você pode pensar, de pratos refinados a costela de primeira e frutos do mar, incluindo até sanduíches de queijo grelhado e hambúrgueres. Assim, você obtém uma mesa para sua festa de cinco ou seis pessoas e, porque não tem muito dinheiro, tudo pelo que pode pagar é um cachorro-quente e uma porção de batata frita para compartilhar entre vocês todos. Na mesa ao lado da sua, um grupo de catorze pessoas pediu a melhor e mais cara comida do menu. Uma equipe de garçons surge da cozinha e começa a cobrir a mesa com os pratos mais deleitáveis que você pode imaginar. Porém, assim que a parada culinária termina, o anfitrião repentinamente se levanta e diz para o proprietário: "Olhe, vou pagar pela refeição, mas ninguém quer comer isto. Não era isto que realmente queríamos", e todos eles saem do restaurante.

Assim, com uma festa toda preparada e paga da qual ninguém vai desfrutar, o proprietário olha na sua direção e aponta para a mesa abandonada. Ele sorri enquanto anuncia: "Não existe mais ninguém no restaurante e estamos fechados. Se você não se importar de comer comigo, com os ajudantes e com os garçons, pode pegar aquilo que o outro grupo rejeitou". Antes de ele concluir a última sentença, seus pés já estão debaixo daquela outra mesa, e todo mundo está atacando a comida.

Ora, imagine que, nesse meio tempo, o outro grupo está a meio caminho de casa quando dizem uns aos outros: "Espere aí! O que estávamos pensando? Estamos com fome; então vamos voltar!". Mas, quando chegam, as portas estão trancadas e você está desfrutando do primeiro prato daquela refeição de cinco pratos. Desse modo, eles ficam lá fora, com os narizes pressionando o vidro da janela, assistindo você, seus amigos e os auxiliares desfrutarem daquilo que poderia ter sido a festa *deles*.

Ao usar o verbo *parazēloō* [3863], "provocar ciúme", Paulo não está dizendo que Deus buscou fazer com que os judeus simplesmente *sentissem* ciúmes e inveja, mas que esses sentimentos os levariam a desejar aquilo que os gentios têm — salvação no Messias deles, Jesus. Voltando à ilustração acima, o grupo fora do restaurante certamente invejaria você e seus amigos, mas esse sentimento de ciúmes não encheria o estômago deles. O zelo pela comida (estar *realmente* faminto) os levaria a fazer algo em relação à sua situação.

Esse era o maior desejo de Paulo. Ao mesmo tempo em que dedicava sua vida a proclamar o evangelho aos gentios, ele ansiava que seus irmãos judeus se tornassem zelosos pela justiça que vem pela graça por meio da fé em Jesus Cristo. No presente, eles são zelosos sem conhecimento (10:2), mas isso não será sempre assim. Quando essa cegueira terminar, quando esse momento temporário de estar colocado de lado acabar, os filhos hebreus de Abraão estarão em sua terra, sob sua própria bandeira, exaltando o Messias, que reinará como Rei dos reis e Senhor dos senhores. Jesus Cristo será coroado como o supremo líder do mundo na cidade de Jerusalém, de onde conduzirá os assuntos de todos os países. O conhecimento do Senhor inundará a terra: a justiça de Deus eclipsará todas as outras influências. As maldições serão suspensas. Crime, pobreza, poluição, doença e guerra se tornarão uma lembrança distante; problemas ecológicos e sociais, uma coisa do passado. Satanás e seus demônios serão presos e amordaçados.

Esse é o futuro de Israel. Esse é o cumprimento das suas promessas da aliança, não uma fina faixa de terra concedida a eles por um bando de diplomatas. É isso que eles devem ansiar como povo. Vitória! Abundância! Bênção além da compreensão! "Acaso Deus rejeitou o seu povo?" (11:1). "Acaso [os judeus] tropeçaram para que ficassem caídos?" (11:11). Que tal coisa jamais aconteça!

APLICAÇÃO

Romanos 11:1-14

O DEUS DAS CAUSAS PERDIDAS E DAS IMPOSSIBILIDADES

O Senhor escolheu os descendentes hebreus de Abraão para serem seu povo da aliança. Ele fez uma promessa incondicional de dar-lhes um vasto trecho de terra entre o mar Mediterrâneo e o rio Eufrates, limitado ao sul pelo Egito e se estendendo ao norte até a Assíria (Gn 13:14-15; 15:18; Dt 1:7-8; Js 1:4). Prometeu abençoar o povo hebreu e, então, abençoar o mundo inteiro através deles. Mas eles se rebelaram. Os judeus rejeitaram sua aliança em favor de uma religião feita pelos homens. Consequentemente, a rejeição dos judeus pareceria colocar a aliança de Deus em risco. Afinal de contas, como um Deus justo pode recompensar o pecado ao abençoar pessoas injustas? Contudo, se Deus não cumprir suas promessas, Ele não pode mais ser chamado justo.

Alguns tentaram resolver esse aparente enigma sugerindo que o corpo de crentes (também conhecido como "a Igreja") substituiu a nação de Israel e, assim, se coloca em posição de herdar as bênçãos da aliança de Abraão. Em outras palavras, os "descendentes espirituais de Abraão" receberão as bênçãos da aliança em lugar dos descendentes físicos de Abraão. Para apoiar essa declaração, é preciso deixar de interpretar a Bíblia de uma maneira direta. Em última instância, o leitor deve mentalmente substituir "Israel" por "Igreja". Então, interpretar o livro do Apocalipse (sem mencionar outras seções das Escrituras) torna-se algo quase impossível.

Paulo ofereceu uma outra abordagem mais sensível. Primeiramente, ele rejeitou a noção de que a maioria dos judeus rebeldes representava o verdadeiro Israel (Rm 11:1-6). Diferentemente de uma democracia, na qual o voto majoritário define a nação, uma teocracia é definida pela vontade de Deus. Aqueles que se rebelam — ainda que possam estar em maior número — não são o verdadeiro Israel. Deus chama os poucos fiéis de um "remanescente".

Segundo, Deus nem se esqueceu nem abandonou o povo da sua aliança. Eles simplesmente foram colocados de lado por um tempo. Os judeus não foram punidos; eles estão sob disciplina (11:7-14). E, em alguma data futura, o remanescente se erguerá e reivindicará tudo que Deus prometeu à nação de Israel.

A explicação de Paulo destaca dois princípios que se aplicam a todos, não apenas aos descendentes de Abraão.

Em primeiro lugar, *diferentemente da humanidade, Deus faz a sua melhor obra por meio de um remanescente, uma minoria fiel.* A Bíblia está repleta de exemplos de como Deus deliberadamente jogou contra si próprio com o objetivo de reassegurar seu povo. Ele liderou os israelitas para fora do Egito rumo ao deserto, onde não era possível encontrar água, para que pudesse fornecer-lhes água de maneira milagrosa (Êx 17:1-7). Ele instruiu Gideão a reduzir seu exército a uma força de ataque de trezentos homens para que pudesse derrotar um enorme exército inimigo em favor deles (Jz 7:19-25). No confronto de Elias com os 450 profetas de Baal, Deus instruiu Elias a encharcar o altar até que o sacrifício estivesse ensopado e a água corresse pelas pedras e se acumulasse na valeta. Baal, o deus fictício do trovão e do raio, não era capaz de gerar sequer uma faísca, mas fogo do céu consumiu o sacrifício de Elias, a água, o altar e uma boa porção do terreno (1Rs 18:25-38)!

Você talvez esteja enfrentando uma situação impossível, uma causa sem esperança. As chances contra você podem ser humanamente extraordinárias. Além do mais, você pode estar perguntando a si próprio: "O que eu fiz de errado? O que fiz para trazer isso sobre mim mesmo?". A resposta, muito provavelmente, pode ser "nada!". O mundo pode ter conspirado contra você — como Jesus advertiu antecipadamente (Jo 15:18-19) — apenas para dar a Deus uma oportunidade de demonstrar o desejo que Ele tem de abençoar você.

Você pode estar em um período de estagnação agora, suportando uma temporada improdutiva, incapaz de realizar coisa alguma. Pode estar achando que foi colocado no banco de reservas do jogo da vida, deixado de lado, esquecido. Ou pode se ver em pé, lutando contra uma maioria injusta. Deus ainda tem prazer em realizar o bem através de um remanescente fiel. Permaneça firme naquilo que você sabe ser o certo.

Segundo, *diferentemente da humanidade, Deus sempre cumpre suas promessas*. Nossa geração é desonesta. Poucos preciosos são dignos de confiança. Votos de casamento são rompidos. Contratos significam pouca coisa. Os tribunais estão sobrecarregados de infindáveis promessas descumpridas que precisam ser resolvidas. Consultórios de aconselhamento têm dificuldades para consertar corações partidos por causa de promessas abandonadas. É cada vez mais difícil encontrar homens e mulheres de integridade. Todavia, Deus nunca deixará de cumprir suas promessas. Ele cumprirá suas promessas aos judeus e cumprirá suas promessas a nós.

Minha mãe tinha um hábito maravilhoso, o de confeccionar "livros de promessas" escritos à mão para pessoas que estavam enfrentando circunstâncias difíceis. Quando encontrava alguém em luto pela perda de um membro da família, lutando para sobreviver a um casamento desfeito, batalhando contra a pobreza ou sofrendo em meio à depressão, ela conseguia preparar um pequeno livreto com versículos das Escrituras cuidadosamente escritos contendo promessas de Deus. Que presente maravilhoso para dar a alguém que precisa de encorajamento. Que presente maravilhoso para dar a si mesmo se você estiver enfrentando uma causa sem esperança ou massacrado por probabilidades impossíveis.

Permita-me também encorajar você a ser cuidadoso com a palavra "promessa", especialmente com seus filhos. Transforme a palavra "promessa" em um termo raro e precioso do seu vocabulário em casa, pronunciado somente como um compromisso sagrado para alinhar seus feitos com as suas palavras. Tome a decisão de ensinar aos seus próprios filhos que é possível confiar que Deus cumpre suas promessas ao fielmente honrar as promessas que você mesmo faz.

Ética da agricultura
LEIA ROMANOS 11:15-29

Conheci algumas poucas pessoas privilegiadas que continuam humildes a despeito de seu poder, beleza, riqueza, posição ou popularidade. São alguns poucos preciosos. A maioria é insuportavelmente convencida. Silenciosamente presunçosas atrás da fachada graciosa que usam para ser uma companhia educada. E, se você consegue acreditar nisso, muitos professam ser cristãos. Os poucos humildes que de alguma maneira permanecem não afetados por seu *status* privilegiado parecem ter duas coisas em comum: um passado doloroso e uma forte conexão com aquela história. Tive o privilégio de conhecer alguns dos homens mais poderosos das Forças Armadas dos Estados Unidos e notei que sua humildade existe em proporção direta ao número de cicatrizes em sua mente ou em seu corpo. Um homem que comanda centenas de colegas guerreiros mal consegue segurar sua própria colher; a tortura como prisioneiro de guerra deixou seus dedos parecendo desentupidores de canos torcidos. Contudo, agora que não usa mais uniforme, pode-se confundi-lo com um vendedor de sapatos ou um contador.

Conheci algumas pessoas incrivelmente ricas cujos pés permanecem firmes no chão. Elas fazem questão de se cercar de lembretes da vida no mundo real. Não apenas vivem abaixo do padrão de vida que poderiam ter como regularmente se afastam do reino dos ricos para se juntar a almas comuns... ajudando pessoas em necessidade.

Notei uma tendência similar entre cristãos espiritualmente maduros. Onde a dor os purgou do orgulho, uma forte lembrança de onde vieram os mantém docemente modestos e genuinamente graciosos. Por outro lado, uma falta de provações e uma memória curta quase sempre produzem um espírito de merecimento e uma atitude julgadora. Sendo totalmente franco, acho poucas coisas mais repulsivas do que um cristão arrogante.

Tendo assegurado os crentes gentios de seu lugar na família de Deus como filhos e filhas adotados, e tendo descrito a colocação temporária dos judeus de lado, Paulo reconheceu o potencial para um novo tipo de perigo. Os gentios agora desfrutam de um lugar de honra no grande plano do Senhor de redimir sua criação, um privilégio do qual os judeus certa vez já desfrutaram. Portanto, Paulo precisava dar aos seus leitores gentios uma boa dose de humildade, a fim de que não se tornassem presunçosos e arrogantes.

Depois de praticamente duas décadas de pregação a judeus e gentios nas cidades de todo o império oriental, o apóstolo havia dominado a arte da ilustração. Para ajudar os gentios a entenderem seu lugar no plano de Deus, ele tomou por base uma imagem que todo mundo no mundo mediterrâneo apreciaria: o cultivo de azeitonas. Infelizmente, a maioria das pessoas hoje nunca esteve numa fazenda, quanto mais numa que tenha um pomar de azeitonas. Assim, permita-me apresentar o ponto básico de Paulo logo no início, seguido por três declarações de apoio baseadas em sua lição de ética com base na agricultura: *aquilo de que os cristãos gentios desfrutam hoje foi no passado reservado para os judeus, e será o lugar de honra dos judeus novamente no futuro.*

1. *O judeu está sob disciplina agora, mas isso é temporário.* Paulo já havia explicado isso detalhadamente; sua ilustração simplesmente reafirma o fato como a base para esta lição.
2. *O gentil desfruta agora de um lugar de honra, mas não deve se tornar presunçoso.* Essa honra não pode ser obtida por meio de mérito, mas apenas recebida como um presente da graça. Além disso, o arranjo é temporário.
3. *O Senhor está atualmente trabalhando tanto com o judeu quanto com o gentio, mas seu plano é inescrutável.* Ainda que possamos observar o plano do Senhor se revelando, não temos condições de entender como ou por que Deus faz o que faz.

11:15

Paulo havia reconhecido que o fato de colocar os judeus temporariamente de lado no plano redentor de Deus foi benéfico para os gentios. Mas isso não é dizer que seja o ideal. Se Deus pode usar a desobediência deles para obter vantagem, quão mais benéfica seria a obediência deles para o mundo? Os judeus são como um membro da família que morreu tragicamente em um acidente. Os familiares sobreviventes podem sobreviver e até mesmo crescer espiritualmente a partir da perda, mas como seria maravilhoso se o falecido pudesse ressuscitar e retornar à casa! Você consegue imaginar a festa que a família daria?

Essa é a maneira de Paulo de encontrar o bem no meio de sua própria dor. Ele abriria mão de sua própria salvação para ver seus compatriotas judeus salvos. Sendo assim, não é possível imaginar quão doloroso deve ter sido para o apóstolo ouvir os cristãos gentios insultar os judeus por terem rejeitado a Cristo. Embora não tenhamos evidência direta da contenda entre judeus e gentios dentro das igrejas cristãs, as Escrituras deixam implícito que isso era um problema (At 15:1-5; Gl 2:11-14; Ef 2:11-22). Além disso, a perseguição por parte dos judeus nas sinagogas locais contra os cristãos só poderia ter inspirado ressentimento em relação aos judeus, tanto salvos quanto endurecidos. Desse modo, Paulo procurou dar às nossas observações atuais uma perspectiva eterna.

11:16-18

Antes de introduzir sua imagem principal para ilustração, Paulo rapidamente fez uma alusão ao costume judeu baseado em Números 15:17-21. Quando Israel entrou pela primeira vez na Terra Prometida, o Senhor os instruiu a observar um ritual envolvendo as "primícias", ou "primeiros frutos". Depois de trabalhar por toda a temporada, um fazendeiro hebreu ansiosamente esperava pelo primeiro sinal de produção, pois ele indicava a qualidade que poderia esperar do restante da colheita. Ao oferecer uma amostra das "primícias" de uma boa colheita, ele dizia a Deus: "Isso se deve à tua provisão; portanto, eu te agradeço e o dedico ao teu uso e para a tua glória". Tudo que se seguia, que crescia do chão, era igualmente dedicado a Deus.

O mesmo princípio se aplicava a todas as outras provisões, como um lembrete contínuo de que Deus é a fonte de todas as coisas boas. Dessa forma, quando uma mulher misturava um tanto de massa, ela separava uma pequena amostra para ser dada aos sacerdotes. Tal como o primeiro da colheita, essa amostra de "primeiro fruto" representava o todo da massa. De maneira similar, Abraão era o primeiro fruto de um povo separado para o uso e a glória de Deus; portanto, seus descendentes são igualmente separados. O relacionamento atual entre judeus e seu Deus não é menos especial do que o relacionamento com Ele desfrutado por Abraão. Paulo rapidamente retorna à sua ilustração primária envolvendo o cultivo de azeitonas e a misteriosa prática do enxerto. Agricultores da antiguidade descobriram que as raízes e os troncos de oliveiras selvagens podiam tolerar condições difíceis, tais como vento e seca, enquanto árvores cultivadas não eram tão bem-sucedidas. Assim, eles combinaram os melhores elementos de ambas, o forte sistema de raízes da oliveira brava e os frutos deliciosos das árvores cultivadas. A ilustração de Paulo, porém, deu à imagem uma mudança surpreendente. Em seu exemplo, ramos de oliveira brava extraem sustento da seiva e das raízes de um tronco cultivado.

A MAJESTADE DE DEUS (ROMANOS 9:1—11:36)

Muito tempo atrás, os agricultores aprenderam como enxertar ramos frágeis que davam fruto em um tronco duro de pés de oliveira selvagem. Contudo, Paulo transformou a imagem completamente para ilustrar as maravilhas da graça. Os ramos selvagens — que não conseguem dar fruto e, portanto, são inúteis para o fazendeiro — recebem, todavia, o dom da vida ao serem enxertados nos troncos cultivados do plano redentor de Deus.

Essa é uma imagem dramática da graça. Ramos de oliveira brava podem produzir apenas frutos pequenos, duros e nodosos, contendo pouco óleo. Em outras palavras, os ramos selvagens são inúteis! Todavia, numa mudança bizarra do bom senso da agricultura, alguns ramos cultivados foram podados, porque *não deram* fruto, para dar espaço para ramos selvagens, que *não conseguem* gerar nada útil. Os ramos selvagens agora recebem nutrição doadora de vida vinda do tronco cultivado; contudo, o enxerto não muda a natureza do ramo.

É de fato possível enxertar um ramo de uma pereira em um tronco de uma macieira; contudo, isso não muda a natureza do ramo da pereira. Ele não começa a produzir maçãs simplesmente porque recebe nutrição do tronco de uma macieira. Em acordo com sua natureza, ele produz peras. De maneira similar, os ramos selvagens de oliveira não podem produzir fruto melhor simplesmente porque foram enxertados em uma árvore cultivada. De fato, os ramos selvagens recebem seiva nutritiva, mas não têm capacidade de dar nenhum tipo de retorno. Que tolice seria para eles sentirem-se superiores a qualquer um, especialmente os ramos que foram removidos.

Devemos ser cuidadosos para não levar a ilustração de Paulo longe demais. Este texto não está falando sobre salvação. E o "fruto" também não se refere ao fruto do Espírito ou ao fruto das boas obras. Paulo está simplesmente dizendo que Deus não colocou os judeus de lado e, então, incluiu os gentios em seu plano redentor porque um é melhor ou mais útil do que o outro. Deus enxertou os gentios em seu plano para mostrar-lhes graça. E, porque a graça é sempre não merecida, ninguém pode olhar outra pessoa de cima.

11:19-24

Paulo antecipou uma conclusão razoável da parte dos gentios. A frase "os ramos foram cortados, para que eu fosse enxertado" pressupõe uma atitude que diz "eu sou mais desejável do que eles. Não é essa a natureza da escolha bíblica — a preferência?". Sim, mas não com base no mérito; é pela graça, por meio da fé. Além disso, a escolha de forma alguma é permanente! Deus pode igualmente reverter o processo e obter ramos que produzem fruto (11:20-24).

Superficialmente, isso pode parecer sabotar tudo que Paulo escreveu até aqui sobre a segurança eterna. Ele disse que nada pode separar os crentes do amor de Deus e que a vitória para eles é garantida (8:28-39). Além do mais, escreveu esta seção inteira para afirmar a fidelidade de Deus em cuidar de seu povo escolhido — judeus *e* gentios. Portanto, devemos ser claros em relação à imagem e ao que ela representa.

A "raiz da oliveira cultivada" (11:17) é uma imagem metafórica da *posição privilegiada* de Abraão no plano redentor de Deus para o mundo, não da salvação do patriarca. O que os judeus herdam da aliança do pai Abraão são promessas, não justiça. Paulo argumentou esmeradamente contra a ideia de que qualquer um poderia ser salvo em virtude de seu DNA, do ritual da circuncisão, pela obediência à Lei ou por qualquer outro meio que não fosse a graça, que é recebida pela fé. Além disso, essa posição privilegiada é dada a um povo como um todo. Podemos desfrutar do favor de Deus como indivíduos por nossa participação, mas o enxerto é de uma raça inteira (11:20-23).

Paulo teve o cuidado de manter uma distinção entre a Igreja e Israel nesta ilustração. (Ele não havia se esquecido de sua ilustração dos enxertos e dos ramos arrancados.) Em outras cartas, ele enfatizou a unidade de cristãos judeus e gentios, declarando que eles são espécimes de uma nova e única humanidade, diferente de qualquer outra anterior (Ef 2:14-16). Alguns concluíram que Deus separou a nação literal de Israel e a desbancou ao estabelecer um "Israel espiritual" chamado Igreja, que é composto por essa nova raça da humanidade. Além disso, tais pessoas afirmam que a Igreja herdará as promessas da aliança de Abraão, não literalmente, mas "espiritualmente" — o que pode significar simplesmente qualquer coisa que você deseje ler aqui.

Mais uma vez, temos um paradoxo em nossas mãos. Paulo enfatizou a unidade entre judeus e gentios, mas também deu ênfase à sua distinção em termos de como Deus realizará seu plano redentor para o mundo (Rm 11:22-24). Não consigo explicar plenamente como essas duas coisas podem ser verdadeiras, mas recebo a evidência como ela se mostra e apoio cada uma das verdades sem desmerecer a outra. Deus prometeu terra aos judeus — literalmente terrenos, e em grande quantidade. Ele lhes prometeu um Rei Messias conquistador, que reinará sobre um governo mundial literal por não menos do que mil anos. Os gentios podem compartilhar essas bênçãos e desfrutar desse privilégio juntamente com Israel, mas os gentios não receberam essa promessa como povo. Os judeus sim.

Todavia, o propósito de Paulo aqui não era revelar o futuro, mas falar profeticamente contra a atitude não cristã e pecaminosa do antissemitismo.

11:25-29

Mais uma vez, o propósito declarado de Paulo nesta passagem é impedir que os gentios se tornem "sábios em si próprios" (11:25, minha tradução), que é uma expressão idiomática para "presunçosos". Para impedir sua presunção, ele revelou um "mistério", um fato espiritual previamente desconhecido — neste caso, um vislumbre do futuro a partir da perspectiva de Deus. O que aconteceu foi um "endurecimento parcial" de Israel, significando que alguns, mas não todos os indivíduos judeus, foram endurecidos. Contudo, a era atual de disciplina temporária durará "até que chegue a plenitude dos gentios".

Durante seu ministério terreno, Jesus revelou que o plano de Deus incluía trazer gentios eleitos para o aprisco (Jo 10:16). É extremamente importante notar a palavra "plenitude". Deus sabe a quantidade e a identidade dos indivíduos gentios e orquestrou eventos mundiais por volta do tempo de sua crença. Quanto tempo durará? Somente o Pai sabe (Mt 24:36). Tudo que sabemos é que, desde os dias do exílio de Israel, os judeus têm vivido sob os calcanhares do mundo gentil, o que é parte da misericórdia severa de Deus sobre seu povo (Rm 11:22). Contudo, quando for a hora certa, quando todos os gentios eleitos tiverem entrado no aprisco, o portão será fechado e o endurecimento parcial de Israel terminará.

Quando a era dos gentios tiver terminado, "todo o Israel será salvo" (11:26). Isso pode ou não incluir a maioria dos indivíduos judeus. Lembre-se de que "todo o Israel", o verdadeiro Israel, não é determinado por números, mas por crença. Portanto, "todo o Israel" e "a plenitude dos gentios" representam a soma total dos eleitos de Deus. Quando todos os indivíduos escolhidos de Deus tiverem crido, a próxima era começará. Paulo faz alusão a essa era futura citando Isaías 59.

Nesse cântico profético, Isaías lamenta a triste condição de Israel, na qual não há justiça nem retidão. E, porque Israel deveria ser o exemplo de Deus de justiça para o restante do mundo, toda a criação está corrompida. Além disso, "ninguém intercedeu" (Is 59:16), não havia ninguém para corrigir as coisas. Dessa forma, o próprio Deus veste sua armadura para invadir e conquistar o território hostil, para levar os malfeitores à justiça e para redimir os que "se arrependerem dos seus pecados [em Israel]" (Is 59:20). Nesse momento futuro, Jesus Cristo virá à esta terra, reclamará o trono de Israel e estabelecerá uma nação que seja obediente a Ele. Ele virá à terra como um rio corrente e poderoso e inundará o mundo inteiro com sua justiça (Is 59:19). Além disso, ele colocará em vigor as plenas provisões da nova aliança (Jr 31:31-34).

Essa nova era será gloriosa! Naquele tempo, os filhos hebreus de Israel finalmente receberão *todas* as bênçãos da aliança. Terão sua Terra Prometida — toda ela! Terão seu Rei — não um rei relativamente bom e às vezes injusto, mas um Rei perfeitamente justo e obediente.

Infelizmente, no tempo atual, os judeus, em sua maioria, são "inimigos" do evangelho no aspecto de que, como povo, eles rejeitaram a graça (Rm 11:28). Em vez de julgá-los por sua condição atual, nós, gentios, deveríamos primeiramente ser gratos pelas bênçãos que atualmente desfrutamos à custa deles. De fato, devemos honrá-los por seu futuro papel no plano de Deus de redimir sua criação.

Finalmente, preste atenção especial na declaração de conclusão de Paulo sobre o assunto: "Os dons e o chamado de Deus são irrevogáveis" (11:29). Esse é o princípio geral que se aplica a todas as pessoas em todos os tempos. É verdadeiro em relação a crentes individuais, quer sejam judeus quer gentios (8:28-39), e é verdadeiro em relação ao seu povo escolhido, os filhos hebreus de Abraão.

Para resumir, permita-me listar dois fatos que podemos depreender da lição agrícola sobre ética.

> *O judeu está atualmente endurecido, mas, por fim, será amado.* Quando você encontrar um indivíduo judeu que está atualmente endurecido, lembre-se do tempo em que você ainda estava endurecido em seu pecado. Tal como você, a quem Deus amou mesmo quando você era rebelde (5:8), Ele ama este filho ou filha da aliança. Lembre-se também de que essa pessoa permanece sendo membro de um povo amado. Como costumávamos dizer na Marinha, "preste continência à patente, não ao homem".
>
> *Somos espiritualmente honrados, mas moralmente não merecedores.* Como povo, os gentios não possuem uma herança honrada para reclamar com orgulho. Não merecemos este lugar de honra, mas ele

é nosso. É por isso que Paulo escreveu aos cristãos em Éfeso: "Mas agora, em Cristo Jesus, vocês, que antes estavam longe, foram aproximados mediante o sangue de Cristo" (Ef 2:13). Quando encontrar um judeu, lembre-se da ilustração de Paulo. Você foi enxertado em seu lugar de honra, "de maneira antinatural" (Rm 11:24), pela graça. A posição privilegiada no plano redentor de Deus para o mundo pertence legitimamente aos judeus.

• • •

Se há alguém no mundo que não deve ser presunçoso ou arrogante é o cristão gentio. Não temos superioridade a reivindicar. Nossa herança é bárbara e ímpia. Nossos ancestrais não apenas se afastaram da justiça de Deus; eles nunca a conheceram. Espiritualmente falando, nossas raízes são podres até à medula. Dessa forma, para aqueles que afirmam superioridade sobre o judeu ou se gabam de sua posição privilegiada no plano de Deus, falo juntamente com o profeta Isaías: "Olhem para a rocha da qual foram cortados e para a pedreira de onde foram cavados" (Is 51:1). Este é um exercício de humildade para o gentio... exatamente aquilo de que precisamos de tempos em tempos.

APLICAÇÃO

Romanos 11:15-29

A QUEM MUITO FOI DADO...

Enquanto Paulo sustentava o direito de Deus de governar sobre a humanidade e defendia o caráter de Deus, o apóstolo abordou uma pergunta óbvia: "Os judeus foram abandonados?". Sua resposta se baseou em duas realidades:

1. Os verdadeiros filhos de Abraão são os poucos fiéis, não a maioria rebelde.
2. Os verdadeiros filhos de Abraão estão sujeitos à disciplina de Deus, mas ela é temporária.

Sendo assim, de que forma a maneira pela qual Deus está atualmente lidando com Israel afeta os crentes gentios? Várias implicações me vêm rapidamente à cabeça.

Em primeiro lugar, *devemos rejeitar uma atitude presunçosa*. Minha esposa Cynthia e eu tivemos o privilégio de criar quatro filhos. Quando um filho requeria disciplina, cuidadosamente monitorávamos as atitudes dos outros três para nos certificarmos de que eles não adicionariam humilhação a um evento já humilhante. A lição de Paulo da plantação de azeitonas (11:15-29) tem um propósito similar. A disciplina de Deus aos judeus não sugere que seu amor por eles tenha diminuído. Pelo contrário, o castigo demonstra seu amor paternal por eles. Portanto, Paulo incentiva os gentios a reconhecerem seu lugar temporário na linha de frente do plano de Deus e a evitarem qualquer indicação de arrogância.

Segundo, *devemos estimar os judeus — crentes e não crentes — como filhos honrados*. Adoro o futebol americano e já me diverti assistindo a jogos escolares, universitários e profissionais desde que me entendo por gente. E posso me lembrar de várias vezes quando um jogador profissional famoso ficou de fora como resultado de uma suspensão. Uma séria violação ética exigiu disciplina, de modo que a regra exigiu que ele ficasse vários jogos sem jogar. Embora tenha se qualificado especificamente para a posição e possua a habilidade de jogar bem, o time não tinha outra alternativa senão entregar sua oposição a outro jogador. Mesmo quando o substituto dá resultado, é sábio da parte dele respeitar o jogador cuja posição ele ocupa, pois está desempenhando o papel temporariamente.

Não quero sugerir com a minha ilustração que qualquer raça seja superior às outras ou que Deus valorize qualquer pessoa mais do que outra. O Senhor é imparcial. Todavia, Ele deu aos descendentes hebreus de Abraão um lugar de honra em seu plano para redimir a humanidade. É um papel que merece respeito. No presente, o conjunto dos crentes, a "Igreja", ocupa essa posição estimada, mas é sábio de nossa parte continuar a honrar aqueles que foram temporariamente colocados de lado.

Terceiro, *devemos respeitar o lugar de honra que ocupamos e cuidar bem dele*. Um lugar de honra no plano redentor de Deus vem com um grande privilégio e uma considerável responsabilidade. Os descendentes hebreus de Abraão, por exemplo, receberam terras com uma importância estratégica impressionante. Qualquer um que estivesse viajando entre o Egito e os impérios da Mesopotâmia teria que passar pela Terra Prometida. Imagine o impacto sobre viajantes pagãos, mercadores e exércitos passando por uma terra habitada por pessoas obedientes a Deus que, por sua vez, os abençoariam e protegeriam. Imagine como esse testemunho teria mudado o mundo.

Como filhos da nova aliança, possuímos um privilégio de muito maior valor do que terras ou riqueza. Temos a própria presença e o poder do Deus todo-poderoso vivendo dentro de nós, um privilégio que os crentes da antiga aliança teriam considerado inacreditável! Temos a promessa incondicional de Deus de usar toda circunstância — até mesmo nossas falhas éticas e morais — para nos transformar de dentro para fora e nos treinar a sermos obedientes. E nos foi concedida vitória sobre o pecado e a morte.

Jesus disse: "A quem muito foi dado, muito será exigido; e a quem muito foi confiado, muito mais será pedido" (Lc 12:48). Temos a responsabilidade de cuidar bem dos privilégios que nos foram dados, não de os impormos sobre outros, mas de sermos convites vivos a que recebam a graça de Deus.

Algum dia no futuro, com Cristo como rei, Israel voltará à vanguarda do plano redentor de Deus, receberá todas as bênçãos da aliança que Deus prometeu e se tornará o meio pelo qual Deus vai abençoar o mundo inteiro.

Insondáveis, inescrutáveis e incomparáveis!

LEIA ROMANOS 11:30-36

As montanhas do Himalaia alcançam altitudes que variam de seis a mais de oito quilômetros acima do nível do mar. Por causa disso, elas são o sonho de qualquer alpinista desde quando a humanidade pensou pela primeira vez em escalar montanhas. Contudo, ninguém tentou escalá-las antes de 1920. Então, entre 1920 e 1953, onze expedições tentaram alcançar o cume da montanha mais alta do mundo, o monte Everest. As primeiras dez fracassaram, incluindo uma tentativa em 1924 que pôs fim às vidas de George Mallory e Andrew Irvine, que foram vistos pela última vez cerca de trezentos metros abaixo do pico.

Então, 29 anos depois, Sir Edmund Hillary e Tenzing Norgay, seu guia xerpa, responderam ao desafio do Everest com a nona expedição britânica e alcançaram o cume em 29 de maio de 1953. Pela primeira vez na história, um pé humano tocou o topo do mundo, 8.848 metros acima do nível do mar. Até onde sei, nenhum dos dois registrou o que ele viu. Hillary explicou como ele escalou e por que, mas nunca descreveu o que viu ou como se sentiu ao observar o mundo a partir de seu pináculo. Suspeito que ele não teve palavras para descrever. Quem teria?

Cerca de 1900 anos antes, o apóstolo Paulo se sentou na cidade antiga de Corinto e, com uma pena na mão, escalou o Himalaia da teologia. Ao olhamos para baixo a partir da ladeira que subimos, vemos nossos três acampamentos base. Primeiramente, chegamos ao Acampamento Soberania (9:1-33), onde descobrimos que o "plano de salvação" não gira de forma alguma em torno do indivíduo. O plano de salvação de Deus é sua intenção de reivindicar sua criação, purgá-la do mal e restaurar sua ordem e propósito originais. Além disso, Ele nos convida a fazemos parte de seu plano.

Quero ser bem claro. De acordo com o ensinamento de Paulo, Deus escolheu quem iria ser salvo. Ele não escolheu simplesmente em virtude de seu conhecimento prévio; escolheu com base em seu direito soberano como Criador de tudo e em seu justo caráter como juiz.

Continuamos nossa subida rumo à próxima parada, o Acampamento Responsabilidade (10:1-21). Foi aqui que aprendemos que a soberania de Deus não anula qualquer responsabilidade da pessoa por sua livre escolha de acreditar ou rejeitar o convite de Deus. O ar torna-se notavelmente mais rarefeito aqui. Muitas pessoas voltam neste ponto, incapazes de tolerar seu paradoxo:

> Deus rejeita pessoas rebeldes porque elas o rejeitaram (1:28-32; Mt 10:33; 21:42-44; Jo 15:22-24).
> Amamos a Deus porque Deus nos amou primeiro (Rm 5:8; 8:28-30; 1Jo 4:10).

Sendo almas corajosas como são, vocês continuaram até nossa terceira parada, o Acampamento Humildade (Rm 11:1-29). Ali, descobrimos que nem judeus nem gentios podem se vangloriar por sua posição privilegiada no plano redentor de Deus. Os judeus foram temporariamente separados — uma trágica consequência da disciplina divina. Gentios enxertados agora recebem bênçãos, mas não podem produzir nada para justificar sua presença.

Ora, tendo-nos livrado de tudo que não é essencial, seguimos para o glorioso cume (11:30-36). Infelizmente, o tamanho do grupo diminuiu. Os medrosos já partiram e começaram sua descida.

11:30-32

Paulo resumiu seu ensinamento sobre a disposição atual dos judeus no plano de Deus usando um grupo de palavras traduzido como "misericórdia" quatro vezes em três versículos (11:30-32). O apóstolo raramente repetiu a si mesmo, de modo que isto é notável. O substantivo grego *eleos* [1656] ("misericórdia") foi usado na tradução grega do Antigo Testamento para expressar o termo hebraico *hesed* [H2617]. E *hesed* descreve a inexorável, inexplicável e imensa graça de Deus por seu povo da aliança. O termo grego, assim como o hebraico, está repleto de emoção ao referir-se à inclinação de Deus para aliviar nossa miséria.

O apóstolo usou outro grupo de palavras quatro vezes no mesmo espaço. O substantivo é *apeitheia* [543], que muitas versões traduzem como "desobediência". O sentido literal é "a condição de ser não persuadível"[53] ou "obstinado". Ele então alternou entre esses dois termos para mostrar como Deus usou a desobediência de um grupo como um meio para mostrar misericórdia a outro.

³⁰Assim como vocês, que antes eram *desobedientes* a Deus	³¹ assim também agora eles se tornaram *desobedientes*,
mas agora receberam **misericórdia**,	a fim de que também recebam agora **misericórdia**,
graças à *desobediência* deles,	graças à **misericórdia** de Deus para com vocês.

Através de um severo ato de amor firme, o Senhor, com efeito, disse aos judeus "Basta! Vocês rejeitaram o Messias, muito embora eu tenha advertido que me voltaria para os gentios. Portanto, vocês estão colocados de lado". Ele então chamou o judeu mais endurecido de Jerusalém, um perseguidor zeloso da Igreja chamado Saulo, para proclamar as boas-novas entre os gentios. A misericórdia mostrada aos gentios agora vai se tornar o meio pelo qual Deus vai estimular o zelo dos judeus para reivindicar a graça divina prometida.

Em sua insondável misericórdia, Deus usou a desobediência de toda a humanidade para nos "colocar sob" ou capturar (11:32). O termo grego (*synkleiō* [4788]) é uma palavra composta criada a partir de "com/junto" e "envolver". É a mesma palavra usada em Lucas 5:6 para descrever uma rede de pesca "envolvendo" uma grande quantidade de peixes. A ideia é que Deus está nos cercando com o nosso próprio pecado e puxando a rede para perto de si de modo a eliminar qualquer rota de fuga. Por quê? Para nos dar graça.

Sendo bem franco, não entendo a motivação de Deus. Por que um Deus santo chegaria a tal ponto para mostrar tamanha bondade imerecida a criaturas que não apenas se rebelaram, mas que são resistentes à graça? Isso é tão sem sentido quanto enxertar ramos infrutíferos em uma oliveira perfeitamente boa. Mas essa é a natureza da graça. Ela não pode ser explicada, apenas recebida com gratidão por alguém em grande necessidade.

11:33-35

Refletir sobre a insondável misericórdia de Deus levou Paulo a irromper numa doxologia. Tal graça inexplicável só pode vir de um Deus de bondade infinitamente profunda. Para louvar seu Criador, Paulo pesquisou seu extenso vocabulário para encontrar as palavras corretas. Era como se ele estivesse colocando pérolas verbais em um colar magnífico de louvor, escolhendo as palavras de forma cada vez mais cuidadosa:

> Ó profundidade da riqueza, da sabedoria e do conhecimento de Deus! Quão insondáveis são os seus juízos e inescrutáveis os seus caminhos! (11:33)

Bathos [899] significa "profundidade". Para o viajante do primeiro século, nada era mais poderoso e profundo do que o mar. Suas profundidades eram escuras e misteriosas, desafiando qualquer pessoa a conhecer seus segredos.

Ploutos [4149] significa "riqueza". Com certa base no verbo "fluir", o sentido básico é "transbordar de bondade". A riqueza pode ser física, espiritual ou moral. É claro que, em referência a Deus, é as três coisas.

Sophia [4678] ("sabedoria") e *gnōsis* [1108] ("conhecimento") representam a soma total de tudo que há para pensar. Os termos falam do conhecimento de Deus sobre todas as coisas e sua capacidade de ordenar perfeitamente todos os eventos.

Anexeraunētos [419] significa "insondável". A raiz da palavra é um verbo que significa "rastrear", no sentido de caçar um animal seguindo a sua trilha. O julgamento do Senhor não pode ser rastreado através da lógica humana. Ele está além da nossa habilidade de compreensão.

Anexichniastos [421] é virtualmente idêntico em significado ao termo anterior, mas não é encontrado em nenhum outro lugar além da Bíblia ou de literatura relacionada à Bíblia.[54] Muitas versões traduzem o termo como "inescrutável", tanto por questão de estilo quanto para refletir o tema original de "profundidade" de Paulo.

Paulo reforçou sua adoração fazendo uma alusão a duas passagens do Antigo Testamento. A primeira vem de Isaías 40:13, uma escolha curiosamente apropriada. Nas palavras de um comentarista, "nos capítulos 1 a 39 [de Isaías] o julgamento sobre o pecado é enfatizado; nos capítulos 40 a 66, a expiação por esse pecado *e* a mudança resultante nas pessoas e no sistema do mundo são discutidas".[55] Isaías marcou a mudança de ênfase do pecado da humanidade para a inexplicável graça de Deus celebrando a soberania e a sabedoria divinas, que Paulo parafraseou: "Quem conheceu a mente do Senhor? Ou quem foi seu conselheiro?" (11:34).

A segunda passagem (11:35) é uma alusão a Jó 41:11, na qual o Senhor desafiou o patriarca confuso e sofrido: "Quem primeiro me deu alguma coisa, que eu lhe deva pagar? Tudo o que há debaixo dos céus me pertence". Esse desafio divino surge no final de uma longa busca por respostas da parte de Jó e de seus amigos, uma jornada que questionou a integridade, a sabedoria e a bondade de Deus. Então, tal como agora, eles enfrentaram a tragédia com uma pergunta singular em seus lábios: *Por quê?* E, por vários meses, os assim chamados amigos daquele homem especularam sobre a natureza de Deus e teceram uma intrincada teia de vãs teologias. A esposa de Jó o aconselhou a abandonar a vida e encerrar sua própria miséria. No final, o homem foi levado ao seu fim e exigiu veementemente ser ouvido pelo tribunal, onde ele esperava certamente ser vindicado e o Senhor seria pego de surpresa.

Depois de um longo tempo — não sabemos exatamente quanto —, o Senhor rompeu seu silêncio enquanto confrontava o homem que era "íntegro e justo" e que "temia a Deus e evitava fazer o mal" (Jó 1:1). Contudo, o Senhor não veio com respostas. Jó nunca ficou sabendo do desafio de Satanás no céu. Nunca recebeu uma explicação. Nunca lhe foi dada uma lista lógica de razões pelas quais sua tragédia tenha sido, em última análise, uma parte do bom plano de Deus para ele e todos os afetados. Em vez disso, ele encontrou o próprio Deus — e isso satisfez sua necessidade. Ver a insondável misericórdia de Deus e enxergar seus caminhos inescrutáveis encerrou a busca desesperada do homem por respostas. Jó colocou sua mão sobre a boca e arrependeu-se de seus rompantes tolos. E, naquele momento, ele adorou.

Paulo podia se identificar com Jó. O apóstolo fez seu melhor para revelar os planos de Deus e para explicar os métodos dele à medida que o Espírito Santo sobrenaturalmente o dirigiu. Por fim, porém, seus esforços para explicar as coisas que excediam as limitações da habilidade humana dissolveram-se em silêncio. E ele se colocou silenciosamente diante da magnificência de Deus e se maravilhou diante da complexidade dos caminhos divinos.

Ao refletir sobre a doxologia de Paulo, me ocorre que as únicas palavras até mesmo remotamente adequadas para descrever Deus são palavras que começam com "in". "Insondável." "Inescrutável." Palavras que destacam sua total "alteridade". Os pensamentos de A. W. Tozer são especialmente úteis aqui:

> Dizer que Deus é infinito é dizer que ele é *incomensurável*. Medida é a maneira que as coisas criadas têm para se referir a si próprias. Ela descreve limitações e imperfeições e não pode se aplicar a Deus. O peso descreve o puxão gravitacional da terra sobre corpos materiais; a distância descreve intervalos entre corpos no espaço; comprimento significa extensão no espaço. Existem outras medidas familiares, como as usadas para líquidos, energia, som e luz, e números para pluralidades. Nós também tentamos medir qualidades abstratas, e falamos

de fé grande ou pequena, inteligência alta ou baixa, talentos amplos ou parcos.

Não está claro que tudo isso não se aplica e não pode se aplicar a Deus? É a maneira como vemos as obras de suas mãos, mas não a maneira como o vemos. Ele está acima de tudo isso, fora de tudo isso, além de tudo isso. Nossos conceitos de medida abraçam montanhas e homens, átomos e estrelas, gravidade, energia, números, velocidade, mas nunca Deus... Nada em Deus é mais ou menos, ou grande ou pequeno. Ele é o que é em si mesmo, sem pensamento ou palavra qualificatórios. Ele é simplesmente Deus.[56]

11:36

Tendo exaurido todo o pensamento e considerado todas as explicações racionais sobre o tópico do plano de Deus para os judeus, a jornada de Paulo termina com o Início:

Dele:	Deus é a fonte de tudo que existe.
Por Ele:	Deus sustenta todas as coisas e dá a tudo propósito e movimento.
Para Ele:	Deus é o propósito pelo qual todas as coisas existem.
Todas as coisas:	Pense nisso! Isso inclui sua situação atual. Isso inclui aquilo que você não pode imaginar. Isso inclui a sua perda de emprego. Isso inclui a sua promoção. Isso inclui a bênção da sua família. Isso inclui a perda dos seus preciosos entes queridos. Isso inclui a provação desconcertante que você está sofrendo. Isso inclui *qualquer* situação pela qual você por acaso esteja passando, por mais dolorosa ou agradável que possa ser. Todas as coisas.

•••

Deus não se esconde. Ele também não oculta a sua vontade. Se não vemos, é porque estamos procurando algo que Ele não é. Se não entendemos, é porque temos expectativas que Ele escolhe não satisfazer. Mas essas limitações são nossas, não dele.

Paulo nos revelou tudo que Deus revelou a ele. Não temos razões para suspeitar que ele reteve qualquer coisa. Todavia, muitas perguntas continuam sem resposta. De que maneira o reino de Deus já está aqui, mas ainda não plenamente? Por que Ele permite que o mal continue a existir enquanto seus eleitos sofrem perseguição cruel e terrível? Em que ponto do futuro Ele cumprirá todas as suas promessas da aliança que fez com

Israel? Como alguém pode se alegrar em sua aflição? E a lista prossegue... Assim como você, eu tenho uma lista de perguntas que gostaria de fazer ao Senhor quando chegar ao céu. Mas então, tal como Jó e Paulo, suspeito que ela não vai significar muito quando eu o vir. Naquele momento, tudo fará sentido.

Sendo assim, por que se preocupar com a minha lista de perguntas não respondidas? Por que não o adorar aqui e agora, deste lado da eternidade, e deixar que sua misericórdia insondável, sua sabedoria inescrutável e seu caráter inigualável sejam suficientes? Não é esse um sacrifício razoável, considerando que Ele é Deus e eu não sou?

APLICAÇÃO
Romanos 11:30-36
OS BENEFÍCIOS DA SOBERANIA DE DEUS

Vamos simplesmente admitir: Deus não faz as coisas da maneira que pensamos que elas deveriam ser feitas. Ele permite que eventos trágicos aconteçam, deixa que circunstâncias difíceis se prolonguem por tempo demais, costuma nos deixar sofrer as consequências de nossas decisões tolas e frequentemente permite que nossas boas ações não sejam notadas. Temos problemas demais e dinheiro de menos. E não vamos sequer mencionar a questão do tempo.

Algumas das minhas horas mais angustiantes em oração foram gastas tentando convencer o Senhor a fazer as coisas do meu jeito. Conforme minha maturidade espiritual cresceu, porém, aprendi a aceitar a soberania de Deus e, por fim, descansar em sua vontade soberana. Eis aqui três razões simples pelas quais devemos sempre nos render aos caminhos do Senhor.

Primeiro, *a soberania de Deus nos alivia da ansiedade*. Ao saber que Ele é soberano, podemos relaxar.

Já embarquei em aviões com pessoas que se preocupam se vamos decolar, evitar turbulência e aterrissar em segurança. Elas se preocupam quanto a fazer conexões ou aterrissar no horário previsto. Vão servir algum alimento? Minha bagagem estará lá quando eu chegar? O clima vai cooperar? Será que o tráfego vai estar muito ruim? O hotel manteve a minha reserva?

Depois de presenciar toda essa ansiedade, eu só quero gritar: "Relaxe! Deus é soberano. Você não é capaz de controlar nenhuma dessas questões; portanto, relaxe!" (Eu não relaxo, mas tenho vontade!)

Segundo, *a soberania de Deus nos desobriga da explicação*. Não precisamos saber todas as razões das coisas. O Senhor tem todo o conhecimento e todo o poder, e Ele sempre fará o que é certo.

Não sei por que o menino que vive a algumas casas da nossa sofreu uma colisão frontal que danificou seu cérebro de forma permanente. Aquele jovem brilhante e capacitado não tem a capacidade mental de terminar a escola e vai depender dos outros pelo resto de sua vida. Por que Deus permitiria que isso acontecesse? Eu não sei. Não tenho explicação. Afirmo, porém, que Deus é bom e que Ele usará essa tragédia para o bem daquele rapaz e de sua família.

Terceiro, *a soberania de Deus nos livra do orgulho*. As bênçãos do Senhor chegam a nós porque Ele é bom, não porque merecemos recompensas. Pelo contrário, merecemos julgamento por nossos pecados. Quando aceitamos essas verdades, não há espaço para arrogância quando relembramos nossas bênçãos — nossa relativa riqueza, nossas posses, os confortos que temos na vida — e então consideramos a pobreza dos outros. De fato, uma visão robusta da soberania de Deus deveria nos tornar generosos.

A JUSTIÇA DE DEUS
(ROMANOS 12:1—15:13)

O plano de salvação de Deus não é simplesmente um convite para fugir das consequências eternas do pecado; é uma invasão divina do planeta terra que removerá Satanás de seu trono de poder e substituirá seu sistema mundial pela justiça de Deus. Seria apropriado chamar essa conquista de "hostil" — não porque o Senhor seja maldoso, mas, porque Satanás odeia Deus, seu sistema mundial se opõe à ordem originalmente criada pelo Senhor, e a maioria das pessoas na terra permanece endurecida em sua rebelião contra seu Criador. O mal considera a bondade de Deus hostil. Além do mais, Daniel, Ezequiel, João e até mesmo Jesus descreveram aquele futuro "Dia do Senhor" em termos assustadoramente violentos. Repentinamente, a qualquer momento, Cristo romperá o véu entre o reino celestial e sua criação caída, e o universo inteiro será purgado de todo o mal e então transformado. Todas as coisas, de átomos a galáxias, serão feitas boas novamente.

Embora o "Dia do Senhor" ainda seja futuro, em alguns aspectos ele já está aqui. Ele cresce dentro dos corações de seus seguidores. Portanto, as boas-novas de salvação são mais do que uma rota de fuga pessoal. O evangelho é o convite de Deus a todos da humanidade para que se juntem a Ele na transformação da criação ao se tornarem seus primeiros exemplos de criaturas regeneradas. Somos convidados para nos tornarmos agentes de seu poder e embaixadores de sua vontade, a trabalhar sob sua direção em apoio a este final inevitável.

Anteriormente, Paulo descreveu o evangelho como o meio pelo qual "é revelada a justiça de Deus, uma justiça que do princípio ao fim é pela fé" (Rm 1:17). Eu antevejo isso como graça descendo verticalmente do céu. Paulo, então, citou o profeta Habacuque: "O justo viverá pela fé" (1:17, citando Hc 2:4). Isso é graça fluindo horizontalmente aos outros na terra. Se tivéssemos discernimento suficiente para notar, talvez reconhecêssemos que Paulo estava esboçando a estrutura de sua carta, que reflete o propósito do evangelho. A graça flui para baixo, vinda do céu, e então para fora, para os outros. Os primeiros onze capítulos revelam Deus e seu plano justo, graça vertical:

- Somos confrontados pela apavorante ira de Deus (1:18—3:20).

- Aprendemos sobre a salvação pela graça somente, por meio somente da fé em Cristo somente (3:21—5:21).
- Encontramos a fidelidade de Deus (6:1—8:39).
- Contemplamos seus caminhos insondáveis e soberanos (9:1—11:36).

Então, com as palavras "portanto, irmãos, rogo-lhes..." (12:1), Paulo muda de sua orientação vertical para a horizontal. Os crentes — tanto como um corpo quanto como indivíduos — se colocam na intersecção da graça de Deus vinda do céu e da graça de Deus mostrada ao mundo. Isso coloca o crente em um tipo de crise. O que o crente fará com a graça que foi dada gratuitamente do céu? Vai reservá-la para ganho pessoal? Vai se tornar o avarento da água viva? Espera-se que não. Na minha experiência, se não fluir livremente, a graça apodrece.

A graça que o Senhor derrama sobre cada vida destina-se a todos, ao mundo inteiro. Assim que enche seu vaso escolhido, ela deve transbordar e então inundar tudo ao redor dele. É por isso que Ele deixa seus filhos e filhas amados no mundo: para dar uma dimensão horizontal à graça. Contudo, os crentes não podem realizar essa função vital por si próprios ou utilizando seu velho modo de vida. Alguma coisa precisa mudar.

TERMOS-CHAVE EM ROMANOS 12:1—15:13

■ *dokimazō* (δοκιμάζω) [1381] "provar por meio de teste", "avaliar", "discernir por meio de observação"

Em Romanos, essa palavra aparece quatro vezes e carrega um sentido de julgamento, discernimento ou teste em busca de aprovação (1:28; 2:18; 12:2; 14:22). Na Septuaginta (a tradução do Antigo Testamento para o grego), esta palavra é usada figurativamente, mas também se refere ao processo mecânico pelo qual os metais são testados com vistas à definição de seu valor. Os meios mais confiáveis de determinar o valor de uma moeda ou de um lingote é aquecer o objeto ao ponto de derretimento e observar seu comportamento. Em um ponto anterior da carta de Paulo aos Romanos o apóstolo usou o negativo *adokimos* para descrever a humanidade pecaminosa como possuidora de uma "disposição mental reprovável" — ou seja, "comprovada como inútil" (1:28).

■ *metamorphoō* (μεταμορφόω) [3339] "transformar", "mudar em outra forma"

O termo em português "metamorfose", um cognato desta palavra, é classicamente ilustrado na natureza quando uma lagarta se transforma numa borboleta. *Metamorphoō* descreve uma transformação fundamental na natureza de alguma coisa sem alterar sua identidade. Por exemplo, o fruto do carvalho e a árvore que ele produz são o mesmo indivíduo; contudo, a natureza do fruto foi radicalmente alterada (ver também Mt 17:2; Mc 9:2).

■ *proslambanō* (προσλαμβάνω) [4355] "aceitar", "receber", "tomar para si próprio"

O verbo redobra a ênfase do verbo grego *lambanō*, "receber", ao utilizar a preposição *pros*, "até" ou "na direção de". O exemplo supremo desta palavra é o ato de Cristo de "receber para si mesmo" ou "aceitar" pessoas pecaminosas como elas são.

■ *syschēmatizō* (συσχηματίζω) [4964] "seguir um modelo", "ser moldado segundo um padrão"

Este verbo combina a preposição grega *syn* [4862] ("com") e o substantivo *schēma* [4976] ("padrão"). A definição resultante é "obter a forma de acordo com um padrão". O uso mais comum da palavra na literatura secular é em referência a moldar barro em torno de uma forma ou fundir metal. Em ambos os exemplos do Novo Testamento, o verbo é passivo (12:2; 1Pe 1:14).

Um compromisso tocante

LEIA ROMANOS 12:1-8

Momentos cruciais da história humana são frequentemente pontuados por declarações epocais, palavras que parecem comuns no momento, mas que se tornam mais profundas à medida que entendemos seu pleno significado. Em Gênesis 22, um idoso com uma faca nas mãos e seu filho adolescente — seu único filho — escalaram o monte Moriá com alguma madeira e uma tocha para preparar um sacrifício para Deus. O filho inocentemente perguntou: "Mas onde está o cordeiro para o holocausto?" (Gn 22:7). Abraão respondeu com esta declaração: "Deus mesmo há de prover o cordeiro para o holocausto, meu filho" (Gn 22:8). E Ele proveu!

Alguns séculos depois, um pastor de oitenta anos de idade cuidava dos rebanhos do seu sogro quando uma voz vinda de um arbusto em chamas o chamou. O Senhor ordenou-lhe que confrontasse o rei mais poderoso da terra e exigisse a libertação do povo de Deus da escravidão. Quando o então líder gago lembrou o Senhor de suas próprias deficiências, as palavras de Deus devem ter atordoado o velho pastor: "Agora, pois, vá; eu estarei com você, ensinando-lhe o que dizer" (Êx 4:12).

Moisés não tinha ideia de que o Senhor faria dele um instrumento divino por meio do qual libertaria os hebreus da escravidão e, mais tarde, lhes entregaria a Lei.

Alguns séculos depois, outro pastor fielmente cuidava dos rebanhos quando chegou uma intimação vinda da casa principal. Ele veio dos campos para encontrar um profeta idoso esperando por ele. Algumas poucas palavras e um tanto de óleo e sua vida foi mudada para sempre — assim como a vida de Israel. Depois de décadas de vitória e derrota, obediência e vergonha, o Senhor reassegurou a Davi por meio de outra declaração que foi difícil de entender completamente: "Sua dinastia e seu reino permanecerão para sempre diante de mim; o seu trono será estabelecido para sempre" (2Sm 7:16).

A despeito de seus fracassos, Davi continuou sendo um homem segundo o coração de Deus, e sua descendência um dia governará o mundo a partir do trono de Israel.

Então, muitos séculos depois de Davi, o Messias prometido, coroado com espinhos e pregado à cruz de um criminoso, consumou a graça de Deus ao mundo. Jesus enfatizou esse toque vertical do plano da salvação com a frase "está consumado!" (Jo 19:30). Palavras epocais para o mundo inteiro!

A carta de Paulo aos Romanos contém nada menos do que três declarações epocais, sendo que cada uma delas destaca um momento marcante na vida de todo crente. Em primeiro lugar, existe um momento quando uma pessoa recebe o dom da graça de Deus por meio da fé:

> Tendo sido, pois, justificados pela fé, temos paz com Deus, por nosso Senhor Jesus Cristo. (Rm 5:1)

Segundo, esse indivíduo descobre que seu destino eterno é seguro:

> Portanto, agora já não há condenação para os que estão em Cristo Jesus, porque por meio de Cristo Jesus a lei do Espírito de vida me libertou da lei do pecado e da morte. (8:1-2)

Finalmente cada crente se coloca em um momento decisivo em sua própria história, na intersecção da graça do céu e da graça aos outros. Ali somos confrontados com um chamado tocante nas incríveis palavras de Paulo:

> Portanto, irmãos, rogo-lhes pelas misericórdias de Deus que se ofereçam em sacrifício vivo, santo e agradável a Deus; este é o culto racional de

vocês. Não se amoldem ao padrão deste mundo, mas transformem-se pela renovação da sua mente, para que sejam capazes de experimentar e comprovar a boa, agradável e perfeita vontade de Deus. (12:1-2)

Esses dois versículos representam o importantíssimo chamado à consagração e à transformação. O primeiro tem a ver com nosso corpo; o segundo, com nossa mente. O primeiro versículo se refere àquilo que está ao nosso redor e como vivemos ali; o segundo olha para dentro, para descobrir o que está em nossa mente. Tal como as primeiras notas da Quinta Sinfonia de Beethoven, ouviremos essas verdades repetidas de diferentes formas por todo o chamado de Deus para que estendamos aos outros a graça que recebemos.

12:1

Paulo começa esta seção de Romanos com a palavra grega *parakaleō* [3870] ("rogo-lhes"), a forma verbal do substantivo usado em referência ao Espírito Santo, o "paracleto" (*paraklētos* [3875]; Jo 16:7). Ela carrega a ideia de se colocar junto de alguém com o objetivo de fornecer conselho, coragem, conforto, esperança e perspectiva positiva. Um bom encorajador desafia sem condenar, instrui sem dar sermão, inspira sem ser condescendente e ajuda a outra pessoa a alcançar a excelência. Tal como um técnico esportivo que encoraja e desafia o atleta a alcançar um objetivo em particular, Paulo rogou aos crentes que se consagrassem.

Neste contexto em particular, a consagração é uma separação radical de uma visão de mundo secular para adotar, em vez disso, um propósito e um modo de vida como o de Cristo. Isso não acontece automaticamente quando alguém se torna crente em Cristo. É o que eu chamaria de um "mandamento cooperativo". Deus dá um mandamento ao qual devemos obedecer com plena cooperação. Contudo, mesmo nisso, Ele não nos deixa sozinhos. Preste atenção na frase "pelas misericórdias de Deus". Aprendemos na descrição que Paulo faz do caráter insondável de Deus que Ele é misericordioso acima de tudo. Movido por sua pronta inclinação a aliviar a miséria da humanidade caída, Ele se coloca pronto para nos ajudar quando respondemos ao seu chamado.

O foco primário de Paulo no primeiro versículo é o uso de nosso corpo físico, o qual devemos "oferecer" ou "apresentar" (*paristēmi* [3936]). Ele usou esse verbo anteriormente para desviar os crentes para longe do pecado.

> Portanto, não permitam que o pecado continue dominando os seus corpos mortais, fazendo que vocês obedeçam aos seus desejos. Não

> *ofereçam* os membros do corpo de vocês ao pecado, como instrumentos de injustiça; antes *ofereçam-se* a Deus como quem voltou da morte para a vida; e *ofereçam* os membros do corpo de vocês a ele, como instrumentos de justiça... Não sabem que, quando vocês se *oferecem* a alguém para lhe obedecer como escravos, tornam-se escravos daquele a quem obedecem: escravos do pecado que leva à morte, ou da obediência que leva à justiça? (Rm 6:12-13, 16, ênfase minha)

A ideia é entregar alguma coisa para ser usada para um propósito específico. No Antigo Testamento não era incomum as pessoas apresentarem ouro, prata, suprimentos de construção e até mesmo comida aos sacerdotes que, então, usavam os donativos para construir um lugar de adoração, assim como para sobreviver fisicamente (Êx 25:1-8; 1Cr 22:14; Ed 1:4-6). Contudo, qualquer coisa apresentada no templo precisava ser de primeira classe. Os sacrifícios precisavam ser sem mancha ou defeito. Os materiais precisavam ser da melhor qualidade. Nada oferecido poderia ter sido anteriormente usado no culto a outro deus.

De maneira similar, o corpo consagrado do crente deve ser

- *"vivo"* — um sacrifício deliberado e constante, entregue repetidas vezes durante a vida;
- *"santo"* — uma oferta imaculada, dedicada exclusivamente ao Senhor e aos seus propósitos; e
- *"agradável"* — um sacrifício aceitável no sentido de que ele honra o caráter de Deus.

Paulo chamou essa consagração de nosso corpo de "culto racional". A palavra grega originalmente usada aqui é *logikos* [3050], um adjetivo que se refere a algo que é "cuidadosamente pensado".[57] Ela implica que uma pessoa considera uma questão à luz de sua natureza e propósito, em acordo com a realidade. Uma vez que Paulo está obviamente chamando a um sacrifício não literal, ainda que bastante real, de nosso corpo, os tradutores optam por traduzir *logikos* como "racional" ou "espiritual" — em acordo com a realidade.

Contudo, existe outra maneira de traduzir *logikos*. Anteriormente, o apóstolo havia declarado que o ato de os crentes apresentarem seu corpo ao pecado não fazia sentido lógico (Rm 6:1-3, 15-16). Por qual razão escravos libertos continuariam a servir ao seu velho mestre? Por outro lado, apresentar nossos corpos para servir aos interesses do nosso novo Mestre é completamente lógico — muito de acordo com nossa nova natureza e propósito. Portanto, algumas versões traduzem a última frase como "culto racional" (ARA, ARC, NVI).

12:2

A segunda parte da declaração epocal de Paulo penetra o mundo físico e exterior para confrontar o mundo interior da mente. Os judeus concentravam toda a sua atenção no comportamento ético de uma pessoa, o que é bom em muitos aspectos. É uma forma bastante resumida de abordar o bem e o mal. Contudo, Jesus não estava satisfeito apenas com a obediência externa e física. Ele chamou seus seguidores a terem primeiramente corações limpos e, depois, mãos limpas (Mt 15:17-20; Mc 7:14-15). Tudo isso porque tanto o pecado quanto a justiça começam na mente.

Temos uma escolha entre duas alternativas:

> *Syschēmatizō* [4964] — "ser moldado segundo um padrão". A palavra grega é um composto de uma preposição que significa "com" e o termo do qual obtemos nossa palavra "esquema" em português.
> *Metamorphoō* [3339] — "ser transformado de uma coisa em outra". Esta palavra grega é um cognato do português "metamorfose", que é comumente usada para descrever a transformação de uma lagarta em uma borboleta.

"Não se amoldem ao padrão deste mundo...". O padrão que devemos rejeitar é uma versão grotescamente distorcida da criação original de Deus, que Ele repetidamente chamou de "boa". Paulo não usou a palavra grega para "mundo" ou "universo" aqui, mas sim o termo *aiōn* [165], que significa "século", "eternidade" ou "era". O mundo não era originalmente mau; ele foi corrompido. O uso que Paulo faz do termo na acepção de "era" enfatizou o fato de que a condição presente da criação é temporária. Antes desta era, o universo se movia em perfeita harmonia com a natureza de Deus, que é justiça e amor. E, quando Cristo voltar, o mundo será remodelado para refletir o caráter de Deus.

Infelizmente, nós — nosso estado natural de nascimento — somos parte e parcela desta criação caída e de seu sistema, que é governado por mal, egoísmo, ganância, falsidade e violência. O caminho de Deus é exatamente o oposto, encontrando prazer no bem, no altruísmo, na bondade, na gentileza e na verdade. Não existe meio termo entre eles. O apóstolo João descreveu os dois sistemas como "luz" e "trevas" (1Jo 1:5-6); Paulo os chamou de "carne" e "Espírito" (Rm 7:14—8:11). Esta era e a era futura respondem às perguntas a seguir de maneira bastante diferente:

- Qual é o sentido da vida?
- O que torna um homem ou uma mulher grande?
- Quem ou o que determina o certo e o errado?

- Como alguém deve responder a uma ofensa?
- O que determina o valor de uma pessoa?
- Por que pessoas boas sofrem, enquanto pessoas cruéis prosperam?

"Mas transformem-se pela renovação da sua mente." Se devemos nos comportar de maneira diferente do sistema do mundo caído — no qual nascemos e do qual somos feitos — devemos mudar. Infelizmente, não podemos mudar a nós mesmos, de modo que devemos ser transformados. Isso será realizado por meio da "renovação da nossa mente". Séculos antes de o Messias chegar para trazer a nova aliança, o Senhor prometeu por meio do profeta Jeremias: "'Esta é a aliança que farei com a comunidade de Israel depois daqueles dias', declara o SENHOR: 'Porei a minha lei no íntimo deles e a escreverei nos seus corações. Serei o Deus deles, e eles serão o meu povo'" (Jr 31:33).

A exortação a ser transformado é outro "mandamento cooperativo". À medida que respondemos ao chamado por meio da submissão, o Senhor faz a transformação. Aprendemos a ver o mundo através da grade das Escrituras e aprendemos a reagir conforme as Escrituras prescrevem. O Espírito Santo prometido por Jesus na véspera de sua crucificação usa as Escrituras, as nossas experiências, as provações e dificuldades e a comunhão com outros crentes para nos renovar de dentro para fora. Gradualmente e de maneira sobrenatural, nossa mente começa a pensar como Deus pensa, desejar aquilo que Deus deseja, amar como Deus ama e ver as coisas com a mesma perspectiva pela qual Ele as vê. Conforme isso se torna realidade, somos capazes de discernir a vontade de Deus e de cooperar com Ele na realização dela (Ef 4:17-24; Cl 3:1-11).

12:3

Este programa de renovação do mundo por meio da transformação gradual dos crentes deve começar com a maneira como eles veem a si próprios. Paulo queria que seus leitores se guardassem contra o desenvolvimento sutil da arrogância. Pessoas arrogantes adoram dizer-lhe quão bem instruídas elas são, concentram-se no quanto realizaram ou adquiriram e não conseguem ouvir uma história sem contar uma outra que se sobreponha a ela. Elas sabem mais, viajam mais longe, trabalham mais duro e jogam melhor — e nunca, jamais estão erradas. Contudo, como um bom amigo meu me lembrou certa vez, os cemitérios estão cheios de pessoas "indispensáveis".

Perceba como Paulo suavizou sua confrontação com a frase "pela graça que me foi dada". Isso muito provavelmente é Paulo se apoiando em sua autoridade apostólica para evitar qualquer acusação de hipocrisia, mas existem mais coisas aqui. Vejo nisso uma indicação de transparência, sugerindo que ele considerava ter sido arrogante em algum momento de sua vida. Com efeito, ele estava dizendo "como alguém que certa vez nutriu e exaltou uma visão exaltada de si próprio, permita-me dar-lhes um conselho humilde".

Neste único versículo Paulo usou uma forma da palavra grega *phroneō* [5426], "pensar", não menos do que quatro vezes. Alguém deve evitar ter "de si mesmo um conceito mais elevado do que deve ter" (*hyperphroneō* [5252]) e, em vez disso, ter "um conceito equilibrado", que é como a NVI traduz a palavra *sōphroneō* [4993]. Este termo raramente aparece na Bíblia, mas é bastante valorizado entre os gregos seculares como uma virtude cívica. Uma sociedade era considerada "equilibrada" quando as classes adversárias concordavam todas numa direção ou sob uma liderança.

Ao advertir seus leitores a que evitassem ter um conceito muito elevado de si próprios, Paulo não está sugerindo que eles deveriam se desprezar. Ainda que a humanidade seja depravada, todavia somos o grande tesouro de Deus. Devemos nos tornar servos no mundo, não capachos ou vermes. Com muita frequência, os grandes teólogos e artistas puritanos levaram a doutrina da depravação humana a extremos. Embora eu apoie o desejo deles de permanecerem humildes diante de Deus e gratos por sua salvação, recebemos papéis de adoção que nos proporcionam a honra de sermos chamados filhos de Deus (8:14-17). Isso é causa de celebração, não de autocondenação.

Devemos ter uma visão equilibrada, sensível e realista de nós mesmos. Em outras palavras, devemos ver a nós mesmos como Deus nos vê, não em comparação com outros. Nosso relacionamento — nossa "paz com Deus" — está seguro não por causa de qualquer coisa que nós tenhamos fornecido; não trouxemos nada para o relacionamento no início, e não temos nada para dar que não tenhamos primeiramente recebido de Deus. Nem Deus nos ama mais ou menos por causa de nosso valor relativo para Ele em comparação com outros crentes. Isso descreve de que forma amor e relacionamentos trabalham nesta era, não perante o nosso Deus.

Em termos de valor ou dignidade perante Deus, todos nós nos colocamos na mesma plataforma elevada. Todos os crentes são escolhidos pela vontade soberana de Deus, a escolha é resultado de favor imerecido e esta graça é recebida por meio da fé em Jesus Cristo. Qualquer ideia de que qualquer crente é melhor do que outro é tolice.

12:4-5

Usar o corpo humano como uma ilustração da unidade em Cristo era a metáfora favorita de Paulo (1Co 12:14-25; Ef 4:16), e ele volta a ela para demonstrar que a similaridade não é igualdade e que diferença não é dissimilaridade. O corpo humano é formado por muitas partes. Temos órgãos vitais — nenhum deles visível — que nos mantêm vivos. Temos vários membros que realizam funções diferentes e cruciais, como andar ou segurar. Temos órgãos sensoriais que nos permitem perceber o mundo de maneiras diferentes. E, quando tudo está trabalhando em harmonia, a vida é boa. Porém, quando uma parte é ferida ou paralisada, o corpo inteiro sofre.

O que é verdadeiro para o corpo humano é verdadeiro para o corpo de Cristo. Não existe essa coisa de crente desimportante ou sem valor, muito embora algumas funções sejam mais públicas do que outras.

A ilustração de Paulo enfatiza três verdades importantes sobre o corpo de Cristo:

Unidade — Derivamos nossa vida da mesma Fonte; nenhum de nós pode existir fora do corpo. E temos apenas uma cabeça: Cristo controla e coordena cada membro para o bem do todo.

Diversidade — Deus *ama* a variedade! Um estudo cuidadoso da vida vegetal e animal revela um maravilhoso espírito criativo no Criador; podemos até mesmo ir tão longe a ponto de chamá-lo de brincalhão. Tenho poucas dúvidas de que Deus tenha sorrido quando criou o bico de pato do ornitorrinco.

Mutualidade — Precisamos uns dos outros. Quando uma pessoa é ferida ou passa pelo luto, o corpo inteiro sente aquela dor. Quando uma parte não consegue acompanhar, as outras compensam. Quando a doença ataca, o corpo inteiro reage.

O conceito de vida do corpo é quase estranho ao nosso mundo secular. Embora muitos livros sobre negócios ensinem e encorajem o trabalho em equipe, a motivação quase sempre tem como origem a satisfação de um indivíduo. Em outras palavras, "você deve pensar em termos de equipe porque essa é a melhor maneira de alcançar seu próprio sucesso pessoal". Até mesmo nas culturas orientais, onde a ênfase está supostamente no bem coletivo da sociedade acima do indivíduo, existe lá no topo um número muito pequeno de líderes privilegiados que gostam muito do sistema!

No organograma de Deus, porém, nossa motivação é o serviço mútuo motivado pelo amor e movido pela compaixão dentro do corpo em obediência ao Cabeça, Jesus Cristo.

12:6-8

Agora que temos uma visão sensível de nós mesmos em relação a Deus e aos colegas crentes, devemos considerar nossos respectivos papéis dentro do corpo — especificamente, os dons espirituais. Eles são habilidades sobrenaturais dadas por Deus a indivíduos que os capacitam a realizar uma função com facilidade e eficácia.

Aqui, Paulo lista sete dons espirituais:

Profecia — Estritamente falando, antes de a Bíblia estar completa, os profetas falavam quando dirigidos por Deus e pela autoridade de Deus, e suas palavras deveriam ser recebidas como se estivessem sendo ouvidas diretamente da boca de Deus. Eles eram os "porta-vozes" de Deus e falavam sem erro. Quando a última carta da Bíblia foi escrita e o último apóstolo morreu, não havia mais necessidade de profetas divinamente inspirados. Agora temos as Escrituras, inspiradas e completas.

Contudo, em um sentido mais amplo, ainda existem hoje aqueles pregadores e mestres cujo papel principal é a proclamação. Esses indivíduos são dotados pelo Espírito Santo de habilidade sobrenatural para proclamar a Palavra profética de Deus de maneira penetrante e convincente. Eles também falam, de certo modo, como "porta-vozes" de Deus ao se manterem fiéis à mensagem profética das Escrituras. Evangelistas, pregadores e escritores são bons exemplos dos dias atuais de pessoas que, embora não sejam profetas, estendem a mensagem profética a outros.

Serviço — Alguns chamam este de dom de ajuda. O substantivo grego *diakonos* [1249] é a origem de nossa palavra "diácono". Acho

DONS ESPIRITUAIS LISTADOS NAS ESCRITURAS

Paulo apresenta uma lista de sete dons espirituais em sua carta aos crentes de Roma, mas sua lista não é exaustiva. Há pelo menos outras três listas parciais que podem ser encontradas em 1Coríntios, Efésios e 1Pedro.

Romanos 12:6-8	1Coríntios 12:4-11	Efésios 4:11	1Pedro 4:10-11
Profecia	Palavra de sabedoria	Apóstolos	Falar
Serviço	Palavra de conhecimento	Profetas	Servir
Ensino	Fé	Evangelistas	
Exortação	Cura	Pastores	
Contribuição	Milagres	Mestres	
Liderança	Profecia		
Misericórdia	Discernimento de espíritos		
	Falar em línguas		
	Interpretação de línguas		

interessante que, na lista de Paulo, o serviço seja colocado logo depois do dom mais público e mais aclamado, o da profecia. É como se ele quisesse enfatizar o fato de que servir, o dom menos desejado, menos público e menos honrado nesta "era", é uma posição exaltada no sistema de Deus. Jesus disse: "Quem quiser tornar-se importante entre vocês deverá ser servo [*diakonos*]; e quem quiser ser o primeiro deverá ser escravo de todos. Pois nem mesmo o Filho do homem veio para ser servido [*diakonēthēnai*], mas para servir [*diakonēsai*]" (Mc 10:43-45).

Aqueles que têm este dom raramente precisam que lhes seja dito o que é necessário; eles simplesmente discernem as necessidades, sabem como ajudar e então o fazem sem qualquer expectativa de receber aplauso ou necessidade de serem notados.

Ensino — Professores ou mestres têm a habilidade de comunicar verdade revelada com conhecimento, facilidade e clareza. Eles têm uma capacidade extraordinária de dar à Palavra impressa uma vida como que de carne e osso. Ajudam os outros a aprender fatos com precisão, descobrir princípios, enxergar sua relevância prática e aplicá-los.

Exortação — Esse é o dom que imita o Espírito Santo. O termo é derivado da mesma palavra grega traduzida como "rogar" em Romanos 12:1, *parakaleō* [3870]. Aqueles que exortam têm a habilidade de fazer com que uma verdade seja entendida de maneira apaixonada, confrontam o erro de maneira construtiva, transformam a leitura das Escrituras em um plano de ação, unem os crentes em torno de um empreendimento comum — e normalmente conseguem fazer isso sem afrontar. Sua palavra dura é envolvida por encorajamento.

Contribuição — Embora todos os crentes sejam instruídos a serem generosos, estas pessoas procuram oportunidades para contribuir, ofertando aquilo que têm acima da medida normal. Às vezes, elas são ricas; com mais frequência, são pessoas de recursos medianos que geralmente dão de seu tempo, energia e expertise.

Doadores por dom não querem placas de bronze nem prédios que recebem seus nomes. Não há nada particularmente errado com essas coisas, mas os contribuintes sobrenaturais não querem toda essa atenção. Preferem o anonimato acima de qualquer coisa. Veem uma necessidade e, então, procuram satisfazê-la.

Liderança — Dependendo do contexto, o termo grego *proistēmi* [4291] pode ser traduzido tanto como "liderar" quanto como "cuidar" — que são idênticos no ministério cristão! Paulo usou o termo para descrever aqueles que possuem uma habilidade incomum de fornecer orientação e administração a um grupo.

Misericórdia — Aqueles que possuem o dom de misericórdia exercem a extraordinária habilidade de sentir as necessidades daqueles que estão feridos e de saber o que dizer, como dizer e quando permanecer calados. Estas pessoas são valiosíssimas em hospitais, onde pacientes e familiares enfrentam o sofrimento por causa de doenças sérias e morte.

•••

As palavras epocais de Paulo não são apenas verdades sobre as quais descansar, como 5:1 e 8:1-2, mas um chamado a responder. Embora Deus tenha prometido nos transformar — e seu Espírito Santo não falhará em sua missão —, temos uma escolha. Podemos optar por permanecer teimosamente desinteressados e resistir à obra dele, ou podemos nos sintonizar com aquilo que Ele está fazendo e participar em seu processo de transformação. E essa escolha começa com a maneira como decidimos considerar a nós mesmos, qual prioridade damos aos nossos colegas crentes e como podemos transformar nossos dons espirituais em presentes que beneficiam outros.

APLICAÇÃO
Romanos 12:1-8
AVALIAR, CONSAGRAR E TRANSFORMAR

As palavras "portanto, irmãos, rogo-lhes" (12:1) indicam uma transição crítica na carta de Paulo. A graça de Deus para conosco deve agora assumir uma dimensão horizontal. Contudo, não somos capazes de fazer isso por nós mesmos — não em nosso estado atual. Nascemos como parte desta criação caída e carregamos sua maneira distorcida de pensar e viver até à medula de nossos ossos e às motivações de nossos corações. Devemos ser transformados, remodelados a partir de dentro de acordo com um novo padrão. O Espírito Santo será fiel para realizar a obra sobrenatural da transformação interior; contudo, o apóstolo roga que participemos nessa obra. Ele nos chama a participar de dois grandes esforços: a consagração do nosso corpo e a transformação da nossa mente.

"Se ofereçam em sacrifício vivo, santo e agradável a Deus." Isto é *consagração*. É uma separação radical da visão de mundo secular, e começa com a decisão de entregar nosso corpo a um propósito divino. Isso tem implicações tangíveis e práticas que não devemos ignorar. Afeta aonde vamos, com o que escolhemos alimentar nossa mente, como tratamos nosso corpo, quais influências recebemos ou rejeitamos, como gastamos nosso tempo, como investimos nosso

dinheiro e aquilo que escolhemos realizar dia após dia (para citar apenas algumas coisas específicas).

"*Transformem-se pela renovação da sua mente.*" Isto é *transformação*. O objetivo derradeiro é um coração transformado, uma natureza fundamentalmente diferente de dentro para fora. Contudo, não conseguimos transformar nosso próprio coração; somente Deus pode fazer isso. *Podemos* obter novo conhecimento e mudar nossas perspectivas. Mas isso representa apenas parte da participação do crente no programa de renovação de Deus.

Permita-me sair do teórico e ir para o prático fazendo uma pergunta penetrante. A que você está dedicando seu corpo? Você tem duas excelentes porém dolorosas ferramentas de análise à sua disposição: a sua agenda e os seus registros financeiros. Dedique algumas horas para revisar as duas coisas.

Primeiramente, pegue uma folha de papel em branco e crie uma tabela que reflita a sua semana típica. (Use o exemplo a seguir como guia.) Dê nome aos blocos de tempo com base na sua rotina, que inclui compromissos formais e seus hábitos típicos.

Reconhecendo que a maioria de nós deve dedicar não menos do que quarenta horas por semana para obter sustento, a que o restante do seu tempo (128 horas) é dedicado? Casamento e família? Excelente! Servir aos outros? Maravilhoso! Aprimoramento pessoal? Ótimo! Relaxar, descansar, dormir? Altamente recomendado!

Ou (para ser honesto, agora) você vê tempo dedicado a atividades que não contribuem com nada para a sua vida como um instrumento consagrado da graça de Deus? Tal exame de consciência pode ser convincente.

	Seg	Ter	Qua	Qui	Sex	Sáb	Dom
5h-6h							
6h-7h							
7h-8h							
8h-17h							
17h-18h							
18h-19h							
19h-20h							
20h-21h							
21h-22h							
23h-0h							

Em seguida, reveja suas finanças. Um bom lugar para começar seria o extrato bancário e a fatura do cartão de crédito. Use um conjunto de marca-textos coloridos para destacar cada linha de acordo com um conjunto de categorias como:

> *Necessidade:* habitação, compras, serviços e outros gastos que não podem ser eliminados
> *Dívidas:* empréstimos pessoais, prestações, pagamento de cartões de crédito, multas por atraso e taxas bancárias
> *Despesas eventuais:* diversão, férias, restaurantes, roupas chiques ou outros agrados
> *Doação:* contribuições à sua igreja local, missões, caridade ou a familiares e amigos necessitados
> *Desperdício:* gastos que adicionam pouco ou nada à vida — ou pior, que causam aflições adicionais

Suas categorias podem ser diferentes. O objetivo do exercício é ser brutalmente honesto e tornar-se intencional quanto a enxergar onde você gasta seu dinheiro. Mais uma vez, tal análise pode cortar fundo.

Assim que você tiver analisado sua agenda e seus registros financeiros, *consagre-os*. Veja como: apresente-os ao Senhor numa oração de dedicação e peça a Ele que comece a obra de transformação do coração em seu favor. Então, comece a fazer os ajustes necessários. Em vez de permitir que sua agenda siga fora de controle, seja estratégico na maneira como você direciona seu tempo e sua energia. Em vez de permitir que suas finanças fluam desreguladas com base em impulso, deixe que seus valores assumam as rédeas. Reserve tempo para buscar aquilo que você *diz* que valoriza — crescimento espiritual, casamento, filhos, obras de caridade, descanso — e *proteja esses blocos de tempo*. Prepare um orçamento, dedicando dinheiro para apoiar e construir aquilo que você *diz* que valoriza — *comece com a contribuição* — e então discipline a si mesmo a *seguir o seu orçamento*.

Não se engane: a consagração e a transformação não são conceitos puramente teóricos. Elas têm expressão tangível para o crente. Não estou sugerindo que os exercícios que esbocei — ou qualquer outra atividade humana — sejam suficientes para o crescimento espiritual ou que possam ser substitutos da obra sobrenatural do Espírito Santo. Contudo, são um bom lugar por onde começar a participar no programa divino de renovação da alma. À medida que consagrar seu tempo e seu dinheiro, você dará um grande passo adiante na consagração do seu corpo. Conforme isso ocorrer, garanto que sua mente iniciará um processo de transformação também.

Aula introdutória de cristianismo
LEIA ROMANOS 12:9-16

Qual legado você está criando para a próxima geração? O que você está deixando na mente daqueles que vão viver mais do que você, de modo que as vidas deles sejam mais profundas, mais ricas e melhores do que a sua tem sido? Em 1999, o popular romancista americano Stephen King enfrentou essa questão quando estava caído numa vala depois de ter sido atingido por um motorista bêbado. Embora fosse rico e bem-sucedido sob qualquer ponto de vista, ele reconheceu o valor fugaz das coisas temporais e concluiu: "O que dura é aquilo que você passa adiante".[58]

Reserve alguns momentos agora e imagine-se em pé ao lado do seu próprio caixão, comparecendo de maneira invisível ao seu próprio velório. Sua vida na terra chegou ao fim. Sua família está sentada em volta, com um olhar distante, piscando em meio a lágrimas. Seus amigos estão ali, relembrando sua vida e compartilhando histórias. Do que seus amigos e familiares estão lembrando? É quase certo que eles não estão falando sobre o seu portfólio financeiro. Não estão fazendo um inventário dos seus bens. A não ser, é claro, que isso seja tudo que você deixou para eles se lembrarem.

Se você deixou alguma coisa de valor inestimável para a próxima geração, certamente não será algo tangível. Os tesouros que você deixa serão as lembranças que seus entes queridos levam com eles assim que a tampa do caixão for fechada e seu corpo for colocado a sete palmos abaixo do chão e coberto com terra. Seu legado mais valioso será o seu modelo de uma vida bem vivida, o amor que você distribuiu de maneira contínua e fiel a cada dia, o seu exemplo de graça. Isso capacitará aqueles que conheceram você a desfrutar da vida mais plenamente do que você fez.

Não seria útil se alguém pudesse reunir um guia direto e objetivo para nos ajudar a viver bem e deixar um legado verdadeiramente valioso? Uma simples lista diária de atitudes e ações já seria bastante útil. Fico feliz por dizer que tal lista foi preservada e que ela não é simplesmente um resumo dos escritos de um homem brilhante que causou um impacto grandioso no primeiro século. É uma lista inspirada, preservada para nós pelo próprio Deus, e que carrega seu selo de aprovação.

Enquanto 1Coríntios 13 é o mais belo e eloquente tratado sobre o amor, Romanos 12:9-16 é o mais sucinto. Em menos de oitenta palavras no grego, Paulo nos ensinou como amar os outros de maneiras práticas e tangíveis que vão preencher as lembranças daqueles a quem amamos e ensinar-lhes como viver bem — com a esperança de que vivam ainda melhor do que nós.

12:9

Amor não hipócrita

O amor genuíno tem duas qualidades básicas: sinceridade, que é o oposto da hipocrisia, e discernimento, que é o oposto da ingenuidade.

Uma tradução literal das primeiras palavras gregas desse versículo é "amor não hipócrita"! As diversas versões bíblicas adicionam algo para produzir um estilo mais suave e agradável:

> O amor seja não fingido (ARC).
> O amor seja sem hipocrisia (ARA).
> O amor seja sem fingimento (A21).
> Amem as pessoas sem fingimento (NVT).

Prefiro manter as coisas simples: "O amor é não hipócrita". A palavra grega é *anypokritos* [505], palavra composta por *a-*, "não", e *hypokrisis* [5272], "falsa aparência" ou "dissimulação". Esta palavra ilustra melhor do que qualquer outra a diferença entre o sistema do mundo e a ordem de Deus. O verbo *hypokrinomai* [5271] significa simplesmente "fingir", frequentemente no contexto de atuar. Portanto, os autores seculares gregos usavam o termo tanto positivamente quanto negativamente, dependendo da situação. Num sentido positivo, "a pessoa nobre pode desempenhar qualquer papel atribuído sem perda da estabilidade interior".[59] Se fôssemos aplicar a mentalidade grega a um exemplo moderno, poderíamos esperar algo como ver o secretário de imprensa do governo apresentar e defender a política do presidente sobre um determinado assunto, ainda que discorde dele pessoalmente. O trabalho do secretário de imprensa é fornecer informação e responder perguntas em favor do presidente. Num sentido positivo, esse indivíduo está apropriadamente colocando sua opinião particular em segundo plano com o objetivo de cumprir um papel público.

Quando usada negativamente, "o palco é um mundo de mentirinha e os atores são enganadores".[60] Gregos e romanos desprezavam o engano assim como qualquer pessoa.

Os judeus usavam o termo quase sempre negativamente, o que não é surpresa, considerando sua falta de disposição de ver motivação e obras como coisas separadas. (Na mentalidade hebraica, o conhecimento não era suficiente. Uma pessoa poderia não ser considerada sábia se não traduzisse conhecimento em comportamento.) Os autores do Novo Testamento seguiram Jesus, que usou *hypokritēs* [5273] para descrever pessoas que haviam se afastado da verdade recebida de Deus, mas que agiam como se não tivessem feito isso. Portanto, ser hipócrita era mentir por meio do comportamento em vez de pela fala.

Se a hipocrisia surge, o amor deixa de ser amor e se torna alguma coisa grotesca — manipulação, toma lá dá cá, competição, falsa aparência. Não há lugar para máscaras; nada de afetação; não há espaço para pensar de uma maneira e agir de outra. Tudo isso porque amor e verdade caminham de mãos dadas.

O amor também deve ser perspicaz. Paulo ordenou: "Odeie o que é mau", usando um termo grego que significa "odiar intensamente", "detestar" (*apostygeō* [655]). Quando encontra o que é mau, o amor se recusa a participar. O amor não abraça o que é mau, nem faz isso simplesmente olhando para o outro lado. O amor ousa confrontar alguém que faz o que é mau, não para julgar ou intimidar, mas para inspirar a justiça. Por outro lado, o amor "[apega-se] ao que é bom". Jesus usou essa palavra (*kollaō* [2853]) em referência ao casamento, no qual "o homem deixará pai e mãe e *se unirá* à sua mulher, e os dois se tornarão uma só carne" (Mt 19:5, citando Gn 2:24; ênfase minha). Com o objetivo de repelir o mal e se apegar ao bem, o amor deve saber a diferença.

Em uma classe que frequentei no seminário, Charles Ryrie certa vez comparou o amor a um rio que é limitado de ambos os lados pela verdade e pelo discernimento. Se qualquer um dos limites se romper, o rio transborda de sua margem e causa danos horríveis.

12:10-15

Mais oito facetas do amor

Tendo declarado que o amor é guiado pela verdade e pelo discernimento, Paulo destacou oito qualidades adicionais para nos ajudar a expressar amor de maneiras que os outros sejam capazes de experimentá-lo.

Afeição dedicada (12:10) — Os termos usados por Paulo estão inundados de ternura e bondade. Nosso amor deve ser caracterizado pela afeição terna compartilhada entre membros de uma família. Contudo, verdade seja dita, pode ser especialmente difícil amar os membros da família! Todavia, devemos fazer todos os esforços simplesmente porque temos um elo familiar que não pode ser quebrado.

Honra (12:10) — A palavra *timē* [5092] significa "respeito" ou "valor". Honrar alguém começa com uma disposição de deixar que a outra pessoa tenha preferência em assuntos não essenciais. Devemos escutar quando alguém fala e ter consideração cuidadosa com suas palavras. Devemos permitir que os outros discordem de nós, respeitando sua opinião ainda que discordemos. Devemos tratar os sentimentos das outras pessoas com carinho e respeito, demonstrando gratidão um pelo outro.

É interessante perceber que Paulo incentivou seus leitores a fazer mais do que os outros nesta área. A frase grega traduzida como "prefiram dar honra aos outros mais do que a si próprios" também pode ser traduzida como "se esforcem para tratar uns aos outros com respeito" (NTLH). Em outras palavras, se vocês insistirem em competir, vejam quem pode genuinamente valorizar mais o outro.

Entusiasmo / paixão (12:11) — As frases em grego trazem à mente a ideia de uma fervura que extravasa, como água fervendo em uma panela. Essa qualidade do amor é uma paixão por fazer o bem pelos outros, de ferver no Espírito, de servir ao Senhor. Esse entusiasmo é caracterizado pelo otimismo ativo e por um zelo energético que não pode ser contido; é o exato oposto da letargia e da indiferença. Todo mundo quer ser amado com entusiasmo e paixão, não de forma passiva ou por obrigação.

Paciência (12:12) — As três frases que compõem 12:12 têm todas a ver com paciência. E, se você olhar atentamente, verá uma progressão que não pode ser outra coisa senão premeditada.

Esperança ⟶ Tribulação ⟶ Oração

Como podemos nos manter pacientes em meio à tribulação? Continuamos a esperar, aguardando por aquilo que ainda não aconteceu e celebrando como se já tivesse acontecido. Continuamos a cumprir com as nossas obrigações e a desfrutar de nossas bênçãos mesmo quando estamos desanimados e queremos desistir. E, durante tudo isso, dedicamo-nos à oração.

Essas qualidades de amor são indispensáveis. Quando pessoas são capazes de esperar juntas, de permanecer incansavelmente dedicadas umas às outras e a Cristo e de conversar com o Pai em favor umas das outras, nada pode romper essa comunhão.

Generosidade (12:13) — O amor não é sovina; o amor compartilha livremente o que tem. A frase de Paulo "compartilhem o que vocês têm com os santos em suas necessidades" usa a palavra grega *koinōneō* [2841], que é o termo quintessencial da Igreja. Significa "tomar parte", "estar em comunhão ou participar de". Creio que isso tem mais em mente do que compartilhar a abundância de uma pessoa com alguém em necessidade. Tem o sofrimento compartilhado em mente. O amor dá, mesmo quando isso fere. Ele compartilha dinheiro livremente, mesmo quando o dinheiro é curto. E, quando as contribuições acabam, o amor continua a tomar parte na necessidade do outro.

Hospitalidade (12:13) — O amor também é hospitaleiro. O significado original do termo grego é "amor pelos estrangeiros" (*philoxenia* [5381]). Carrega a ideia de estender amor àqueles que são diferentes

Do meu diário

Seja um cristão que se move
ROMANOS 12:11

Benjamin Zander escreveu um ótimo livro, ao qual ele deu o título de *A arte da possibilidade*. Naquela época, ele era o regente da Orquestra Filarmônica de Boston e professor do New England Conservatory of Music. Ele escreveu como músico, o que não é surpresa, mas, ao fazê-lo, também mesclou com maestria o mundo da música com a vida diária. Em um capítulo sobre paixão, ele incluiu a história de um aluno em particular que tocava Chopin perfeitamente, mas sem uma qualidade essencial que torna uma performance extraordinária.

Um jovem pianista estava tocando um prelúdio de Chopin na minha aula de mestrado e, embora tivéssemos trabalhado até o ponto de compreender plenamente o conceito da peça, sua performance continuava mediana. Ele a compreendia intelectualmente, conseguia explicá-la para outra pessoa, mas era incapaz de transmitir a energia emocional que é a verdadeira linguagem da música. Então, percebi algo que se mostrou ser a chave: seu corpo estava firmemente centrado numa posição ereta. Não me contive: "O problema é que você é um instrumentista sem movimento!". Incentivei-o a permitir que seu corpo inteiro fluísse para os lados, insistindo para que pegasse a onda da música com seu próprio corpo e, de repente, a música levantou voo. Várias pessoas na audiência suspiraram, sentindo que aquela flecha emocional havia atingido o alvo, que uma nova categoria havia surgido: o instrumentista que se move. O presidente de uma empresa de Ohio, que estava presente como uma testemunha, me escreveu: "Fiquei tão tocado que voltei para casa e transformei minha empresa inteira em uma empresa que se move".[61]

Que excelente objetivo para os crentes: tornarem-se cristãos que se movem! Pessoas viriam de todo lugar para conhecer o Deus a quem servimos se vivêssemo

> a verdade que carregamos em nosso coração com uma paixão vibrante e entusiasmada. É hora de começarmos a viver a verdade do evangelho com o tipo de zelo e paixão fervente descritos nas palavras "nunca lhes falte o zelo, sejam fervorosos no espírito" (12:11). Se um número suficiente de nós começasse a fazer isso, poderíamos ver o mundo ao nosso redor ser transformado.

— visitantes vindos de outra cultura, de outra raça ou de um sistema de crença diferente. Além disso, o termo traduzido como "praticar" é melhor traduzido como "buscar". O amor toma a iniciativa, procurando ativamente oportunidades de beneficiar outros, especialmente aqueles que são diferentes.

Graciosidade (12:14) — De todas as qualidades do amor, esta é indubitavelmente a mais difícil de levar a cabo. Os outros podem cair no esquecimento porque estamos ocupados, cansados ou sejamos egocêntricos, mas normalmente não resistimos a eles. Retribuir bem com o mal, por outro lado, vai contra qualquer instinto natural que possuamos — especialmente quando o ofensor é um colega cristão. Graça em resposta ao pecado é uma qualidade única de Deus, e esta habilidade só pode vir dele e ser capacitada por Ele. Paulo estenderá seu ensinamento sobre esse assunto em 12:17-21.

Simpatia (12:15) — O verdadeiro amor nunca se mantém distante. Quando o amor sabe que um irmão ou irmã está se alegrando, ele não consegue conter seu entusiasmo. Ele comemora a alegria do outro. E, com a mesma empatia e paixão, ele lamenta a perda do outro como se fosse sua própria.

Costumo me lembrar de um quadro pendurado na parede da casa em que vivi minha infância no qual estava escrito um velho provérbio sueco que dizia: "Alegria compartilhada é uma alegria dupla; tristeza compartilhada é uma tristeza pela metade".

12:16

Humildade e amor

Paulo conclui sua lista de qualidades do amor voltando ao local onde começou, a qualidade da humildade. Quatro frases emolduram a imagem de humildade e, se você olhar atentamente, vai detectar a imagem de Jesus.

A frase "tenham uma mesma atitude uns para com os outros" não é um estímulo ao pensamento em grupo. Paulo não está sugerindo que pensar de forma diferente sobre um tópico ou outro seja necessariamente ruim. Devemos ser *a favor* das mesmas coisas, ainda que nossas perspectivas ou abordagens sejam diferentes. Isso significa que concordamos sobre as coisas essenciais e permitimos que haja espaço onde for possível. Além disso, a humildade busca entender antes de ser entendida. A humildade prefere comunicar em vez de fazer batalhas com palavras. A humildade tenta encontrar um meio-termo com os outros sem sacrificar a verdade. E a humildade tem grande consideração pelos pensamentos dos outros.

"Não sejam orgulhosos" aconselha a não pensar em si próprio como bem-nascido, de alta patente, de alta classe ou nobre, distinções que geram a expectativa de tratamento correspondente. Em sua carta aos crentes de Filipos, Paulo relembrou-lhes como Jesus desceu de seu lugar celestial para sofrer a humilhante morte de um criminoso... por nós.

Em grego, a frase "estejam dispostos a associar-se a pessoas de posição inferior" significa literalmente "permitam-se ser levados por pessoas de baixo nível". Nas culturas seculares grega e romana, ser visto com pessoas de nível muito inferior poderia ser fatal para as ambições de alguém. Elas não apenas eram socialmente indesejáveis, como eram consideradas corruptoras da moral de cidadãos corretos. Ao contrário disso, Paulo ensinou que a humildade busca as pessoas das periferias e se arrisca a abraçá-las.

"Não sejam sábios aos seus próprios olhos" repete o pensamento do apóstolo em 12:3. Pessoas que se consideram sábias e tentam fazer com que outros saibam esse segredo são normalmente os personagens mais risíveis de todos. Se alguém for sábio, os outros vão notar.

• • •

É justo dizer que a maioria das pessoas aspira ao tipo de amor descrito por Paulo. Não conheço ninguém que não gostaria de criar um legado duradouro de lembranças amorosas para familiares e amigos. Sendo assim, por que o amor cristão é tão raro? Por que as pessoas se escondem atrás de máscaras ou se tornam tão sem discernimento? Por duas razões: orgulho e medo.

O orgulho envenena o amor. Alguns homens e mulheres possuem um talento incrível e um intelecto impressionante, mas falham em amar porque são orgulhosos demais para se dobrar, orgulhosos demais para estender a mão, orgulhosos demais para pedir ajuda, orgulhosos demais para serem vulneráveis. Assim, cobrem suas faces com algo belo, montam um bom show, fingem se importar e mantêm todos os seus relacionamentos em um nível superficial. Dessa maneira, não há risco de serem verdadeiramente conhecidos... ou feridos.

O medo não é menos mortal para o amor. Algumas pessoas têm medo de dar genuíno amor porque ele vem com o aterrorizante risco da perda ou talvez da rejeição. Assim, elas se contentam em agradar as pessoas, seja qual for o custo para a sua integridade pessoal. Tímidas demais para confrontar e frágeis demais para buscar o bem, elas aceitam o que se colocar no seu caminho e se confortam com as palavras "eu amo incondicionalmente". Na verdade, porém, seu amor é uma bijuteria barata.

A ironia é que as pessoas sabem quando o amor é hipócrita ou sem discernimento. Mais cedo ou mais tarde, elas descobrem quando o orgulho está montando um show ou quando o medo está barganhando pela segurança. Amor motivado pelo orgulho ou pelo medo é centrado em si próprio, e nada substitui o amor real, que é, acima de tudo, altruísta. Amar, em seus termos mais simples, é buscar o bem maior da outra pessoa.

Às vezes, o amor é duro, inflexível, sem disposição para olhar para o outro lado quando o mal está presente. É não deixar alguém confortável dizendo o que a pessoa quer ouvir. Infelizmente, o amor ocasionalmente precisa ser duro, firme e inflexível. Com mais frequência, porém, o amor deve ser terno, marcado por compaixão, compreensão, tolerância, graça e perdão. Em todos os casos, quer seja duro quer terno, o amor autêntico busca o maior e mais elevado bem da outra pessoa.

APLICAÇÃO
Romanos 12:9-16
O AMOR AUTÊNTICO E O CORPO DE CRISTO

Paulo dá continuidade ao seu apelo pela graça na dimensão horizontal chamando ao amor "não hipócrita". Enquanto o amor hipócrita nada mais é do que um conjunto de desejos impulsivos e sentimentos frívolos, o amor genuíno age para fazer aquilo que é do melhor interesse da outra pessoa. Contudo, o amor genuíno também tem discernimento; ele não é ingênuo (12:9). Chame-me de não romântico, mas não creio em amor desenfreado ou amor sem limites. O amor genuíno nunca transborda além das fronteiras da verdade, de um lado, e do discernimento, do outro. Uma criança, por exemplo, pode dizer a um de seus pais: "Se você me ama, então me dará o que eu quero". Pais ou mães sábios responderão: "Por que eu amo você, eu lhe darei aquilo que é melhor para você".

Paulo prosseguiu e descreveu o amor como afetuoso, honroso, entusiasmado, paciente, generoso, gracioso, simpático e, por fim, motivado pela humildade, buscando o maior e mais elevado bem da outra pessoa antes do seu próprio (12:10-16). É interessante perceber que a exortação de Paulo sobre o amor autêntico está colocada imediatamente após sua descrição dos dons espirituais e do corpo de Cristo (12:3-8). Ele fez o mesmo em sua carta aos Coríntios. Seu famoso "capítulo do amor" (1Co 13) está logo depois de sua longa descrição da vida no corpo (1Co 12).

A maioria de nós tem pouca dificuldade de entender como essas verdades se aplicam ao amor dentro de um lar ou entre membros de nossa família ampliada. Embora com frequência deixemos de aplicar aquilo que sabemos, todavia sabemos o que *deveríamos* fazer. Mas como podemos demonstrar "amor sem hipocrisia" dentro do corpo de uma igreja local, especialmente uma que tenha centenas de crentes que possivelmente não conhecemos de forma pessoal?

A resposta é *pelo serviço*. Deus deu a você uma habilidade sobrenatural de funcionar dentro do corpo de Cristo como um membro vital. Você tem dentro de si um dom que pode ou não ser influenciado pelo seu tipo de personalidade, seu treinamento ou sua vocação. Ele é concedido de forma sobrenatural pelo Espírito Santo porque Ele ama você e — igualmente importante — Ele ama a sua Igreja. O Espírito providenciou especificamente que você e o corpo precisem um do outro. Em outras palavras, sua igreja é incompleta sem você, tal como um corpo em que falta um órgão vital, e quando você falha em suprir aquilo que Deus colocou dentro de você, toda a igreja sofre.

Permita-me oferecer algumas sugestões práticas para aqueles que podem não ter servido numa igreja e talvez não saibam por onde começar.

1. *Conheça a si mesmo*. Não sou um grande fã de inventários de dons espirituais. A única maneira de descobrir o dom espiritual de uma pessoa é se ocupar servindo! Contudo, um teste bem elaborado sobre dons espirituais ou um perfil de personalidade específico para a igreja pode ser um bom início se você ainda não souber como gostaria de ajudar. A liderança da sua igreja pode ter uma pesquisa de sua preferência ou você pode encontrar algumas delas na Internet. Não ignore os resultados. Ao mesmo tempo, dê atenção cuidadosa aos desejos do seu coração. Os dois são importantes. Você se vê atraído a um ministério ou a uma função em particular?

2. *Peça ajuda*. Ligue para a secretaria da sua igreja e pergunte quem seria a pessoa adequada para ajudar você a encontrar um lugar para servir e, então, marque uma reunião. Nesse encontro, explique seu desejo de servir e peça ajuda para encontrar a melhor combinação entre o seu desejo e a necessidade da igreja. Esteja preparado para reavivar a pobre alma! Isso será um choque

muito agradável. Posso contar nos dedos de ambas as mãos (e perceber que sobram dedos) as vezes em que vi membros da igreja procederem dessa maneira.

3. *Sirva com fidelidade!* A maioria das igrejas perguntará se você pode se comprometer a servir por um tempo mínimo. Você sem dúvida enfrentará desafios relacionados às demandas dessa função e será tentado a se afastar... ou a desistir. Mas fique firme. Compartilhe suas dificuldades com o seu líder, peça ajuda e sirva de maneira fiel com o melhor daquilo que você tem. Então, no final do período de serviço, use sua experiência para encontrar um papel mais adequado. No final — e mais cedo do que pensa — você terá encontrado o seu lugar. Um lembrete: isso vai exigir sacrifícios. Contudo, à medida que os anos passam, as palavras do grande pregador John Henry Jowett continuam a soar verdadeiras: "O ministério que não custa nada não realiza nada".

4. *Descubra o seu dom.* À medida que oferece amor não hipócrita de maneira fiel e sacrificial dentro da sua congregação, você descobrirá onde e como é capaz de servir melhor. Quando o trabalho se tornar uma obra de amor, quando você se sentir energizado pelo cansaço, então terá descoberto seu lugar no corpo. É aí que a alegria realmente começa! Por mais estranho que possa parecer, o ministério é conduzido por pessoas cansadas!

Como a maioria das coisas na vida, o amor autêntico não é nem rápido nem fácil. Porém, quando fizer do serviço ao corpo de Cristo uma prioridade, você não conseguirá imaginar a vida sem ele. Além do mais, as recompensas que receberá serão notáveis.

Fazer o certo quando alguém lhe faz algo errado

LEIA ROMANOS 12:17-21

O falecido ator, autor e humorista Will Rogers disse certa vez: "Nunca encontrei um homem de quem não gostasse". Obviamente, Will Rogers nunca se encontrou com o meu instrutor de treinamento da Marinha. Ele era feito de três quartos de cartilagens e o restante de espinha dorsal, e não tenho certeza de que sua própria mãe gostasse dele. Will Rogers não conheceu o presbítero da igreja que certa vez iniciou uma reunião particular comigo exibindo seu revólver e provando que ele estava carregado! E você está igualmente certo em dizer que Will não conhecia a pessoa que tornou a vida insuportavelmente difícil para você.

Sejamos honestos: todos nós temos pessoas em nossa vida das quais não gostamos, e provavelmente existem mais ainda que não gostam de nós. Queremos acreditar que elas estão ausentes de nossos pensamentos, mas, tal como fantasmas, elas nos assombram quando estamos cansados, sozinhos ou desanimados. É frustrante porque já nos apresentamos como sacrifícios vivos, mas as ações pecaminosas de outra pessoa nos tentam a rastejar para fora do altar para tentar obter uma tão merecida justiça.

Permanecer sacrificado, permanecer submisso ao caminho de Deus em vez de ao sistema do mundo exige algo maior do que força natural. Felizmente, o Senhor prometeu conceder a habilidade sobrenatural de nos elevarmos acima dos atos maldosos de outras pessoas. Contudo, tal como a graça, isso vem por meio da fé. E a fé é uma escolha de obedecer a Deus quando a era na qual vivemos insiste que não o façamos.

12:17

O conselho de Paulo é suficientemente direto: "Não dê a ninguém mal em troca de mal" (minha tradução literal). Ao mesmo tempo em que explica as qualidades do amor genuíno, Paulo ecoa as palavras de Cristo: "Abençoem aqueles que os perseguem; abençoem, e não os amaldiçoem" (12:14; cf. Mt 5:44; Lc 6:28). Não é interessante que tanto Jesus quanto Paulo tenham nos instruído a tomar cuidado com o que falamos? O coração é um poço e a língua é um balde. Os lábios só podem ficar cheios daquilo que está no coração, e um coração não transformado contém um desejo insaciável de proteger seus próprios direitos.

Planos de vingança começam com maldições. O *Dicionário teológico do Novo Testamento* informa: "Maldições, encontradas em praticamente toda a história religiosa, são pronunciamentos planejados para trazer dano através de ação sobrenatural".[62] Hoje não transitamos pela magia negra ou por encantamentos malignos, mas realmente amaldiçoamos, realmente desejamos que o mal venha sobre a pessoa que nos feriu ou nos ofendeu. A maneira como escolhemos responder verbalmente nos prepara para a nossa próxima decisão. Se queremos obedecer à ordem de evitar retribuir o mal com o mal, devemos colocar nossa língua sob controle. Devemos primeiramente obedecer ao mandamento que diz "abençoem, e não os amaldiçoem".

A palavra grega traduzida como "abençoar" é *eulogeō* [2127], o que significa "falar bem de". É o mesmo termo do qual vem a palavra "elogio". Devemos *eulogiar* a pessoa que nos ofendeu... *antes que a vida dela termine*. Contudo, não podemos esperar até ter vontade de fazer isso; devemos escolher de forma deliberada, contrária à nossa natureza. Senão, o desejo de retaliação vai infeccionar.

Perceba a alternativa a retribuir mal por mal: "Fazer o que é correto". A palavra grega aqui é *pronoeō* [4306], que significa "prever", "refletir", "ter consideração por". Ela baseia-se fortemente nos conceitos de enxergar e ver. Isso faz muito sentido. Devemos tirar os olhos da ofensa para ver qual bem podemos fazer de modo que as nossas ações não sejam simplesmente reações. Nosso comportamento deve ser guiado por um caráter piedoso, não empurrado aqui e ali por esse insulto ou aquela ofensa.

12:18-20

Paulo, porém, era realista. Ele — talvez melhor do que a maioria dos homens — entendia que algumas pessoas estavam determinadas a ser nossos inimigos independentemente de como escolhêssemos nos comportar. Algumas pessoas simplesmente vivem para brigar e não saberiam o que fazer sem alguém para assediar. No que depender de nós, devemos viver em paz com todos (12:18). Como? Paulo sugere duas respostas, uma passiva e outra ativa.

Primeiramente, quando o inimigo deliberadamente causar dano, devemos deixar para lá e não responder. Ora, permita-me esclarecer. Essa não é uma situação na qual uma pessoa em um relacionamento causa algum dano a outra e deve ser confrontada com o objetivo de que o vínculo seja restaurado. Nesse caso, devemos seguir o procedimento esboçado por Jesus em Mateus 18:15-17. Aqui, Paulo estava se referindo aos atos de um inimigo — presumivelmente alguém de fora do corpo de Cristo, embora não necessariamente! — por meio dos quais a pessoa claramente deseja prejudicar outra. A confrontação não faria sentido. O conselho de Paulo é: deixe para lá.

Preste atenção na razão pela qual devemos deixar nossa vingança de lado. É para deixar "com Deus a ira" (Rm 12:19). De início, eu achava que isso queria dizer alguma coisa mais ou menos assim: "Não busque prejudicar o seu inimigo como resposta a uma ofensa. Deixe que Deus faça isso por você, porque Ele pode machucar aquela pessoa de uma forma muito pior que você!". E há boas chances de que você tenha ouvido esse tipo de ensinamento antes. Contudo, a ira de Deus é sempre redentora, nunca retaliatória ou rancorosa. Durante esta era de graça, a ira de Deus persegue o pecador, elimina sua rota de fuga, confronta a pessoa com as consequências do pecado, a castiga e torna seu pecado contínuo algo miserável. Por quê? Para trazer o indivíduo ao arrependimento. Para dar-lhe graça. Para redimir nosso inimigo como Deus redimiu todos os crentes.

Quando assumimos nossa própria vingança, ousamos nos colocar entre Deus e o seu amado, a quem Ele pode optar por perseguir. Além disso, presumimos assumir o lugar do Criador no trono de julgamento na vida

Do meu diário

"Querido... deixe isso para lá."
ROMANOS 12:17-21

O ministério não fica mais fácil após cinquenta anos. Mesmo depois de toda essa experiência, ainda tenho o ocasional membro de igreja gerador de úlceras determinado a me arrancar do púlpito. Aprendi a destruir cartas anônimas antes de lê-las e a ignorar qualquer pessoa que afirme falar em nome de uma facção que, embora silenciosa, é poderosa — os truques mais velhos da igreja —, mas esta procurou me ferir através da minha família. Isso fez o meu sangue ferver e, assim, estava à beira de dizer coisas demais e ir longe demais na minha resposta.

Certo dia, Cynthia, minha esposa, me ouviu descarregando o caminhão verbal sobre a situação ao telefone para um amigo próximo. Quando a conversa terminou, coloquei o telefone no gancho e desabei na cadeira. Cynthia estava no nosso quarto no andar de baixo quando me ouviu, e subiu até o primeiro degrau da escada. Eu a ouvi perguntar de forma bastante calma: "Posso lhe dizer uma coisa?".

Levantei-me da minha mesa, caminhei até a escada, sentei-me no último degrau e disse: "Pode".

"Deixe isso para lá." Ela ficou parada ali, olhando para cima, me encarando. "Deixe para lá!", ela repetiu.

Suas palavras subiram a escada voando e traspassaram meu coração.

"Eu ouvi a sua voz, ouvi o seu tom e ouvi o volume de lá do nosso quarto. Vamos, deixe isso para lá, querido."

Palavras sábias de uma esposa preocupada. Ela não estava preocupada se eu iria fazer alguma coisa errada, ofender alguém ou até mesmo tomar alguma atitude em particular. Nada disso importava. Sua preocupação estava relacionada àquilo que o meu ressentimento estava fazendo comigo no fundo do meu ser.

Eu precisava deixar para lá. Assim, deixei.

Neil Anderson escreveu: "Perdão é concordar em viver com as consequências do pecado da outra pessoa. Você vai viver com essas consequências quer queira, quer não; sua única escolha é se você fará isso com a amargura da falta de perdão ou com a liberdade do perdão".[63]

Enquanto estiver preso a um mal feito contra você, você será superado pelo mal e será vitimizado pela própria coisa da qual você está tentando se livrar. Assim, você tem apenas uma escolha. Não é complicado, mas é qualquer coisa menos fácil. Aprenda a partir da minha experiência. Deixe para lá.

da outra criatura. Um dia a era da graça terminará e o tempo do julgamento começará. Se aquelas pessoas estiverem fatalmente destinadas a sofrer a ira eterna de Deus, elas são aquelas de quem temos pena, não aquelas com quem sonhamos acertar as contas.

A segunda resposta sugerida por Paulo é mais ativa: estender à pessoa a mesma hospitalidade que você estenderia a um estrangeiro amigável (12:20; citando Pv 25:21-22). A referência à comida e bebida tem inspiração no dever do Oriente Próximo de fornecer aos viajantes uma refeição e um local seguro para dormir. Contudo, permita-me esclarecer alguns conceitos errados.

Este não é um texto base para o pacifismo. Paulo não está escrevendo sobre a política externa de um país. Estas são instruções para pessoas que se veem como alvo dos atos malignos de outras. Além disso, Paulo não desejava condenar o bom senso de se defender ou defender a família de uma pessoa contra um ataque físico. Se alguém tenta invadir sua casa no meio da noite, você não diz "Olhe, não deixe de ir à sala de entretenimento; existem muitos aparelhos eletrônicos ali que você pode gostar". Não! Lute! Chame a polícia, faça tudo para prender o invasor e preste queixa.

Paulo não desejava proibir a proteção da terra de alguém nem impedir que se preservasse a família de uma pessoa de um intruso. Isso tem a ver com discussões acaloradas, processos maliciosos, calúnia deliberada e política suja no trabalho, na escola, na vizinhança ou até mesmo na igreja. É bom proteger a si próprio e sua família. Contudo, existe uma linha tênue entre proteção e retaliação. Pode ser difícil enxergá-la, especialmente no calor do momento. Nossa melhor política é procurar maneiras de sermos bondosos aos nossos inimigos e lutarmos somente para sobreviver a ameaças imediatas à vida e à saúde.

O propósito de retribuir com bem o mal que o inimigo tiver feito é que "você amontoará brasas vivas sobre a cabeça dele" (Rm 12:20; citando Pv 25:22). Ninguém sabe ao certo a origem dessa estranha metáfora. Alguns sugerem que ela aponta para uma prática egípcia antiga de carregar uma panela de carvão sobre a cabeça de uma pessoa como sinal de contrição. Creio que a frase é simplesmente uma expressão idiomática que descreve a humildade, não diferente da nossa expressão "ele veio até mim com o chapéu na mão". Durante a grande depressão nos Estados Unidos, um homem sem dinheiro talvez não tivesse outra escolha senão abordar um grupo de amigos pedindo doações. Era uma experiência humilhante para ele segurar seu chapéu na esperança desesperada de que eles colocassem algumas moedas preciosas dentro dele. Nos tempos antigos, permitir que o fogo doméstico apagasse era visto como a epítome da irresponsabilidade. A humilhante experiência de caminhar para casa vindo da casa do vizinho com uma panela de carvão provavelmente deu origem a essa imagem em palavras para a humildade.

Seja qual for a origem exata da frase, o significado é claro. O propósito da bondade é permitir que a consciência do inimigo faça seu trabalho. Espera-se que nossa boa conduta, nossa humildade, venha, por sua vez, gerar humildade e arrependimento.

12:21

A síntese de Paulo sobre o ponto da retaliação poderia ser uma declaração de missão para aquilo que poderíamos chamar de "plano mestre de salvação". O derradeiro propósito de Deus é reclamar sua criação do controle do mal, transformá-la de forma sobrenatural e levá-la de volta sob o controle de sua justiça. Em outras palavras, Ele vencerá o mal do mundo com o seu bem. Ao seguir o mandamento de Cristo para "abençoar, não amaldiçoar" (cf. 12:14; Mt 5:44; Lc 6:28) e ao retribuir o bem pelo mal, fazemos o que Deus faz e nos tornamos participantes ativos em seu grande plano para o mundo.

...

Conforme reviso o ensinamento de Paulo sobre como responder aos inimigos, enxergo uma grande quantidade de sabedoria madura e sensibilidade prática. Seu conselho é conciso sem se tornar banal. É brutalmente realista. Perceba, porém, que ele nunca usou a palavra "fácil". Retribuir bem pelo mal não é um conceito complicado; é bastante simples. Contudo, também é uma das tarefas mais difíceis que podemos realizar na vida.

Sejamos honestos. Perdoar uma ofensa é muito mais fácil quando a pessoa culpada está contrita e pediu perdão com sinceridade. Quando vemos nossa dor refletida no remorso da pessoa, as maldições facilmente se dissolvem em bênçãos. Mas quando o ofensor tem prazer em nosso sofrimento ou se beneficia pessoalmente de nossa ferida, a opção por tratar essa pessoa com bondade desafia tudo que sabemos sobre justiça e jogo limpo. A bondade é uma resposta além da nossa capacidade natural. Ela exigirá força sobrenatural. Felizmente, é exatamente isso que Deus prometeu.

É aqui que a reafirmação de Paulo em Romanos 8:28-39 encontra aplicação prática. Quando somos abatidos por um inimigo, quando relembramos seu último ato maligno, é fácil pensar "se eu não procurar meu bem-estar, então quem o fará?".

Infelizmente, é raro encontrar outros crentes correndo para nos ajudar quando as flechas do inimigo voam. Muitos preferem tratar nossas feridas depois do ataque, em vez de se arriscarem a se colocar ao nosso lado ou na nossa frente quando mais precisamos de ajuda. Os advogados são raros! E, para piorar as coisas, Deus com frequência parece distraído ou desinteressado — se não cruelmente distante — enquanto os inimigos fazem o que querem. (Pergunte a Jó.) Em momentos como esses, a pergunta anterior de Paulo exige uma resposta: "Se Deus é por nós, quem será contra nós?" (8:31). É uma pergunta de fé. Será que realmente acreditamos que Deus está no controle e que Ele nos preservará em meio ao perigo — incluindo dos ataques inimigos? A maneira como respondemos vai determinar se o que sai de nossos lábios é maldição ou bênção, o que, por sua vez, leva tanto à retaliação quanto à bondade.

Eu disse anteriormente que o coração é um poço e que os lábios só podem tirar daquilo que o coração contém. Muito antes de um inimigo criar uma crise, a resposta à pergunta de fé feita por Paulo deve encher o nosso coração. Se esperarmos até que estejamos nos desviando de mísseis, nossa resposta será desalentadora. Portanto, devemos nos preparar agora. Vamos resolver a questão antes da crise e deixar que nosso coração seja plenamente convencido. Leia a resposta à pergunta de fé feita por Paulo em 8:32-39 e faça da crença seu objetivo espiritual atual. Releia a passagem — em voz alta. Ore sobre isso. Peça ao Espírito Santo que transforme sua mente de modo que você aceite sua verdade tão naturalmente quanto vive com a lei da gravidade. Então, quando estiver sob o fogo do inimigo, você terá a habilidade sobrenatural de responder com uma bondade calma, resoluta, controlada e assegurada por Deus.

APLICAÇÃO
Romanos 12:17-21
O QUE VOCÊ FAZ QUANDO ALGUÉM LHE FAZ UM MAL

Se há alguém que entendia a dor da ofensa pessoal, essa pessoa era Paulo. Além dos perigos da natureza, ele sobreviveu a numerosos e brutais ataques enquanto cruzava o império entre Jerusalém e Roma. Ele suportou múltiplos açoitamentos e até mesmo apedrejamentos realizados por homens que queriam silenciar o evangelho. Suportou ataques fulminantes de religiosos rivais, incluindo pagãos, judeus e até mesmo colegas cristãos. Nenhum líder da igreja do primeiro século sofreu mais nas mãos de outras pessoas do que Paulo. Diante disso, o seu mandamento em 12:17 — "não retribuam a ninguém mal por mal" — surgiu diante de grande sacrifício pessoal.

O ensinamento do apóstolo sobre ataques pessoais pode ser reduzido a três princípios, cada um deles sugerindo uma resposta piedosa:

1. *O mal desperta mais mal; recuse-se a obedecer à sua reação natural.* Todos nós temos instintos naturais que residem bem profundamente. Cada célula de nosso corpo é programada para a sobrevivência. Quando algo chega muito perto do nosso rosto, nós recuamos. Quando estamos prestes a cair, estendemos as mãos. Quando estamos no carro e outro carro começa a dar ré rapidamente, nós buzinamos, buzinamos e *buzinamos*! Essas são respostas naturais e instintivas. Quando alguém nos causa algum dano, nosso instinto natural é buscar justiça igualando as coisas.

    Paulo nos chama a responder de maneira sobrenatural, o que significa que devemos refrear nossa resposta natural.

2. *Nosso desejo por justiça é corrompido; recuse-se a buscar o que é seu.* A justiça honra a Deus. É por isso que o Senhor nos deu governos, que Ele empodera para o bem comum. Como portadores da imagem do nosso Criador, desejamos justiça quando somos ofendidos por outros; contudo, diferentemente de nosso Criador, nosso desejo por justiça é motivado por orgulho, medo, ódio e egoísmo. Portanto, não somos qualificados.

    Paulo nos chama a render nossos desejos por justiça e, em vez disso, buscarmos a bênção para o ofensor.

3. *Nossa vingança não deixa espaço para a graça; entregue a questão a Deus.* Todo mundo tem um compromisso inevitável com a morte, momento em que cada um se colocará diante de seu

Criador para ser julgado. Se a punição for devida, então — e nem um momento antes — Deus repartirá a vingança de acordo com os feitos de cada um. Enquanto isso, o Senhor estende a oferta de graça a todos que causam mal. Até mesmo a justiça promovida pelos governos é um instrumento de punição nas mãos de Deus, que Ele usa para trazer os não crentes ao arrependimento. Ousaríamos intervir?

Paulo nos chama a permitir que Deus seja o juiz das almas, para distribuir justiça ou conceder misericórdia de acordo com Sua infinita sabedoria.

Depois do sofrimento por causa de um ato pecaminoso de outra pessoa, precisamos de cura; e a vingança sussurra uma promessa irresistível, não é? "Ficar quites vai curar aquela ferida emocional e fazer você se animar de novo." Mas isso é uma mentira. A vingança não pode curar feridas. Somente a graça pode fazer isso. A graça na forma de um arrependimento de coração e um sincero pedido de perdão fará muita coisa, mas os ofensores quase nunca arriscam esse tipo de humildade. Felizmente, a graça de Deus está disponível em um suprimento abundante, bastando que se peça. Dessa forma, em vez de buscar a retribuição, peça graça. Depois, reprima as mentiras persistentes da vingança dando outro passo em direção à cura: "Abençoem aqueles que os perseguem; abençoem, e não os amaldiçoem... Não se deixem vencer pelo mal, mas vençam o mal com o bem" (12:14, 21).

Como ser um rebelde piedoso

LEIA ROMANOS 13:1-7

Pelos próximos minutos, viaje comigo de volta no tempo e imagine-se enfrentando um dilema moral em particular. Você deve escolher entre seguir sua consciência cristã ou obedecer ao seu governo.

Começamos no ano de 1760. Você é inglês, criado e educado em Londres, onde sua família vive há gerações. Você é leal à Coroa, muito embora nem sempre concorde com as políticas do rei George. A Inglaterra tem sido boa para você; os negócios da sua família têm prosperado. No devido tempo, seu pai percebe a necessidade de aventura que você tem e propõe que se estabeleça nas colônias do outro lado do Atlântico. Você se sente atraído pelo risco e pelas possibilidades de viver na Nova Inglaterra. Diante disso, planeja sua viagem, navega até a América, compra propriedades e começa a construir o seu negócio.

Na sua chegada, a conversa é sobre revolução, algo que você não se sente compelido a dar atenção. Contudo, à medida que os anos passam, você entende por que os colonos estão nervosos. Os impostos estão presentes em todo lugar e ameaçam drenar o seu negócio incipiente. E, aparentemente, o dinheiro não é devolvido na forma de serviços governamentais. Você compartilhou das injustiças que seus amigos americanos têm suportado, mas ainda é um súdito leal da Coroa.

O tempo passa rapidamente. A questão da revolução não pode ser evitada por muito mais tempo. Você deve escolher a quem deve sua lealdade. O que você faz? Seu coração está na sua terra natal, mas sua consciência criou raízes no solo americano. Você fica? Vai para o lado dos ingleses ou se opõem às pessoas de mesma origem que a sua? Em pouco tempo, uma coalizão de revolucionários convida você a se juntar a eles nos exércitos. Você se torna um reservista ou se afasta e ora para que os casacos vermelhos apareçam?

Viaje no tempo cem anos adiante, até 1860. Você possui uma plantação no sul do Alabama, uns seis mil hectares de algodão, milho, pêssegos... e muitos escravos para realizar o trabalho. O sistema permitiu que você aumentasse sua riqueza ano após ano, e as coisas não poderiam estar melhores para você e as suas terras. Mas você recentemente colocou sua fé em Jesus Cristo e, agora, enfrenta dificuldades, pois seu pastor, um homem de coragem incomum, está pregando contra a escravidão. Seus parceiros lhe dizem que isso é moral e até mesmo justificado pelas Escrituras, mas, lá no fundo, no silêncio da sua alma, você sabe o que realmente é.

Então, a questão confronta você em carne osso quando um novo presidente é eleito para o gabinete em novembro de 1860, seu estado se separa da União em fevereiro de 1861 e uma guerra completa tem início em abril. O que você faz? Liberta seus escravos, abandona a propriedade da sua família, muda-se para o norte e luta junto com o exército da União? Ou você ignora sua consciência, mantém os escravos e permanece no Sul?

Avance rapidamente mais uma vez, para o ano de 1936. Você é um cristão alemão que vive em Berlim. Um ditador, louco de preconceito, recebeu enorme poder pelas mãos de um crescente número de concidadãos sem discernimento e às vezes violentos. Mas o futuro é brilhante para a Alemanha. A prosperidade retornou, as pessoas estão trabalhando novamente, seu negócio está finalmente dando lucro e as Olimpíadas de verão de Berlim permitirão que a Alemanha se sinta orgulhosa novamente. Enquanto isso, alguns dos seus amigos e vizinhos judeus foram forçados a usar uma odiosa Estrela de Davi e estão desaparecendo sem explicação. A cada dia que passa, você é pressionado a escolher o destino da sua lealdade: você apoia der Führer e a maioria dos seus colegas, ou defende o tratamento justo de judeus e outros "indesejáveis"?

Você se coloca abertamente contra o seu governo? Ou você reconhece a soberania dele e obedece às suas ordens?

Os crentes de Roma sem dúvida achavam mais fácil permanecer seguramente enclausurados em suas próprias comunidades do que se envolver com seus magistrados pagãos. Ao manter distância de tudo que envolvesse o governo, eles teriam encontrado menos dilemas morais. Infelizmente, vejo muito disso acontecendo hoje em dia. Essa separação pode assumir duas formas. Por um lado, os cristãos podem se tornar flagrantemente independentes, nutrindo uma animosidade cheia de ressentimento e até mesmo uma atitude antigovernamental. Eles quase veem como sua obrigação socar o nariz do Estado sempre que puderem. Meu próprio mentor, Ray Stedman, admitiu desenvolver essa atitude quando teve que pagar imposto de renda pela primeira vez:

> Meus rendimentos foram extremamente baixos durante muito tempo, de modo que não precisava pagar qualquer imposto. Contudo, eles foram subindo gradualmente e, finalmente, perdi a isenção. Lembro-me de como fiquei ressentido. O fato é que, quando enviei minha declaração anual de imposto de renda pelo correio, em vez de escrever "Receita Federal", escrevi no endereço: "À Roubalheira Federal". Eles nunca contestaram e aceitaram o dinheiro. No ano seguinte, melhorei um pouco a minha atitude. Coloquei no envelope "À Riqueza Federal". Mas me arrependi de todos esses pecados e, agora, aguardo com alegria o momento de pagar meus impostos.[64]

Por outro lado, também encontrei cristãos com uma atitude de indiferença e sem envolvimento, o que é igualmente nocivo. Pessoas com essa postura de afastamento pensam: "Somos cidadãos do Reino de Deus, de modo que toda e qualquer participação em casos civis é um desperdício de tempo, na melhor das hipóteses, e potencialmente pecaminoso, na pior delas. Por que se importar?".

O apóstolo pensava de maneira diferente, e explicou por que os cristãos deveriam evitar esses dois extremos.

13:1

Um importante aspecto do que tenho chamado de "graça horizontal" é a cidadania responsável. Paulo ordenou aos residentes de Roma — e a todos que mais tarde viriam a ler esta carta — que se submetessem às autoridades governamentais. O termo é *hypotassō* [5293], que se refere à submissão aos desejos de outra pessoa.

Se isso se aplicasse a tudo pelo que tivéssemos que passar, essa exigência seria bastante confusa. Autoridades temporais estão destinadas a cair quando Jesus voltar para governar a terra como rei. Além do mais, essas autoridades são parte integrante de um sistema mundial que recompensa o mal e se opõe à justiça de Deus. Sendo assim, obedecer a elas não seria o mesmo que se opor à ordem de Deus?

Não necessariamente. Paulo foi adiante na explicação, dizendo que, embora o mundo tenha se rebelado e o sistema maligno do mundo reine sobre nós, Deus permanece no controle. Todas as autoridades terrenas receberam uma quantidade limitada de autonomia e, embora elas frequentemente se comportem muito mal, o Senhor, todavia, as usa para realizar seus propósitos (Is 45:1; Jr 25:9; Dn 4:32). Portanto, como regra geral, não devemos subvertê-las. Paulo então apresenta três razões:

- As autoridades terrenas são agentes da lei e da ordem (13:1).
- A obediência civil nos permite temer a Deus, não as pessoas (13:2-4).
- A obediência civil nos permite viver acima de qualquer reprovação (13:5-6).

As autoridades terrenas são agentes da lei e da ordem. Depois de ter criado o mundo, Deus o preencheu, organizou e deu propósito a cada coisa criada. Quando os governos estabelecem leis e executam a justiça, eles honram a ordem criada de Deus, mesmo quando não o fazem de maneira perfeita. A anarquia, por outro lado, é ruim para todos. Portanto, os governos servem aos propósitos de Deus, quer tenham a intenção de fazer isso quer não. Eles são formados e prosperam diante da permissão de Deus e deixam de existir quando não servem mais ao plano divino.

13:2-4

A obediência civil nos permite temer a Deus, não as pessoas. Colocarmo-nos em oposição ao governo é nos opormos ao instrumento de justiça de Deus — falando de modo geral. (Existem raras exceções a essa regra.) Todos os governos, até mesmo os regimes totalitários cruéis, querem que seus cidadãos vivam em paz, continuem produtivos e não causem problema. As únicas pessoas que realmente precisam ter medo são aquelas que estão fazendo alguma coisa errada. Se quiser viver sem medo, então faça o que é bom. Obedeça às leis, pague seus impostos, pare no farol vermelho, não tire vantagem da propriedade do seu vizinho, não invada a privacidade dele, não assalte bancos. Além disso, se fizermos o que é certo, ganharemos uma boa reputação perante aqueles que estão em postos de autoridade.

O benefício de viver sem medo do governo tem duas facetas. Primeiramente, isso nos liberta para temermos a Deus — ou seja, para respeitar sua autoridade e para fazer o que é correto, porque isso o agrada.

Segundo, isso nos libera para servirmos a Deus mais livremente do que se estivéssemos desnecessariamente numa prisão.

13:5-6

A obediência civil nos permite viver acima de qualquer reprovação. A motivação para que os cristãos se comportem bem e obedeçam às leis não é simplesmente evitar sermos pegos e punidos, mas satisfazermos nossas próprias consciências. Presumivelmente, a consciência cristã é o produto da transformação do Espírito Santo. Portanto, mais uma vez, obedecer à lei civil é nos submetermos a Deus.

Os judeus cristãos teriam enfrentado dificuldades com a questão de pagar impostos ao governo pagão não em razão de ganância, mas por um desejo de permanecerem santos. Os judeus normalmente entendiam os impostos pagos a César como dinheiro tirado de Deus (Mt 22:17-22; Mc 12:14-17; Lc 20:22-26). Paulo considerava o pagamento de impostos simplesmente como uma contribuição para o bem comum, o que Deus encorajou mesmo durante o exílio: "Busquem a prosperidade da cidade para a qual eu os deportei e orem ao Senhor em favor dela, porque a prosperidade de vocês depende da prosperidade dela" (Jr 29:7). Além disso, uma vez que os magistrados servem com a permissão de Deus, pagar os salários deles serve aos interesses divinos.

13:7

A declaração de encerramento de Paulo encoraja os cristãos a viverem de maneira respeitosa e honrável aos olhos do governo, cumprindo todos os requisitos e satisfazendo todas as obrigações. Perceba que nossa dívida para com o governo inclui mais do que simples impostos e taxas (dinheiro); também lhe devemos respeito, o que Paulo descreveu como "temor" e "honra".

O apóstolo estava simplesmente aplicando um princípio que é anterior ao nosso relacionamento com o governo: "Façam todo o possível para viver em paz com todos" (12:18). À medida que cumprimos todos os requisitos da boa cidadania, colocamos Jesus Cristo debaixo de uma luz positiva e, talvez, criemos oportunidades para compartilhar as boas-novas com maior liberdade.

• • •

Paulo entendia que a questão da obediência às autoridades mundanas pode ser espinhosa para os cristãos. Afinal de contas, ele escrevia para crentes em Roma bem no meio do reinado de Nero, que se tornaria terrivelmente brutal dali a alguns poucos anos. Ele era simpático à ideia de que obedecemos a um rei celestial — que a maioria dos governos não reconhece e ao qual frequentemente se opõe — mas que devemos "viver em paz com todos" (12:18), inclusive com os que ocupam postos de autoridade. É um equilíbrio delicado que pode ser terrivelmente difícil de se manter. Devemos permanecer significativamente envolvidos com as autoridades do mundo sem perder nossa distinção moral. Devemos cooperar com as exigências do governo ao mesmo tempo em que, pacificamente, tentamos infiltrar nele as boas-novas. Falando de maneira simples, devemos aprender como nos tornarmos rebeldes piedosos!

Contudo, em ocasiões raras, somos deixados sem escolha senão desobedecer às ordens do governo e, em situações ainda mais raras, devemos procurar removê-lo do poder. Todos os governos fazem coisas que são imorais, mas normalmente nossa melhor resposta é permanecermos significativamente envolvidos, de modo que nossa influência possa mudar as coisas para melhor. Contudo, quando uma autoridade governamental nos ordena a fazer algo imoral, a questão é completamente diferente. Temos a obrigação de *desobedecer* essa ordem. De maneira pacífica e respeitosa, devemos fazer como Deus manda. Isso pode nos obrigar a termos de aceitar as consequências de nossa escolha, que podem incluir punição, perseguição ou a necessidade de nos refugiarmos em algum outro lugar.

Muito raramente podemos ser chamados a pegar em armas e lutar para proteger o inocente de regimes especialmente cruéis. Contudo, quando isso de fato ocorrer, lutar é o certo.

APLICAÇÃO
Romanos 13:1-17
SABER QUANDO É CERTO LUTAR

Paulo estava preocupado com os cristãos em Roma. O clima político estava rapidamente se tornando hostil tanto para judeus quanto para cristãos, que haviam ganhado a reputação de "odiarem e serem inimigos da humanidade",[65] de acordo com um escritor romano daquela época. O apóstolo sabia que isso não era verdade, é claro, mas as reputações — até mesmo as injustas — podem ser coisas poderosas. A ausência de cristãos na vida pública criou um vácuo que, inevitavelmente, foi preenchido por medo e calúnia. Portanto, num afastamento radical da política judaica do primeiro século, que encorajava os judeus a permanecerem separados e diferenciados, Paulo insistiu com os crentes para que fossem significativamente envolvidos na vida pública e que apoiassem seu governo pagão como um instrumento inconsciente de Deus.

O governo dos Estados Unidos está seguindo muito de perto outras nações no sentido de se tornar hostil — e não simplesmente indiferente — ao cristianismo, chegando até mesmo a ver o teísmo como uma ameaça ao bem comum. Consequentemente, os cristãos por todo o mundo estão cada vez mais encontrando maior afinidade com os cristãos da Roma do primeiro século. Nossa resposta hoje não deve ser diferente daquela da audiência original de Paulo. Devemos continuar significativamente envolvidos nos assuntos públicos de modo a permitir que nossa influência positiva crie oportunidades para a propagação do evangelho.

Infelizmente, existem aquelas ocasiões em que devemos nos opor aos nossos governos. A maioria das democracias fornece um meio de "desobediência civil", por meio do qual a discordância das políticas públicas pode ser expressa pacificamente dentro do próprio sistema. Em governos estáveis que são relativamente livres de corrupção, este é o meio mais eficiente de corrigir os erros oficiais. Os tribunais podem ser ferramentas bastante úteis para uma mudança.

Em raras ocasiões, as políticas governamentais precisam ser confrontadas de maneira mais dramática. Quando são aprovadas leis que exigem que violemos mandamentos claros das Santas Escrituras, temos a obrigação de desobedecer pacificamente. Quando a política governamental começa a abusar ou vitimizar aqueles que são indefesos, devemos agir pacificamente de forma a nos opormos a essa perseguição. Um bom exemplo desse tipo de ação seria a campanha de desobediência civil conduzida contra as leis racistas do sul dos Estados Unidos durante a década de 1960. Os manifestantes, embora frequentemente maltratados, nunca dispararam um tiro sequer.

Em circunstâncias extremamente raras, quando todos os outros meios de mudança foram exauridos, as injustiças se tornaram assuntos de vida e morte e a urgência não deixa alternativa, bons homens devem pegar em armas e confrontar o mal através da força. Isso não é tolerância ao terrorismo ou a qualquer outro ato selvagem de violência, mas é reconhecer que às vezes a guerra é uma necessidade grave.

Quando os governos se comportam mal, a desobediência e a oposição não devem saltar à mente antes que todos os esforços na direção da obediência tenham sido exauridos. Paulo ordenou isso não simplesmente para ensinar os crentes como existir em embaraçosa tensão com governos descrentes, mas para encorajar um relacionamento de amor entre cristãos e suas autoridades civis. Sim, você leu corretamente. Um relacionamento de amor. Uma afinidade crescente na qual oficiais do governo se sentem apoiados, afirmados, encorajados e até mesmo apreciados. Como seria maravilhoso o momento em que um burocrata sitiado desse um grande suspiro de alívio ao descobrir que você é cristão.

Levante-se e vista-se!

LEIA ROMANOS 13:8-14

Fico maravilhado diante da habilidade de homens e mulheres modernos de se desligarem de grande parte do que acontece ao redor deles, especialmente quando vivem em cidades grandes e superpopulosas. Diante de todo o ruído e da atividade e movimento rápidos de nossos tempos, a habilidade de permanecer concentrado é uma questão de sobrevivência. Mas isso vem com um preço. Podemos muito facilmente desprezar o óbvio, perder aquilo que é importante e, por causa disso, deixar de nos envolver com o que deveríamos.

Os leitores de Paulo certamente sentiam a mesma pressão na Roma do primeiro século, o centro da civilização ocidental. A grande tentação deles deve ter sido se afastar do envolvimento com a política; afinal de contas, por que desperdiçar tempo com um governo fadado a cair quando Cristo voltar? Tenho certeza de que eles viam pouca necessidade de interagir com seus vizinhos, cujos sentimentos antijudeus e anticristãos estavam apenas começando a germinar debaixo do governo insano de Nero. Além disso, eles provavelmente sentiam que seu tempo na terra era curto, uma vez que Cristo havia prometido voltar a qualquer momento e estabelecer seu reino. Desse modo, Paulo abordou suas noções erradas de frente.

Tendo examinado o relacionamento do cristão com outros no corpo de Cristo (12:3-16) e lhes ensinado como responder aos inimigos destrutivos (12:17-21), o apóstolo então aborda outros problemas prementes para o cristão: nossa interação com o governo (13:1-7), nosso relacionamento com vizinhos não salvos (13:8-10) e nossa responsabilidade como embaixadores da justiça de Deus no mundo (13:11-14).

13:8

O mandamento "não devam nada a ninguém" é surpreendente por duas razões. Primeiro, pareceria uma contradição direta àquilo que Paulo ordenara em 13:7: "Deem [ou devolvam] a cada um o que lhe é devido". A palavra traduzida como "devido", *opheilō* [3784], é a mesma nos dois versículos. Assim, parece que Paulo escreveu declarações contraditórias:

- Reembolse aquilo que você lhes deve (13:7).
- Não deva nada a ninguém (13:8).

Segundo, isso poderia parecer uma proibição até mesmo a pedir dinheiro emprestado ou contrair qualquer tipo de dívida, o que alguns expositores usam para desencorajar que se recorra a cartões de crédito, cheque especial, aluguéis e até mesmo financiamento para a construção de templos.

Seria magnífico se todos nós pudéssemos viver sem dívidas. Alguns conseguem, e todo mundo aplaude isso. Algumas pessoas já perguntaram: "Sua igreja tem dívidas?". "Sim", eu respondo, "e é uma dívida que conseguimos administrar". Alguns adotam um tom de superioridade e perguntam: "Bem, mas por que vocês têm dívidas?", ao que eu respondo de maneira bem-humorada: "Porque preferimos não nos reunir na chuva!".

Lá atrás, quando alugávamos um espaço, poderíamos ter continuado a pagar aquela taxa mensal a outras pessoas (dinheiro indo embora pelo ralo) ou poderíamos ter transformado aquele mesmo pagamento em um financiamento imobiliário e usado aquele dinheiro para alguma coisa permanente. Às vezes, uma hipoteca é a melhor maneira de administrar bem o dinheiro que Deus confia a nós. Além disso, pagar dinheiro em um prazo maior nos permite ter instalações adequadas enquanto atendemos às necessidades das pessoas que Deus coloca no nosso caminho.

Por outro lado, devemos ser disciplinados e sábios com as dívidas. Falando de maneira específica, devemos evitar dívidas habituais, repetidas ou constantes. Em outras palavras, não permita que a dívida se prolongue indefinidamente. Salde a dívida. Não deixe que ela fique pendente. Não adicione dívida a dívida. Não permita que a dívida se torne uma adição confortável (estou me esforçando bastante para não escrever "adicção") ao seu estilo de vida. E, em nenhuma circunstância, deixe de pagar um empréstimo.

O crédito, que nada mais é do que uma ferramenta, pode ser usado adequadamente ou ser habitualmente abusado. Infelizmente, a maioria das pessoas de hoje abusa do crédito. Assim, consigo compreender a intenção daqueles que veem a dívida como um grande mal a ser combatido.

Tendo estabelecido minha posição sobre a dívida, permita-me direcionar você para o restante da sentença de Paulo. Perceba que o contexto é mais amplo do que dinheiro. Em 13:7, devemos dinheiro (impostos e taxas) e respeito (temor e honra) aos oficiais do governo. O mandamento para evitar que se deva qualquer coisa se estende muito além do dinheiro, incluindo coisas intangíveis. A única exceção é o amor.

O que Paulo quer destacar é simples. Seja uma pessoa de honra. Cumpra com as suas obrigações. Não faça os credores correrem atrás de você; procure-os, seja completamente honesto e direto, procurando acordos para pagar aquilo que você deve. Se alguém detém uma posição em particular à qual é devido respeito, dê respeito de forma livre e entusiasmada. Se você se comprometeu em dar tempo ou fez alguma promessa, esteja *plenamente* presente. A recompensa por viver dessa maneira é a liberdade. Quanto menos coisas tivermos que fazer por obrigação, mais seremos capazes de dar livremente. Manter a lista de obrigações curta nos permite ter mais espaço para doar graça.

O mandamento de ter amor "uns pelos outros" vai além de simplesmente amar colegas crentes. O termo grego traduzido como "próximo" é *heteros* [2087], "de um tipo diferente". O primeiro é outro como você; o segundo é alguém bastante diferente de você. Diferente em crenças e teologia. Diferente em personalidade. Diferente na posição política. Diferente nos maneirismos. Diferente em gostos, raça, valores e história. Em outras palavras, com amor, a diferença não deve fazer diferença. Essa é uma dívida perpétua que jamais pode ser zerada.

13:9-10

Paulo chamou o amor de o cumprimento da Lei, o que relembra o ensinamento de Jesus (Mt 22:35-40; Mc 12:28-31). A Lei não é apenas uma expressão do caráter de Deus; ela aponta para sua ordem criada originalmente, sua visão sobre como o universo deveria funcionar. Contudo, o pecado sempre distorceu aquilo que Deus criou para ser bom — o pecado sempre causa danos. Portanto, pecado e amor não podem coexistir. O amor não comete nem tolera adultério. O amor não é capaz de assassinar. O amor não consegue privar outra pessoa de suas posses. E o amor não cobiça as bênçãos do outro. Todas essas são ações que servem ao eu à custa de uma vítima. E esteja seguro de que não existe essa coisa de pecado sem vítima.

Para Paulo, o amor incorporava os mais elevados ideais do novo reino, aquele que Jesus estabelecerá e implantará em seu retorno à terra. Naquele momento, a ordem original criada por Deus será restaurada. Neste meio tempo, o apóstolo desejava que todos os crentes se tornassem exemplos vivos desse novo reino. Tal como no início, antes da queda, as pessoas devem ser justas porque Deus é justo. Devem amar umas às outras porque Deus é amor. Devem viver de acordo com a verdade porque Deus é verdade. À medida que somos transformados para cumprir a visão original de Deus para a criação, o mundo também deve ser transformado — ainda que apenas um pouco — em razão da nossa influência.

13:11

Perceba a urgência nas palavras de Paulo. É como se ele estivesse tocando uma clarinada para despertar os soldados em suas barracas e para se colocarem em pé logo de manhã. Devemos nos levantar e nos apressar por causa do tempo.

O apóstolo poderia ter escolhido uma entre duas palavras para "tempo". A primeira é *chronos* [5550], a partir da qual temos a nossa palavra "cronologia". Ela se refere ao tempo de um relógio de sol ou aos dias de um calendário. A outra palavra é *kairos* [2540], que é uma temporada fixa ou determinada. Também se refere à qualidade de um certo período, de modo que Charles Dickens poderia ter iniciado seu livro *Um conto de duas cidades* com as palavras "aquele foi o melhor dos *kairos*, foi o pior dos *kairos*".

Com efeito, Paulo escreveu: "Façam isso com consciência do tipo de tempo no qual vivemos". Façam o quê? Amem. Devemos amar aqueles que estão ao nosso redor das seguintes maneiras:

- Mantendo uma visão equilibrada de nós mesmos (12:3).
- Usando nossos dons para o bem do corpo (12:4-8).
- Superando outros cristãos na demonstração de honra uns aos outros (12:9-16).
- Retribuindo bem pelo mal e deixando espaço para que Deus condene e redima os outros (12:17-21).
- Cumprindo todas as nossas obrigações em relação aos oficiais do governo e dando a eles o respeito que lhes é devido (13:1-7).

Isso cria uma fundação de amor sobre a qual podemos construir relacionamentos e, espera-se, estender o novo reino.

Paulo descreveu o nosso "tempo" como um no qual a "salvação" está mais perto de chegar do que jamais esteve. Naturalmente, isso não se trata da nossa salvação pessoal. Ela já foi realizada. Paulo está se referindo à volta de Jesus Cristo e à restauração da justiça de Deus, o plano mestre de salvação. Uma vez que ela está mais próxima do que antes e pode ocorrer a qualquer momento, não podemos nos dar ao luxo de ficar dormindo neste momento. Precisamos estar alertas, vivendo uma ansiosa espera daquele dia.

13:12-13

Paulo então fez uma mudança dramática em sua ilustração que fala sobre a noite e o dia. Enquanto a longa e escura noite prossegue antes do amanhecer da volta de Cristo, alguns crentes estão dormindo, enquanto outros estão se envolvendo em obras das trevas. O apóstolo lista esses pecados em três pares:

> *Orgias e bebedeiras* — Estas palavras se referem especificamente a festivais noturnos e selvagens em honra a Baco, o deus romano do vinho, que começavam com uma parada de bêbados pelas ruas e terminava com imoralidade sexual. Isto não é uma proibição a que se divirta ou até mesmo contra o consumo de álcool com moderação. Tem a ver com transformar o álcool em recreação — até mesmo em vício — e permitir que essa substância, em vez de o Espírito Santo, controle a pessoa.
> *Imoralidade sexual e depravação* — A tradução literal do primeiro termo é "camas", que é um eufemismo para excesso sexual neste contexto. A intenção de Paulo não era restringir a intimidade espontânea e criativa entre parceiros dentro do casamento. Outra possível tradução é "práticas imorais" (NVT). O sentido é de tratar as normas sexuais com desprezo.
> *Desavença e inveja* — Estes termos também podem significar "rivalidade" e "ciúmes". Anteriormente, Paulo havia elogiado o zelo por Deus (10:2), mas quando o zelo é mal direcionado, ele destrói a comunhão.

13:14

O idioma grego oferece uma escolha entre duas conjunções adversativas que podem ser traduzidas com o sentido de "mas". Uma é rotineira e bastante comum. A outra, *alla* [235], pode significar um contraste forte e enfático quando aparece em conjunção com um verbo no imperativo. E essa foi a escolha de Paulo. Em um contraste absoluto e inequívoco com as obras das trevas, recebemos a armadura da luz (1Ts 5:8). Devemos nos "[revestir] do Senhor Jesus Cristo" (Rm 13:14; ver Gl 3:27; Ef 4:24).

A ideia de "revestir-se" de alguma coisa, como de Cristo (Gl 3:27), "do novo homem" (Ef 4:24; Cl 3:10) ou da "armadura de Deus" (Ef 6:10-17) me faz lembrar do velho ditado que diz que "as roupas fazem as pessoas". No Oriente — ainda hoje — as roupas são uma parte muito importante da identidade de uma pessoa, significando onde ela se encaixa na sociedade. No Ocidente, uma atualização dramática em nosso guarda-roupa pode se tornar uma fonte de confiança. Não é apenas a vaidade que faz com que nos sintamos bem numa nova vestimenta.

"Revestir-se" de alguma coisa é acreditar nessa coisa e então se comportar de acordo. "Revestir-se de Cristo" soa um pouco artificial, como "vestir o ar". Contudo, não devemos nos revestir de alguma coisa para esconder o que está do lado de dentro, mas para mostrar nossa verdadeira identidade em Cristo. Aquilo de que nos "revestimos" nos lembra de quem somos, o que permite que nos comportemos adequadamente com mais facilidade. Policiais, por exemplo, colocam um colete à prova de balas, o que os lembra de que devem ser cuidadosos. Eles vestem um uniforme, o que os lembra de que devem ter consciência de sua identidade e do exemplo que dão. Eles usam um distintivo, o que os lembra de sua responsabilidade de representar a cidade e seus cidadãos. E eles usam um cinturão com uma arma, o que os lembra de que devem cuidar das vidas que encontram com grande carinho e moderação.

O outro lado da ordem de Paulo é não "satisfazer os desejos da carne". Como já aprendemos anteriormente, "carne" é uma palavra técnica usada pelo apóstolo. Ela se refere não ao nosso aspecto material, mas à nossa velha escravidão ao pecado e ao sistema mundano corrupto. Embora sejamos novas criaturas, nossa transformação ainda não está completa. Ainda não descartamos o velho eu, de modo que ele ainda está lá para nos arrastar de volta para o pecado se dermos atenção ao seu apelo pela satisfação.

A palavra *pronoia* [4307] tem o sentido de "premeditar" ou "planejar". Em outras palavras, "não fiquem premeditando como satisfazer os desejos da carne" é uma advertência de que o pecado costuma começar com um plano... ou pelo menos com uma decisão de deixar a opção aberta para o pecado. Em vez disso, devemos ser proativos. Planeje antecipadamente tornar o pecado inconveniente, pois a carne é impulsiva.

• • •

É comum ouvirmos a palavra "amor" nos círculos cristãos. Enquanto a cultura secular restringe o termo ao romance entre casais e talvez à afeição entre familiares, os cristãos preferem uma aplicação mais ampla. Somos ensinados a cuidar com muita atenção dos outros dentro de nossa congregação e a mostrar bondade aos de fora. Isso é bom; contudo, a aplicação de Paulo é ainda mais ampla.

Não pensamos no pagamento de impostos como uma demonstração de amor, mas, de acordo de Paulo, de fato é assim. Quando respeitamos os limites de velocidade, levamos nosso carro para ser inspecionado na data devida, aceitamos participar como jurados em um tribunal e deixamos que nossa voz seja ouvida na cabine de votação, expressamos amor. Quando tratamos os outros motoristas com respeito na estrada e permitimos que outra pessoa pare seu carro na melhor vaga do estacionamento, expressamos amor. Até mesmo quando deixamos uma gorjeta generosa no restaurante expressamos amor de uma maneira tangível e significativa que os outros podem apreciar. E, acredite em mim, as pessoas vão notar.

Permita-me mostrar a você uma carta que recebemos na Stonebriar Community Church.

> Envio esta mensagem para que você saiba o quanto os membros da sua igreja tocaram minha vida. Quatro anos atrás, meu marido e eu vivíamos num pequeno apartamento de dois quartos com nossos dois filhos pequenos quando, de uma hora para outra, fomos surpreendidos, abençoados e desafiados pelo nascimento de trigêmeos idênticos. Nossa família inteira vivia a cerca de 1.500 km de distância e não tínhamos nenhuma ajuda. Três semanas depois do nascimento dos meninos e um dia depois de eles saírem do hospital, precisei arrumar um emprego. Para pagar as fraldas e o leite, consegui uma vaga como garçonete em um restaurante perto da sua igreja. Eu ainda sentia muita dor e estava verdadeiramente assustada, certa de que aquilo era mais do que nossa família poderia suportar.
>
> Naquele primeiro dia no trabalho, atendi um grupo de pessoas da sua igreja. Eram adultos solteiros. Eu havia sido garçonete durante a faculdade e sabia que os cristãos ou pessoas de igreja eram não apenas muito ruins em dar gorjeta, como também bastante difíceis e rudes. Mas fui agradavelmente surpreendida. Eles notaram que eu estava um pouco lenta e, em vez de reclamar, foram complacentes. Chegaram inclusive a perguntar sobre minha vida e ficaram sabendo sobre minha situação com os trigêmeos.
>
> Esse grupo continuou a vir aos domingos e me sentia honrada em servi-los. Eles me perguntavam sobre meus filhos e me incentivavam naquilo que eu precisava. Ergueram meu espírito de uma maneira que não consigo descrever. Isso me fez ver a atividade de garçonete como uma maneira de servir pessoas para Deus. Eu fazia uma oração quando colocava um prato de comida na mesa ou pensava em uma bênção para conceder àquelas pessoas. Estava me sentindo muito confusa em relação a Deus e seus planos e, então, do nada, esse grupo de cristãos entrou na minha vida de uma maneira completamente estranha. E me deu conforto.
>
> Nosso primeiro Natal com os trigêmeos foi financeiramente devastador. Mal conseguimos pagar as contas. O grupo não veio para comer (para meu desapontamento), mas apareceu e deixou um envelope com

muito dinheiro para mim. Fui fazer compras na loja de brinquedos Toys "R" Us naquela noite na volta para casa depois do trabalho e chorei o tempo inteiro. Eu sabia que estava recebendo muitos olhares esquisitos, mas não me importei.

Hoje, já faz muitos anos desde que vi o grupo de solteiros da Stonebriar. Meu marido foi transferido de volta para Chicago e agora ganha dinheiro suficiente para que eu possa permanecer em casa com nossos filhos sete dias por semana. As coisas estão muito, muito melhores agora. Toda essa experiência veio recentemente à minha mente, e queria que você soubesse que alguma coisa muito especial aconteceu na minha vida para que eu me tornasse cristã. Agradeço a Deus por me deixar servir aquele grupo.

Acorde! Revista-se de Cristo! E encontre alguém para amar... incluindo aqueles que nos servem em restaurantes!

APLICAÇÃO
Romanos 13:8-14

PLANEJE SUA VIAGEM PARA EVITAR UM TOMBO

Ao ler a exortação de Paulo para buscar o amor e evitar o mal, fico impressionado diante da urgência de seu texto e sua insistência a que tenhamos uma ação deliberada. Ele chamou essa maneira intencional de viver de "revestir-se de Cristo". Devemos amar os outros evitando o pecado (13:8-10), pois não existe pecado sem uma vítima. E devemos procurar oportunidades de realizar o bem (13:11-14). O mundo não vai fazer com que a vida piedosa seja nem fácil nem automática. Pelo contrário, as tentações e as armadilhas estão bem à porta de nossa casa. Sendo assim, não devemos nos surpreender quando as encontrarmos. Em vez de reclamar de cada situação de tropeço, transformemos cada uma delas numa oportunidade de honrar a Cristo. Isso significa não deixar nada ao acaso.

Se, por exemplo, você achar que certos canais de televisão são tentadores, ainda que só um pouco, ligue para seu provedor de TV a cabo e peça que eles sejam bloqueados na fonte. Quando viajar, ligue para o hotel antecipadamente e peça que qualquer conteúdo adulto disponível seja bloqueado para o seu quarto. Se tiver dificuldade com outras tentações enquanto estiver fora de sua cidade, procure viajar com uma companhia adequada, como um amigo ou um colega de trabalho do mesmo gênero, com seu cônjuge ou com outro membro da família.

Se a internet representar até mesmo a menor tentação de ir aonde nenhuma mente deveria ir, coloque seu computador em algum lugar onde as pessoas que passam possam ver a sua tela. Permita que todos na sua casa tenham livre acesso ao seu computador. E, o melhor de tudo, instale programas de prestação de contas em seu computador e permita que os relatórios sejam automaticamente enviados para alguém a quem você vai prestar contas. Uma vez que a vergonha é uma potente motivação negativa, concorde que qualquer violação seja relatada a alguém cujo respeito ou admiração você deseja manter.

Além de evitar a tentação de maneira proativa, Paulo nos encorajou a buscar maneiras de fortalecermos nossa caminhada cristã. Se você está lendo este volume, é seguro presumir que decidiu tornar-se um estudante das Escrituras. *Muito bem!* Permita-me encorajar você a continuar a estudar. Continue a encher seu reservatório espiritual com a verdade divina. Você precisará dela quando o chão da sua vida sumir. Momentos de grande desapontamento, de fracasso pessoal ou de profunda dor não são ocasiões corretas para buscar sabedoria; esse é o momento em que você deve beber da sabedoria que fielmente armazenou.

Construa sobre a sabedoria que você obteve por meio das Escrituras realizando alguma coisa de valor prático. Junte-se a outras pessoas para realizar alguma coisa boa para sua comunidade. Descubra o que as pessoas que você respeita e admira estão fazendo para melhorar o mundo e junte-se a elas. Você não apenas dará ao evangelho relevância prática para um mundo que precisa desesperadamente da verdade divina, como também se beneficiará grandemente da influência de outros cristãos piedosos.

À medida que obtiver sabedoria e maturidade, passe-as adiante! Encontre um aprendiz disposto e convide essa pessoa a se juntar à sua caminhada cristã. Não é preciso ter um currículo planejado, ainda que alguns tenham sido publicados. A mentoria nada mais é senão permitir que outros observem sua vida à medida que você faz o que é certo. Eles aprendem com seus erros, encontram sabedoria à medida que você se recupera e ganham força com as suas vitórias.

"Revestir-se do Senhor Jesus Cristo" é uma decisão proposital, não algo que acontecerá automaticamente. Revestir-se de Cristo é como colocar um emblema no seu peito que lembra todo mundo — nós mesmos e aqueles que nos observam — de que pertencemos a Ele. Revestir-se de Cristo estabelece um padrão de conduta ao qual tudo na vida deve se conformar. E, dessa maneira, revestir-se de

Cristo "[não fará com que você fique] premeditando como satisfazer os desejos da carne".

Coloque a graça em ação

LEIA ROMANOS 14:1-12

Na véspera de sua crucificação, Jesus curvou a cabeça e orou por seus seguidores. Ele orou pelos Doze, orou pelos novos discípulos que eles treinariam e orou pelas gerações de seguidores ainda por nascer. Depois de orar por nossa segurança contra o mal e por nossa preservação em meio ao sofrimento, Ele adicionou um último pedido:

> Dei-lhes a glória que me deste, para que eles sejam um, assim como nós somos um: eu neles e tu em mim. Que eles sejam levados à plena unidade, para que o mundo saiba que tu me enviaste, e os amaste como igualmente me amaste. (Jo 17:22-23)

Não há dúvidas de que nossa unidade estava na mente de Cristo enquanto Ele oferecia sua oração. Contudo, "unidade" não significa "uniformidade". As pessoas costumam confundir os dois termos. Embora sejamos chamados a sermos um — a trabalharmos juntos, a servirmos juntos —, não podemos ignorar o fato de que somos muito diferentes. Cada um de nós possui um DNA único. Além disso, cada um de nós foi moldado por circunstâncias completamente singulares. Temos diferentes pontos de vista, diferentes opiniões, diferentes preferências e diferentes maneiras de resolver problemas. Cada um de nós chega à comunidade de crentes com seu próprio conjunto de convicções e preconceitos, alguns dos quais estamos dispostos a defender até à morte. Todavia, Deus espera que coexistamos em unidade e harmonia. Mas isso raramente tem acontecido.

Abra qualquer página das crônicas da Igreja e você encontrará conflito. Aqueles que desejam "os bons e velhos dias" lá do primeiro século, quando todo mundo se dava bem, ficarão desapontados ao ouvir os fatos. A verdade nua e crua é que os cristãos do primeiro século tinham dificuldades para manter a unidade da mesma forma como acontece conosco hoje. Paulo escreveu aos crentes de Corinto porque a congregação estava prestes a implodir. Pecado declarado escandalizava a igreja, enquanto, em outras reuniões, o legalismo colocava uma camisa de força no conjunto de crentes. Acusações falsas vindas de fora da congregação davam combustível para ensinamento falso vindo de dentro. Algumas facções eram favoráveis a Paulo, enquanto outras favoreciam Pedro ou Apolo (1Co 1:12), e os debates teológicos entre os grupos mantinham a igreja em tumulto constante.

CORINTO

ROMANOS 12—15

Corinto se levantava sobre o istmo entre o golfo de Corinto e o golfo Sarônico, o que dava a essa antiga cidade grega uma incrível importância estratégica. Em vez de se arriscar na perigosa jornada em torno do cabo Maleia, os proprietários de navios preferiam que seus barcos fossem arrastados por essa estreita faixa de terra. Quem controlasse Corinto controlaria o fluxo de comércio da região. Por fim, um general romano destruiu a cidade, exterminou os homens e vendeu as mulheres e as crianças para a escravidão, após o que a cidade permaneceu em ruínas por cerca de um século. Em 44 a.C., Júlio César ressuscitou Corinto como uma colônia para romanos libertos e como forma de preservar o istmo para os interesses romanos.

Na época de Paulo, essa colônia romana de pelo menos cem mil habitantes seguia o ritmo de Roma e lembrava fortemente a capital imperial. Corinto adorava o imperador, defendia a lei romana, pulsava com o comércio internacional, sediava jogos atléticos, atraía adoradores pagãos, prosperava em meio à escravidão, tolerava uma forte presença judaica e enfrentava dificuldades para entender uma seita nova e incipiente de pessoas que seguiam um rabino judeu chamado Jesus. As lições que Paulo aprendeu em Corinto serviriam de base para a instrução que ele deu a Roma. Estas palavras, escritas para crentes que viviam entre romanos em Corinto, resumiam de forma adequada a mensagem de Paulo em Romanos 12—15.

> Estejam vigilantes, mantenham-se firmes na fé, sejam homens de coragem, sejam fortes. Façam tudo com amor (1Co 16:13-14).

Roma dava muito valor a Corinto porque a cidade controlava uma intersecção estratégica de comércio. Em vez de se arriscar na traiçoeira jornada em torno do cabo Maleia, os navegantes preferiam arrastar seus navios, com carga e tudo, pelo estreito istmo. Além disso, essa ponte natural de terra controlava o tráfego de entrada e saída do Peloponeso.

Em outras igrejas, Alexandre, o ferreiro, se opôs incansavelmente a Paulo (2Tm 4:14), Diótrefes usurpou a autoridade apostólica de João (3Jo 1:9-10) e Himeneu e Fileto abalaram a fé dos crentes (1Tm 1:20; 2Tm 2:17). Paulo precisou se opor a Pedro em razão do tratamento hipócrita que ele dispensava aos cristãos gentios na presença de outros judeus (Gl 2:11-14). Paulo até mesmo se viu em um forte desacordo com Barnabé, dentre todas as pessoas, de modo que os dois tiveram que seguir por caminhos diferentes, a ponto de nunca mais trabalharem juntos (At 15:39)!

Se o apóstolo enfrentou dificuldades com os conflitos, nós certamente também enfrentaremos. Isso não é o mesmo que dizer que todo desacordo é necessariamente maligno. O fato é que diferenças de opinião podem se tornar uma grande vantagem para o corpo. O mesmo pode ser dito em relação à maioria das diferenças. Tudo é uma questão de como elas são tratadas. Com paciência, com a perspectiva correta, boa comunicação e grande quantidade de graça para manter todas as partes móveis bem lubrificadas, não é difícil alcançar a unidade.

14:1

Paulo reconhecia que as diferenças podem levar à desunião e à desarmonia se não forem tratadas. Desse modo, ele optou por se concentrar em dois problemas muito sérios na igreja romana: comida e dias. Inicialmente, ele percebeu que algumas questões tinham a capacidade de dividir as pessoas em dois grupos. Assim, chamou algumas dessas pessoas de "fracas na fé". A ideia por trás do termo "fraco" é "debilitado" ou "frágil". Pense em alguém cujas pernas foram seriamente feridas e, depois de uma longa recuperação, a pessoa tenta caminhar de novo. A fraqueza cobra o seu preço.

Os "fortes" (15:1) deveriam aceitar ou, literalmente, "receber" aqueles que têm dificuldade para caminhar sobre pernas bambas de fé. O propósito de recebê-los, porém, é fazer com que se sintam bem-vindos, aceitá-los sem mudar nem a eles nem a suas opiniões. A palavra traduzida como "sem discutir", *diakrisis* [1253], está relacionada a *diakrinō* [1252], uma forma particularmente forte do verbo que significa "julgar" (*krinō* [2919]). *Diakrinō* significa "fazer distinção entre pessoas" ou "discernir o valor relativo de alguém" (cf. At 15:8-9). Em outras palavras, o fraco na fé deve ser aceito incondicionalmente, exatamente como é.

14:2-3

A igreja de Roma experimentava muitas das mesmas tensões que perturbavam Corinto, Éfeso e outras cidades cosmopolitas. Os judeus tradicionalmente se fechavam entre si mesmos e os pagãos gentios não gostavam muito dos judeus. Na condição de colegas cristãos, os crentes de ambas as culturas tinham de superar um longo histórico e preferências há muito estabelecidas para que pudessem viver em harmonia.

Os crentes judeus não deixaram de ser étnica e culturalmente hebreus, e não viam razão para que abandonassem seus costumes alimentares. Jesus havia declarado todos os alimentos "puros" (Mc 7:19) e removera as restrições para as relações entre judeus e gentios (At 10), mas os judeus estavam livres para continuar em sua dieta especial. Todavia, Paulo advertiu que preferências alimentares não ofereciam justificativa para se sentirem superiores aos outros que comiam livremente.

Sem identificar qualquer grupo específico, Paulo descreveu pessoas que evitavam carne como aquelas "cuja fé é fraca". A expressão os descreve como de alguma forma diminuídos de sua capacidade quando comparados aos que possuíam uma fé saudável e robusta. Contudo, estaremos errados em entender o termo como depreciativo. Todos nós somos "fracos" — debilitados e frágeis — de uma forma ou de outra. Portanto, Paulo ordenou que cada lado da questão tratasse o outro com compreensão, ternura e compaixão. O "fraco" precisava ser fortalecido e o "forte" precisava ser atencioso no exercício de sua liberdade. O mesmo princípio é verdadeiro para hoje.

14:4

Paulo rapidamente apontou para o cerne da questão: prestação de contas. Para colocar essa questão em um contexto moderno do mundo comercial, diríamos: "Quem é você para avaliar o desempenho do funcionário de outra pessoa?".

É importante notar que a pergunta de Paulo é feita no contexto de assuntos não essenciais. Paulo expressou sua indignação com os crentes de Corinto porque eles toleravam o pecado exterior de um homem que estava dormindo com a esposa do pai dele. O apóstolo lhes ordenou: "Expulsem esse perverso do meio de vocês" (1Co 5:13). Assuntos sobre os quais não existe ensinamento escriturístico claro e que são moralmente neutros. Podem ser coisas não sábias, mas não são pecados.

O uso que o apóstolo faz do verbo traduzido como "ficar em pé" (*stēkō* [4739]) é uma de suas expressões favoritas. Significa estar numa boa posição, fazendo de forma confiante e resoluta o que deve ser feito e recebendo favor como recompensa (1Co 16:13; Fp 1:27; 4:1; 1Ts 3:8; 2Ts 2:15). Obviamente, "cair" é fazer o oposto. Isso não tem nada a ver com o julgamento final; tem tudo a ver com o favor de Deus e se alguém merece castigo.

Quando se trata de assuntos moralmente neutros, somente Deus tem o direito de avaliar a alma e julgar os atos de outro crente. Se Ele não estiver satisfeito com a conduta de seu servo, Deus abordará a questão de uma maneira tal de forma a dar continuidade à transformação do crente.

14:5

Outra questão de suma importância na Igreja do primeiro século era a observação de festas, fossem pagãs ou não. Crentes judeus e gentios já estavam divididos em relação à questão de comer carne ou não; a veneração de certos dias os dividiria ainda mais.

A identidade judaica se baseava em três pilares: o pai Abraão, a Terra Prometida e o sábado. O gentio dificilmente poderia apreciar a importância do sábado na vida dos judeus piedosos. O sábado não estava limitado ao sétimo dia da semana; o espírito do descanso do sábado estava envolvido nas muitas festas de Israel. A maioria havia sido instituída pelo próprio Deus e fora estabelecida para ajudar os hebreus a manter um foco direcionado em sua identidade como raça sacerdotal, sua responsabilidade como agentes divinos do evangelismo, seu papel futuro no governo do mundo e sua necessidade contínua de graça.

Os gentios, por outro lado, tinham um calendário cheio de festivais e feriados pagãos. Nem todos eram celebrados com festança regada a bebida e imoralidade sexual. Mas eles honravam deuses fictícios e tratavam a terra como se ela fosse divina. Essas festas "trocaram a verdade de Deus pela mentira, e adoraram e serviram a coisas e seres criados, em lugar do Criador" (1:25). Para o judeu convertido, observar dias específicos como santos cheirava a idolatria.

Assim, mais uma vez chegava o tempo da Páscoa. Imagine a tensão crescendo na Igreja à medida que os judeus alegremente varriam suas casas deixando-as livres de fermento e poeira. A celebração da Páscoa foi instituída para ser um costume perpétuo para eles (Êx 12:24) e não há indicação de que a nova aliança deveria necessariamente dar fim ao costume. Embora libertos do fardo da obediência à Lei, por que os cristãos judeus deixariam de continuar a celebrar a libertação deles da escravidão promovida por Deus para levá-los para a Terra Prometida?

De acordo com Paulo, a veneração de certos dias, assim como preferências alimentares, é uma questão de consciência. É um assunto moralmente neutro. Existe algum benefício em observar as festas? Se isso for feito com o espírito correto e pelos motivos corretos, certamente! Devemos continuar a separar um dia por semana para refrigério espiritual e descanso físico? Isso é claramente sábio. Deus estabeleceu o sábado para o nosso bem. Contudo, fomos liberados da obrigação de fazer isso.

Debaixo da nova aliança, observar o sábado, o domingo ou qualquer outro dia é uma questão de consciência.

Questões de consciência são aquelas que não envolvem um mandamento claro das Escrituras e, portanto, não resultam em pecado. Somos encorajados a prestar contas uns aos outros e a encorajar uns aos outros a sermos moralmente puros. Contudo, devemos ser guiados por nossas próprias consciências para outras decisões. Esse é o significado de "estar plenamente convicto em sua própria mente".

14:6

Ora, permita-me esclarecer que isso não é, de forma alguma, sugerir que a verdade é relativa ou que a moralidade é agora definida por qualquer coisa que a consciência da pessoa possa tolerar. Paulo tinha duas coisas como certas enquanto afrouxava as restrições que os crentes colocavam uns sobre os outros.

Primeiramente, algumas coisas são absoluta e categoricamente erradas e devem ser corrigidas por meio de prestação de contas mútua. Contudo, a moralidade de alguns assuntos é relativa ao indivíduo. Para questões de consciência, a motivação do indivíduo determina sua moralidade. Paulo destacou esse fato por meio da repetição das frases "para o Senhor" e "dar graças a Deus".

Segundo, a consciência do cristão está sendo gradualmente transformada pelo Espírito Santo para refletir a mente de Cristo. Antes de o Espírito Santo assumir residência no coração do crente, a consciência era como uma bússola quebrada, empurrada para lá e para cá pela opinião popular, pelos desejos pessoais, pelos altos e baixos da moralidade e pela ignorância. Agora, essa bússola é capaz de encontrar o verdadeiro norte com precisão cada vez maior à medida que o Espírito Santo retreina e guia a agulha.

14:7-9

Pertencemos a Deus, não uns aos outros. Somos os *seus* preciosos bens. *Ele* é responsável pela renovação das mentes, não nós. Portanto, devemos dar a Ele a oportunidade de fazer sua obra transformadora, sem distrairmos uns aos outros com tentativas de controlar ou coagir comportamento com base naquilo que nos agrada. Foi Ele quem morreu e ressuscitou para realizar essa transformação. Somos "criação de Deus" (Ef 2:10).

Em nosso entusiasmo por ver nossos novos irmãos e irmãs crescerem, nós, crentes maduros, frequentemente roubamos sua alegria quando imediatamente colocamos fardos sobre eles. "Pare de fumar." "Comece a ler sua Bíblia." "Quite suas dívidas e dê mais dinheiro aos necessitados." "Vista-se de maneira mais apropriada." "Coma menos gordura." E mais, mais, mais...

Todas essas mudanças de vida são boas. Dediquei minha vida a ajudar pessoas a entenderem a sabedoria de aplicar os princípios das Escrituras e encorajá-las a seguir o exemplo de Cristo. Contudo, é tolice esperar que elas se comportem como cristãos maduros da noite para o dia. Além do mais, a motivação delas deve vir de uma consciência transformada, um espírito renovado que deseja agradar a Deus como uma expressão de amor, não como uma necessidade mal orientada de satisfazer as expectativas de seus colegas.

14:10-12

Paulo levou a questão totalmente de volta à sua origem — a questão da prestação de contas — fazendo duas perguntas retóricas. Ao colocá-las em paralelo, somos capazes de discernir exatamente o que o apóstolo quis dizer com a palavra "julgar". Isso é importante, pois o significado preciso do verbo traduzido como "julgar" depende fortemente do contexto no qual ele é usado.

"Você, por que **julga** seu irmão?"
"Por que **despreza** seu irmão?"

A palavra grega na segunda sentença, *exoutheneō* [1848], significa "desprezar alguém ou alguma coisa por ser inútil ou não ter valor".[66] É claro que devemos ter padrões de conduta, e recebemos ordem de prestar contas uns aos outros. Lembre-se de que Paulo aconselhou os crentes de Corinto a expulsar um homem pecador de sua congregação até que ele se arrependesse do seu mal (1Co 5:1-5,13). Seu propósito era proteger a integridade da congregação até que o homem se arrependesse e pudesse ser restaurado. Esse ato de amor duro foi também em benefício do próprio homem. Isso não é "julgar" da maneira como Paulo definiu aqui em Romanos. "Julgar", neste sentido da palavra, não tem elemento positivo. Só pode ser negativo e cruel. Este tipo de julgamento presume avaliar o valor de outra pessoa com base em um padrão falho e humano. Nossa habilidade de julgar tem várias deficiências:

- Não somos oniscientes, de modo que nosso julgamento não contempla todos os fatos.
- Não somos objetivos, de modo que nosso julgamento está manchado pelo egoísmo.

- Não somos perfeitos, de modo que nosso julgamento é hipócrita.
- Não somos Deus, de modo que nosso julgamento não tem jurisdição.

Somente Deus tem o direito de avaliar o valor das pessoas, porque somente Ele as possui. Ele criou as pessoas, Ele as redimiu, Ele as conhece e Ele se importa com elas.

Paulo iniciou sua discussão descrevendo os problemas que dividiam profundamente os crentes de seus dias e encerrou sua argumentação lembrando-os do que tinham em comum. A despeito de quaisquer diferenças que impeçam os crentes de se unir, todos nós nos colocaremos perante o mesmo Juiz e seremos medidos de acordo com o mesmo padrão. Para provar que esse sempre foi o plano, Paulo citou um versículo escrito pela pena do profeta Isaías, do Antigo Testamento, que descreveu o dia quando o Senhor governará visivelmente a sua criação (Is 45:23). Quando virmos o verdadeiro Juiz, todos nós assumiremos a mesma postura: curvados diante dele em humilde submissão.

• • •

O ensinamento de Paulo sobre como colocar a graça em ação pode ser resumido desta maneira: deixe que cada um seja o que é! Os cristãos não precisam que os outros lhes deem sermão ou que se tornem seus autonomeados *coaches* de vida. A maioria dos cristãos já tem uma longa lista de mudanças que gostaria de ver em sua própria conduta. Desse modo, ter alguém adicionando mais algumas coisas não ajuda. O fato é que isso machuca. A maioria dos novos crentes já se sente sobrecarregada da maneira como está.

Se desejamos genuinamente ajudar nossos colegas cristãos em seu processo de transformação, devemos libertá-los das exigências — das nossas ou das de qualquer outra pessoa. Em vez de fornecer aquilo que eles já têm — obrigações, castigo, dúvidas e negatividade —, precisamos suprir aquilo que eles não têm. Podemos dar-lhes espaço para respirar, oportunidades de experimentar coisas novas (e falhar!), espaço para descobrir por si próprios aquilo que Deus gostaria de mudar. Sem testas franzidas, exigências, expectativas e o falatório de outros crentes para distraí-los, eles estarão livres para sentir o toque do Espírito Santo e, então, experimentar crescimento genuíno e duradouro. Pode ser que, ao confiar na bondade que é produzida pelo Espírito Santo que vive dentro dos colegas crentes, mesmo durante os reveses, vejamos congregações inteiras florescendo e se tornando refúgios de graça.

Que deixemos cada um ser o que é.

APLICAÇÃO
Romanos 14:1-12
TRÊS PRINCÍPIOS LIGADOS À GRAÇA

Paulo refletiu o desejo de Jesus de que as congregações se tornassem refúgios de graça, lugares onde as pessoas têm a liberdade de ser quem são e de se tornarem aquilo que Deus deseja que sejam — de acordo com os planos dele e no tempo que Ele definir. Encontro em Romanos 14:1-12 três princípios de graça que transformariam qualquer igreja se os membros de fato os seguissem.

Primeiro, *uma vida de graça começa com aceitação mútua*. Aceitar o outro não requer de nós que concordemos com a pessoa. Podemos discordar respeitosamente de ideias ou opiniões sem rejeitar a pessoa que as defende. A aceitação leva a outra pessoa a sério e dá à perspectiva dela o benefício da consideração. A aceitação deixa bastante espaço para preferências divergentes. As preferências de uma pessoa em relação à música, comida, arte e outros assuntos de gosto pessoal podem ser amplamente diferentes da nossa ou de outros. A aceitação se alegra na alegria do outro. A aceitação permite que a outra pessoa tenha a oportunidade de ser diferente sem julgamento, reserva o tempo necessário para entender a pessoa e estende o benefício da dúvida.

A aceitação permite que os outros se sintam seguros em ser quem são, mesmo quando seu comportamento ruim deva ser reprovado ou suas opiniões desafiadas. Há momentos em que devemos confrontar o erro; a Bíblia nos ordena isso. E, às vezes, a confrontação piedosa leva à separação. Não é agradável, mas é o correto. Quando certas convicções são claramente estabelecidas nas Escrituras e a manutenção de um relacionamento exige que essas convicções sejam comprometidas, alguma coisa precisa ceder. Em uma circunstância difícil como essa, as Escrituras devem permanecer e o relacionamento deve terminar.

A aceitação não exige que a verdade seja colocada de lado ou que o pecado seja ignorado. A aceitação simplesmente pede que nossos relacionamentos sejam guiados pela verdade e pelo amor.

Segundo, *uma atitude de graça exige que se libere os outros para que sejam quem Deus quer que eles sejam*. Trata-se simplesmente de liberar alguém que me machucou para que responda a Deus por suas ações, deixando as questões de justiça e misericórdia nas mãos do Senhor e confiando que Ele fará com aquela pessoa aquilo que é melhor para todos os envolvidos. Em outras palavras, uma atitude de graça é recusar-se a se transformar no Espírito Santo de alguém! Podemos confrontar com firmeza amorosa (Mt 18:15-17), mas devemos liberar o ofensor para que seja dirigido por Deus.

Cada um de nós vai se colocar perante Deus para responder por suas próprias escolhas. Não seremos chamados a comentar o comportamento dos outros. Uma atitude de graça permite que essa verdade se torne a fundação dos nossos relacionamentos com outros, especialmente com aqueles que nos ferem.

Terceiro, *um comprometimento com a graça proíbe qualquer um de se tornar o juiz de outrem*. Não posso me tornar o juiz de outra pessoa porque não possuo as qualificações exigidas para a posição. Três razões me vêm à mente:

1. Não sou onisciente, de modo que não tenho conhecimento de todos os fatos. Preciso conhecer *todos* os fatos para poder julgar corretamente, mas mal conheço o suficiente para tomar decisões sábias em relação à minha própria vida, quanto mais em relação à vida de outra pessoa.
2. Não consigo ser completamente objetivo. Sou tendencioso. Sou egoísta. Sou finito. Sou incapaz de ver o quadro completo. Quando Deus toma decisões, cada escolha leva todos os fatores do universo em conta. Não posso fazer isso por causa da minha própria pecaminosidade e da minha mente limitada.
3. Posso condenar, mas não posso redimir. Deus sempre oferece um meio de redenção quando confronta o pecado. Cristo morreu na cruz e ressuscitou dos mortos para tornar a redenção possível. O Espírito Santo é capaz de convencer do pecado e então transformar uma alma. O Pai oferece esperança depois de alguém ter falhado. Minha condenação, por outro lado, não oferece nada, a não ser rejeição.

Imagine o oásis espiritual que esses três princípios de graça poderiam criar se permitíssemos que eles guiassem nossos relacionamentos. Quão alegremente refrescantes seriam nossos lares e igrejas se as pessoas fossem aceitas livremente, se tivessem permissão para viver além das expectativas opressivas dos outros e fossem julgadas apenas por Deus, cujo julgamento está sempre envolvido em compreensão e amor? Quão mais produtivo seria o escritório se o chefe mantivesse elevados padrões de excelência, mas gerenciasse de acordo com os princípios da graça?

Só existe um jeito de saber: começando a aplicar os princípios relacionados à graça onde quer que você viva e trabalhe.

Como ser um rebelde piedoso
LEIA ROMANOS 14:13-23

Em 7 de agosto de 1974, os cidadãos de Nova York perceberam alguma coisa estranha 110 andares acima das ruas. Conforme o sol se erguia no horizonte, eles viram um homem caminhando tranquilamente entre as Torres Gêmeas do World Trade Center, equilibrado sobre um cabo metálico que ele havia esticado entre as torres na noite anterior. Philippe Petit, então um simples equilibrista francês de corda bamba de 25 anos de idade, caminhou, dançou, saltou e cruzou os cerca de quarenta metros não menos do que oito vezes. Em um determinado ponto, ele até mesmo se apoiou em um único joelho para fazer a tradicional saudação do equilibrista da corda bamba. Depois de 45 minutos, o intrépido equilibrista deixou o cabo de aço para ser preso pelos desesperados policiais de Nova York.

Os amigos o haviam advertido que os ventos poderiam fazer com que as torres oscilassem e quebrassem o cabo ou talvez o jogassem para fora dele, mas ele insistiu em fazer a exibição sem equipamentos de segurança. Ele não queria que nada restringisse sua sensação de liberdade completa ou diminuísse "o êxtase das alturas". O único aparato que ele usou foi uma vara de equilíbrio de 25 quilos. Philippe Petit acreditava que a sensação de liberdade valia todos os riscos.

A passagem de Romanos 14:1-12 pode muito bem ser descrita através da analogia de um acrobata em um fio, experimentando o êxtase das alturas e desfrutando de liberdade completa. Os onze versículos seguintes explicam o equilíbrio que ele deve manter enquanto segue pela corda bamba da liberdade. Para estabilizar essa delicada caminhada, o crente deve ter em suas mãos uma vara de equilíbrio. Em uma ponta, o autocontrole. Na outra, o amor pelos outros. Nenhum dos dois deve se colocar mais alto do que o outro.

14:13

Paulo se dirigiu tanto ao "fraco na fé", cuja cautela excessiva pode torná-lo temeroso e legalista, quanto ao "forte", cujo amor pela liberdade pode torná-lo insensível e indiferente. Ele exortou os crentes de ambas as convicções a que evitassem "julgar", ou seja, "desprezar um ao outro por considerá-lo sem valor" com base em como nos conduzimos nas questões de consciência.

O legalista talvez questione a fé genuína de alguém que não compartilha de suas convicções sobre um determinado assunto. O libertino pode questionar a fé genuína de alguém que não consegue parar de citar a Lei. Coloque os dois juntos na mesma congregação e o ambiente pode se tornar tóxico para todos.

A preocupação primária de Paulo era evitar dois perigos específicos. Primeiramente, o legalista pode fazer com que o cristão forte que voa livre se estatele no chão. Segundo, o libertino pode fazer com que o cristão fraco e cuidadoso caia no pecado. Ele deu nomes a esses dois perigos: *proskomma* [4348] ("obstáculo") e *skandalon* [4625] ("pedra de tropeço"). Muitos autores usam os dois termos de forma intercambiável, mas creio que Paulo queria tirar proveito da sutil diferença de significado dessas palavras.

Um *proskomma* pode ser o resultado de um tombo, como um joelho arranhado ou um galo na testa, ou pode se referir ao risco de tropeçar em si, tal como uma pedra de tropeço. Imagine um cristão correndo com a cabeça virada para trás dando um enorme sorriso, desfrutando de sua liberdade em Cristo sem se preocupar com o mundo. Então, imagine o legalista esticando sua perna.

Um *skandalon* é uma armadilha. Imagine uma gaiola com uma isca e uma porta com um mecanismo de mola, como uma armadilha para coelhos. A palavra era usada para descrever quaisquer meios pelos quais uma pessoa é levada ao seu fim. Imagine um cristão recém-convertido tentando cuidadosamente discernir o que é apropriado ou não para um crente, talvez tirando suas conclusões a partir do exemplo de cristãos maduros. Agora, imagine um crente descuidado que frequentemente bebe ao ponto da embriaguez e que defende suas escolhas como "sua liberdade em Cristo". Seu exemplo descuidado estabeleceu uma armadilha para seu novo irmão em Cristo.

O equilíbrio entre desfrutar de sua liberdade e exercer o autocontrole não é dominado da noite para o dia. Para ajudar todo mundo a encontrar esse equilíbrio e mantê-lo, Paulo apresentou três princípios segundo os quais devemos viver:

- Nada é puro ou impuro por si mesmo (14:14-16).
- A essência do cristianismo não é encontrada em assuntos externos (14:17-19).
- Quando a liberdade atrapalha a obra de Deus, ela deve ceder (14:20-23).

14:14-16

Nada é puro ou impuro por si mesmo (14:14-16). Objetos inanimados não podem ser nem bons nem ruins porque não possuem mente nem vontade.

Além disso, eles carecem da capacidade de fazer qualquer coisa por si mesmos. Os ídolos não são nada até que alguém atribua significância a eles. As peças de madeira ou pedra polida não são um mal; a adoração a elas é um mal. De maneira similar, as datas em um calendário não têm outro significado além daquele que escolhemos atribuir-lhes.

Contudo, a percepção pode ser uma coisa poderosa, especialmente para uma mente não transformada. As visões, sons e símbolos associados com o passado pecaminoso de alguém podem se colocar como uma ameaça genuína ao progresso espiritual. O álcool, por exemplo, não é mal e os bares não são locais malignos. O *abuso* do álcool é um mal e *pessoas* malignas podem frequentar bares. Contudo, nada disso deveria preocupar um cristão maduro cuja conduta não é facilmente influenciada. Um alcoólico em recuperação, vivendo seus primeiros dias no processo de reabilitação, porém, tem razões muito boas para ter medo. Somente um cristão insensível o castigaria por querer evitar a tentação. Para essa pessoa, álcool e bares são males.

Quando alguém que se ergue em pernas frágeis de fé recua diante de um perigo identificado, o crente maduro tem uma escolha: amor pelo prazer ou amor pelo outro crente. A admoestação de Paulo — "não destrua a obra de Deus por causa da comida" — parece, num primeiro momento, ser abertamente dramática e tem sido interpretada de diferentes maneiras.

"Não destrua" pode estar se referindo a destruir a fé da outra pessoa. Contudo, o objeto do verbo grego é "ele", ou seja, a pessoa. Além disso, a fé que um crente genuíno possui não pode ser destruída; portanto, essa pessoa está eternamente segura, independentemente do que outras pessoas façam.

"Não destrua" pode significar capacitação da destruição física de alguém por meio do estabelecimento de um exemplo ruim. Isso é possível, mas improvável. A primeira parte de 14:15 se refere ao irmão ser "entristecido", que é a tradução do verbo grego *lypeō* [3076], "afligir" ou "sofrer". O ferimento é emocional, não físico; relacional, não espiritual. Além disso, o contexto geral desta passagem é a unidade no corpo de Cristo e suportar as diferenças uns dos outros.

Uma definição menos comum do termo grego traduzido como "destruir" (*apollymi* [622]) é "perder" ou "sofrer a perda de".[67] Deixe de honrar a consciência do outro cristão e você provavelmente perderá o indivíduo ao comprometer seu relacionamento. Além disso, você corre o risco de difamar a coisa de que gosta, dificultando que outros cristãos maduros desfrutem de sua liberdade.

Sendo assim, isso por acaso significa que o cristão maduro deve viver continuamente numa prisão construída pelas sensibilidades frágeis dos cristãos fracos? Não, isso não precisa acontecer. Proteja a sua privacidade

> ## VOCÊ É O QUE VOCÊ COME
> ### ROMANOS 14:13-23
>
> Em 586 a.C., Nabucodonosor saqueou a antiga cidade fortificada de Jerusalém e levou os cidadãos de Judá para longe de seu templo. Vivendo em uma terra estrangeira entre pessoas estrangeiras, esperava-se que eles se assimilassem, o que colocaria sua aliança à prova. Anteriormente, as dez tribos do norte de Israel haviam sido conquistadas pelos assírios, espalhadas por todo seu império, casadas à força com pessoas de outros povos e, por fim, extintas. Agora, o povo do reino do sul enfrentava uma ameaça semelhante à sua existência. E se não houvesse descendentes de Abraão, não haveria aliança.
>
> Felizmente, quatro jovens corajosos — Daniel, Hananias, Misael e Azarias — estabeleceram um precedente para os judeus em cativeiro. Enquanto seu templo estava em ruínas a centenas de quilômetros de distância, a Lei de Deus estava escondida em seus corações. A obediência preservaria sua identidade e os manteria diferenciados até que Deus os levasse de volta à terra. Quando foram desafiados a comer as comidas do rei, que quase certamente haviam sido oferecida a ídolos, Daniel e seus amigos se recusaram, optando por uma dieta de vegetais e água. O Senhor abençoou os quatro homens e, por fim, deu-lhes posições de honra no governo de Nabucodonosor, onde poderiam proteger seus compatriotas e influenciar seus captores (Dn 1:11-21).
>
> Enquanto cercados por gentios, longe de casa, os judeus tinham apenas sua linhagem e sua Torá para mantê-los ligados às promessas de Deus. Na estrita mente judaica, comer comida pagã oferecida aos deuses pagãos era tornar-se pagão.

e escolha o seu ambiente. Ninguém disse que você deve se cercar de pessoas fracas na fé. Quando você se vir na companhia delas, porém, voluntariamente deixe a sua liberdade de lado por um tempo. É um erro pensar que você pode desestressá-las ao ostentar sua liberdade. Considere o provérbio do Antigo Testamento: "Um irmão ofendido é mais inacessível do que uma cidade fortificada." Pv 18:19). As pessoas têm dificuldade de aprender quando estão ofendidas. Em vez disso, crie um momento de ensino ao ceder à preferência do outro. Amenize a crise; em seguida, talvez seja adequado fazer algumas boas colocações.

14:17-19

A essência do cristianismo não é encontrada em assuntos externos (14:17-19). Jesus disse: "O que entra pela boca não torna o homem 'impuro'; mas o que sai de sua boca, isto o torna 'impuro'" (Mt 15:11). Como é fácil ser atrapalhado por coisas tangíveis como comida, hábitos, roupa, recreação, música e até mesmo decoração. O órgão dos prazeres mais ricos da vida não é o estômago; é o coração. No final das contas, responderemos não por aquilo que colocamos em nosso estômago, mas pelas atitudes que nutrimos em nosso coração.

Qual é o nosso foco? Estamos mais preocupados com as preferências das pessoas do que com os verdadeiros produtos do crescimento cristão, como justiça, paz e alegria? Quando o mundo exterior olha pela janela de nossas igrejas, o que queremos que ele veja? Fazedores de listas confusos impondo regras enquanto outros as estão ignorando de modo desafiador? Que cena caótica! Quem iria querer isso?

Em vez disso, devemos servir a Cristo dando uns aos outros espaço para respirar e respeitando mutuamente as sensibilidades. Paulo colocou isso de uma maneira ainda melhor quando escreveu: "Irmãos, vocês foram chamados para a liberdade. Mas não usem a liberdade para dar ocasião à vontade da carne; ao contrário, sirvam uns aos outros mediante o amor" (Gl 5:13).

14:20

Quando a liberdade atrapalha a obra de Deus, ela deve ceder (14:20-23). Paulo escreveu aos crentes em Corinto: "'Tudo é permitido', mas nem tudo convém. 'Tudo é permitido', mas nem tudo edifica. Ninguém deve buscar o seu próprio bem, mas sim o dos outros" (1Co 10:23-24). Nada deve atrapalhar "a obra de Deus", que nada mais é senão trazer salvação ao mundo, reclamar sua criação e eliminar o mal por meio da lavagem promovida por sua justiça. Devemos manter nosso foco naquilo que é importante. Que tolice é brigar por diferenças pequenas em assuntos não essenciais.

14:21-23

Devemos nos lembrar de que alguns são mais fortes em sua fé do que outros, mas sempre existe alguém mais forte do que nós. Enquanto somos compassivos ao limitar nossa liberdade em favor da fraqueza de outra pessoa, outro cristão está fazendo o mesmo por nós! Ou você acha que você é a pessoa mais madura da sua comunidade? Espero que não. Esse é um sinal seguro de fraqueza espiritual.

Todo mundo tem espaço para crescer. Todo mundo ainda está aprendendo a manter o equilíbrio. É preciso ter uma sabedoria madura para saber a diferença entre assuntos essenciais de moralidade e questões não essenciais de consciência. É preciso um amor maduro para colocar nossas próprias preferências para trás em razão do bem dos outros. É preciso uma prudência incomum para olhar além do sacrifício imediato da liberdade em favor do grande plano de Deus para o mundo. É preciso graça sobrenatural para dar aos outros a liberdade de serem diferentes sem que sofram a nossa condenação. É preciso amor para deixar que os outros sejam o que são. Portanto, se você se achar superior a outro cristão porque ele desfruta de alguma coisa que é ofensiva para você, saiba que você é a pessoa fraca na fé nesse relacionamento!

Paulo, que é sempre prático em seu ensinamento, ofereceu três lembretes simples para nos ajudar a manter nosso próprio equilíbrio na corda bamba da liberdade e para ajudar os outros a obter o deles.

Primeiramente, *seja atencioso* (14:21). Aquilo de que você desfruta na privacidade do seu lar é algo totalmente entre você e o Senhor. Tudo é permitido; nem todas as coisas são construtivas. Saiba a diferença e agradeça a Deus por todas as coisas maravilhosas que Ele criou para você desfrutar. Quando estiver em público, não se restrinja desnecessariamente, mas esteja ciente do efeito potencial que as suas ações têm sobre os outros. Seja sensível às reações e graciosamente ajuste seu comportamento para estar de acordo.

Segundo, *tenha convicção* (14:22). Verdade seja dita: muitos cristãos não têm firmeza plena em relação àquilo em que creem, de modo que vivem em perpétua frustração, tentando agradar todo mundo ao seu redor. Contudo, como já descobrimos anteriormente, cada um é diferente do outro, e suas convicções são contraditórias. Agrade um e você provavelmente desagradará outro.

Em vez disso, examine cuidadosamente seus assuntos de consciência para ter certeza de que eles não são de fato questões morais claras. Descubra o que as Escrituras têm a dizer. Discuta o assunto com crentes maduros e de confiança. Considere o impacto que eles têm sobre outros e sobre você mesmo, tanto negativa quanto positivamente. Então, assim que tiver estabelecido a questão, você poderá desfrutar da sua liberdade com confiança completa. Não precisará reagir de maneira defensiva, não terá de convencer ninguém, e você mesmo não terá dúvidas em relação a si próprio. Além disso, essa confiança tranquila permitirá que você deixe os outros serem o que são.

Terceiro, *seja consistente* (14:23). Combine de forma consistente as suas ações com a sua consciência. Mas não se surpreenda ao descobrir que a sua consciência está gradualmente mudando com o passar do tempo.

Algumas coisas que não lhe causavam nenhum problema anos atrás irritam a sua consciência hoje. Isso já é esperado. A sua consciência não deve parar de crescer nunca.

Na minha própria experiência, descobri que minha lista de padrões universais ficou menor à medida que fui ficando mais velho. Logo depois de me formar no seminário, eu morreria defendendo qualquer uma das centenas de colinas teológicas e teria uma longa lista de coisas "absolutamente essenciais" a fazer e a não fazer. Hoje, minha lista é muito menor. Por outro lado, existem diversos assuntos em relação aos quais eu antigamente me sentia completamente livre, mas agora minha consciência não me permite mais participar deles. Assim — pessoalmente para mim — essas coisas estão fora dos limites. Felizmente, ainda estou crescendo.

À medida que nossa consciência for transformada pelo Espírito Santo e se tornar mais madura, seremos sábios em dar atenção a ela. Contudo, isso não é dizer que nossa consciência em desenvolvimento precisa se tornar a consciência da outra pessoa.

• • •

Dançar no longo fio da corda bamba da liberdade é uma coisa perigosa, um feito reservado para aqueles que aprenderam a equilibrar o autocontrole com o amor pelos outros. Mas o êxtase das alturas, a excitação da liberdade, não apenas vale o risco, como é algo para o que fomos feitos. Nunca jamais se esqueça de que renascemos para sermos livres (Gl 5:1, 13).

APLICAÇÃO
Romanos 14:13-23
UMA VIDA PARA TODOS VEREM

Em um mundo ideal, as instruções de Paulo em 14:13-23 não seriam necessárias. Todo mundo estaria desfrutando plenamente de sua liberdade na graça e estaria dando graça liberalmente aos outros para que desfrutassem da sua sem condenação. Infelizmente, nada deste lado do céu é ideal. O pecado e o egoísmo crescem como ervas daninhas entre as flores da graça no jardim de Deus. Diante disso, o Espírito Santo direcionou o apóstolo a exigir equilíbrio. Se não fosse assim, as comunidades seriam divididas, dentre todas as coisas, pela própria graça!

Paulo relembrou aos crentes de Roma que nada é impuro por si mesmo (14:14-16). As pessoas dão propósitos às coisas, bons ou ruins, dependendo de suas intenções. Ele também lhes relembrou que a essência do cristianismo não é encontrada em assuntos externos, mas em questões de consequência eterna, questões que envolvem o coração (14:17-19). Em vez de se concentrar naquilo que toca a mão ou a boca de uma pessoa, devemos nos preocupar com aquilo com que nutrimos o nosso coração. E o apóstolo estabeleceu uma prioridade clara ao dizer que, quando a liberdade atrapalhar a obra de Deus, ela deve ceder (14:20). Como seria trágico para um ministério perder sua eficiência ou se arrastar até a parada total porque as pessoas colocaram seus próprios desejos à frente do bem maior.

Naturalmente, os lembretes de Paulo colocam o cristão em um tipo de tensão que não é facilmente resolvida. Até que ponto estamos limitando nossa liberdade desnecessariamente? Não podemos ser tão preocupados por viver em um aquário a ponto de deixarmos de desfrutar de tudo aquilo que Deus planejou. Em contrapartida, até que ponto estamos permitindo que nossa liberdade atrapalhe a obra de Deus? Nunca queremos que algum prazer dispensável atrapalhe a fé de um novo crente ou que aliene um irmão ou irmã. Sendo assim, onde traçar a linha? Talvez uma ilustração possa ajudar.

Muitos anos atrás, depois de uma longa semana de viagem e de compromissos de palestras seguidos, sentei-me num restaurante na Carolina do Norte para desfrutar de uma boa refeição — um excelente final para uma maravilhosa semana de ministério. O cheiro da comida era delicioso e algumas escolhas do menu ficariam perfeitas acompanhadas de uma pequena taça de vinho. Eu estava completamente sozinho em um lugar onde ninguém me conhecia — não de vista, pelo menos — e pensei: "Por que não?".

Depois de alguns momentos, o garçom que me atendia se aproximou e se apresentou. Trocamos cordialidades por alguns momentos e ele disse: "Sua voz me é familiar".

Imediatamente eu pensei: "Caramba!" E deixei prosseguir sem qualquer comentário.

"O senhor gostaria de alguma coisa para beber?", ele perguntou.

"Chá gelado seria ótimo", respondi.

Conversamos por pouco tempo e, por fim, ele confessou: "Sabe, eu não sabia quem o senhor era, mas decidi prestar atenção no senhor porque eu sabia que havia alguma coisa familiar no senhor".

"É mesmo?", eu disse sem pensar. "Mas por quê?"

"Bem, sabe, acabei de concluir um programa de recuperação de alcoolismo".

Eu disse: "Puxa, isso é ótimo. Admiro você por ter feito isso. Que coisa maravilhosa".

Ele compartilhou comigo alguns outros detalhes que vou manter em segredo, mas ele deixou claro que minha escolha das bebidas foi um incentivo para ele. Seus primeiros passos instáveis na sobriedade foram fortalecidos por eu ter limitado minha própria liberdade.

Pelo fato de eu ser privilegiado por ter uma plataforma bastante pública para o evangelho, considero isso um pequeno sacrifício. Mas se eu levasse isso longe demais, jamais pediria qualquer outra coisa que não fosse água e palitos de dente em público. Algumas pessoas podem se sentir ofendidas porque comi dois pedaços de torta como sobremesa ou por ter pedido carne vermelha! Temos que manter essa coisa em equilíbrio, não é?

Portanto, onde está a linha de demarcação? Gostaria muito de poder desenhar uma para você... ou para mim mesmo, a propósito! Tudo que sei é que minha consciência me disse para evitar uma simples taça de vinho naquela noite e, felizmente, segui esse direcionamento. Nem todas as decisões devem ser tomadas dessa maneira. Às vezes, precisamos escolher entre aquilo que é claramente certo e o que é claramente errado. Com mais frequência, porém, vamos enfrentar "questões de consciência", ou seja, assuntos sobre os quais a Bíblia é silenciosa e os outros estão divididos. Nesses momentos, devemos dar ouvidos à voz de uma mente que está sendo transformada pelo Espírito Santo.

Em algumas ocasiões, vamos entender errado. Seguiremos nossa consciência e alguém será ferido ou ficará ofendido. Em vez de nos justificarmos, de montarmos uma defesa lógica ou desafiarmos a pessoa ofendida a "superar", devemos ter empatia pela ferida genuína que a pessoa sente e, então, responder com compreensão. Depois disso, descansamos na graça, aprendemos com a experiência e, como resultado, nos tornamos mais sábios.

Gostaria que assuntos da consciência fossem menos ambíguos. Gostaria que fosse mais fácil discernir o caminho mais seguro no meio do campo minado da sensibilidade das pessoas. Talvez seja por isso que a graça é mais bem vivida por quem é maduro. Lembre-se desta dica: o dom da liberdade sempre vem no embrulho simples da responsabilidade. Felizmente, temos um advogado que nunca condena, somente instrui. Ele nunca desiste de um projeto; Ele nunca se afastará em repulsa. Enquanto outros — os matadores da graça, em especial — arremessam críticas e lançam culpa, o Espírito Santo sussurra encorajamento e nos treina a ver tudo a partir de sua perspectiva.

O dom da liberdade às vezes é penoso, mas, quando considero a alternativa, não gostaria que ele fosse de qualquer outro jeito.

Além do mais, não estamos nisso sozinhos. Temos uns aos outros e temos o Espírito de Cristo dentro de nós. Ninguém jamais disse isso melhor do que Paulo:

> Não há dúvida que Deus chamou vocês para uma vida de liberdade. Mas não usem essa liberdade como desculpa para fazer o que bem entendem, pois, assim, acabarão destruindo-a. Em vez disso, usem a liberdade para servir o próximo com amor. É assim que vocês serão cada vez mais livres. (Gl 5:13, MSG)

Somos um... ou não?
LEIA ROMANOS 15:1-13

O terminal do aeroporto apresentava o burburinho típico das viagens. Anúncios aleatórios grasnavam e reverberavam no teto alto e, então, desapareciam diante do murmúrio das vozes misturadas. As rodinhas das malas rangiam de tempos em tempos e os motores a jato gemiam do outro lado das enormes janelas de vidro. Estava tudo bastante normal até que um som que eu não escutava havia mais de quatro décadas bateu forte em meus ouvidos. Era o latido de buldogue de um instrutor de treinamento da Marinha.

Virei-me na direção daquela perturbação e rapidamente associei o som familiar a uma visão familiar. Um homem com corpo em forma de V, vestindo um uniforme impecável e usando quepe chamava a atenção dos novos recrutas para que formassem filas perfeitas e alinhadas usando sua ferramenta mais eficiente: a intimidação.

Não pude conter o riso quando vi quão diferentes todos eles eram. Cabelo curto, cabelo encaracolado, cabelo desgrenhado, cabelo cortado bem baixo, ruivo, loiro, castanho e negro. Calças jeans e calças largas, camiseta e sapato social, tênis e mocassim. Até mesmo suas expressões eram diferentes. Alguns tremiam de ansiedade, outros estavam eretos como uma vareta e ainda outros não conseguiam conter o riso. Negros, brancos, asiáticos, latinos e nativos norte-americanos se espremiam desconfortavelmente próximos uns dos outros até que o nariz de um tocasse a nuca do outro.

Eles não faziam ideia do que seriam as próximas doze semanas, mas eu me lembro muito bem. A prioridade do treinamento de um recruta é livrar o homem de sua individualidade, a começar pelo corte de cabelo. Fadiga e pressão moíam qualquer marca distintiva, tanto física quanto emocional, e o ritmo implacável do treinamento não deixava nenhuma energia para a oposição. Por fim a provação compartilhada reduz os homens aos seus elementos mais básicos, os espreme juntos e os remolda de acordo com o padrão do guerreiro ideal.

O serviço militar tem tudo a ver com criar unidade ao eliminar a individualidade e compelir à uniformidade. O processo não é bonito, mas, passados mais de duzentos anos, é um método comprovado para transformar indivíduos indisciplinados e não cooperativos em uma máquina de luta uniforme e coesa. Esse é o imperativo da guerra, que é governada por apenas uma regra: matar ou ser morto.

Verdade seja dita, alguns gostariam de ver a transformação das mentes cristãs seguirem um padrão similar, embora não ousem dizer isso em voz alta. A uniformidade é de fato uma maneira eficiente de criar unidade. As igrejas teriam uma probabilidade muito menor de se separar ou de experimentar lutas internas se todo mundo simplesmente gostasse das mesmas coisas, tivesse o mesmo comportamento, adorasse da mesma forma, vestisse o mesmo tipo de roupa e até mesmo tivesse os mesmos gostos. Contudo, a guerra — a arte de matar e destruir — não é nossa missão como soldados de Cristo. Em vez disso, trabalhamos para realizar a justiça de Deus, que não é de forma alguma opressiva. A justiça de Deus produz amor, paz, alegria e liberdade.

A unidade no novo reino é o exato oposto da unidade no corrupto sistema do mundo. No novo reino, a unidade e a individualidade são amigas, não inimigas. Por ora, porém, antes da volta de Cristo, devemos aceitar que diferenças continuam a causar fricção e que às vezes disparam conflitos. Portanto, até que a justiça de Deus inunde o mundo, devemos aprender a gerenciar nossas diferenças aplicando os princípios do novo reino, por mais não naturais que eles possam parecer para mentes não transformadas.

15:1-2

Com exceção de um ou dois comentários breves, Paulo direcionou todo seu ensino para "os fortes", entre os quais ele se incluía. O grupo dos "fortes" inclui aquele que não é "fraco na fé" (14:1) e aquele que "crê que pode comer de tudo" (14:2). Em outras palavras, os fortes são as pessoas que se colocaram acima do problema das listas, da insistência em agradar as pessoas e da justiça baseada no desempenho. Os fortes sabem, bem lá no fundo, que são justos por causa da graça do Pai, do dom da vida eterna do Filho e da habitação do Espírito em seu coração. Eles descansam confiantemente em sua segurança eterna, cientes de que não têm nada a provar e tudo a dar.

Paulo exortou esses crentes maduros — os *dynatos* [1415], os "fortes" — em Roma a "suportar as fraquezas dos fracos" (*adynatos* [102]). O verbo que ele escolheu é *bastazō* [941], que significa "carregar", "levar sobre si". A ideia é aliviar a carga do outro ao carregar um pouco dela para a pessoa. Pense numa equipe de mochileiros subindo uma montanha. Todo o equipamento e as provisões precisam ser carregados até o topo; contudo, alguns podem carregar mais peso do que outros. Os fortes devem aliviar o fardo na mochila dos fracos e adicioná-lo ao seu próprio.

Desse modo, o que exatamente os fortes devem carregar? As "fraquezas" dos crentes menos maduros, o que Paulo definiu como a incapacidade (ou falta de disposição) de viver sem restrições desnecessárias ou de tolerar a liberdade dos outros. Em vez de agradar a si próprios, os crentes maduros devem encorajar a unidade ao aceitar o fardo do legalismo dos outros. Paulo ilustrou a ideia de "aceitar o fardo do legalismo" ao apresentar uma aplicação específica em 14:14-15 e, mais uma vez, em 14:21. Se comer carne compromete a unidade com outro crente, peça a comida para viagem ou passe a frequentar o bufê de saladas. É um presente triste e difícil de dar, mas nada além do que aquilo que Jesus deu a cada um de nós. Paulo declarou anteriormente, com efeito, "se Cristo considerou que valia a pena morrer por um colega crente, então você certamente pode deixar de comer carne" (14:15).

A frase de Paulo "agradar ao seu próximo" (15:2) não encoraja o ato de agradar aos outros à custa de fazer o que é certo. Também não sugere que nossa motivação é obter o favor dos outros. Paulo não encorajou a postura de "agradar pessoas" como a entendemos hoje. O apóstolo simplesmente queria que os crentes valorizassem o bem-estar e o conforto dos outros acima dos seus próprios.

15:3-4

Toda vez que quis ilustrar a qualidade do altruísmo, Paulo apontou para o exemplo de Jesus Cristo:

> Seja a atitude de vocês a mesma de Cristo Jesus, que, embora sendo Deus, não considerou que o ser igual a Deus era algo a que devia apegar-se; mas esvaziou-se a si mesmo, vindo a ser servo, tornando-se semelhante aos homens. E, sendo encontrado em forma humana, humilhou-se a si mesmo e foi obediente até a morte, e morte de cruz! (Fp 2:5-8)

Que exemplo perfeito de alguém que voluntariamente desceu de um lugar de honra elevada para suportar a fraqueza de pessoas fracas. Ele condescendeu em deixar o lugar mais elevado de glória do universo para sofrer a mais humilhante das mortes com o objetivo de nos elevar.

Para destacar o fato de Cristo ter colocado de lado seu próprio conforto em favor do fraco, Paulo citou Salmos 69:9, que é o lamento de um sofredor justo: "Os insultos daqueles que te insultam caíram sobre mim" (Rm 15:3). Isso, por sua vez, o fez relembrar do valor duradouro das Escrituras como fonte de esperança. Perceba três benefícios que ele enfatizou:

O amplo valor das Escrituras: Toda a Palavra de Deus, de capa a capa, é igualmente benéfica para a instrução.

A relevância contemporânea das Escrituras: Embora tenha sido escrita muito tempo atrás para culturas há muito extintas, a Palavra de Deus ensina princípios atemporais que se aplicam a toda a humanidade, em todas as eras.

A aplicação prática das Escrituras: A diligência em aplicar os princípios ensinados na Bíblia nos ajuda a superar desafios e a cultivar um espírito de segurança confiante.

15:5-6

A bênção de Paulo resumiu o poder de Deus de unir os crentes em uma causa comum. Contudo, não basta simplesmente ter "um espírito de unidade". Esse é o tipo de pensamento em grupo que Jesus veio romper. Já somos abertamente influenciados uns pelos outros. Além do mais, uma congregação inteira pode ter "um espírito de unidade" e estar completamente errada!

Não; Paulo insiste com os crentes que tenham um espírito de unidade "segundo Cristo Jesus"; ou seja, "à moda" do Filho de Deus. Não é a mesma coisa que tentar imitar um ao outro, o que é fútil. Uma orquestra sinfônica é a perfeita ilustração da diferença.

Imagine quão enfadonha a Nona Sinfonia de Beethoven seria se fosse executada por uma centena de violinos. Não me entenda mal. Gosto muito de violino. Mas esse não é o som que o compositor imaginou quando passou a pena sobre o pergaminho, cerca de dois séculos atrás. Ele reuniu uma variedade de instrumentos, cada um produzindo um som singular de acordo com o seu formato. Ele colocou cordas, madeiras, metais, percussão e até mesmo a voz humana para executar sua obra-prima. Escreveu cuidadosamente uma parte específica para cada instrumento. Eles começam e param em momentos diferentes e tocam notas diferentes em diferentes padrões. Contudo, eles tocam com um só coração.

A igreja é uma orquestra. Somos instrumentos criados pelo Artista. Tocamos uma partitura escrita para nós pelo Compositor, o qual permite que nossas notas individuais criem harmonias. Uma vez afinados de acordo com o Tom Perfeito que vive dentro de nós, tocamos como um, interpretando a obra-prima do Compositor com paixão e precisão. E o resultado é surpreendente: mostramos a glória de Deus.

15:7-12

Paulo se volta mais uma vez para Cristo como nosso exemplo e, de novo, incentiva a "aceitação" (14:1,3,18). O termo grego para "aceitar", *proslambanō* [4355], significa "tomar para si", o que naturalmente o Filho fez em favor da glória do Pai. Seu ministério de aceitação assume duas formas, uma para os judeus e outra para os gentios.

Jesus nasceu como judeu e seguiu os rituais e costumes dos judeus. Ele foi circuncidado para identificar-se com a aliança de Deus feita com Abraão (Gn 12:1-3; 15:17-21) e, então, cumpriu os requisitos da aliança de Deus com Israel (Dt 28) vivendo como eles deveriam ter vivido. Ele reclamou as bênçãos daquela aliança como um representante sem pecado. E Ele cumpriu a aliança de Davi (2Sm 7:16) ao reclamar o trono de Israel na condição de seu descendente.

Paulo então citou quatro passagens do Antigo Testamento (Sl 18:49; Dt 32:43; Sl 117:1 e Is 11:10) para mostrar que os gentios eram parte do plano redentor de Deus desde o início. O Senhor originalmente planejou que sua bênção, dada a Abraão, se tornasse o meio de Ele estender graça ao mundo inteiro. Os israelitas deveriam se estabelecer na Terra Prometida e se tornar um exemplo vivo do governo de Deus, um de tal modo embebido na graça que os viajantes jamais desejariam partir. E os reis de Israel deveriam permanecer perfeitamente obedientes a Deus, liderando todos os seus seguidores em adoração e, por fim, colocando os gentios sob a teocracia mundial de Deus.

Onde os descendentes de Abraão falharam, os israelitas desapontaram e os reis desobedeceram, Jesus Cristo foi bem-sucedido.

A justiça de Deus foi derradeiramente revelada na pessoa de seu Filho Jesus Cristo. Quando Ele retornar, o mundo será recriado completamente, até os átomos, para refletir essa justiça. Desse modo, se quisermos saber como será o novo reino, precisamos unicamente olhar para o seu Rei. E, durante seu ministério terreno, o Rei foi um servo.

15:13

Paulo concluiu a seção final de seu ensinamento com uma bênção. "Esperança", mais uma vez, não é um desejo vacilante que pode ou não se tornar realidade. A esperança cristã é uma expectativa garantida, baseada numa promessa de Deus (4:18; 5:1-5; 8:24-25; 15:4). Uma vez que Deus sempre cumpre suas promessas, podemos ter um futuro garantido que nos aguarda. Portanto, podemos suportar provações com alegria e paz. Nossa crença nos manterá em movimento quando, de outro modo, poderíamos desanimar e desistir.

"Para que" indica uma relação de causa e efeito. Perceba que Deus preenche com alegria e esperança; nossa única responsabilidade é crer. Paulo desejava que esse processo de crer e receber viesse a fazer com que os crentes transbordassem de esperança — talvez o suficiente para inundar o mundo e promover a mudança, ainda que só um pouco.

Esta bênção marca o final do ensinamento de Paulo em Romanos. A parte final de sua carta aborda vários assuntos pessoais e esboça seus planos futuros.

APLICAÇÃO

Romanos 15:1-13

GRAÇA ABUNDANTE PARA COMPARTILHAR

Paulo acumulou uma grande quantidade de sabedoria prática nesta seção final de ensinamento. Se você retraçar seus pensamentos, perceberá um padrão. Cada lição envolve um tipo particular de relacionamento — graça dentro da pessoa (12:1-2), graça dentro do corpo de Cristo (12:3-16; 14:1—15:13) e graça para o mundo exterior (12:17—13:14) — e, especificamente, como esses relacionamentos devem ser impactados pelos crentes. Estas são lições sobre a graça horizontal, o primeiro respingo da inundação que virá. Em breve, a justiça de Deus vai romper a barreira entre o céu e a terra como um rio poderoso rompe uma represa, mas, por ora, essa justiça vem através de nós... ou pelo menos deveria ser assim.

Dessa forma, meu bom crente, o que você está fazendo com a graça que lhe foi dada? Está permitindo que ela transforme você a partir de dentro? Está permitindo que a graça de Deus encha você de alegria e paz de modo que outros possam compartilhar da sua segurança confiante? Você é uma antevisão da justiça futura de Deus? Permita-me deixar a você a desafiadora exortação de Paulo e sua bênção reconfortante:

> [...] irmãos, rogo-lhes pelas misericórdias de Deus que se ofereçam em sacrifício vivo, santo e agradável a Deus; este é o culto racional de vocês. Não se amoldem ao padrão deste mundo, mas transformem-se pela renovação da sua mente, para que sejam capazes de experimentar e comprovar a boa, agradável e perfeita vontade de Deus. (12:1-2)

> Que o Deus da esperança os encha de toda alegria e paz, por sua confiança nele, para que vocês transbordem de esperança, pelo poder do Espírito Santo. (15:13)

A COMUNIDADE DE DEUS
(ROMANOS 15:14—16:27)

Enquanto abaixava sua cabeça para beber de uma poça de água, um filhote de camelo estudou seu reflexo. Depois de alguns momentos, ele perguntou à sua mãe: "Por que temos cílios tão compridos, Mamãe?".

Sua mãe disse com grande dignidade: "Porque precisamos ser capazes de enxergar nosso caminho em meio às tempestades de areia. Podemos seguir em frente quando os outros não conseguem mais encontrar o caminho".

O filhote olhou para seus pés, comparou-os com os de sua mãe e, depois de outro gole de água, perguntou: "Por que temos pés tão largos?".

Sua mãe respondeu: "Para podermos atravessar as areias movediças do deserto sem afundarmos".

O jovem camelo então perguntou: "Por que temos essa grande corcova nas nossas costas?"

TERMOS-CHAVE EM ROMANOS 15:14—16:27

■ *dichostasia* (διχοστασία) [1370] "dissensão", "discórdia", "desunião"

A ênfase deste termo não é a oposição à autoridade estabelecida, mas sim a discórdia entre parceiros. "Dissensão" é a dicotomia de um grupo de tal forma que uma facção se destaca da outra e mantém uma atitude do tipo "nós contra eles". As pessoas podem discordar sem dissensão.

■ *hypakoē* (ὑπακοή) [5218] "obediência", "conformidade", "consideração"

Como o oposto de *hamartia* [266], "pecado" (6:16), *hypakoē* é o comportamento de alguém que ouve e, então, dá atenção à voz da autoridade divina. O exemplo supremo é Cristo (5:19), que estabeleceu o padrão da crença verdadeira. Portanto, Paulo frequentemente usa o termo para descrever o cristianismo genuíno (1:5; 6:16; 15:18; 16:19, 26; 2Co 7:15; 10:5-6; ver também 1Pe 1:2, 14, 22).

> ■ *skandalon* (σκάνδαλον) [4625] "obstáculo", "razão de tropeço", "armadilha"
>
> No Novo Testamento, Jesus Cristo é uma armadilha intelectual e moral para aqueles que se opõem a Deus e se consideram justos (9:33; 11:9; 1Co 1:23; Gl 5:11). Em relação à Igreja, um *skandalon* é qualquer doutrina que seja contrária à verdade ensinada por Jesus e pelas pessoas que Ele treinou pessoalmente.
>
> ■ *synistēmi* (συνίστημι) [4921] "elogiar", "colocar junto", "associar"
>
> Este verbo grego composto tem uma ampla gama de usos, mas Paulo quer dizer basicamente "elogiar", "recomendar para aceitação", "apresentar para consideração". Por exemplo: Deus "demonstra" seu amor por nós através da morte de seu filho (5:8). A palavra não transmite a ideia de algo passivo, mas de urgência em dar atenção aos desejos daquele que fala.

Sua mãe respondeu pacientemente: "Para que possamos viajar por vários dias no meio do deserto estéril sem uma gota de água para beber. Nenhum outro animal pode ver tão claramente, ir tão longe ou viver por tanto tempo no deserto quanto o majestoso camelo".

Depois de um longo silêncio, o jovem camelo perguntou: "Mas, mamãe, uma vez que tudo isso é verdade, por que vivemos em um zoológico?".

De modo geral, as pessoas não vivem bem em isolamento. Prisioneiros, pacientes de hospital, pessoas doentes demais para sair de casa, mães de tempo integral de crianças pequenas e aposentados solitários costumam enfrentar dificuldades contra os efeitos mortais do isolamento. O isolamento prolongado dos outros e do mundo exterior, por fim, começa a minar o senso de identidade de uma pessoa. Pessoas isoladas frequentemente se esquecem de que o mundo é muito maior do que o seu ambiente imediato. Elas sofrem de falta de motivação porque sua visão é limitada. Normalmente elas descem a espiral rumo à depressão alimentada pela autopiedade e a hipocondria porque a mente delas não tem nada em que se concentrar além de em si próprias.

As pessoas precisam de problemas para resolver e desafios para superar. Vicejamos diante de oportunidades de participar de alguma coisa maior do que nós mesmos. Além disso, fomos criados para desfrutar de relacionamentos uns com os outros, para termos intimidade cada vez maior com o nosso Criador e para governar como seus corregentes sobre a criação, com o propósito de que todas as coisas possam existir em perfeita harmonia com os propósitos de Deus e refletir sua glória (Gn 1:26-28). Mas tudo isso pode ser perdido ou se tornar confuso quando passamos tempo demais sozinhos.

Os efeitos debilitantes e às vezes mortais do isolamento também podem levar uma comunidade cristã à sua ruína. As pessoas ficam preocupadas com seus próprios problemas. Começam a suspeitar, duvidar, culpar e controlar umas às outras. Tornam-se abertamente preocupadas em

ROMANOS, RELIGIÕES, RITUAIS E RELAÇÕES
ROMANOS 15:14—16:27

Na maioria das culturas antigas, a religião era a cola que mantinha as tribos unidas, e os rituais solidificavam a identidade tribal. E, no primeiro século, Roma era a maior tribo de todas. Pertencer a ela era desfrutar de uma poderosa camaradagem; optar por sair era um convite à repulsa. Ser romano era alcançar o pináculo da sofisticação; aqueles que não aspiravam ser romanos eram obviamente sub-humanos e mereciam ser tratados como tais. Portanto, a "separação entre Igreja e estado" teria sido um pensamento horroroso para qualquer cidadão leal do império.

Os romanos eram notavelmente inclusivos quando se tratava de religião. Eles não apenas toleravam as crenças religiosas das culturas que conquistavam como adicionavam aqueles deuses ao seu próprio panteão, crendo que era mais seguro adorar uma divindade falsa do que arriscar a ofender uma que potencialmente existisse. Além do mais, eles reconheciam o valor do ritual compartilhado como um meio de expandir a tribo.

Judeus e cristãos representavam um problema difícil para os romanos. Eles adoravam um Deus que não podia ser visto e cujo nome não podia ser pronunciado. Para piorar as coisas, esse Deus exigia devoção *exclusiva*, algo totalmente impensável para uma cultura fundada na expansão das crenças religiosas. Que cabeça fechada! Que arrogância! Quão absurdamente petulante! Não era possível confiar naquelas pessoas para se tornarem membros da tribo. Elas rejeitavam as divindades romanas — incluindo o imperador — e desprezavam os rituais romanos; portanto, deveriam ser completamente destituídas de qualquer virtude.

Ironicamente, judeus e cristãos não eram odiados porque adoravam outro Deus; os romanos desprezavam os judeus e os cristãos por considerá-los "ateus".

preservar sua própria identidade e, em pouco tempo, se esquecem das necessidades desesperadoras das pessoas nas comunidades ao redor. O isolamento amordaça a motivação, extingue o entusiasmo e, por fim, reduz toda a comunidade a uma amnésia autoinduzida e autossustentada. Elas se esquecem de quem são, por que Deus lhes deu certos dons e qual é seu propósito no mundo.

Esse era um perigo em particular para a igreja em Roma. A brutal perseguição de Nero aos cristãos não aconteceu da noite para o dia. Vários anos antes do incêndio de Roma, em 64 d.C., os cristãos haviam se tornado objetos de um desprezo crescente. Os romanos consideravam o judaísmo a religião de uma raça bárbara e ateia e o cristianismo uma mutação particularmente sinistra que perverteu a moral de cidadãos outrora corretos. Consequentemente, os crentes se juntavam cada vez mais em busca de apoio mútuo e de encorajamento. Costumavam se reunir em segredo, consideravam pessoas novas com suspeita, evitavam atrair atenção para si mesmos e, no processo de autopreservação, tornaram-se cada vez mais isolados.

Tendo explicado o plano mestre de salvação de Deus — destacando as dimensões tanto vertical quanto horizontal da graça — e tendo encorajado os crentes de Roma a cumprirem suas responsabilidades como embaixadores dessa graça, Paulo voltou sua atenção para o futuro. O apóstolo via a si mesmo como uma parte do grande plano de Deus e os crentes romanos como uma parte vital de seu sucesso. Ele considerava seriamente que uma parceria com a igreja romana expandiria o alcance do evangelho para ainda mais longe do que antes.

A conclusão de Paulo não é de forma alguma uma coleção aleatória de pensamentos e saudações pessoais. Ela foi cuidadosamente elaborada para tirar os crentes romanos de seu isolamento, lembrar-lhes de sua identidade em Cristo, recomendá-los por sua fidelidade até aquele ponto e chamá-los à ação específica no avanço do plano de salvação de Deus. E o apóstolo tinha seus olhos voltados para a Espanha — a recém-conquistada fronteira romana — e sua necessidade desesperadora da justiça de Deus.

Parceiros, planos e preces

LEIA ROMANOS 15:14-33

Ben e Jerry. Wozniak e Jobs. Crick e Watson. Wilbur e Orville. Stanley e Livingstone. Lewis e Clark. Moody e Sankey. Lutero e Melâncton. Graham e Barrows. Grandes parcerias são raras porque dependem de uma delicada mistura de pelo menos três qualidades que são complicadas para combinar e, então, difíceis de manter:

Competência correspondente — Parceiros em potencial devem primeiramente reconhecer sua necessidade de outra pessoa para suprir aquilo que eles não possuem em si próprios. Isso não é algo natural para pessoas altamente competentes. Além do mais, é incrivelmente raro encontrar dois realizadores humildes que complementem naturalmente um ao outro.

Confiança mútua — Os indivíduos devem ser dignos de confiança porque as parcerias — tal como todos os bons relacionamentos — se fortalecem quando cada pessoa pode confiar de todo o coração na integridade e na habilidade da outra.

Visão compartilhada — As duas pessoas competentes e dignas de confiança devem querer alcançar objetivos comuns; caso contrário, vão continuamente frustrar uma à outra.

Uma vez que o alinhamento dessas qualidades essenciais — competência, confiança e visão — é tão raro de ser encontrado e tão difícil de ser mantido, as parcerias normalmente se dissolvem pouco tempo depois de terem começado. Mas quando uma grande parceria se forma e, então, consegue vicejar, os resultados são sempre extraordinários.

Paulo entendia os perigos e o poder da colaboração. Ele e Barnabé realizaram muita coisa juntos. Ambos eram competentes e dignos de confiança, mas deixaram de compartilhar da mesma visão de ministério — mais especificamente, como ele deveria ser conduzido. Barnabé queria dar outra chance a João Marcos depois que o jovem desertara de sua primeira jornada missionária; Paulo não queria. Em razão disso, sua parceria terminou depois de uma discordância acalorada. Embora seja possível que tenham reparado sua amizade e, por fim, apoiado um ao outro teologicamente, eles nunca mais optaram por trabalhar juntos (cf. 1Co 9:6; Cl 4:10).

Paulo trabalhou com outros parceiros. Em momentos variados, ele se uniu a Silas, Timóteo, Tito e Lucas. E, perto do final de sua vida, o apóstolo chamou João Marcos para se juntar a ele, "porque ele me é útil para o ministério" (2Tm 4:11).

O trabalho pioneiro de Paulo exigia parceria. Enquanto ministrava em Corinto, o apóstolo já havia cumprido mais da metade de sua terceira jornada missionária. Novas igrejas haviam sido fundadas e igrejas existentes foram fortalecidas. Ele havia treinado líderes locais para nutrir o evangelho onde viviam e equipado seus aprendizes para continuar seu ministério itinerante por todo o império a leste de Roma. Para concluir a jornada, ele viajaria de volta pelo mar Egeu até Mileto e, então, velejaria para Jerusalém para entregar os fundos levantados ao longo do caminho para aliviar a fome.

A maioria consideraria três viagens em torno do Império Romano uma vida completa de ministério e um ótimo momento para se aposentar. Paulo não! Com o trabalho no "mundo civilizado" colocado em mãos capazes, a oportunidade de levar o evangelho para onde ele nunca havia estado se mostrava por demais irresistível para o apóstolo pioneiro. Ele começou a esboçar uma rota que ia de Jerusalém até a fronteira romana recém-conquistada da Espanha. Contudo, sabia que seu maior desafio até então exigiria mais do que ele próprio poderia fornecer. Isso exigiria uma parceria com a confiável e talentosa igreja de Roma.

O esboço de sua proposta é simples: vocês... eu... juntos. Para convocar a ajuda deles, Paulo identificou os pontos fortes dos crentes romanos e relembrou-os de seu chamado (Rm 15:14-16), confirmou seu próprio chamado e revelou seus planos (15:17-29) e, então, convidou-os para se juntarem a ele numa parceria, começando com oração (15:30-33).

15:14

Paulo escreveu a carta inteira *para* a igreja em Roma. Neste ponto, ele começou a escrever *sobre* ela. Reafirmou seus irmãos e irmãs em Roma usando três frases de elogio, cada uma apontando para um traço de caráter específico que ele observara entre os poucos membros que havia encontrado ou identificado como resultado da reputação deles.

"Cheios de bondade." A palavra "cheios" significa "preenchidos até transbordar", e a palavra "bondade" descreve pureza moral e ética. Incluía gentileza e consideração, e até mesmo caridade para com os necessitados.

Everett F. Harrison escreve: "[Bondade] não é uma disposição inata, mas a excelência moral forjada na textura da vida pela habitação do Espírito Santo".[68] Lembre-se de que esses são os mesmos romanos que anteriormente haviam escutado que todos são depravados. Os crentes continuam sendo indivíduos depravados em sua velha natureza, mas recebemos uma nova natureza com a regeneração e o subsequente enchimento por parte do Espírito Santo. Essa nova natureza é evidenciada por atos de bondade.

"Plenamente instruídos." Eles estavam preenchidos até transbordar de um conhecimento tal a ponto de serem completamente informados e adequadamente conscientes. É óbvio que apenas Deus é onisciente, mas os homens e mulheres de Roma demonstravam um domínio maduro da verdade cristã e entendiam as questões que impactavam seu canto do mundo.

Quando os crentes estão plena e completamente informados, quando são adequadamente conscientes, eles entendem o seu tempo e percebem o que devem fazer. De maneira típica, não têm falta de zelo ou de visão.

Do meu diário

Por que nunca vou me aposentar
ROMANOS 15:14-33

Vários anos atrás, uma mulher me chamou e disse: "Você não me conhece, mas ouço seu programa de rádio. Na verdade", continuou ela, "foi assim que as coisas mudaram para mim".

Ela então começou a chorar. "Fiz uma completa bagunça com a minha vida e estava no fim das minhas forças. Havia passado por dois abortos e abandonado minha família, meu marido e três filhos. Já havia destruído tudo que era importante para mim e, quando não tinha mais nada a perder, comprei um revólver e me registrei em um hotel barato."

Meu estômago se contorceu. Conseguia ouvir a angústia desesperadora na voz dela à medida que, em lágrimas, ela se lembrava daquela noite horrorosa.

"Sentada ao lado da cama, coloquei o cano da arma na minha boca... Então, de repente, o rádio relógio começou a tocar. Era o seu programa de rádio. Até onde sei, algum fanático religioso havia programado aquele despertador para começar a tocar na hora daquele programa religioso. Ouvi uma música e, em seguida, ouvi a sua voz."

Naquele momento, precisei me sentar.

"Lentamente tirei a arma da minha boca enquanto escutava... E percebi que eu não tinha nada diante de mim senão tristeza, quer vivesse quer morresse. Deixei a arma de lado, caí de joelhos ao lado da cama e pedi a Jesus Cristo que me salvasse. Há momentos em que ainda me lembro do gosto do metal daquela arma na minha boca."

É muito comum me perguntarem quando vou me aposentar.

Nunca. Talvez eu precise ir mais devagar ou diminuir as minhas atividades conforme minhas habilidades físicas diminuírem, mas nunca vou parar de proclamar as boas-novas. Nunca.

Como posso fazer isso?

"Capazes de aconselhar." A palavra traduzida como "capazes" está relacionada ao termo grego *dynamis* [1411], que significa "poder". Eles estão empoderados internamente para aplicar seu conhecimento de uma maneira bastante construtiva. O termo traduzido como "aconselhar" (*noutheteō* [3560]) é uma composição de duas palavras gregas: *nous* [3563] ("mente") e *tithēmi* [5087] ("colocar"). A ideia de colocar algo na mente de outra pessoa era a maneira como os gregos entendiam o processo de educação. Os crentes romanos eram capazes de "partilhar compreensão", "corrigir", "colocar no coração" de tal maneira a influenciar não simplesmente o intelecto, mas a vontade e a disposição. "Dessa forma, a palavra adquire sentidos como 'admoestar', 'advertir', 'relembrar' e 'corrigir'."[69]

Em essência, essas três qualidades descrevem um cristão maduro. Imagine o impacto que as igrejas teriam no mundo se fossem compostas por pessoas moralmente limpas e eticamente puras, cheias de um conhecimento tal que informariam completamente e conscientizariam de maneira adequada, além de serem capazes de educar umas às outras e de prestar contas umas às outras. Pastores dedicam suas vidas a ver suas igrejas transformadas — uma pessoa por vez — de modo que sejam cheias de bondade, plenamente instruídas e capazes de aconselhar.

15:15-16

Depois do longo discurso de Paulo sobre os aspectos básicos do evangelho, alguém pode pensar que os crentes romanos não eram maduros em sua fé ou que tinham uma profunda necessidade de instrução. Diante disso, o apóstolo esclarece que não escreveu este ousado manifesto cristão para fornecer informação nova, mas para ajudá-los a recordar os passos de sua própria jornada espiritual, para ajudá-los a apreciar novamente o inestimável valor da graça que haviam recebido, para confirmá-los na segurança de sua salvação e para motivá-los a agir. Além disso, ele via isso como sua tarefa apostólica — sua dívida (1:14; 1Co 9:16) —, ou seja, ensinar e fortalecer todas as igrejas, incluindo a de Roma.

Paulo não estava simplesmente justificando sua carta ao reafirmar sua tarefa como apóstolo e reiterar sua missão particular entre os gentios. Ele havia declarado no início que sua intenção era visitar a cidade capital com o objetivo de "colher algum fruto entre vocês, assim como tenho colhido entre os demais gentios" (Rm 1:13). Ele esperava se juntar a eles na evangelização de Roma. Aqui, no final da carta, porém, ele leva essas intenções um passo adiante. Enquanto sondava o potencial de ministério em Roma, ele viu ainda mais coisas além de seu horizonte ocidental. Tendo identificado os crentes romanos como parceiros dignos, ele então compartilha sua visão e seu plano para a fase seguinte de seu ministério.

15:17-21

Em adição aos princípios atemporais contidos nesta seção das Escrituras, podemos desfrutar de um grande benefício colateral. Temos uma rara oportunidade de aprender alguma coisa sobre o apóstolo, a quem descrevi como um homem de graça e determinação. Apesar de ter um currículo impressionante, cheio de qualificações e realizações, Paulo via a si mesmo simplesmente como um escravo de Jesus Cristo. Ele continuava sem disposição de receber qualquer crédito pelos feitos de seu Mestre. Os milagres que realizou foram genuínos porque o poder do Espírito Santo dentro dele era real. Os gentios haviam sido ganhos e a obediência deles era vista naquilo que diziam e faziam porque Deus havia escolhido pregar através dele. O evangelho vicejou nas cidades cosmopolitas porque Paulo obedeceu e perseverou. Ninguém poderia dizer que seu ministério era ineficaz.

Perceba a palavra "plenamente" em 15:19. O apóstolo declarou que havia proclamado "plenamente o evangelho" no território que ia de Jerusalém até o Ilírico, o que englobava a maior parte do território sobre o qual Roma tinha pleno controle. Ele disse, ainda que com poucas palavras, "meu trabalho nesta parte do mundo está completo e o deixo em mãos bastante capazes". Ele então citou Isaías 52:15 para enfatizar sua motivação primária: ir aonde o evangelho ainda não fora ouvido.

A visão de Isaías na qual o Messias governa sobre toda a terra e gentios de todas as nações caem prostrados diante do Senhor tornou-se uma ordem para Paulo. Suas três primeiras jornadas missionárias mal haviam começado a cumprir o oráculo do profeta. Portanto, a visão do apóstolo sempre excedia seu horizonte, compelindo-o a ir a qualquer lugar em que o evangelho fosse desconhecido. E — adoro isso em Paulo — *seus sonhos eram sempre maiores do que suas lembranças*. As memórias podem tanto ancorar você ao passado quanto impulsionar você na direção de novos desafios. As memórias de Paulo sobre o sucesso passado não diminuíram seu ritmo; pelo contrário, elas o inspiravam a alcançar mais em favor de Cristo.

Paulo relembrou seu sucesso anterior e sua visão duradoura não para se vangloriar ou para angariar admiração para si próprio, mas para lançar a fundação de seu propósito. Ele disse, com efeito: "Minha visão tem sempre sido a de proclamar o evangelho onde ele nunca foi ouvido; pela graça de Deus, este ministério tem sido bem-sucedido; e já fiz tudo que posso a leste de Roma, de modo que...".

15:22-25

Paulo rapidamente mudou sua perspectiva, saindo do passado e indo para o futuro. No passado, seu ministério o manteve ocupado com o trabalho necessário no leste, "mas agora" novos planos se colocam para o oeste, em Roma e mais adiante. Tendo afirmado a igreja de Roma como uma parceira valiosa e se apresentado como alguém digno de confiança para representá-los no ministério, Paulo graciosamente sugeriu um empreendimento conjunto. Ele planejava completar sua missão atual, entregar a oferta para suprir a fome da igreja em Jerusalém, e então partir para a Espanha.

A estratégia típica de Paulo para evangelizar uma região começava pelo estabelecimento de uma base de operações numa grande cidade ao longo de rotas de comércio importantes. Éfeso, por exemplo, permitiu que ele tivesse acesso aos suprimentos pelo mar, à segurança e à estabilidade do governo e a caminhos estabelecidos para a província romana da Ásia. O mesmo era verdadeiro em relação a Corinto, a partir de onde ele evangelizou a Macedônia, e a Mísia, que lhe teria dado acesso à Bitínia.

Usando Roma como ponto de partida, Paulo planejava realizar uma entre duas missões potenciais. Ele poderia ter embarcado num navio em

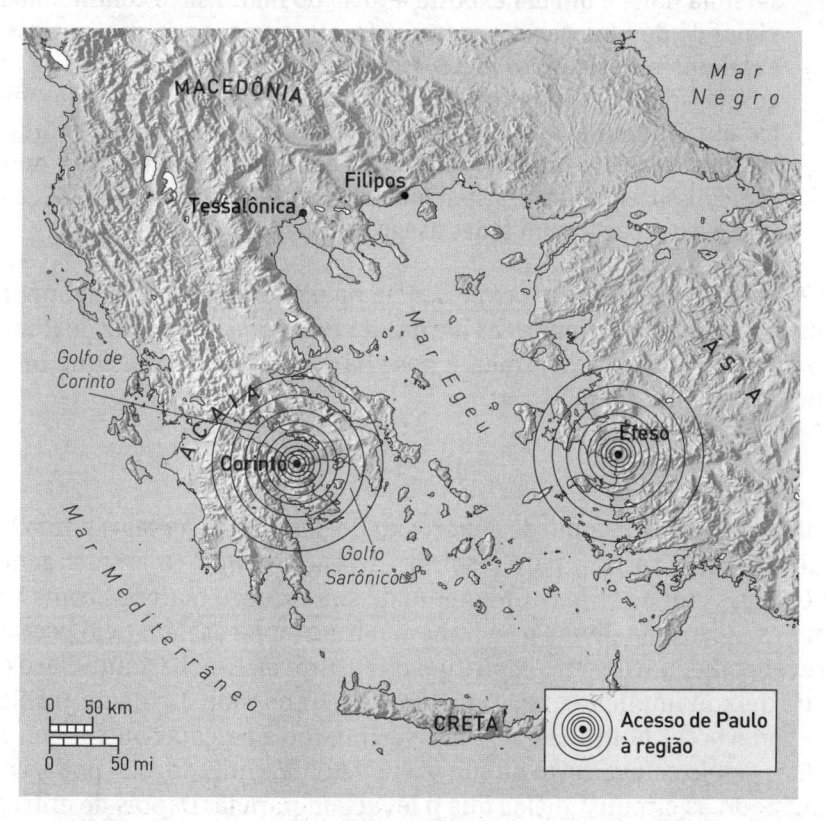

Estratégia missionária de Paulo. Uma grande cidade romana dava a Paulo três vantagens cruciais quando ele evangelizava uma região: provisões abundantes, transporte eficiente (navios e estradas) e oportunidades quase ilimitadas de relações (*networking*). Ele provavelmente planejava usar Roma como uma base de operações, como fizera em Éfeso e em Corinto.

Roma e velejado diretamente para a região que hoje chamamos de Espanha. Esse território havia sido conquistado por Roma, mas era muito semelhante ao oeste norte-americano em 1840 — cheio de potencial, mas amplamente indômito. Contudo, há mais coisas na história de Paulo para ver a "Espanha" como representação de seu desejo de evangelizar o Ocidente, abrindo caminho por entre o norte da Itália e a França dos dias atuais e, por fim, cruzando os Pirineus para reclamar a Hispânia para Cristo.

Paulo não sonhava em pequena escala! A massa de terra que ele planejava evangelizar excedia o território coberto por suas três primeiras viagens missionárias. E a extensão da dificuldade vivida apenas naquelas jornadas era uma boa comparação para o que poderia estar adiante dele na quarta viagem:

> Cinco vezes recebi dos judeus trinta e nove açoites. Três vezes fui golpeado com varas, uma vez apedrejado, três vezes sofri naufrágio, passei uma noite e um dia exposto à fúria do mar. Estive continuamente viajando de uma parte a outra, enfrentei perigos nos rios, perigos de assaltantes, perigos dos meus compatriotas, perigos dos gentios; perigos na cidade, perigos no deserto, perigos no mar, e perigos dos falsos irmãos. Trabalhei arduamente; muitas vezes fiquei sem dormir, passei fome e sede, e muitas vezes fiquei em jejum; suportei frio e nudez. Além disso, enfrento diariamente uma pressão interior, a saber, a minha preocupação com todas as igrejas. (2Co 11:24-28)

Pense nisso! Essa foi sua experiência na parte "civilizada" do império! Seus planos o levariam para as bordas da *Pax Romana* (a "paz de Roma") e além, onde ele estaria à mercê dos "bárbaros" — pessoas que não se submetiam a ninguém.

15:26-29

Paulo fez uso do exemplo de generosidade das igrejas na Macedônia e na Acaia — atual Grécia — para inspirar a igreja de Roma. Os crentes gentios na Grécia viam o compartilhamento de sua riqueza material como uma simples mostra da dívida que tinham para com Jerusalém pelo presente do evangelho, um tesouro espiritual imensurável. Está bastante claro que Paulo deixou implícito que Roma também tinha uma dívida de gratidão, que poderia ser honrada ao ajudar sua missão a resgatar outros gentios.

O apóstolo estava certo de sua visita a Roma; contudo, não poderia ter imaginado as circunstâncias que o levariam para lá. Depois de entregar os fundos para alívio da fome que ele havia coletado em sua terceira viagem, o apóstolo foi falsamente acusado por líderes judeus no templo — os próprios homens a quem ele anteriormente servira como perseguidor dos cristãos — e então preso. Depois de várias audiências, um plano de assassinato frustrado, meses em custódia protetiva e um julgamento longo, Paulo exerceu o direito que tinha como cidadão romano de que seu caso fosse ouvido em Roma (At 21—22). Desse modo, o apóstolo de fato chegou ao seu destino pretendido, ainda que depois do que havia planejado e sob a proteção de guardas romanos.

15:30-33

Paulo apelou à igreja de Roma para que começasse sua parceria com ele por meio da oração. A preposição grega *dia* [1223] tem uma ampla gama de usos, sempre em função do contexto. Neste caso, ela transmite ação, e poderia ser traduzida como "por" ou "através". Eles deveriam se dirigir ao Pai através do Filho e do Espírito. Além disso, Paulo insistiu com seus irmãos e irmãs para que lutassem (*synagōnizomai* [4865]) juntamente com ele, tal como membros de uma equipe que competem juntos com empenho para alcançar uma vitória.

Paulo não estava exagerando em seu desejo pela oração sincera deles. Embora se sentisse na obrigação de entregar os fundos para aliviar a fome de Jerusalém, ele tinha uma séria apreensão quanto à sua segurança ao retornar para lá. Mais tarde, durante sua viagem de Corinto para Jerusalém, ele chamou os líderes da igreja de Éfeso para que se encontrassem com ele antes que seu navio retornasse para o mar. Ele falou de forma bastante clara:

> Agora, compelido pelo Espírito, estou indo para Jerusalém, sem saber o que me acontecerá ali. Só sei que, em todas as cidades, o Espírito Santo me avisa que prisões e sofrimentos me esperam. Todavia, não me importo, nem considero a minha vida de valor algum para mim mesmo, se tão somente puder terminar a corrida e completar o ministério que o Senhor Jesus me confiou, de testemunhar do evangelho da graça de Deus. (At 20:22-24)

Este perigo bastante real levou Paulo a pedir três respostas específicas à sua oração. Primeiramente, ele orou para que seus inimigos não fossem bem-sucedidos em suas tentativas de impedi-lo de continuar seu ministério. Segundo, ele orou para que os cristãos judeus em Jerusalém aceitassem o presente financeiro oferecido por seus irmãos e irmãs gentios na Grécia. E, terceiro, ele orou para que seus planos de um ministério continuado além de Roma não apenas não fossem retardados, como também encontrassem ajuda na igreja de Roma.

• • •

Não há dúvidas de que Paulo foi o mais pioneiro de todos os apóstolos. O registro bíblico mostra que ele acumulou mais quilometragem, plantou mais igrejas, treinou mais líderes e escreveu mais partes das Escrituras do que qualquer outra pessoa de sua geração. Todavia, raramente o vemos sozinho, se é que isso acontece. Ele se cercava de pessoas habilidosas e motivadas que compartilhavam de sua obrigação de pregar o evangelho e de fortalecer igrejas. Ele buscava parceiros em quem poderia confiar de todo o coração, aqueles que não se conformariam com qualquer coisa menos do que devoção completa. E, quando encontrava colaboradores dignos de confiança, ele era rápido em colocá-los onde eles poderiam causar o maior impacto possível.

Embora amadurecido pela luta e dificuldade, embora não detido pelo perigo, Paulo sabia que sua visão quanto a abrir novas trilhas pela fronteira do Império Romano só poderia se concretizar com a ajuda de parceiros em quem pudesse confiar. Só é possível especular sobre a maneira como seus planos poderiam ter se desdobrado. O livro de Atos termina com Paulo em prisão domiciliar em Roma. Contudo, pessoalmente, creio que ele realizou pelo menos parte de sua visão antes de uma segunda prisão em Roma e do martírio ali.

Se os sonhos de Paulo de fato o levaram na direção oeste rumo à Espanha, não tenho dúvidas de que a ajuda de seus irmãos e irmãs romanos foram como vento em suas velas.

APLICAÇÃO
Romanos 15:14-33
COMO TRANSFORMAR GRANDES SONHOS EM REALIDADES AINDA MAIORES

Grandes homens e mulheres se tornam grandes porque sonham em grande escala e, então, se mobilizam para transformar sua visão em realidade. A visão de Paulo para o evangelho se estendia além daquilo que qualquer um dos seus contemporâneos ousava imaginar. Depois de três circuitos em torno da parte leste do Império Romano, praticamente toda cidade grande tinha uma igreja relativamente estável com uma liderança razoavelmente capaz. Foi então que Paulo voltou os olhos para a parte ocidental do império. Ele construiria em cima de sucessos passados empregando os mesmos princípios que o haviam guiado até então. Encontro quatro deles em Romanos 15:14-33.

Primeiro, *as maiores realizações da vida são alcançadas por meio de esforço conjunto* (15:17-18). Costumamos imaginar Paulo se arrastando de cidade em cidade completamente sozinho, a não ser por uma ou duas companhias fiéis. Na realidade, ele costumava viajar com uma comitiva relativamente grande, razão pela qual ele frequentemente pedia ajuda às igrejas para continuar sua missão. Ele entendia o poder da colaboração, reconhecendo que o envolvimento dos outros aumentaria sua própria eficiência. Ele estava sempre à procura de pessoas capazes que pudesse energizar ao compartilhar sua visão.

Segundo, *as grandes realizações nunca são alcançadas sem impedimentos* (15:22). Um autor muito sábio escreveu: "Se me dizem que a estrada para o meu glorioso destino está repleta de pedras soltas e buracos, então cada sacudida ao longo do caminho me lembra de que estou na estrada certa".[70] Evangelizar a parte leste do império não aconteceu nem rápido nem facilmente. Paulo enfrentou exposição, fome, naufrágio, ladrões, aprisionamento, açoitamentos, apedrejamentos, calúnias e até mesmo oposição de seus amigos mais próximos. Qualquer uma dessas coisas poderia ter desencorajado o apóstolo. Muitos poderiam ter considerado essa oposição como um sinal da desaprovação de Deus. Mas ele permaneceu determinado.

Terceiro, *os impedimentos são superados por meio de esperança constante* (15:23-25). À medida que suportou punição e tratamento injustos e continuamente encontrou oposição ao seu objetivo planejado, Paulo confiou que o Senhor usaria os atos malignos de pessoas malignas para fazer as boas-novas de Cristo avançarem (Fp 1:12-14). Se você corre com pessoas que arruínam suas esperanças e sonhos, você está correndo com a multidão errada. Arrume novos amigos. Amigos genuínos dão conselhos sábios e realistas, mas também nos encorajam. Eles nos lembram de que nada é impossível com Deus. A esperança é sustentada ao se confiar no Senhor à medida que permanecermos concentrados numa visão que honre a Deus.

Quarto, *o ingrediente essencial da esperança continuada é o entusiasmo* (15:29). Ralph Waldo Emerson escreveu: "Nada realmente grande foi alcançado sem entusiasmo".[71] Ele estava certo. Contudo, não confunda entusiasmo com excitação. As duas coisas costumam caminhar juntas, mas a excitação desvanece rapidamente, de modo geral depois dos dois primeiros reveses. O entusiasmo é uma atitude positiva sustentada, alimentada pela firme convicção de que a visão de uma pessoa precisa se tornar realidade.

A propósito, Paulo de fato foi para Roma... e o governo pagou sua passagem! Enquanto lutava com falsas acusações levantadas contra ele por seus antigos colegas e desviava de tentativas de assassinato, ele foi transportado para Roma sob proteção da guarda romana para que seu caso fosse ouvido pelo imperador Nero. Permaneceu sob prisão domiciliar em Roma com um soldado romano para guardá-lo, o que ele viu como outra grande oportunidade. Paulo transformou suas circunstâncias numa oportunidade de evangelizar a guarda do palácio!

Se você tem uma grande visão, você é um líder. Você também recebeu a responsabilidade de transformar esse sonho digno em realidade. Compartilhe sua visão com outros e não hesite em convocar ajuda. Espere obstáculos e permaneça focado em cumprir sua visão. Encharque seus sonhos em oração, pedindo que a visão que honra a Deus que você tem seja realizada por meio do poder de Deus, e escolha companheiros que relembrem você da fidelidade do Senhor. E, quando você inevitavelmente enfrentar reveses, rejeite o desânimo — permaneça entusiasmado. Permita que suas convicções o levem para frente e descubra maneiras de transformar cada dificuldade numa vantagem.

Se a sua visão é algo que honra a Deus e traz a justiça de Deus para o mundo, você pode ter certeza de que Ele transformará seus maiores sonhos em uma realidade ainda maior. Confie em Deus!

Amor e um beijo santo

LEIA ROMANOS 16:1-16

De todas as palavras usadas para descrever nossas melhores organizações, várias são impróprias quando ligadas a um conjunto local de crentes. Uma igreja pode ser grande, mas "mega" não é um elogio. Uma igreja deveria sempre manter seus braços abertos para dar as boas-vindas para qualquer um que deseja aprender sobre Cristo pela primeira vez, mas ela nunca deveria mudar sua identidade para uma persona "amigável ao descrente". Uma igreja deveria sempre enfatizar o evangelho, a "boa história" de Jesus Cristo, e deveria sempre envolver as pessoas da periferia da sociedade e da cultura, mas uma igreja nunca deveria negar sua herança apostólica ou esquivar-se da teologia para "emergir".

Além disso, uma igreja deveria ser organizada, e seria sábio aplicar as melhores ferramentas de gerenciamento e fazer uso da tecnologia mais recente, mas a igreja local nunca deve se tornar uma corporação eficiente com uma cruz presa no telhado. As primeiras palavras a vir à mente não devem ser "eficiente", "motivada", "focada" ou nem mesmo "expansiva" — pelo menos não para as pessoas que passam pela porta. Uma igreja deve ser como uma família, na qual as pessoas mais velhas treinam e encorajam as mais jovens, onde todo mundo é responsável e encontra segurança, aceitação, esperança e ajuda. A igreja deve ser um lugar onde as palavras são confiáveis, a adoração é significativa, a fé é invencível, a graça é notável e o amor é tangível.

A igreja deve ser um corpo acolhedor e afetuoso, não uma máquina ágil e bem lubrificada.

Vários anos atrás, viajei com um grupo de pastores e estagiários da área pastoral visitando algumas igrejas para aprender sobre como elas começaram, o que guiava suas atividades na comunidade e como elas desejavam satisfazer as necessidades de uma cultura crescente e sempre em movimento. Estávamos no saguão de uma igreja grande e bastante conhecida, esperando o horário da nossa reunião — havíamos chegado cedo e a equipe da igreja ainda estava se preparando para nossa visita. Durante a nossa espera, um dos zeladores caminhou até nós e começou a conversar conosco. (Gosto muito de conversar com os zeladores. Enquanto outras pessoas veem a igreja da maneira como *esperam* que ela será ou como *se diz* que ela é, os zeladores normalmente veem a igreja como ela de fato é.) Não demorou muito e a conversa mudou de rumo, e ele foi rápido em nos falar sobre quão grande a igreja havia se tornado. Eu perguntei: "Qual é o tamanho da igreja?" E ele disse: "Bem, processamos cerca de 2.500 pessoas todos os domingos".

"Processamos"? Considerei que a escolha de palavras que ele fez refletia a cultura da sua igreja, mas retive o julgamento naquele momento. Não ouvi aquela palavra de novo naquele dia, mas ficou óbvio que os métodos e as atitudes da equipe de liderança haviam moldado o vocabulário do zelador. O que acontece com uma igreja que começa a "processar" pessoas? Processar é algo que você faz em uma fábrica de carne, não numa igreja!

O intelecto óbvio e a sagacidade teológica de Paulo foram celebrados por séculos, mas ele se preocupava profundamente com as pessoas; relacionamentos eram imensamente importantes para o apóstolo. Entremeado em questões teológicas pretas, brancas e cinzas, podemos notar um fio vermelho de amor.

Deus "derramou" e "demonstra" seu amor por nós (5:5,8). Nada pode nos separar do amor de Deus (8:28-39). O amor deve ser não hipócrita à medida que nos dedicamos a amar uns aos outros (12:9-10). Devemos continuamente amar aqueles que estão fora da Igreja honrando-os e desejando bênçãos pelo tratamento carregado de mal (13:8-10). Devemos amar outros crentes mais do que amamos nosso conforto ou prazer (14:15). Então, Paulo recorreu ao amor de seus irmãos e irmãs em Roma para que se juntassem a ele em um ministério continuado (15:30).

Paulo considerava o amor crucial porque valorizava as pessoas acima de tudo o mais. Desse modo, não é surpresa ver uma longa lista de nomes — alguns latinos, alguns gregos e todos valorizados pessoalmente pelo apóstolo — aparecer no final de sua carta. Paulo poderia ter contado uma história sobre cada pessoa que ele saudava, mas ele só tinha espaço suficiente para fazer uma saudação breve, o que ele fez por duas razões. Primeiramente, ele queria saudá-los e garantir a eles que nem o tempo nem a distância haviam diminuído seu amor por cada indivíduo. Segundo, ele fez isso para assegurar à igreja de Roma que seu interesse neles era pessoal, não utilitário. Embora não tivesse se encontrado com a maioria daquelas pessoas da congregação, ele amava aqueles irmãos e irmãs.

16:1-2

"Febe" significa "pura", "brilhante" ou "radiante". Paulo referiu-se a ela como "nossa irmã" e chamou-a de *diakonos* (diácono). Não existe forma feminina desse termo em grego; portanto, entendo que isso significa que ela era uma diaconisa na cidade de Cencreia, que ficava cerca de onze quilômetros a leste de Corinto. Além disso, ele a "recomenda", que é o mesmo que dizer que ele a enviou com seu endosso pessoal. Essa era uma cortesia comum dada a alguém que entregava uma carta, de modo que é bem provável que Paulo tenha selecionado Febe para essa missão tão importante.

Ele pediu que a congregação ajudasse ou, mais literalmente, que "ficasse ao lado" de Febe, tal como ela fizera com Paulo e outras pessoas no ministério. Parece que ele estava pedindo alguma coisa a mais do que a hospitalidade rotineira. Talvez ela estivesse pensando em se mudar para Roma ou precisava de ajuda com questões delicadas envolvendo o governo. Seja como for, o apóstolo tinha alta consideração por ela.

16:3-4

"Saudar" alguém não tem significado complexo. A saudação antiga é muito semelhante à maneira como a temos hoje. Na Europa Ocidental e nas Américas, apertamos as mãos. Na Europa Oriental e no Oriente Médio, as pessoas beijam umas às outras em cada uma das bochechas. No Oriente distante, a saudação é acompanhada por uma reverência. Nos tempos antigos, saudar não era diferente, especialmente na capital cosmopolita do império. Contudo, todas as saudações expressam os mesmos sentimentos: desejar o bem, apreciação e camaradagem.

Paulo primeiramente saúda o casal Prisca (também conhecida como Priscila) e Aquila, a quem ele encontrou pela primeira vez em Corinto durante sua segunda viagem missionária. Eles haviam abandonado seu lar na cidade capital durante a perseguição aos judeus sob o imperador Cláudio. O Senhor providencialmente usou isso para colocá-los em contato com Paulo, que compartilhava seu ofício de fazedores de tendas e talvez os tenha levado a Cristo (At 18:1-3). Obviamente, sua influência sobre eles foi profunda. Quando chegou o tempo de o apóstolo sair de Corinto, eles o acompanharam até Éfeso, onde permaneceram por alguns anos (At 18:18-19). Ele certamente os encorajou a se estabelecerem ali. A igreja havia sido base de operações na Ásia Menor e continuava a servir como uma grande influência estabilizadora para a região. Contudo, a igreja era em si instável e precisava de cristãos maduros e instruídos (1Tm 1:3). O lar do casal se tornou um local de encontro para adoração e instrução (1Co 16:19) e o casal fielmente instruía aqueles que precisavam de orientação, incluindo um evangelista dinâmico chamado Apolo (At 18:24-28).

Paulo devia sua vida ao casal, que havia deixado de lado sua própria segurança em favor de seu amigo. O apóstolo não elaborou, mas eles sem dúvida "arriscaram a vida" mais de uma vez. Tanto Corinto quanto Éfeso eram grandes centros de adoração pagãos que sofreram financeiramente com o crescimento do cristianismo. Portanto, os oficiais gentios nas duas cidades viam o cristianismo como um monstro pronto para devorar tudo que eles mais valorizavam e Paulo como a cabeça a ser cortada. Não fosse por amigos influentes como Priscila e Aquila, eles provavelmente teriam sido bem-sucedidos.

Por fim, depois de Cláudio ter sido aparentemente assassinado por sua esposa para garantir a ascensão de Nero, o casal voltou para Roma. Ali, como em Corinto e Éfeso, eles forneceram liderança madura para o corpo crescente de crentes e transformaram sua casa num lugar seguro para cristãos se reunirem, terem comunhão, aprenderem e crescerem.

Quando pastores oram, casais como Priscila e Aquila estão no topo de sua lista!

16:5

Aparentemente, Epêneto se juntou a Priscila e Aquila quando eles voltaram para Roma. Paulo os chamou (literalmente) de "primeiros frutos da Ásia". É possível que Paulo tenha chegado à região e ficado feliz por encontrar um pequeno grupo de crentes frouxamente conectados lutando para sobreviver. Epêneto, sendo o primeiro convertido entre eles, seria particularmente apreciado por Paulo. Contudo, é igualmente provável que Epêneto tenha sido o primeiro convertido a Cristo a quem Paulo havia testemunhado pessoalmente.

16:6-7

Maria (uma versão romanizada do nome hebraico Mariam) era uma judia que "trabalhou arduamente" em favor da igreja. Só é possível especular o que isso significa, mas Paulo aparentemente esperava que os crentes de Roma soubessem os detalhes do seu serviço.

Paulo saudou Andrônico e Júnias, a quem ele descreveu usando quatro títulos significativos:

> *"Parentes"* muito provavelmente significa que eles eram judeus (9:3).
>
> *"Estiveram na prisão comigo"* aparentemente se refere a um tempo não registrado em que o apóstolo esteve preso com esses dois crentes.
>
> *"Notáveis entre os apóstolos"* poderia significar que eles eram considerados apóstolos pela Igreja Primitiva ou simplesmente que eram altamente considerados pelos apóstolos. Alguns usam essa frase para sugerir que os dois eram considerados apóstolos num sentido mais amplo do termo. Havia naturalmente apenas doze apóstolos designados pelo próprio Cristo, mas a Igreja Primitiva também usava o termo "apóstolo" para designar qualquer um que fosse enviado em alguma ação oficial da Igreja, como Paulo e Barnabé (At 13:1-3). Portanto, "apóstolo", no sentido mais amplo do termo, significava "evangelista", "missionário" ou "autoridade de liderança". Por fim, não podemos usar a frase de Paulo para determinar quais papéis oficiais eles cumpriam, se é que havia algum, na Igreja Primitiva.
>
> *"Estavam em Cristo antes de mim"* é autoexplicativo. Eles eram cristãos antes de Paulo.

Andrônico e Júnias podem ter sido dois parceiros de ministério do sexo masculino, tal como Paulo e Barnabé ou Paulo e Silas. Mas também é possível que eles fossem crentes casados, como Priscila e Aquila. "Andrônico" é um nome masculino, mas a forma grega de "Júnias" usada por Paulo pode ser tanto masculina quanto feminina. Isso é importante para alguns, que usam o versículo como uma evidência de liderança feminina na Igreja Primitiva. Contudo, o debate é irrelevante se Júnias foi homem.

Infelizmente a passagem não é suficientemente clara para ser útil na teologia. Júnias pode ter sido homem ou mulher, e há fortes evidências apontando nas duas direções. E, como já vimos, "notáveis entre os apóstolos" é igualmente ambíguo. Seria muito melhor se lêssemos isso como originalmente desejado, ou seja, uma saudação calorosa vinda de Paulo para duas pessoas que compartilharam algumas das experiências mais difíceis e as vitórias mais alegres no ministério.

16:8-15

Os próximos vinte nomes oferecem muito pouca informação. Cada um dos comentários do apóstolo é como a ponta de um iceberg narrativo. "Amado". "Cooperador". "Aprovado em Cristo". "Parente". "Que trabalham arduamente no Senhor". "Eleito no Senhor". "Irmãos". "Santos". Só é possível imaginar quais histórias cada comentário poderia iniciar. Tudo que sabemos com certeza é que cada nome trouxe à mente um relacionamento que o apóstolo valorizava e compartilhava em comum com a igreja em Roma.

16:16

Depois de recomendar Febe e saudar seus muitos amigos em Roma, Paulo os incentivou a saudarem uns aos outros com "beijo santo". Este não foi um pedido incomum de Paulo; ele dava muito valor a essa forma particular de saudação (1Co 16:20; 2Co 13:12; 1Ts 5:26).

Avanços na tecnologia nos permitiram estar em contato uns com os outros como nunca. Com uma conta de e-mail gratuita e acesso a um terminal público, praticamente qualquer pessoa pode enviar uma carta instantânea para qualquer um vivendo em qualquer lugar do planeta. A maioria das pessoas na América do Norte e na Europa tem condições de carregar dispositivos que podem ser usados para ligar ou mandar mensagens de texto a outros a qualquer momento no mundo inteiro. Contudo, mais e mais pessoas nessas sociedades tecnologicamente avançadas reclamam da solidão.

Vance Packard escreveu em 1972 que os Estados Unidos haviam se tornado "uma nação de estranhos". Ainda somos — mais do que nunca. O Gallup Poll continua a relatar uma tendência crescente de isolamento e depressão entre pessoas que vivem em áreas densamente povoadas. Imagine só! Pessoas cercadas por pessoas, mas sentindo-se totalmente sozinhas. As pessoas clamam por conexão significativa com outras tanto hoje quanto dois mil anos atrás. Isto não é sugerir que devemos reviver um costume antiquado ou criar um novo. Contudo, devemos encontrar maneiras de realizar o propósito do "beijo santo".

Romanos 16:16 tem tudo a ver com conexão. Indivíduos estão unidos significativamente "em Cristo" e as congregações compartilham desse mesmo vínculo.

Ao refletir sobre esses versículos — que são facilmente desprezados à medida que nos aproximamos do final da carta de Paulo —, encontro a ilustração de várias verdades relacionadas ao corpo de Cristo.

O corpo de Cristo possui variedade dentro de sua unidade. Os associados mais próximos de Paulo incluíam solteiros, casais casados, viúvos e viúvas. Ele saudava homens e mulheres, escravos e a elite social, cristãos novos e crentes maduros, gregos, romanos e judeus. Ele havia encontrado alguns em prisões, muitos em sinagogas, vários em mercados, outros em igrejas... mas todos eles durante o processo de proclamar a Cristo. Vieram de todos os cantos do império, de várias tradições e históricos, mas todos compartilhavam de uma coisa: salvação pela graça somente, por meio somente da fé somente em Jesus Cristo.

O corpo de Cristo é mantido unido por aqueles que servem na obscuridade. Febe era uma força unificadora na igreja perto de Corinto e alguém que o Senhor havia chamado para levar esta carta de importância monumental para Roma. Contudo, não sabemos mais nada sobre ela. Maria, Urbano, Trifena e Trifosa (irmãs gêmeas, talvez?) e Pérside foram notados por seus trabalhos fiéis. Nada mais se sabe sobre eles, nem a partir das Escrituras nem a partir de qualquer documento histórico confiável. Priscila e Aquila serviram com Paulo em Corinto, estabilizaram a igreja em Éfeso e sem dúvida fizeram o mesmo em Roma. Contudo, mais uma vez, não sabemos nada sobre eles além desses breves reconhecimentos nas Escrituras. Os vinte e sete nomes da lista representam incontáveis outros que, de maneira profunda e silenciosa, enriquecem o corpo de Cristo.

O corpo de Cristo é caracterizado por amor simples e realista. As saudações de Paulo são relativamente sem adornos, considerando o vínculo que ele compartilhava com muitos daqueles indivíduos. Febe foi crucial para a igreja em Cencreia. Ele compartilhou sua vocação de fazedor de tendas e seu ministério de discipulado com Priscila e Aquila em Corinto, em Éfeso e agora em Roma. Compartilhou um calabouço com Andrônico e Júnias e trabalhou com Maria, Urbano, Trifena, Trifosa e Pérside. Compartilhou a história com esses vinte e sete homens e mulheres, e seu amor por eles transcendeu a necessidade de palavras floreadas. Em vez disso, Paulo usou palavras para *demonstrar* o valor que apreciava neles, em vez de simplesmente *contar* seus sentimentos.

A lista de saudações de Paulo reflete sua visão para a igreja local. Uma congregação não deve ser menos diversa do que a comunidade que a cerca, mas seu povo deve ser unido por uma devoção singular ao seu Salvador. Uma congregação deve ser cheia de pessoas que desejam trabalhar, servir, compartilhar e sofrer sem receber honras. Uma congregação deve ser ansiosa por expressar apreciação uns aos outros por razões específicas que podem ser trazidas à mente rapidamente. E uma congregação deve ser tão unida em amor a ponto de um beijo na bochecha se parecer como algo tão natural quanto um abraço ou um aperto de mão.

Mas não me beije se você não me ama.

APLICAÇÃO

Romanos 16:1-16
O ABCD DA AFEIÇÃO AUTÊNTICA

Paulo e seus companheiros em Roma não compartilhavam amor sem entusiasmo. As dificuldades e as vitórias do ministério haviam unido seus corações por meio de uma afeição profunda e duradoura que nem o tempo nem a distância puderam diminuir. Ele esperava que o mesmo tipo de afeição unisse os crentes em Roma em uma comunidade indivisível e muito próxima. A propósito, ele desejaria o mesmo para nós hoje

Ao rever a lista de vinte e sete pessoas saudadas ou recomendadas e, então, refletir sobre a conexão pessoal de Paulo com cada indivíduo, descubro que ele tinha aplicado diligentemente as lições que havia ensinado em 12:1—15:13. Para ajudar a relembrar mais facilmente essas lições — e, portanto, aplicá-las? —, eu as reduzi a quatro ordens simples. Pense nelas como o ABCD do amor dentro do corpo de Cristo.

A — *Aceitem uns aos outros.* Aceitem a variedade. Deus não apenas criou as pessoas com aparências diversas, mas deu a nós uma ampla gama de opiniões, valores, interesses, dons e habilidades. Alguns pensam, comem, respiram e sonham missões. Muitos buscam oportunidades de ensinar. Outros não se imaginam dedicando-se a quaisquer outras pessoas que não sejam crianças com necessidades especiais. Ainda outros são maravilhosos canais de música. Precisamos de todos eles.

Além disso, somos uma comunidade de cristãos em vários estágios de crescimento e crescendo em velocidades diferentes. Temos cristãos novos que ainda praguejam (e alguns cristãos mais velhos que praguejam e tentam esconder isso). Temos pessoas que estão na igreja a vida inteira e muitas que ainda estão descobrindo como é a vida no corpo. Somos uma família diversificada, não uma coleção de clones. Regozije-se na variedade e aceite — "receba para si" — aqueles que não são iguais a você.

B — *Bem-aventurados os que servem.* As comunidades trabalham melhor quando servimos uns aos outros. Encontre alguma coisa que precisa ser feita ou alguém que precisa de ajuda e não se detenha! Se você não tem certeza de onde começar, encontre alguma pessoa que já está ali há algum tempo e pergunte: "O que posso fazer para ajudar por aqui?". Se quiser ver um pastor desmaiar, vá até ele e faça essa pergunta. A maioria das pessoas quer encontrar apenas aquilo que melhor se encaixa com seus dons ou o lugar preciso para exercer esses dons sem considerar a maioria das necessidades prementes. Os servos não são exigentes.

C — *Cultive estima pelos outros*. Eu uso a palavra "estima" no sentido arcaico, significando "mostrar valor ou dignidade". A melhor maneira de apreciar o valor de outra pessoa é tratá-la como você trataria alguém muito importante, um VIP.

Pense em alguém que você admira muito. Para mim, essa pessoa seria Abraham Lincoln. Se esse grande presidente entrasse na minha casa, eu me comportaria de uma certa maneira para expressar meu imenso respeito por ele. Uma vez que nossas atitudes tendem a seguir nossas ações, posso cultivar estima por alguém que nem sequer conheço ao dar-lhe o mesmo tratamento VIP que eu ofereceria a Lincoln.

Cultivar estima por algumas pessoas será mais fácil do que para outras. Permita-me encorajá-lo a concentrar-se em dar tratamento VIP para aqueles que você normalmente evitaria.

D — *Demonstre seu amor*. Amor sem obras não é melhor do que indiferença fria. O resultado é o mesmo. Portanto, encontre maneiras de demonstrar amor por meio de atos de bondade. E, se você estiver realmente a fim de um desafio, experimente expressar seu amor de uma maneira mais tangível. Os homens acham isso difícil, mas precisamos superar.

Certa vez, eu estava ensinando em um culto no meio da semana numa igreja quando a porta de trás abriu de repente e dois rapazes de aparência bruta entraram. Um deles usava uma camiseta sem manga, revelando uma rede de tatuagens que se estendia por todo o braço. O outro usava uma jaqueta de couro da Harley Davidson e tinha um capacete nazista debaixo do braço. Caminharam pisando pesado até os bancos do fundo e se sentaram fazendo bastante barulho. O rapaz com a camiseta sem manga não tirou seus óculos escuros em nenhum momento e ambos se sentaram como estátuas, com os braços cruzados.

Depois do culto, a multidão se misturou e conversou. O par de durões veio direto até mim. O rapaz com o capacete disse: "Seu nome é Swindle?".

"Exatamente. Sou eu mesmo." Engoli em seco, pois a pronúncia do meu nome em inglês (Swindoll) soa exatamente como a palavra Swindle, que significa "enganar", "ludibriar".

"Você é o cara do rádio?"

"Sim, eu provavelmente sou aquele que você escutou."

Nesse momento, ele deixou cair seu capacete e me deu um abraço de esmagar os ossos, erguendo-me do chão. Meus pés ficaram balançando descontroladamente enquanto eu lutava para respirar. "Chuck, jamais desista. Você me falou sobre Jesus e eu quero lhe agradecer. Também quero que você saiba que *eu te amo, cara!*".

Depois de me colocar no chão, seu amigo se aproximou e me deu outro abraço doloroso. Adorei cada instante que passei com aqueles dois cascas-grossas. Suas demonstrações autênticas de amor desarmado são exatamente o que deveríamos expressar todas as vezes que encontrarmos uns aos outros.

Reserve alguns momentos para rever o ABC da afeição autêntica. Em seguida, feche seus olhos e imagine as pessoas da sua igreja cumprindo fielmente essas quatro ordens — aceitando uns aos outros sem julgamento, servindo uns aos outros sem orgulho, tratando uns aos outros como VIPs e expressando livremente afeição uns pelos outros. Você precisaria apagar as luzes e trancar as portas para fazer com que essas pessoas fossem para casa! Quem não gostaria de fazer parte de algo assim tão contagiante?

Se esse for o tipo de igreja que você gostaria de chamar de lar, assuma a liderança; seja o primeiro. Torne-se um exemplo de afeição autêntica e elogie aqueles que se juntarem a você. Ignore os críticos de testas franzidas e sorria genuinamente para todos os ranzinzas. Então, veja o efeito que isso causa sobre o comparecimento das pessoas.

Porcos no vinhedo de Deus
LEIA ROMANOS 16:17-20

Em 15 de junho de 1520, o Papa Leão X promulgou um decreto oficial condenando o ensinamento de Martinho Lutero. Nesse decreto, ele igualava a cristandade a um vinhedo, plantado por Deus e confiado a Pedro e seus sucessores. Também igualou Lutero a um porco selvagem vindo da floresta, que buscava destruir e devorar o vinhedo. Isso é irônico, vindo de um homem que consumiu o tesouro papal num espaço de dois anos — não para apoiar obras de caridade, mas para cercar-se de abundância extravagante e promover festivais excêntricos. Depois de ter engolido o último bocado da penitência dos adoradores, o Papa Leão X vendeu cargos na igreja mediante a maior oferta. Quando todas as vagas haviam sido preenchidas, criou mais posições e as vendeu também. Ainda assim, conforme o tesouro encolhia, o apetite do pontífice crescia. Por fim, ele reduziu o papel assumido pela Igreja Católica de despenseira da graça a um pouco mais do que uma transação comercial, mais notavelmente vendendo indulgências com a mesma rapidez com que podiam ser impressas.

A corrupção de Leão X não era algo novo. Sempre houve porcos que devastaram o vinhedo de Deus. Jesus se levantou sozinho em oposição aos fariseus hipócritas e aos saduceus orgulhosos. Paulo advertiu os presbíteros em Éfeso quanto aos lobos que havia no meio deles (At 20:29) e rotineiramente confrontou os falsos mestres e os enganadores durante todo seu ministério (At 13:6-11; 2Co 11:11-15, 26; Gl 2:4-5; Fp 3:2; 1Tm 6:20; 2Tm 1:14-15; 2:16-18; 4:14). Muitos dos escritos de João foram uma resposta a um tipo ou outro de heresia e, já perto do final de sua vida, ele escreveu cartas para encorajar as igrejas a rejeitar os falsos mestres (1Jo 4:1; 2Jo 1:7-8; 3Jo 1:9-11). Pedro e Judas enfrentaram as mesmas dificuldades (2Pe 2:1-3; Jd 1:4). Diante disso, não deveria ser surpresa que a igreja de Roma fosse suscetível a intrusos semelhantes a porcos selvagens.

Visando a preparar os crentes de Roma, Paulo lhes ensinou como detectar a presença de porcos selvagens (Rm 16:17) e revelou os traços de caráter fundamentais deles (16:18). Felizmente, a congregação era forte, de modo que sua instrução sobre como defender o vinhedo de Deus foi breve, de modo geral assumindo a forma de afirmação (16:19-20). Seu conselho é sucinto, o que o torna especialmente valioso.

16:17

Paulo "recomendou" (*parakaleō* [3870]) aos romanos em apenas outras duas vezes nesta carta. Ele recomendou-lhes que apresentassem a si mesmos como sacrifícios vivos (12:1) e recomendou-lhes a orar para que seus planos para a Espanha não fossem prejudicados (15:30). Neste caso, o apóstolo recomendou a congregação a ficar de olho no comportamento divisor. O termo é *skopeō* [4648], como em microscópio ou telescópio. Esses instrumentos são usados para observar detalhes. A congregação inteira — e não apenas os seus líderes — deveria "vasculhar com os olhos" em busca de pessoas que criavam dois perigos mortais: "divisões" e "obstáculos".

Algumas pessoas têm a assombrosa habilidade de dividir o grupo em duas facções e fazê-las discutir muito rapidamente. Na minha experiência, tenho observado que é muito difícil identificar pessoas divisoras porque elas são mestras em dissimulação. Sussurros e reuniões particulares entre duas pessoas são as ferramentas que mais usam. E, pior de tudo, elas nem sequer se reconhecem como divisoras de pessoas. Estão simplesmente "tentando ajudar" ao oferecer conselho em todo lugar que puderem.

A melhor maneira de identificar um criador de divisão é atentar para o drama e, então, ouvir a conversa em torno dele. Não demora muito e um nome surgirá em um incidente que é comum aos outros. (Os divisores raramente se satisfazem com apenas um cisma.)

Outra indicação da presença de um porco selvagem no vinhedo é o desenvolvimento de "obstáculos". A palavra grega é *skandalon* [4625], que é uma armadilha (veja a exposição de 14:13). Essas pessoas montam armadilhas teológicas que fisgam cristãos desatentos. O ensinamento delas é atraente, embora contrário à verdade ensinada por Jesus e pelas pessoas que Ele treinou pessoalmente. Hoje, temos essa verdade preservada de forma inerrante para nós nas Escrituras. Portanto, um "obstáculo" é qualquer doutrina ou prática que as Escrituras não apoiam.

16:18

Tendo identificado os sinais denunciadores de que um intruso penetrou na igreja, Paulo expôs a verdadeira natureza dessa pessoa. Tais pessoas não servem a Cristo porque são escravas de seus próprios apetites (literalmente "estômagos", *koilia* [2836]). O ensinamento delas — juntamente com todas as outras atividades — as beneficia pessoalmente. O pagamento pode ser dinheiro, poder, prestígio, controle, simpatia — qualquer coisa que a depravação exija. E, para esconder suas verdadeiras intensões, elas projetam uma imagem notavelmente admirável. Essas pessoas dominaram o vocabulário da Igreja — um dialeto que eu chamo de "cristianês" — e aperfeiçoaram a maneira de se comportar como um crente maduro.

Pessoas divisoras e falsos mestres mantêm suas habilidades interpessoais polidas a ponto de terem um alto brilho. Elas instintivamente encontram pessoas de confiança em posições de influência e, então, jogam com suas fraquezas. Se for orgulho, elas bajulam. Se for medo, reforçam seu senso de controle. Se for insegurança, fazem a pessoa se sentir importante. Se for desespero, prometem o impossível. Pelo fato de a verdade normalmente ser desconfortável de ouvir, elas evitam dizer qualquer coisa que se pareça com a verdade. E, desse modo, o desatento é conduzido para longe. Quando as mentiras são finalmente expostas, a perda é incalculável.

16:19-20

As cartas de Paulo aos líderes eclesiásticos Timóteo e Tito contêm conselhos específicos sobre como um pastor deve lidar com pessoas destrutivas e falsos mestres. Ele enfatizou uma posição proativa na proteção da igreja. A pessoa culpada deve ser confrontada por seu erro e, então, caso não haja arrependimento, ela deve ser disciplinada e, se necessário, separada da congregação (ver 1Tm 1:20; 5:20; Tt 3:10-11).

Neste caso, Paulo não estava se dirigindo aos líderes de uma igreja, mas à congregação como um todo. Portanto, seu conselho foi diferente.

A responsabilidade primária de qualquer congregação é a obediência às verdades das Escrituras. E, com relação a esse aspecto, os romanos haviam conquistado uma reputação exemplar entre outras igrejas.

Perceba o conselho específico de Paulo. Eles deveriam ser "sábios em relação ao que é bom", o que significava que o conhecimento e o comportamento deveriam ser congruentes. Se você de fato crê que algo é verdadeiro, suas escolhas devem se ajustar de acordo. De fato, Paulo destacou ao seu colega Tito que a característica invariável de um falso mestre é sua falha em obedecer às verdades das Escrituras (Tt 1:15-16).

Adicionalmente, a congregação deveria ser "sem malícia em relação ao que é mau". A palavra grega traduzida como "sem malícia" (*akeraios* [185]) também pode descrever os muros de uma cidade que sobreviveu a um cerco.[72] "Intacto" ou "incólume" seriam sinônimos precisos. O que é mau certamente atacará, e seu ataque será intenso; contudo, os muros da integridade da congregação devem segurar.

Enquanto os líderes têm a responsabilidade de confrontar pessoas divisoras e falsos mestres, a congregação não tem. Sabedoria e vigilância são tudo de que a igreja precisa. Uma congregação sábia e atenta sabe quando as pessoas foram divididas e rapidamente reconhece as táticas daqueles que prosperam na divisão. Então, os membros podem simplesmente se recusar a serem divididos ou enganados. Pessoas destrutivas tendem a ir embora quando perdem sua audiência.

Pelo fato de a igreja de Roma ter sempre sido forte nessa questão, Paulo assegurou aos seus leitores que Deus em breve derrotaria Satanás, e os meios que Ele usaria seriam os pés dos seguidores fiéis.

...

O vinhedo de Deus sempre atrairá porcos. Tem sido assim por toda a história da Igreja e continuará hoje. Portanto, não se surpreenda se descobrir uma pessoa divisora ou um falso mestre em seu meio. Isso não necessariamente reflete mal sobre sua congregação. O que importa é a maneira como os membros respondem. Eles estão equipados para reconhecer os sinais indicativos de um divisor? Aprenderam a apontar o erro de um enganador?

Veja a seguir quatro perguntas que todo membro de igreja deveria ser treinado a fazer. Pense nelas como filtros de verdade. Tudo que ouvimos deve passar facilmente por todos os quatro.

- "O que estou escutando está de acordo com as Escrituras?"
- "O que estou escutando honra meu Senhor e Salvador Jesus Cristo?"
- "O que estou escutando ajuda a me tornar mais piedoso?"
- "O que estou escutando me faz ter um conceito mais elevado dos meus colegas crentes?"

Imagine quão ineficaz um divisor ou enganador se tornaria se todo mundo que ele encontrasse submetesse tudo que escuta a esses quatro testes. Se toda congregação fosse assim tão sábia e atenta, os porcos selvagens nunca devorariam o vinhedo de Deus.

APLICAÇÃO
Romanos 16:17-20
COMO LIDAR COM PORCOS NO VINHEDO DE DEUS

Qualquer coisa digna de ser protegida terminará ficando sob ataque. Mas não espere que o ataque venha de bárbaros junto ao portão. O mais comum é que as igrejas sejam subitamente rachadas a partir de dentro, por aqueles que dividem as pessoas e espalham ensinamento falso, normalmente em conversas privadas, uma pessoa por vez. Ironicamente, esses destruidores pensam que estão realizando alguma coisa boa. O matemático francês e filósofo cristão Blaise Pascal escreveu: "Os homens nunca realizam o mal tão completa e alegremente como quando o fazem a partir de uma convicção religiosa".[73]

Quando porcos invadem o vinhedo de Deus, os líderes não devem permanecer passivos. Devem agir rapidamente, com firmeza e de forma decisiva. Estas palavras descrevem os melhores meios de preservar uma congregação da destruição promovida por pessoas divisoras e por falsos mestres: *observação, confrontação* e *separação*.

Observação (16:17). Tal como um pastor que constantemente analisa o rebanho em busca de predadores, os líderes devem permanecer alertas, atentos a cismas, procurando enganadores e ouvindo o erro. Não estou aconselhando uma abordagem totalitária à liderança, e a paranoia seria contraproducente. Todavia, não se surpreenda se descobrir a pessoa divisora sussurrando nas sombras da sua congregação. Toda igreja tem pessoas assim — até mesmo as igrejas saudáveis e em crescimento.

Confrontação (3Jo 1:10). "Confrontação" tornou-se um termo desagradável em nosso vocabulário, talvez porque ela raramente é feita de maneira adequada. Confrontar nada mais é do que trazer a verdade de uma situação para a luz, tirando-a das sombras ao optar por discuti-la abertamente. Isso pode ser feito delicadamente ao se evitar acusações e, em vez disso, optar por fazer algumas perguntas honestas à pessoa responsável. À medida que os fatos forem discutidos e as explicações buscadas, a verdade inevitavelmente chegará à superfície. E, felizmente, isso costuma ser suficiente. As pessoas divisoras e os falsos mestres vicejam em meio ao sigilo, de modo que, quando sua cobertura é retirada, elas normalmente se afastam. Em certas ocasiões, elas vão embora.

Separação (Tt 3:9-11). Às vezes, as pessoas divisoras e os falsos mestres se retiram por um tempo e, então, reassumem sua atividade destrutiva mais tarde. Essas pessoas são aquelas que desafiam abertamente os líderes espirituais, sentindo que têm apoio suficiente para usurpar a autoridade. Infelizmente, os líderes devem remover tais pessoas destrutivas da congregação com o objetivo de preservar a integridade do corpo. Se os porcos tiverem permissão para correr soltos, eles trazem desordem, promovem desconfiança e criam confusões sérias.

Os líderes raramente confrontam as pessoas divisoras e os falsos mestres e, ainda mais raramente, as removem. Às vezes, eles temem a crítica; normalmente, de forma não sábia, acreditam que o problema se resolverá sozinho se for ignorado. Os líderes também temem que a confrontação e a separação levem à perda de alguns membros da igreja. O fato é que os líderes não podem impedir a perda de membros de nenhum jeito. Contudo, ao agir de forma rápida e decisiva, podem limitar o dano. Quanto mais esperarem, maior será a fissura e mais ampla a destruição.

Se você é líder na sua igreja, alguém indicado para pastorear o rebanho, não hesite ao perceber uma pessoa destrutiva semeando discórdia ou ensinando o erro. Não espere que os problemas se resolvam sozinhos. Eles não se resolverão. Confronte de maneira rápida e firme, mas também sábia. Então, prossiga, fazendo aquilo que deve ser feito para preservar a unidade.

Se você é membro de uma congregação, faça o que puder para apoiar seus líderes quando eles precisarem realizar esta tarefa tão desagradável, ainda que você não esteja ciente de todos os detalhes. Eles precisam de advogados — amigos fiéis e verdadeiros ao seu lado. Isso não é algo de que eles gostam e eles sem dúvida já exauriram todas as possibilidades. Confie que eles vão liderar com integridade e, então, elogie sua coragem. A liderança em qualquer ministério é uma tarefa solitária e repleta de incompreensão. Aqueles que lideram bem merecem seu apoio leal.

Exaltar amigos e glorificar a Deus
LEIA ROMANOS 16:21-27

Quando as pessoas descrevem o apóstolo Paulo da maneira como o imaginam, alguns adjetivos comuns seriam "destemido", "vigoroso", "determinado", "fervoroso", "prolífico" e "independente". Na minha imaginação infantil, Paulo vagueava de cidade em cidade ao longo da linha pontilhada do mapa presente nas últimas folhas da minha Bíblia, viajando com nada além de um cajado e uma mochila. Imaginava um companheiro que o seguia para fazer companhia — primeiro Barnabé, depois Silas, e então talvez o doutor Lucas e Timóteo. Mas na maior parte das vezes eu normalmente imaginava Paulo sozinho na trilha do ministério.

Uma rápida pesquisa nas cartas de Paulo pinta uma imagem diferente. O apóstolo estava disposto a ficar sozinho em favor da verdade, se necessário, mas ele era qualquer coisa menos independente ou distante. Ele normalmente viajava com uma comitiva que foi crescendo com o passar do tempo. Na época em que escreveu Romanos, no meio de sua terceira viagem missionária, Paulo tinha com ele não menos do que cinco ministros em treinamento em Corinto e vários outros em alguma missão (Silas, Lucas e Tito, para citar alguns). Quando era forçado a viajar antecipadamente, ele sempre esperava por seu grupo (p. ex., At 17:16; 18:5) e, quando foi deixado sozinho durante sua segunda prisão em Roma, ansiou por companhia ao ponto da urgência (2Tm 4:9-11). Paulo amava as pessoas que trabalhavam junto com ele. De fato, ele dependia delas. Tendo crescido emocionalmente ligado aos seus amigos, sua alegria era diminuída quando eles não estavam por perto.

É assim que deve ser. Deus não nos criou para estarmos sozinhos ou distantes. Isso não é o mesmo que dizer que não devemos ter momentos de solitude; quando deixado sozinho, Paulo fez bom uso do seu tempo (At 17:10, 16-17; 18:1-4; 20:1-2). Mas a colaboração abastecia seu entusiasmo e alargava seu ministério. Ele claramente preferia a companhia das outras pessoas.

16:21-22

Depois de saudar uma lista de pessoas em Roma a quem ele esperava ver (16:1-16) e de elogiar sua força interior (16:17-20), o apóstolo enviou saudações de alguns de seus principais assistentes e amigos mais próximos.

Paulo encontrou Timóteo pela primeira vez quando visitou as cidades de Listra e Derbe (At 16:1-2), a cerca de 160 quilômetros de sua cidade natal de Tarso. O jovem rapaz impressionou Paulo de tal maneira que o apóstolo o convidou para que se juntasse à missão. Na época em que Paulo completou sua carta aos crentes de Roma, Timóteo havia se tornado um dos amigos mais próximos e estava entre seus assistentes mais capazes.

Paulo citou outros três homens que haviam se juntado ao grupo cada vez maior de ministros. Lúcio era provavelmente um dos "profetas e mestres" que ministravam em Antioquia e que ouviu as instruções de Deus para enviar Paulo e Barnabé (At 13:1). Paulo encontrou-se pela primeira vez com Jasom em Tessalônica, onde testemunhou pessoalmente a bravura daquele homem (At 17:5-9). Sosípatro juntou-se ao grupo quando Paulo ministrou em Bereia (At 20:4, onde ele é chamado de Sópatro). De forma adequada, Paulo os chamou de "parentes", um termo que ele reservava para os judeus (Rm 9:3; 16:7,11).

Paulo permitiu que Tércio, seu amanuense, incluísse sua própria saudação. Era uma prática bastante comum para Paulo ter um de seus assistentes escrevendo seus pensamentos para ele. Eles haviam ouvido seu mentor falar sobre um dado assunto dezenas de vezes (talvez centenas, no caso de Timóteo) e eram capazes de preparar um esboço fiel com pouca direção. Em seguida, depois de uma ampla edição por parte do próprio apóstolo, seu amanuense prepararia o esboço final usando sua melhor caligrafia. Contudo, Paulo frequentemente adicionava seu próprio toque pessoal perto do final dos documentos inspirados pelo Espírito Santo (1Co 16:21; Gl 6:11; Cl 4:18; 2Ts 3:17; Fm 1:19).

Seria errado dizer que seu assistente serviu como *ghostwriter* de sua carta. Os pensamentos são cem por cento de Paulo. Ele supervisionou, revisou e aprovou as palavras utilizadas e assinou o documento como se fosse seu próprio. Numa tradição honrada pelo tempo, ele encarregou um assistente de confiança da verdadeira tarefa de redigir o documento e colocar no papel o produto final. Neste caso, o amanuense se chamava Tércio, que significa "terceiro". Primus, Secundus, Tertius. Seu nome era comumente dado a escravos.

Podemos imaginar o escravo liberto "Terceiro" sentindo a empolgação de escrever a *Magnum opus* teológica de Paulo. Podemos imaginar Tércio pessoalmente se identificando com a ilustração de Paulo de escravos emancipados que recebem papéis de adoção de seu Criador. Faça uma pausa e imagine esse assistente de confiança tirando os olhos do rolo e perguntando a Paulo: "Posso adicionar minha saudação também?", e o apóstolo respondendo: "É claro que sim!".

Eu, Tércio, que redigi esta carta, saúdo vocês no Senhor.

De minha parte, *amo* esse toque pessoal!

16:23

Durante os três meses que passou na Grécia (At 20:2-3), Paulo muito provavelmente usou Corinto como sua base de operações. Seu anfitrião era simplesmente um convertido rico chamado Gaio, a quem ele mesmo batizou (1Co 1:14). Tal como Febe em Cencreia e Aquila em Roma, Gaio permitiu que seu lar fosse o lugar onde os cristãos se encontravam para adoração, instrução e comunhão.

Erasto era o "administrador da cidade", provavelmente de Corinto. Os administradores da cidade eram frequentemente escravos libertos que haviam alcançado uma boa medida de riqueza. Seu nome significa "amado" e era um escolha bastante comum entre os escravos livres que não queriam mais ser identificados meramente como um número. Desse modo, não é provável que ele e Gaio fossem os mesmos homens que viajavam com Paulo quando ele ministrou em Éfeso (At 19:22, 29). Todavia, eles eram amigos próximos, bem como defensores fiéis de Paulo.

"Quarto", tal como Tércio, era provavelmente um escravo. Pelo fato de estar agrupado com Gaio e Erasto, podemos presumir que ele vivia em Corinto e pode ter até mesmo servido na casa do anfitrião de Paulo. Ele deve ter transbordado de alegria quando Paulo o chamou de "irmão".

16:24

Embora a maioria dos manuscritos posteriores inclua este versículo, ele é realocado para 16:27 em alguns e está completamente ausente das cópias mais antigas da carta aos Romanos. Portanto, é bem provável que se trate de uma adição posterior. Todavia, a curta bênção está de acordo com o estilo espontâneo de Paulo.

16:25-27

O capítulo final da carta de Paulo pode ser dividido em quatro seções. A primeira, 16:1-16, saudou individualmente pessoas que viviam em Roma. A segunda, 16:17-20, os incentivou a proteger seu vinhedo dos porcos vorazes. A terceira, 16:21-24, mandou saudações dos crentes em Corinto. A seção final, 16:25-27, oferece uma bênção que exalta a majestade de Deus.

Conforme se preparava para encerrar sua carta aos crentes romanos, o apóstolo deixou de lado seus argumentos, colocou a doutrina mais ao fundo, levou seus pensamentos para longe das pessoas e deu plena atenção à glória de Deus. Estes três versículos apresentam uma longa sentença formada por diversas frases compostas, algo muito semelhante à sua abertura (1:1-7). O sentido básico é: "Àquele que tem poder para confirmá-los... seja dada glória para todo o sempre". Mas as palavras e frases que aparecem no meio são qualquer coisa menos aleatórias. Paulo escolheu cuidadosamente cada uma delas para refletir a mensagem de sua carta e para atribuí-las à autoria de Deus.

"Ora, àquele que tem poder para confirmá-los" identifica Deus como a única fonte de estabilidade e força para o crente. Embora sejamos encorajados a nos envolver na obra transformadora do Espírito Santo, não conseguimos transformar a nós mesmos. Somente o Senhor é capaz de fazer isso.

Do meu diário

Papai sabe o caminho
ROMANOS 16:25-27

Em 1944, eu tinha dez anos de idade e desfrutava de férias de verão com minha família no litoral do Golfo do Texas. Todos os anos, meu avô permitia que nos hospedássemos em sua pequena cabana na baía, um lugar que ainda me traz grandes lembranças. E uma das atividades de que eu mais gostava era pegar linguados com meu pai.

Se você nunca fez isso, permita-me descrever o processo. Ao cair da noite, os linguados gostam de se aproximar da orla e se deitar quietos no fundo arenoso macio, esperando que camarões e salmonetes nadem por ali. Assim, você entrava na água até os joelhos carregando um lampião e um arpão com duas serrilhas, que chamávamos simplesmente de "gancho". Quando encontrava um linguado, você parava e, então, o "enganchava" antes que ele pudesse fugir nadando. Normalmente se andava um quilômetro ou mais na escuridão.

Numa noite sem luar em particular, papai e eu caminhamos lentamente pelo barro e pela areia para longe da cabana, na direção da ponta da baía. Eu conseguia ouvir minha mãe, meu irmão e minha irmã rindo e brincando de jogos na cabana cerca de um quilômetro ou mais atrás de mim à medida que entrávamos cada vez mais na escuridão. Depois que dobramos na ponta na baía, não conseguia mais ouvir suas risadas ou ver a luz da cabana, e comecei a ficar nervoso.

"Papai?"

"O que é, filho? Está procurando os linguados?"

"Sim... sim, papai, mas você... você sabe que não conseguimos ver a cabana."

"Eu sei, Filho, mas vai ficar tudo bem. Continue procurando os linguados, ok?

Às vezes, ao atingir um linguado com o gancho, ele se vira e se debate enquanto você o levanta com o gancho e, às vezes, a água fria atinge o lampião quente e a luz apaga.

"Nós vamos pegar um bem grande daqui a pouquinho", disse ele. (O pescador sempre esperançoso!)

"Papai, quando ele se debater na água, vai apagar o lampião... E não teremos mais nenhuma luz."

Ele disse: "Filho, eu tenho uma lanterna aqui".

"Papai, as pilhas da lanterna estão boas?"

Ele está olhando para a água, à procura dos linguados; eu estou olhando para trás, na direção da ponta da baía, na esperança de ver um vislumbre da cabana.

"As baterias estão boas, filho."

"Podemos testá-las?"

Isso foi o fim. Meu pai, normalmente bastante paciente, atingiu o seu limite. "Não, nós não vamos testá-las. ESTAMOS PROCURANDO LINGUADOS!"

Depois de um longo silêncio, eu timidamente perguntei: "Papai, você sabe onde está?".

"Sim, eu sei onde estou."

Acreditei nele. Enfiei meus pequenos dedos de um menino de dez anos de idade em sua grande mão. Assim que fiz isso, não olhei mais para trás para procurar as luzes da cabana. Ele sabia onde estava e isso era tudo que importava; eu me senti seguro com minha mão na dele.

"Pelo meu evangelho e pela proclamação de Jesus Cristo". O Senhor nos confirma ao cumprir as promessas do evangelho. Paulo chamou as boas-novas de "meu evangelho", não para reivindicar a autoria, mas para reclamar a posse. O evangelho pertencia a ele porque ele firmou sua própria alma nessa verdade. E o evangelho era seu para que fosse fiel em cumprir o chamado de Deus (2:16; 1Tm 1:11; 2Tm 2:8). Além disso, as boas-novas da graça de Deus e de sua salvação por meio da fé estão centradas na pessoa de Jesus Cristo e em ninguém mais.

"De acordo com a revelação do mistério oculto nos tempos passados." Um *mystērion* [3466] é uma verdade divina que não foi revelada anteriormente. O "mistério" não tem nada a ver com informação secreta ou conhecimento místico. A verdade completa de Jesus Cristo não foi plenamente conhecida até que Ele ressuscitou dos mortos e ascendeu ao céu. Agora, ela foi revelada plenamente: Cristo morreu por nossos pecados de acordo com as Escrituras, foi sepultado, pagou a pena completa por nossos pecados na cruz e nada mais é necessário para satisfazer os requisitos de Deus para a justiça. Cristo foi milagrosa e corporalmente ressuscitado dos mortos para uma nova vida. Ele agora oferece essa mesma vida eterna para todos que a receberem pela graça por meio da fé nele. Aqueles que recebem o presente gratuito da vida eterna serão ressuscitados para uma nova vida depois da morte para estarem com Ele para sempre. Aqueles que rejeitam esse presente passarão a eternidade em tormento.

"Mas agora revelado." O que é tão simples, claro e disponível agora esteve desconhecido por muitos séculos antes de Cristo revelá-lo. Paulo considerou seu privilégio proclamar esse mistério agora revelado.

"Dado a conhecer pelas Escrituras proféticas por ordem do Deus eterno, para [...] todas as nações." O evangelho sempre foi uma parte do plano de Deus e pode ser acompanhado por todas as Escrituras até os escritos de Moisés. Agora, a mensagem parcial confiada aos judeus foi revelada plenamente e disponibilizada a toda raça, cultura, credo, nação, língua e geração. Como o nosso Deus é gracioso!

"Para que todas as nações venham a crer nele e a obedecer-lhe." Com esta frase, o apóstolo leva sua carta — assim como o evangelho — ao ponto inicial. Ambos têm a "justiça de Deus" como seu fim derradeiro. Quando mencionou o evangelho pela primeira vez, Paulo declarou: "Porque no evangelho é revelada a justiça de Deus, uma justiça que do princípio ao fim é pela fé, como está escrito: 'O justo viverá pela fé'" (1:17). O evangelho não terá alcançado seu propósito completo até que aqueles que creem e toda a criação existam em harmonia com a bondade de Deus — como era no início.

"Ao único Deus sábio seja dada glória para todo o sempre, por meio de Jesus Cristo." O Senhor criou o mundo, preencheu-o, organizou-o e deu propósito a tudo. Ele então criou os seres humanos — macho e fêmea — à sua própria imagem e colocou-os no mundo para viver e desfrutar de sua abundância. Deu a eles um propósito singular, que o Catecismo Maior de Westminster afirma corretamente ser o de "glorificar a Deus e gozá-lo para sempre".[74] Jesus Cristo tornou isso possível e consumará a restauração de todas as coisas para que, mais uma vez, reflitam a glória de Deus.

E, nisso, junto-me a Paulo declarando um apaixonado *amém!*

APLICAÇÃO
Romanos 16:21-27
GLÓRIA A DEUS!

Paulo concluiu sua obra-prima teológica com uma doxologia, uma expressão de gratidão e louvor com o propósito de trazer glória a Deus. Seu exemplo inspirou diversos artistas eruditos — como os compositores Johann Sebastian Bach e George Frideric Handel — a colocar estas palavras no final de seus manuscritos: *Soli Deo Gloria*, ou às vezes simplesmente S.D.G. Essa expressão latina significa "glória somente a Deus". Todos esses grandes seguidores de Jesus Cristo queriam que suas realizações glorificassem seu Senhor.

Pense naquilo que você faz como parte da sua vocação, como um *hobby* ou como um serviço aos outros. Considere as suas próprias realizações. Como você utiliza essas atividades ou realizações para glorificar a Deus?

Veja aqui algumas sugestões sobre como você pode concluir sua obra com *Soli Deo Gloria*:

- Dê o seu máximo na realização de cada tarefa; faça tudo com excelência.
- Procure melhorar por meio de críticas construtivas e treinamento formal.
- Reconheça abertamente sua dependência do Senhor para obter sucesso.
- Compartilhe o crédito com as pessoas que ajudam você ou que trabalham em funções de apoio.
- Seja honesto quanto às suas habilidades e limitações.
- Se receber compensação, compartilhe generosamente com aqueles que têm menos.
- Expresse gratidão a Deus com frequência, tanto em oração quanto em conversa com outras pessoas.

Se você fizer um esforço consciente de aplicar essas sugestões, tenho confiança de que sua família e amigos terão uma estima maior pelo Senhor.

"Sim, ao único Deus sábio seja dada glória para todo o sempre" (16:27)!

NOTAS

INTRODUÇÃO

[1] Peter Lampe, *Christians at Rome in the First Two Centuries: From Paul to Valentinus* (London: Continuum, 2003), p. 172.

[2] Tacitus, *The Works of Tacitus* (London: T. Woodward and J. Peele, 1737), 2:698.

SAUDAÇÃO (ROMANOS 1:1-17)

[3] Douglas J. Moo, *The Epistle to the Romans*, New International Commentary on the New Testament (Grand Rapids: Eerdmans, 1996), pp. 66-67.

[4] Gerhard Kittel e Gerhard Friedrich, eds., *Theological Dictionary of the New Testament: Abridged in One Volume*, trad. Geoffrey W. Bromiley (Grand Rapids: Eerdmans, 1985), p. 183.

[5] Ibid.

[6] 1Co 1:3; 2Co 1:2; Gl 1:3; Ef 1:2; Fp 1:2; Cl 1:2; 1Ts 1:1; 2Ts 1:2; 1Tm 1:2; 2Tm 1:2; Tt 1:4; Fm 1:3.

[7] R. Laird Harris, Gleason L. Archer e Bruce K. Waltke, *Theological Wordbook of the Old Testament*, ed. eletrônica. (Chicago: Moody Press, 1999, c1980), p. 930.

A IRA DE DEUS (ROMANS 1:18—3:20)

[8] Walter Bauer et al., *A Greek-English Lexicon of the New Testament and Other Early Christian Literature* (Chicago: University of Chicago Press, 2003), p. 567.

[9] Ibid., p. 677.

[10] Kittel e Friedrich, eds., *Theological Dictionary of the New Testament: Abridged in One Volume*, p. 23.

[11] João Calvino, *Commentary on the Epistle of Paul the Apostle to the Romans*, ed. e trad. John Owen (Bellingham, WA: Logos Bible Software, 2010), p. 70.

12. Bauer, *Lexicon*, p. 146.
13. Geoffrey W. Bromiley, *The International Standard Bible Encyclopedia*, ed. revisada (Grand Rapids: Eerdmans, 1988), 1:773.
14. Assim chamado por Píndaro, poeta grego do século 5 a.C.
15. Donald Grey Barnhouse, *Exposition of Bible Doctrines: Taking the Epistle to the Romans as a Point of Departure* (Grand Rapids: Eerdmans, 1964), 2:110-111.
16. Martinho Lutero, *A Commentary on St. Paul's Epistle to the Galatians* (London: M. Lewis, No. 1, 1774), p. 240.

A GRAÇA DE DEUS (ROMANOS 3:21—5:21)

17. Kittel e Friedrich, eds., *Theological Dictionary of the New Testament: Abridged in One Volume*, p. 362.
18. John Newton, "Amazing Grace", 1779. Hino "Preciosa a graça de Jesus", Hinário para o Culto Cristão n. 314
19. "Judge Settles Case with Own Money", Reuters, June 13, 2000.
20. Se voce tiver interesse na literatura puritana, recomendo que comece com esta amostra de diferentes estilos: John Owen, *The Death of Death in the Death of Christ* e *The Glory of Christ*; John Bunyan, *The Pilgrim's Progress*; Jonathan Edwards, *Treatise on Grace*; Edward Taylor, *The Poems of Edward Taylor*.
21. *The Valley of Vision: A Collection of Puritan Prayers & Devotions*, ed. Arthur Bennett (Carlisle, PA: The Banner of Truth Trust, 2006), p. 6-7.
22. Kittel e Friedrich, eds., *Theological Dictionary of the New Testament: Abridged in One Volume*, p. 1127.
23. Mark Twain, *Following the Equator and Anti-Imperialist Essays* (New York: Oxford University Press, 1996), p. 132.
24. *Merriam-Webster's Collegiate Dictionary*, 11 ed., veja o verbete "faith."
25. Muitos argumentariam corretamente que essa mudança ocorreu com Heródoto e com os antigos filósofos gregos, Sócrates e Aristóteles; contudo, o pensamento ocidental não apenas deixou de avançar; ele regrediu durante a assim chamada "Idade das Trevas". Tomás de Aquino retomou de onde Aristóteles e seus discípulos haviam parado e, de certo modo, deu à cosmologia deles uma aparência cristã.
26. John Huffman Jr., *Who's in Charge Here?* (Chappaqua, NY: Christian Herald Books, 1981), p. 63.
27. Martinho Lutero, *Luther's Works: Career of the Reformer IV* (St. Louis: Concordia Publishing House, 1960), 34:336.

[28] Ibid., 34:336-337.

[29] Johannes P. Louw e Eugene Albert Nida, *Greek-English Lexicon of the New Testament: Based on Semantic Domains*, ed. eletrônica da 2a ed. (New York: United Bible Societies, 1996, c1989), §33:368.

[30] Todos os dois verbos estão no aoristo grego. O contexto nos ajuda a estabelecer qual tempo verbal esses verbos devem assumir no nosso idioma.

[31] Thomas Kelly, "Praise the Savior, Ye Who Know Him," 1806.

A FIDELIDADE DE DEUS (ROMANOS 6:1—8:39)

[32] Booker T. Washington, *Up from Slavery* (New York: Doubleday, 1901), pp. 19-20.

[33] Ibid., p. 20.

[34] Kittel e Friedrich, eds., *Theological Dictionary of the New Testament: Abridged in One Volume*, p. 180.

[35] Warren W. Wiersbe, *The Bible Exposition Commentary* (Wheaton, IL: Victor Books, 1989), Rm 6:1.

[36] Jesus se aproximou quando contrastou o padrão de julgamento da humanidade e o de Deus (ver Jo 8:15).

[37] Ralph Erskine, *Sermons and Other Practical Works* (Falkirk: Peter Muirhead, Rev. John Stewart e Hugh Mitchell, Publishers, 1796), 7:275.

[38] Por favor, nada de cartas do oeste do Texas. Sou texano e amo o estado inteiro do Texas. Minha ilustração não tem o propósito de sugerir que meus amigos de lá são perdidos e que vivem na miséria! É quente, mas não é o inferno!

[39] Barnhouse, *Exposition of Bible Doctrines*, 3:34.

[40] Alan Redpath, *The Making of a Man of God: Studies in the Life of David* (Westwood, NJ: Fleming H. Revell Company, 1962), p. 93.

[41] F. B. Meyer, *Christ in Isaiah* (London: Morgan and Scott, 1917), p. 9.

[42] A. W. Tozer, *The Root of the Righteous* (Camp Hill, PA: Christian Publications, 1986), p. 137.

[43] Bauer, *Lexicon*, p. 273.

[44] Ida Minerva Tarbell, *The Life of Abraham Lincoln: Drawn from original sources and containing many speeches, letters, and telegrams hitherto unpublished*, 3 vols. (New York: Lincoln History Society, 1895-1909), 3:126.

[45] Elisabeth Kübler-Ross, *On Death and Dying* (New York: Macmillan, 1969).

A MAJESTADE DE DEUS (ROMANOS 9:1—11:36)

46 Walter Chalmers Smith, "Immortal, Invisible, God Only Wise", 1867. Hino 13 do "Hinário para o Culto Cristão".

47 Ver Kittel e Friedrich, eds., *Theological Dictionary of the New Testament: Abridged in One Volume*, p. 222-223.

48 Gerhard Kittel e Gerhard Friedrich, eds., *Theological Dictionary of the New Testament*, ed. e trad. por Geoffrey W. Bromiley (Grand Rapids: Eerdmans, 1978), 4:195.

49 O termo grego assume uma forma conhecida como "particípio médio/passivo". Existe um debate, porém, se o termo é um "médio direto" ou um "passivo". Se for "médio direto", os vasos são descritos como agindo sobre si mesmos (ação reflexiva), "tendo preparado a si próprios". Se for "passivo", os vasos foram preparados por algum outro agente, possivelmente o próprio Deus.

A gramática vai na direção da forma passiva. Afinal, a forma média direta é bastante rara. Contudo, o contexto não favoreceria o particípio passivo, que sugeriria: "Vasos preparados [por Deus] para a destruição". A paciência de Deus, demonstrada no fato de Ele reter sua ira, faz sentido se os vasos forem culpados por seu pecado e, portanto, merecedores da destruição.

50 H. Leon McBeth, *The Baptist Heritage* (Nashville: Broadman Press, 1987), p. 185.

51 J. I. Packer, *Evangelism and the Sovereignty of God* (Downers Grove, IL: InterVarsity Press, 1991), p. 35.

52 Uma das principais cidades dos gentios — Gibeom — fez exatamente isso (ver Js 9). Todavia, eles fizeram essa promessa sob um pretexto falso e Josué não consultou o Senhor. Mesmo assim, Israel cumpriu sua parte no trato.

53 W. E. Vine, Merrill F. Unger e William White Jr., *Vine's Complete Expository Dictionary of Old and New Testament Words* (Nashville: Thomas Nelson, 1996), 2:173.

54 Kittel e Friedrich, eds., *Theological Dictionary of the New Testament*, 1:358.

55 John F. Walvoord, Roy B. Zuck e Dallas Theological Seminary, *The Bible Knowledge Commentary: An Exposition of the Scriptures* (Wheaton, IL: Victor Books, 1983), 1:1032.

56 A. W. Tozer, *The Knowledge of the Holy* (San Francisco: HarperSanFrancisco, 1961), p. 45-46.

A JUSTIÇA DE DEUS (ROMANOS 12:1—15:13)

57 Bauer, *Lexicon*, p. 598.
58 Stephen King, "What You Pass On", *Family Circle*, 1º de novembro de 2001.
59 Kittel e Friedrich, eds., *Theological Dictionary of the New Testament: Abridged in One Volume*, p. 1236.
60 Ibid.
61 Rosamund Stone Zander e Benjamin Zander, *The Art of Possibility* (Boston: Harvard Business Press, 2000), p. 118-119.
62 Kittel e Friedrich, eds., *Theological Dictionary of the New Testament: Abridged in One Volume*, p. 75.
63 Neil T. Anderson, *The Bondage Breaker* (Eugene, OR: Harvest House Publishers, 1990), p. 194-196.
64 Ray Stedman, *From Guilt to Glory* (Waco, TX: Word Publishing, 1979), p. 126-127. OBSERVAÇÃO: NA SEQUÊNCIA DA OBRA, ESTA É A NOTA DE FIM 8.
65 Tacitus, *The Works of Tacitus*, 2:698.
66 Louw e Nida, *Greek-English Lexicon*, §88:195.
67 Das 92 ocorrências deste termo grego, a Bíblia na versão King James opta por "perder" em 31 ocasiões.

A COMUNIDADE DE DEUS (ROMANOS 15:14—16:27)

68 Everett F. Harrison e Donald A. Hagner, "Romans", in *The Expositor's Bible Commentary*, rev. ed., vol. 11, ed. Tremper Longman III e David E. Garland (Grand Rapids: Zondervan, 2008), p. 218.
69 Kittel e Friedrich, eds., *Theological Dictionary of the New Testament: Abridged in One Volume*, p. 645.
70 F. B. Meyer, *Christ in Isaiah* (London: Morgan and Scott, 1917), p. 9.
71 Ralph Waldo Emerson, "Circles", 1841.
72 Kittel e Friedrich, eds., *Theological Dictionary of the New Testament: Abridged in One Volume*, p. 33.
73 Blaise Pascal, *Pensées*, trad. W. F. Trotter (New York: Dover, 2003), p. 265.
74 "The Westminster Standards" (Philadelphia: Great Commission Publications, 1986), p. 35.

O QUE APRENDI NESTE LIVRO SOBRE A CARTA AOS ROMANOS

Sua opinião é importante para nós.
Por gentileza, envie-nos seus comentários pelo e-mail:

editorial@hagnos.com.br

Visite nosso site:

www.hagnos.com.br